普通高等学校"十三五"省级规划教材

大学生创新创业基础教程

College Student Basic Course of Innovation and Entrepreneurship

主　编　吴　敏　　李劲峰

副主编　陈　亮　　李　凯　　陈芳英

编　委　李春开　　许倩芸　　许章军

　　　　伍志鹏　　黄　波　　杨　慧

　　　　彭传培

中国科学技术大学出版社

内容简介

本书是普通高校创新创业教育通识教材，强调创新与创业的融合，旨在帮助大学生了解和掌握创新创业相关基础知识，突出创新思维及其技法的掌握与综合应用，强调创业机会的识别与评估、创业团队的组建与管理、商业模式的构建、财务管理、创业的流程和相关创业法律政策等知识，既能帮助大学生树立正确的创新观和创业观，又能实际提升大学生的创新创业素养和能力，促进其综合全面发展。

本书可供普通高等学校大学生作为通识教材使用，也可供企事业单位创新创业培训和创新创业者参考。

图书在版编目(CIP)数据

大学生创新创业基础教程/吴敏，李劲峰主编. —合肥：中国科学技术大学出版社，2018.8（2018.10重印）

普通高等学校"十三五"省级规划教材

ISBN 978-7-312-04521-9

Ⅰ. 大… Ⅱ. ①吴… ②李… Ⅲ. 大学生—创业—高等学校—教材　Ⅳ. G647.38

中国版本图书馆 CIP 数据核字（2018）第 159867 号

出版	中国科学技术大学出版社 安徽省合肥市金寨路96号，230026 http://press.ustc.edu.cn https://zgkxjsdxcbs.tmall.com
印刷	合肥市宏基印刷有限公司
发行	中国科学技术大学出版社
经销	全国新华书店
开本	787 mm×1092 mm　1/16
印张	23
字数	588 千
版次	2018年8月第1版
印次	2018年10月第2次印刷
定价	58.00元

序

当今世界正在发生深刻复杂的变化,科技进步日新月异,知识经济方兴未艾,国际竞争日益激烈,社会变革与日俱进。无论是科技进步、社会变革还是国际竞争,都离不开大批高素质创新创业人才的支撑,而大批高素质创新创业人才的培养归根到底要靠优质的教育,创新创业教育的作用尤为关键。

目前,我国经济已由高速增长阶段转向高质量发展阶段,以往低成本资源和要素投入形成的发展驱动力明显减弱,资源红利开始转向创新红利,发展动力也必须转向创新驱动,通过创新引领发展。人才是创新的根基,是创新的核心要素。创新驱动实质上是人才特别是高素质创新创业人才驱动。

创新创业教育正是顺应时代发展要求而出现的一种新的教育理念和人才培养模式,它着重培养受教育者的创新创业意识、创新思维、创新精神和创新品格,不断提升其创新与创业能力。创新创业教育将在加快我国经济发展方式转型升级,推动社会创新变革与进步,建设创新型国家等方面发挥不可替代的作用。大力发展创新创业教育已成为我国高等教育改革和发展的内在要求和必然趋势。

《大学生创新创业基础教程》是安徽信息工程学院积极响应党和政府"大众创业、万众创新"倡议的产物,是学院高度重视大学生创新创业教育的具体体现,也是在新形势下深化创新创业教育改革的最新成果。

本书全方位深度剖析创新创业,不回避相关难点问题,多视角透视创新创业的本质内涵,明确提出了创新的特点、原则、类型和误区,较为详细地介绍了相关创新理论,帮助读者全面系统地树立科学的创新观和创业观,从而消除对创新创业的误解与偏见,增进理解和共识。本书旨在帮助大学生增强创新创业意识,培育创新品格,开发创新思维,提高创新与创业能力,激发创新创业活力,从而不断释放学生的创新创业潜能,提升创新素养和创业能力,促进人的全面发展。

本书是普通高等学校开展创新创业教育较为全面系统的通识教材,相信能够为中国的创新创业教育发展贡献自己的一份力量。同时,本书的出版得到了科大讯飞股份有限公司和中国科学技术大学出版社的大力支持,在此深表感谢。

安徽信息工程学院校长
吴敏
2018年6月于芜湖

前　　言

当前,全球新一轮科技革命和产业变革方兴未艾,科技创新加速推进,国际竞争日趋激烈,社会创新此起彼伏,当今世界正在发生前所未有的广泛而深刻的变革,人类已经步入创新时代。

创新创业教育正是顺应时代发展要求而出现的一种新的教育理念和人才培养模式,它着重培养受教育者的创新意识、创新思维、创新精神和创新品格,不断提升其创新与创业能力。大力发展创新创业教育已成为世界各国的共识。十八大以来,党和政府高度重视高校创新创业教育,制定出台了一系列鼓励创新创业的政策文件,明确提出要将创新创业教育融入人才培养过程中去,切实增强学生的创业意识、创新精神和创造能力,提供"大众创业、万众创新"的土壤,为建成创新型国家提供源源不断的人才支撑和智力支持。

本书是创新创业教育的基础教材,旨在帮助读者理解和掌握创新创业相关基础理论和知识,消除认识误区,树立正确的创新观和创业观,提高创新创业意识,培育创新思维和创新精神,增强创新与创业能力,实现人的全面发展。本书具有以下特色:

(一) 结构合理、逻辑清晰、层次分明、重点突出

全书共分 4 篇 14 章。第 1 篇"导论篇"(第 1—2 章)主要介绍创新、创业、就业与大学生职业生涯发展之间的关系以及创新创业教育;第 2 篇"创新篇"(第 3—5 章)主要介绍创新理论、创新思维及常用创新思维技法;第 3 篇"创业篇"(第 6—10 章)主要介绍创业与创业机会,构建商业模式,打造创业团队以及创业财务融资与财务报表分析;第 4 篇"实务篇"(第 11—14 章)主要介绍创建新企业需要考虑的因素、流程及相关应用知识,创业计划书的撰写,大学生创新创业相关政策法律法规,大学生创新创业训练计划项目及相关创新创业类学科竞赛情况。

(二) 力求实现创新教育与创业教育的平衡

坚持以创新教育为本,兼顾创业教育,寻求实现创新教育与创业教育的平衡。创新是创业的核心和本质,创新决定创业的水平和成败,创业是创新的市场价值载体和表现形式,两者密切相关。创新为创业提供源泉和支撑,创业实现并进一步推动和深化创新。创新可以是技术创新、产品创新、市场创新、盈利模式创新、管理创新、制度创新等,不以创新为基础的创业是困难的和难以持续的。目前常见的创新创业类教材大多对创新的阐述较为简单笼统,不够系统、全面和透彻,过于强调创业而弱化创新,呈现出"重创业、轻创新"的特点,不利于读者全面、系统、深刻地认识和理解创新与创业的深刻内涵和本质,不利于读者树立正确的创新观和创业观,更不利于高素质创新创业人才的培养。因此,本书用很大篇幅来阐述创新,并结合国内外最新创新研究成果,界定相关概念的内涵,突出创新思维训练和创新思维技法的综合运用,进一步夯实大学生创新基础,切实增强大学生创新意识和创业能力。

（三）博采众长、兼容并包

本书引用了大量学术界最新的研究成果，吸收了大学生创业实践的经验和教训，并收录了丰富多彩的案例，既有生活中的创新创业案例、学生创新创业案例、学院创新创业案例，也有科大讯飞等企业案例。全书图文并茂，语言生动，形式活泼，时效性强。

（四）重视多学科交叉、知识融合与综合利用

多学科的交叉、知识的融合与综合运用是当今世界各高校培养高素质创新型应用人才的必由之路，也是创新创业教育改革的迫切要求。在"大科学"的背景下，创新创业教育更要重视多学科交叉，重视不同专业、不同学科知识的融合与综合运用，真正把创新创业教育融入到通识教育和专业教育之中。本书不仅有大量的创新创业相关理论，还涉及社会学、管理学、心理学等诸多学科。

本书由吴敏、李劲峰任主编，陈亮、李凯、陈芳英任副主编，李春开、许倩芸、许章军、伍志鹏、黄波、杨慧、彭传培等任编委。具体分工如下：吴敏负责策划、统稿；李劲峰负责第3—7章；陈亮负责策划及第2章；李凯负责第11—12章；陈芳英负责第8—10章；李春开负责第1章；黄波和杨慧负责筹备及文字录入；彭传培负责文字编辑与整理；许倩芸负责图片设计与处理；许章军负责资料搜集、整理及校对；伍志鹏负责第13—14章。

本书不仅可以作为普通高等学校创新创业教育通识或基础课程教材，也可以用于企事业单位和政府部门进行创新思维训练和创新能力培训，同时还适用于不同年龄、不同职业、不同专业的社会各界人士阅读，是开展创新创业研究、培育创新思维、提高创新创业能力、培养创新创业人才的一本较为系统的教材。

在编写过程中，我们参考并引用了创新创业方面国内外的相关研究成果，在此对被引用的作者致以深深的谢意。本书出版得到了科大讯飞股份有限公司的大力支持，在此深表感谢。由于编者水平有限，加之时间仓促，本书难免有许多不足之处，真诚地欢迎各位读者批评指正。

编 者

2018年6月

目　录

序 ·· (i)

前言 ·· (iii)

第1篇　导　论　篇

第1章　创新引领未来　创业成就梦想 ·· (2)
　1.1　激发创新活力　释放创新红利 ·· (2)
　1.2　创业带动就业　就业促进创业 ·· (6)
　1.3　只有更好创新才能更好创业 ·· (9)
　1.4　创新创业与大学生职业发展 ·· (11)

第2章　推进创新创业教育　促进人的全面发展 ··· (15)
　2.1　创新创业教育概述 ··· (17)
　2.2　部分发达国家创业教育概况 ·· (24)
　2.3　我国创业教育发展存在的问题 ··· (32)
　2.4　对我国发展创业教育的建议 ·· (33)

第2篇　创　新　篇

第3章　创新概述 ··· (42)
　3.1　创新的内涵 ··· (45)
　3.2　创新的类型 ··· (58)
　3.3　创新的特点 ··· (63)
　3.4　创新的原则 ··· (64)
　3.5　创新相关理论概述 ··· (68)
　3.6　创新误区 ·· (78)

第4章　创新思维 ··· (84)
　4.1　创新思维导论 ·· (85)
　4.2　批判性思维 ··· (105)
　4.3　逆向思维 ·· (116)

4.4 换位思维 (118)
4.5 移植、组合、分解思维 (119)
4.6 发散思维 (124)

第5章 创新思维技法 (126)
5.1 头脑风暴法 (127)
5.2 思维导图训练法 (132)
5.3 六顶思考帽法 (138)
5.4 奥斯本检核表法 (143)
5.5 和田十二法 (145)
5.6 列举型思维方法 (150)
5.7 信息交合法 (157)

第3篇 创业篇

第6章 识别与评估创业机会 (162)
6.1 创业概论 (165)
6.2 创业机会 (170)

第7章 构建商业模式 (176)
7.1 商业模式概述 (178)
7.2 商业模式的构成要素 (183)
7.3 商业模式的构建工具——商业模式画布 (184)
7.4 商业模式的类型 (193)

第8章 打造创业团队 (198)
8.1 相关概念与理论概述 (199)
8.2 打造高效团队 (209)
8.3 团队管理 (214)

第9章 管理人员如何读懂财务报表 (220)
9.1 财务分析概述 (221)
9.2 资产负债表的解读 (223)
9.3 利润表的解读 (233)
9.4 现金流量表的解读 (239)

第10章 创业融资 (246)
10.1 创业融资概述 (247)
10.2 风险投资 (253)
10.3 创业融资测算 (259)

第4篇 实 务 篇

第 11 章　创建新企业 ··· (268)
  11.1　企业概述 ··· (269)
  11.2　企业法定组织形式 ·· (272)
  11.3　创建新企业的主要流程及实务 ·· (277)
  11.4　企业命名与选址 ··· (282)

第 12 章　创业计划书 ··· (291)
  12.1　创业计划书的含义和作用 ·· (291)
  12.2　创业计划书的总体框架和撰写步骤 ·································· (294)

第 13 章　大学生创新创业相关政策法律法规 ··································· (310)
  13.1　大学生创新创业相关政策 ·· (310)
  13.2　大学生创新创业相关法律法规 ·· (313)

第 14 章　大学生创新创业训练计划项目及相关学科竞赛 ···················· (332)
  14.1　大学生创新创业训练计划项目 ·· (332)
  14.2　相关创新创业类学科竞赛 ·· (343)

参考文献 ·· (354)

第1篇 导论篇

> 处处是创造之地，天天是创造之时，人人是创造之人。
>
> ——陶行知

第1章 创新引领未来 创业成就梦想

 **学习目标**

- 了解创新在经济全球化进程中的作用
- 理解创新驱动发展战略在国家战略体系中的地位和作用
- 理解创新在新时代背景下的意义和价值
- 理解创新与创业的关系、创业与就业的关系
- 了解创新创业与大学生职业发展的关系

 **重点难点**

- 创新与创业的关系
- 创业与就业的关系
- 创新创业与大学生职业发展的关系

 **情景引入**

在2017年全国大众创业万众创新活动周开幕之际,中共中央政治局常委、国务院总理李克强作出重要批示:全国大众创业万众创新活动周是创新创业者碰撞思想、交流成果、展示风采的重要平台。当前,"双创"与各行各业深度融合发展,精准对接市场需求与社会海量创新资源,有效激发了市场活力和社会创造力,加快推动了新旧动能转换,促进了机会公平和就业扩大。要继续认真贯彻党中央、国务院决策部署,落实新发展理念,以推进供给侧结构性改革为主线,深入实施创新驱动发展战略,进一步培育融合、协同、共享的双创生态环境,着力营造公平竞争市场秩序,着力完善包容审慎监管制度,着力构建大中小企业融通发展的新格局,推动数字经济、平台经济发展,努力取得更多高水平的双创成果,以新产业蓬勃发展、新动能持续壮大、新人才不断涌现为经济转型升级提供有力支撑。

1.1 激发创新活力 释放创新红利

纵观古今,每一次重大科技革命和社会进步都离不开创新。创新带来的是什么?是创

造也是颠覆,是开辟的心路也是丰硕的果实,是国家的繁荣也是人类的进步。历史告诉我们一个真理:一个国家是否强大不能单就经济总量的大小而定;一个民族是否强盛也不能单凭人口的规模和领土的多寡而定。自古以来,科学技术就以一种不可抗拒的力量推动人类向前发展。当今,科技进步日新月异,国际竞争日趋激烈。国与国之间的竞争,归根到底是人才的竞争,是民族创新能力的竞争。在百度上搜索"创新",会出现将近1亿条结果。这是一个人人都在谈论创新的年代。

1. 创新的全球化

进入21世纪以后,国际竞争日益激烈,科技创新此起彼伏,各发达国家都在实施再工业化,世界进入了创新时代。创新全球化以高端辐射为理论基础,即向创业活跃的地区,尤其是科技创业或高端创业之地辐射;以创新为主要动力,即哪里有新思想、新科技、新的商业模式,要素便向哪里集中。[1]

全球化的核心内容之一就是创新的全球化,包括创新资源配置的全球化、创新技术的全球化、创新活动的全球化和创新服务的全球化。2010年欧盟委员会发布的《欧洲中小企业国际化》报告显示,欧洲中小企业的国际化程度越高,其创新能力就越强,创造的就业机会就越多,发展速度也就越快。

当今世界,几乎所有国家特别是发达国家都确立了国家创新战略,把争夺全球创新领先地位作为国家目标。美国高度重视自主创新,多次强调要保持美国的世界创新中心地位。"在创新战略指引下,2014年美国企业创造就业机会的速率实现质的增长,验证了创新对经济增长的作用,刺激了美国进一步优化创新战略的意愿。美国希望更新和优化战略来保持创新领导地位。"基于以上考虑,美国于2015年发布了新版《美国创新战略》,旨在推进创新驱动经济增长和实现未来几十年美国的共同繁荣,提升和协调创新投资,确保美国继续领导世界尖端创新。《欧洲2020战略》要求欧盟把创新作为首要和压倒一切的政策目标,在10年内把欧盟建设成为"创新型联盟"。日本的"科技立国"战略已经发展为"科学技术创造立国"战略,强化各个领域和环节富有创新精神的研究,推动创造性自主技术开发。韩国2020年产业技术创新战略提出要实现从"快速跟踪"战略到"领跑者"战略的转变,并实施"独一"未来成长战略,在特定领域占据全球领先地位。

2. 中国——建设创新型国家

改革开放以来,中国经济凭借低成本优势在全球竞争中获得快速发展,那么在创新全球化的阶段,中国的竞争优势在哪里呢?世界每时每刻都在发生变化,中国也每时每刻都在发生变化,我们必须在创新上跟上时代发展要求,不断推进理论创新、实践创新、制度创新、文化创新以及其他各方面创新。

2017年10月18日,中国共产党第十九次全国代表大会开幕会在人民大会堂大礼堂举行,习近平总书记代表十八届中央委员会向大会作报告。十九大报告全文中仅"创新"一词就出现50余次,特别强调加快建设创新型国家。报告指出,创新是引领发展的第一动力,是建设现代化经济体系的战略支撑。要瞄准世界科技前沿,强化基础研究,实现前瞻性基础研究、引领性原创成果重大突破。加强应用基础研究,拓展实施国家重大科技项目,突出关键共性技术、前沿引领技术、现代工程技术、颠覆性技术创新,为建设科技强国、质量强国、航天强国、网络强国、交通强国、数字中国、智慧社会提供有力支撑。加强国家创新体系建设,强化战略科技力量。深化科技体制改革,建立以企业为主体、市场为导向、产学研深度融合的技术创新体系,加强对中小企业创新的支持,促进科技成果转化。倡导创新文化,强化知识产权创造、保护、运用。培养造就一大批具有国际先进水平的战略科技人才、科技领军人才、青年科技人才和高水平创新团队。

创新创业的号召始于 2013 年 10 月的一次国务院常务会议,会议中强调"调动社会资本力量,促进小微企业特别是创新型企业成长,带动就业,推动新兴生产力发展"。此后,创新创业成为了我国的时代风潮。2014 年 9 月召开的夏季达沃斯论坛开幕式上,李克强总理首次提出,要借改革创新的"东风",在中国的土地上掀起"大众创业""草根创业"的浪潮,形成"万众创新""人人创新"的新态势。"大众创业、万众创新"成为中国的国家战略之后,在全国范围内掀起了一股创新创业的风潮。

目前,从中央到地方政府陆续出台了一系列优惠政策支持创新创业活动。深圳作为现代化、国际化城市正在努力打造全球"创新之都"。为优化创新创业环境,深圳推出了一系列人才政策和举措,如设立了产业发展与创新人才奖,奖励在产业发展与自主创新能力方面做出突出贡献的人员;实施"孔雀计划",提出 5 年内重点引进并支持 50 个以上海外高层次人才团队和 1 000 名以上海外高层次人才来深圳创业创新,吸引带动 10 000 名以上各类海外人才来深圳工作;实施人才安居工程,对世界一流杰出人才、国家级的领军人才提供购房补贴;设立海外高层次人才联络处,进一步拓展海外人才联系和引进渠道,畅通用人单位和海外人才之间的供需信息交流。

3. 企业创新

当今社会竞争日益激烈,企业不是在创新中发展壮大,就是在竞争中被淘汰。而如何抓住机遇大力推动科技创新、管理创新和市场创新等,是每一个企业都要思考的问题。企业要生存下去,必须经得住市场的考验。而随着社会的不断进步,人们的消费观念也在变换。因此,企业必须通过创新紧跟时代步伐,才能在未来竞争中占据有利位置。

1) 创新是企业增强核心竞争力的法宝

科大讯飞股份有限公司致力于智能语音及人工智能核心研究和产业化 19 年,已发展成为亚太地区最大的智能语音及人工智能上市公司。2017 年 6 月《麻省理工科技评论》(MIT Technology Review)发布了一年一度的"全球最聪明 50 家公司"榜单,科大讯飞首次上榜并居全球第六,在同期上榜的中国公司中位居第一。这家来自中国安徽,由在校大学生创业的一家上市公司,在人工智能领域再次成为世界瞩目的焦点。科大讯飞到底有何神奇之处?从"草台班子"到与国际巨头抗衡,科大讯飞靠的是始终将源头技术的创新摆在重要位置上,强调源头创新和应用创新的双轮驱动。科大讯飞通过不断的技术革新,推出更加先进更加强大的新产品,对旧产品进行更新或淘汰,从而保持了对竞争对手的技术领先优势,成为人工智能行业的引领者。

2) 创新是企业不竭的生命动力的来源

社会是不断进步的,时代是不断发展的,人的需求也是在不断变化的。懂得随市场变化而不断进行创新的企业才能在市场中获得长久的生命。在中国,每3个手机用户就有2个在使用移动支付,这里是全球最大的移动支付市场。作为第一个发明和使用纸币的国家,这一次,中国又在全球率先引领支付体系迈入新时代。"扫一扫"是近年来使用频率非常高的一个词汇,医院、餐厅、商店、加油站、菜市场……只要在人群集中的地方都能看到各种二维码,"扫一扫"就能完成支付。这是一个支付的新时代,它的方便快捷完全得益于中国云计算和金融系统运算实力的迸发。阿里巴巴旗下的支付宝是当下最火热的移动支付平台之一,阿里巴巴创立至今已经迈入了第19个年头,今天它的规模已经相当于全世界第二十一大经济体,月活跃用户5亿多。马云2017年10月在云栖大会开幕式上的演讲指出:"我们(阿里巴巴)是一家创新的公司,我们要成为国家创新的发动机。"

3) 只有不断创新才不会被时代淘汰

创新能给一个企业注入源源不断的活力。一个不追求创新而墨守成规的企业,最终会被市场淘汰,会被消费者摒弃。诺基亚这个名字曾经享誉世界,诺基亚手机特有的铃声也曾经响彻这个星球的每个角落。在智能手机出现之前,诺基亚自1996年起连续14年占据全球手机市场份额第一的位置。然而这个昔日行业的领先者却在互联网时代来临时骤然陨落。追根溯源,当时的诺基亚高级管理层长期坚守"塞班"这个封闭的操作系统,而迟迟不愿意将其与新兴的智能操作系统结合,从而落后于整个时代,最终只能宣布破产。

创新是企业的生命力,一个可持续发展的企业必然是坚持创新不动摇的企业。在市场竞争日益激烈的今天,要想在市场中获得长久的生存权利,在消费者中站稳脚跟,企业必须学会创新。

4. 高校创新

建设创新型国家不仅需要各级政府和企业界的努力,还需要教育创新、学校创新。高等院校是人才聚集的重要阵地,有自由的学术氛围、良好的基础设施和多学科交叉的影响,这些特点使高等院校成为产生新知识、新思想的沃土,培养科技创新人才的主要基地,以及科技知识生产和传播的重要基地。

在欧美国家,大学在知识创造中一直起着重要作用。根据经济合作与发展组织(OECD)的统计报告,在美国、日本和德国等发达国家,大学是仅次于产业部门的第二大研究开发活动主体。2016年我国科技部、教育部发布《中国普通高校创新能力监测报告》,指出:截至2015年,中国高校R&D人员全时当量35.5万人,比2006年增长46.7%;高校R&D经费内部支出不断提高,2015年达998.6亿元,是2006年的3.6倍;高校牵头承担了80%以上的国家自然科学基金项目和一大批"973""863"等国家重大科技任务;高校SCI论文达22万篇,占全国80%以上。这些数据反映了我国高校科技创新发展的状况,表明高等院校在国家创新系统中发挥着重要作用。

推进国家创新体系建设,要进一步发挥高等院校在知识创造和应用中的基础性作用,建设科学研究与高等教育紧密结合的知识创新体系。支持有条件的高等院校建设高水平的研究型大学。以建立开放、流动、竞争、协作的运行机制为中心,促进科研院所之间、科研院所与高等院校之间的结合和资源集成,形成一批高水平的资源共享的基础科学、前沿高技术和社会公益研究基地。同时,认真解决高等院校学科设置不够合理、科研工作定位不够明晰、科研管理比较薄弱等问题。[2]

5. 大学生创新

青年兴则国家兴,青年强则国家强。青年一代有理想、有本领、有担当,国家就有前途,民族就有希望。中国梦是历史的、现实的,也是未来的,是编者这一代的,更是青年一代的。中华民族伟大复兴的中国梦终将在一代代青年的接力奋斗中变为现实。

2015年,国务院总理李克强在首届中国"互联网+"大学生创新创业大赛总决赛上作出重要批示。他指出:大学生是实施创新驱动发展战略和推进"大众创业、万众创新"的生力军,既要认真扎实学习、掌握更多知识,也要投身创新创业、提高实践能力。教育部门和广大教育工作者要认真贯彻国家决策部署,积极开展教学改革探索,把创新创业教育融入人才培养,切实增强学生的创业意识、创新精神和创造能力,培养"大众创业、万众创新"土壤,为建设创新型国家提供源源不断的人才智力支撑。

2016年,北京市大学生创新创业教育成果展在北京交通大学举行,65所高校带来322件科创作品和237项创新项目成果,吸引了3 000多人参观。从指甲盖大小的发动机,测量PM2.5的可穿戴设备,到供盲人阅读电子书的平板电脑,大学生们针对生活中常见问题、社会关注焦点,利用专业所学,创造出一件又一件令人惊叹的作品。这些奇思妙想的作品或项目正好印证了李克强总理提倡的"大众创业、万众创新"的号召。

1.2 创业带动就业 就业促进创业

高校毕业生是国家宝贵的人才资源,其就业与创业问题关系到我国经济建设、社会稳定和人民群众的根本利益,关系到高等教育的持续、健康、协调发展。大学生毕业后走向社会有两大职业生涯选择方向,即就业与创业。那大学生应该先就业还是先创业呢?这是一个颇具争议性的话题,特别是在这个"大众创业、万众创新"的时代,有人说应该先就业历练,有人说应该抓住难得的创业机遇。要想回答这个问题,我们应该从大学生就业和创业现状谈起。

1. 大学生就业现状

就业是民生之本,是人民维持与改善生活的基本途径之一。我国是世界上人口最多的国家,就业压力在世界上首屈一指。大学生作为未来的社会建设者,在建设创新型国家的过程中具有不可推卸的责任。但是连续多年的高校扩招政策使得大学教育逐渐由"精英教育"转向"大众教育",社会提供的岗位数量与每年庞大的大学毕业生数量有着很大的差距。

根据教育部、人保部的统计,近年来大学毕业生就业形势确实非常严峻:从2000年开始,中国的大学生毕业人数每年都创新高。2000年,全国高校毕业生只有170万人;2003年,高校毕业生人数首次突破200万人;2009年突破600万人;自2011年以来,全国高校毕业生人数按照2%—5%的同比增长率逐年增长,近7年间累计毕业生人数达到5000万人以上。2017年全国高校毕业生人数达795万人,较2016年增加16万人。据估计,2018届全国高校毕业生预计810万以上,大学毕业生的就业现状不容乐观。

2. 大学生创业现状

大学生自主创业是近年来兴起的一种大学生就业模式,即大学生毕业后不是通过传统的就业渠道谋取职业发展,而是利用自己所学的知识和专业技能创办公司、开办企业等。

比尔·盖茨创造了微软帝国,也创造了大学生创业"神话"。20世纪90年代末,全球性的学生创业热潮开始登陆中国。之后20年间,大学生创业处于一种相对平稳的状态,始终未成气候。在西方发达国家,大学生自主创业非常普遍,比如美国大学生创业的比重就高达20%—30%。在我国,大学生创业的比重相对偏低,就一些分析数据来看,大学生创业的比重还不到1%。

最近几年大学生自主创业的热情异常高涨,尤其是李克强总理提出"大众创业、万众创新"的双创口号之后,各种大学生创新创业竞赛应运而生,而创新创业竞赛往往是优秀学生创业者诞生的摇篮。麦可思研究院联合中国社科院发布的《中国大学生就业报告》数据显示,近5年来,大学生毕业即创业比例从2011年的1.6%上升到2017年的3.0%,接近翻了一番。以2017年795万应届毕业生的总量计算,当年创业大学生的数量超过20万。而东北师范大学2016年底发布的《中国大学生就业创业发展报告2016—2017》显示,多数大学生创业并不是出于就业困难,超过90%的大学生创业是主动的机会型创业。

在当今中国的教育体制下,自主创业的"热"是有原因的。一方面,它可以增强大学生的动手操作能力、组织协调能力、心理承受能力、团队合作精神和社会适应能力。另一方面,不论是在公共话语空间还是在高校内部,"就业难"都是不可回避的话题,创业成为解决大学生就业的一个比较现实的选择。

3. 创业与就业的关系

大学生毕业之后,往往面临着创业还是就业的选择。正确地理解创业与就业的关系,有助于大学生作出正确的选择,关系到大学生的切身利益。总的来说,创业与就业的关系可以概括为:创业带动就业,就业促进创业。

1) 创业带动就业

近年来从中央到地方都出台了一些针对大学生就业与创业的应对措施,其中鼓励大学生创业被摆在了突出的位置。这是在总结我国近年来就业工作的实践,深入认识扩大就业的规律,科学分析我国就业形势的基础上提出来的。鼓励大学生创业不仅是减轻当前大学生就业压力的应急之策,也是推动中国经济走向繁荣的长远之计。

创业具有扩大就业的倍增效应。劳动者在创业的时候,不但解决了自己的就业问题,还可以通过合伙创业、组建公司等方式带动更多的人就业,甚至培养和造就更多的创业主体。据统计,每创业成功1人并稳定经营1年以上,平均带动5人就业。可见,促进以创业带动就业,不仅可使创业者通过"自谋职位"和"自我雇佣"实现就业,而且能够实现就业倍增效应,这是就业工作中最活跃、最有效的国家战略。

微软1975年以3 000美元创立,创业者只有盖茨和艾伦2人;到了1980年,微软员工达到了38人;而截至2015年,微软的全球员工总数达到创纪录的118 000人。中国互联网企业阿里巴巴集团的产品已经深入到我们生活的各个层面。1999年在浙江杭州创业时只有马云为首的18人,2017年阿里巴巴成立的第18个年头,集团员工总人数突破7万人。2016年,研究机构数据显示,阿里巴巴电商生态为数百万大学生和年轻人提供了创业机会,带来了1 500万个直接就业机会,以及3 000万个以上的间接就业机会。

2) 就业与创业的认识误区

既然创业这么好,尤其是在李克强总理提出"大众创业、万众创新"的口号之后,各级政府和高等院校采取一系列优惠措施鼓励大学生自主创业,那么是不是每个大学生都应该选择创业而不去就业呢?答案当然是否定的。鼓励创业并不是鼓励盲目创业,而是鼓励有一定创业基础、创业能力和创业意愿的人结合实际进行创业。

盖茨、扎克伯格等人的创业历程激励着热血沸腾的当代大学生们,使得现在大学生的创业梦想迅速膨胀起来。但是,我们应该搞清楚一个事实,所有创业成功者背后的辛酸是普通人无法了解的。

创业是一个充满风险的过程,要有远见、胆识和毅力。并不是光有豪情万丈、满怀理想就能去创业,也并不是光有闯劲、有一颗不甘平庸的心就能够去创业。创业需要天时、地利、人和。网易创始人丁磊曾说过:"世界上只有一个比尔·盖茨。"所以说,并不是每个人都适合创业。

3) 就业促进创业

一方面,创业具有扩大就业的倍增效应;另一方面,就业促进创业,增加了创业成功的几率。研究表明,社会创业成功的概率高达30%以上,而大学生创业成功率只有不到3%。

就业过程实际上是自身素质不断塑造和展露的过程,是一个不断进行自我超越和修正的过程,这个过程能够带来生存和发展,同时又使人养成能够适应环境生存价值变化的能力。在就业过程中可以积累经验,包括工作经验、人际交往经验、全面性地考虑事情的经验,甚至是公司领导的管理经验,为之后的创业做好充足准备。

共享单车遍及很多大中小城市,成为城市里"一道亮丽的风景线"。胡玮炜是摩拜单车的创始人兼总裁。2004年,胡玮炜从浙江大学城市学院新闻系毕业后进入《每日经济新闻》经济部成为一名汽车记者,后来又去了《新京报》《商业价值》《极客公园》做科技报道;2015年1月,创办北京摩拜科技有限公司;2017年,被评为全国创新创业好青年,同时获得中国电子商务创新发展峰会颁发的年度新锐人物奖。

值得注意的是胡玮炜创建摩拜之前,已经拥有十年的汽车科技媒体经历。现实中不乏社会创业的案例:创立百度之前,李彦宏已经跻身全球最顶尖的搜索引擎工程师行列;创办腾讯之前,马化腾已经在电信及互联网行业拥有10多年工作经验。

4. 小结

现在我们回答本节开始时提出的那个问题,大学生先就业还是先创业没有一个固定的模式,因人而异。无论是创业还是就业,你首先必须清楚地了解自己的能力、优势和短板,并且有针对性地进行判断和选择。大学生要充分利用当前政策营造的宽松和广阔的就业环境,认清形势,转变观念,以市场需求为核心,以积极进取的态度,从现实和自身的条件出发,做好就业或创业的各种准备。当就业机会来临时,或者当创业条件成熟时,果断出击,在激烈的竞争中开拓事业的新局面。

1.3 只有更好创新才能更好创业

1. 创新不等于创业

关于创新和创业,很多高等院校和大学生很容易走向一个误区,即把创新与创业混为一谈。其实创新和创业并不相同,既有区别,又有联系。

许多高等院校中都存在这么一种现象——重视创业而忽视创新。对创新的忽视是因为创新是看不见、摸不着的,短时间内也很难看到成果。而创业的成果相对于创新来说则更加看得见、摸得着。但是,"重视创业而忽视创新"的做法是非常片面的,短时间内这些创业团队可能解决了学生的就业问题并带来一定收益,但是没有创新的创业往往是会失败的。

新东方创始人、洪泰基金联合创始人俞敏洪在一次采访中说道:"我现在搞天使投资,每天接触的大学生项目非常多,坦率地说,95%是没有创新的。创业的人越来越多,创业失败的比例也越来越高。"国家应该更多鼓励真正的创新企业、创新项目,只有更好地创新才能更好地创业,才能提升创业成功的比例。

2. 创新与创业的关系

1) 创新是创业的核心和灵魂

创新是创业的核心,创新是创业的本质特征,创新为创业提供源泉和支撑,创新决定了创业的水平和发展潜力。大学生创业必须要有创新意识、创新思维、创新技能和创新品质,才能在严酷的市场环境中开辟出一条创业成功之路。

创新是创业的灵魂,没有创新的创业是低层次的创业,很难形成自己的核心竞争力,很难有持久旺盛的生命力,难以长期生存,很快就会被市场所淘汰。因此,我们需要创新驱动的创业,社会和高校应该主动引导和鼓励大学生多开展基于创新的创业,只有这样才能在创业的大道上越走越强,越走越远。

2) 创业是创新的载体和实现手段

创业是实现创新的过程,创业是创新的载体和实现手段。大学生创业不仅需要有创新,还需要具备一定的创业意识、创业品质和创业能力,可以说,创业实现并进一步推动和深化创新。

相反,脱离了创业实践,忽视了创业素养和创业能力,那么创新就不可能转化为现实成果,也很难创造出应有的价值。

3) 创新和创业相辅相成,密不可分

创新和创业本质上是相通的,创新是创业的本质、核心、源泉和灵魂,创业是创新的载体和实现形式,创新离不开创业,同样创业也离不开创新,二者相互促进又相互制约,是密不可分的统一体。

大学生在创新创业实践中,要树立正确的创新观和创业观,就必须深刻理解和掌握创新与创业之间的关系,才能在创新创业大潮中闯出一片天地。

3. 创新意识在大学生创业过程中的重要意义

随着我国高等教育的大众化,大学生毕业人数每年都创新高,大学毕业生人数与就业岗位供给之间的不平衡问题不断加大,大学生就业成为日渐严峻的社会问题,这就意味着有很多的大学生刚毕业就面临着失业的危机。

因此,大学生自主创业是非常有必要的。创新意识与创业有着十分密切的关系,创新意识是创业者必备的素质,是创业者开拓新领域、发展新事业、解决各种矛盾和问题的助推器,有时候对创业者工作新局面的展开有着决定性的影响。

首先,创新意识是大学生进行创业的精神指南,具有引导大学生进行创业的重要功能。任何事物都有内在和外在两个层面,大学生能力也呈现出两个层面。如果视创业为外在表现,那么其内在特征即为创新意识。

其次,创新意识是创业策略的重要指引之一。任何创业必然需要相应的策略指引。尤其是大学生的创业,其目的不仅止于事业的成功,更具有锻炼自身能力的特殊定位,因此,其实现过程里有一个非常重要而不可忽略的内容,即创业策略。而任何创业策略的产生,必然依赖于创新意识。

最后,创新意识能激发大学生的创业潜能。当大学生通过自己的有意培养实现了自身创新意识的提高,必将基于对自身能力的自信和新颖的创业策略而形成明确的创业意向,从而走上创业道路。因此,创新意识是对大学生创业潜能的一种有意开发。

总之,大学生是否具备创新意识,对其自身的能力培养,尤其是对其是否能成功创业具有重大的意义。[3]

1.4 创新创业与大学生职业发展

1. 大学生职业教育的相关概念

教育部在《关于大力推进高等学校创新创业教育和大学生自主创业工作的意见》中指出:"在高等学校开展创新创业教育,积极鼓励高校学生自主创业,是教育系统深入学习实践科学发展观,服务于创新型国家建设的重大战略举措;是深化高等教育教学改革,培养学生创新精神和实践能力的重要途径;是落实以创业带动就业,促进高校毕业生充分就业的重要措施。"随着"创业基础"课纳入本科必修,创新创业教育再一次成为教育研究的关注点。

创新创业教育以培养具有创业基本素质和开创型个性的人才为目标,是一种以培育在校学生的创业意识、创新精神、创新创业能力为主的新的教育理念。目的是通过创新创业教育的人才培养推进创新型经济发展和创新型国家建设,鼓励学生转变就业观念,将创新创业作为未来职业的一种选择。[4]

大学生职业生涯规划教育是指大学生在校期间在教师的指导下有意识、有目的、有针对性地进行系统的职业生涯规划的过程。在这个过程中,大学生根据各自的兴趣、性格、价值观、知识结构、能力、身体情况等因素明确目标,为未来的就业和事业发展做好充分的知识准备、技能准备和心理准备。职业生涯规划的有无及好坏直接影响到大学期间的学习生活质量,更影响到求职就业甚至未来职业生涯的成败。[5]

当前许多高校积极开展职业生涯规划教育和创新创业教育,以提高大学生的核心竞争力。将创新创业教育融入职业生涯规划教育中,一方面能够从低年级起就培养大学生的创新创业精神和意识,另一方面能够与以后的课程学习相结合,使学生有目的地寻找各种创新创业契机,锻炼综合素质和能力,增强就业能力。

2. 职业生涯规划教育对大学生创新创业教育的影响

1) 帮助大学生树立正确的职业价值观

大学生职业生涯规划教育的目的就是为了引导大学生根据对自身的兴趣、爱好、性格等的综合分析,明确职业发展目标,选择职业发展道路,形成实现职业生涯目标的行动计划,明确求职的方向和目标。

2) 最大限度发挥大学生的潜能

大学生职业生涯规划教育能帮助大学生真正了解和认知自己,为自己规划未来。在创新创业实际运行过程中,找准自己的职业兴趣与爱好,充分挖掘大学生的自我潜能,切实增强自身实力,全面提高综合素质,激发大学生在未来职场的潜能,增强职业幸福感。

3) 提高大学生就业率和就业质量

随着我国社会经济的发展,大学生就业问题已经成为一个社会重点关注的问题。大学生就业压力非常大。要让大学生能够从事自己喜欢的职业,就需要高校做出更多的努力,在人才培养过程中,以市场为导向,同时尊重学生个性发展。开展职业生涯规划教育,能使大学生注重个性发展、提升职业能力,在未来的职场中脱颖而出。同时,在职业生涯规划教育实践活动中,不断培养大学生的创新创业能力,创造更多的就业机会,从而提高大学毕业生的就业率和就业质量,使大学生走上成功的职业发展之路。[6]

4) 有利于大学生实现自我理想

大学生职业生涯规划教育能使大学生科学合理地规划自己的职业价值观、职业兴趣和职业能力,清晰地进行自我认知,发展自我,完善自我。创新创业教育则为大学生提供了一个更广阔的平台,借助这个平台,在职业生涯规划的引导下,很多大学生能够大展拳脚,实现自己的抱负和理想。

3. 创新创业教育对职业生涯规划教育的意义

创新创业的概念不仅仅局限在自主创业上,还具有广义上的开创事业、开拓业绩等含义,包括创新能力、创业能力及其他综合素质的提升和发展,而这些素质对于社会各领域的岗位都十分重要,因而创新创业教育对个人职业生涯发展起着积极作用。

第一,创新创业教育培育和提升创新创业能力,使大学生能够在职业生涯规划的层面上,更加深入了解创新创业的内涵,把创业作为一种可能的职业选择来看待,在作出创业选择时更加理性。

第二,创新创业教育在创新创业能力培育过程中,帮助大学生了解商业运作的基本规律和过程,掌握初步创业技能和市场分析方法,更加深入地理解市场需求和职业环境,为大学生未来的职业选择提供方向和正确引导,从而增强了职业生涯规划的科学性和可行性。

第三,创新创业教育可以有效增强大学生职业素质,包括机会识别能力、团队合作能力、沟通能力、创新能力、管理能力、资源获取与整合能力等,从而提高大学生毕业后的职场适应力和竞争力,有助于提升个体职业发展空间的高度和广度。

第四,创新创业教育还可以引导学生主动地进行职业探索,积极规划未来,以良好的心态在职业生涯的发展变化中不断认识自我、调整自我、更新自我、完善自我,适应外部环境的变化,适应新时代的要求。[7]

4. 大学生职业生涯规划教育与创新创业教育的融合

大学生职业生涯规划教育可以有效地帮助大学生进行职业定位,创新创业教育是为了培养大学生的创新创业能力,二者有机联系在一起。大学生创新创业要依赖科学的规划,而职业生涯规划教育能帮助学生克服和规避创新创业中的艰难险阻,提高创新创业的成功率。

首先,职业生涯规划教育对大学生创新创业教育具有重要的意义。创新与创业能力的提高要依赖于职业生涯规划,职业规划合理,职业定位准确,大学生才能突破从众心理,捕捉机遇,敢于创新,大胆创业。创新创业不仅要靠胆量和勇气,更要依靠智谋、经验、社会责任感、人际沟通与交往能力等综合素质。

其次,创新创业教育能引导大学生主动进行职业探索。职业生涯不是一成不变的,是一个动态发展的过程。随着大学生自我认知的深入,辅以对未来职业的市场调查,他们会对就业前景加深理解,从而对原有的职业规划作适当的调整或改变。创新创业教育就是要引导大学生主动地进行职业探索,积极地规划未来,以良好的心态在职业生涯的发展中不断调整、更新、完善自我,适应外部职业环境的变化,使自身的职业规划与社会发展良好互动。[8]

5. 结语

大学生职业生涯规划教育和创新创业教育是一项系统工程,为了给建设创新型国家提供大量后备人才,高校对大学生的这两项教育都是十分重要的。高校在人才培养过程中,要充分运用职业生涯规划的理论来开展大学生创新创业教育工作,科学地将大学生职业生涯规划与创新创业教育有机结合,引导大学对未来职业目标进行科学合理的规划,发挥大学生职业生涯规划对大学生创新创业教育的积极作用,培养具有职业素养和创新创业能力的新时代大学生,提高大学生整体素质,以顺应整个时代的潮流,促进社会发展。[2]

案例分析

> 中国"互联网+"大学生创新创业大赛2015年由李克强总理亲自提议举办,至今已经成功举办了三届,产生了很多优秀的创新创业团队。不少团队已经成立公司走向市场,获得盈利。比如2017年第三届中国"互联网+"大学生创新创业大赛季军是来自东南大学的"全息3D智能炫屏——南京万事屋科技有限公司",团队创始人周全是东南大学2014届信息科学专业毕业生。在学校的时候这个项目已有雏形,并申请到三项国家专利。现在团队已经壮大到15人,包括东大在校学生。周全透露,这项技术已经被多家大企业相中,宝马、奔驰、本田等汽车企业已经购买,用于全息车型展示。同时他们与苏宁、可口可乐、vivo、森马服饰、海澜之家等多家知名企业达成了长期合作意向。在2017年的CES Asia科技博览会上,成功开拓了土耳其、澳大利亚、美国、意大利、墨西哥、印度等国外市场,单日达成意向订单2000余台。2017年1月到8月,接受订单23 240台,全部交付直接产生营业收入达6 000余万元。
>
> (1) 结合上述材料,谈谈你对"大学生是实施创新驱动发展战略和推进大众创业、万众创新生力军"这句话的理解。
>
> (2) 结合身边的案例和上述材料,分析上至国家、下至学校都在鼓励大学生创业的原因。

思考题

(1) 谈谈你对李克强总理提出的"大众创业、万众创新"双创口号的理解。

(2) 你是如何理解创新对个人、学校、企业乃至整个国家的影响的？

(3) 你身边有大学生创新创业的案例吗？与同学分享，并通过案例分析创新与创业的关系。

(4) 请结合自身的特点、能力、兴趣等分析一下你将来是先就业还是先创业。为什么？

(5) 你的职业理想是什么？从职业生涯规划和创新创业角度谈谈你打算成为一个什么样的大学生。

第 2 章 推进创新创业教育促进人的全面发展

 学习目标

- 理解并掌握创新教育的内涵
- 理解并掌握创业教育的内涵
- 理解创新创业教育的目标
- 了解创新创业教育的意义
- 了解部分发达国家创业教育概况
- 了解我国创业教育发展存在的问题
- 了解对我国发展创业教育的建议

 重点难点

- 创新教育的内涵
- 创业教育的内涵
- 创新创业教育的内涵
- 创业教育的误区
- 创新创业教育的定位
- 创新创业教育的本质
- 创新创业教育冰山模型

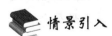 情景引入

安徽信息工程学院三层金字塔式创新创业教育体系

安徽信息工程学院是安徽省首个转设成功的独立学院,定位应用型,致力成为"产业工程师、创业企业家的摇篮"。学院继承了科大讯飞创新创业的优良"基因",高度重视并开展一系列深化创新创业教育改革工作,构建了"创意创新教育—创新创业培养—创业产业孵化"三层递进的创新创业培养体系(图 2.1),取得了显著成效。

为统筹学院资源推进创新创业工作,学院成立"创新创业教育改革工作领导小组",每学期定期举行工作推进会议,统筹、协调、指导创新创业教育工作,学院双创中心、大学生创新

创业基地和创业与就业竞争力促进中心负责完善不同层次的创新创业实践平台。印发了《学院关于深化创新创业教育改革的实施方案》，构建了三层递进的培养体系，从完善人才培养质量标准、创新人才培养机制等十个方面明确了任务分工。同时学院设立大学生创新创业指导中心，配有专职指导人员4名，兼职指导人员66名，2018年设立创业教育、创业指导服务工作专项经费380万元。

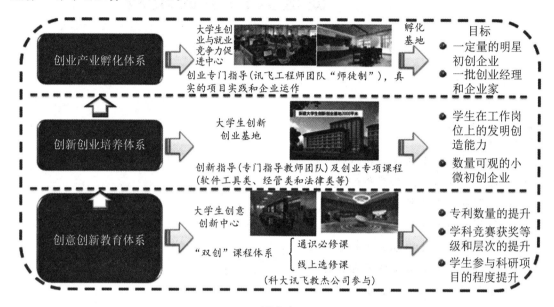

图2.1

稳步推进深化双创教育改革。学院制订了人才培养方案，开设一门创新教育通识必修课程及若干门专项创新创业教育选修课，建立了专门的"创业就业"慕课平台，2017年两学期共开设线上选修双创课程28门，选课达4256人次。鼓励学生参加大学生创新创业训练计划项目，鼓励自主创业课程学分和综合素质学分置换，使专业教育和创新创业教育有机融合，确保创新创业教育贯穿人才培养过程的始终。

实践训练平台多样，双创实践活动参与度高。学院特色"创意创新教育—创新创业培养—创业产业孵化"三层递进创新创业培养体系中，创意创新教育专门平台为面向全体学生全天候开放的三创中心，支撑学生参与学科技能竞赛和大学生创新项目训练；创新创业培养专门平台为新芜、文津双校区大学生创业基地，支持学生入驻进行创业实践训练；创业产业孵化专门平台为文津校区智慧城市产业园20层大楼，承担孵化大学生创业明星企业的重任。

全方位创新创业指导，创业扶持有力。学院建立了完善的创新创业指导服务体系，同时开展创业模拟实训及SYB培训，对参加课程培训的学生进行后续跟踪服务，提高创业转化率。已开展创业实践的学生可申请入驻大学生创新创业广场，由专职人员对其实行帮扶、跟踪、全程指导、一站式服务。学院建立持续化信息服务制度，以学院官网、官微等平台为载体，为学生实时提供各级创新创业政策信息。

围绕目标抓建设，工作成效显著。目前学院创业学生200余人，以创新带动创业，以创业促进就业，2017届毕业生就业率高达99.16%，位于安徽省前列。学院积极开展创新创业大赛并组织学生参加各类创新创业大赛，成果显著，不仅在省级、国家级创业大赛中荣获多个奖项,还涌现出 2 家年产值超过 500 万元人民币的企业。学院更通过开展创业沙龙、举办创业政策宣讲等活动打开创业思路、拓展创业人脉、提升创业实效。

2.1 创新创业教育概述

当前,全球新一轮科技革命和产业变革方兴未艾,科技创新加速推进,国际科技竞争日趋激烈,社会创新此起彼伏,世界正在发生前所未有的广泛而深刻的变革,创新已经成为这个时代的主导力量,人类已经步入创新时代。

创新创业教育正是顺应时代发展要求而出现的一种新的教育理念和人才培养模式,它着重培养受教育者的创新意识、创新思维、创新精神和创新品格,不断提升其创新与创业能力。大力发展创新创业教育已成为世界各国的广泛共识。

1998 年 10 月 5 日至 9 日,联合国教科文组织在巴黎召开了首届"世界高等教育大会",并发表了《21 世纪的高等教育:展望和行动世界宣言》,提出:"必须将培养创业技能和创业精神作为高等教育的重要问题,使毕业生不仅成为求职者,而且逐渐成为职业的创造者。"[9]

十八大以来,党和政府高度重视高校创新创业教育,制定出台了一系列鼓励创新创业的政策文件,明确提出要将创新创业教育融入人才培养过程中去,切实增强学生的创业意识、创新精神和创造能力,培养大众创业、万众创新土壤,为建成创新型国家提供源源不断的人才支撑和智力支持。

2015 年 5 月 13 日,国务院办公厅印发的《国务院办公厅关于深化高等学校创新创业教育改革的实施意见》明确指出:"深化高等学校创新创业教育改革,是国家实施创新驱动发展战略、促进经济提质增效升级的迫切需要,是推进高等教育综合改革、促进高校毕业生更高质量创业就业的重要举措。"该实施意见为创新创业教育向深层次、高水平发展注入了新的活力。

通过创新创业教育培养大批具备创新思维、创业精神与创新创业核心能力的高素质创新创业人才,对加快我国经济发展方式转型升级,推动社会创新变革与进步,建设创新型国家具有不可替代的重大作用,大力发展创新创业教育已成为我国高等教育改革和发展的必然趋势和内在要求。

1. 创新创业教育的内涵

深入研究和推进创新创业教育改革发展,首先必须准确界定创新创业教育的本质内涵。正确理解和把握创新创业教育的科学内涵是促进创新创业教育良性发展的关键。

创新创业教育是以培养受教育者的创新意识、创新精神与品格、创新思维、创业精神、创新与创业能力为基本价值取向的一种新的教育理念和人才培养模式,是创新经济时代的产物,也是适应经济社会发展和建设创新型国家的内在要求。

创新创业教育起初并不是一个整体概念,而是创新教育和创业教育的合称。然而,现代创新创业教育并不是创新教育与创业教育的简单叠加,而是被赋予了更多的新内涵和时代目前,关于创新教育还没有形成一个统一的概念界定。创新教育的内涵大致分为广义和狭义两大类。狭义上是指以具备创新精神、理念、素养、人格和创造能力的创新人才为多层面培养目标的教育活动;广义上是指以培养受教育者的创新素养、提升受教育者的创新潜能为最终宗旨,而有别于传统教育、填鸭式教育等守旧的教育形式,使受教育者能够进行创新,而开展的一种新型教育活动。[10]

创新教育也就是根据创新原理,以培养学生具有一定的创新意识、创新思维、创新能力以及创新个性为主要目标的教育理论和方法,重在让学生牢固、系统地掌握学科知识的同时发展他们的创新能力。[11]

本书认为,创新教育的内涵可以确定为:以培养创新人才为目的,以开展教育创新深化教育改革为主要手段,努力提高学生的创新素质、培养学生的创新人格的教育活动。[12]

创新教育是指以提高受教育者的创新素养和创新能力为主题,以培育创新品格为核心,以提升创新思维能力为抓手,以变革传统教育理念和人才培养模式为重点的新型创新人才教育理念和培养模式。

创新教育通过全面开发受教育者的创新潜能,培养其创新意识和创新精神,提高创新思维能力,锤炼创新品格,提升创新能力,使其能够辩证独立思考并创造性地分析和解决问题。

创新教育的根本目的是育人,也就是说,创新教育不仅仅是以培养人们的创新技能和创新能力为基本价值取向的教育,更是唤醒创新灵魂、塑造创新人格、培育创新意识和创新精神的教育,让每一个受教育者都能够张扬创新个性,富有创新智慧和能力。

因此,创新教育不是为了培养少数创新人才而开展的精英教育,而是为了努力开发每个受教育者的创新潜能,使其具备良好创新品格和创新素养的大众教育。也只有面向全体受教育者,大力开发每一位受教育者的创新潜能,有效培养其创新意识、创新精神、创新思维、创新品格和创新能力,才能有大批创新人才涌现出来。这符合教育的育人宗旨和初衷,也是维护教育公平的具体体现。只有坚持这一点才能有效防止创新教育陷入功利化和精英化的陷阱。

另外,创新教育呼唤教育创新,创新教育的重点在于进行教育创新,也就是说要彻底变革传统教育理念和人才培养模式。过去的教育理念、人才培养模式、教育体制与机制已经不能适应现代创新教育的要求。我们需要对传统教育理念和人才培养模式进行全面、彻底和系统的反思,探索建立与之相适应的新型教育理念、教学模式和人才培养模式。

1989年11月底,联合国教科文组织在北京召开了"面向21世纪教育国际研讨会",世界经济合作与发展组织的专家柯林·博尔在会上正式提出了"创业教育"这一概念。他在向经济合作与发展组织的教育研究与变革中心提交的一篇论文中认为,未来的人都应掌握三本教育护照:一本是学术性的,一本是职业性的,一本则是证明一个人的事业心和开拓能力的。"第三本教育护照"即来源于"创业教育"。至此创业教育这一概念正式出现。

创业教育也有两种界定。狭义的创业教育是一种培养学生从事工商业活动的综合能力的教育,使学生从单纯的谋职者变成职业岗位的创造者。广义的创业教育是培养具有开创性精神的人的教育,这在实质上也是一种素质教育。[13]

狭义的创业教育被定义为"培养创业者从单纯的求职者转变为岗位创造者过程中,所需要进行的意识、知识、能力、精神及相应实践活动的教育"。主要包含两方面内容,一是"求职",二是"创造新的就业岗位"。而广义的创业教育是指"培养具有开创性个性的人才的教育活动,这一群体不仅要具备首创思维、创业能力、冒险精神、事业心和进取心等相关心理素质,而且要有独立工作能力、相关技术、社会交往和相应管理技能"。[10]

有学者广义上把创业教育定义为"培养具有开创性精神的人,这在实质上也是一种素质教育",狭义上认为是"为那些贫困人口提供急需的技能、技巧和资源教育,使他们能够自食其力"。也有学者把狭义的创业教育认为"是一种培养学生从事商业活动的综合能力的教育,使学生从单纯的谋职者变成职业岗位的创造者"。[14]

所谓创业,包括创建企业、开拓产业、开创事业等。创业教育是指以创造性和开创性为基本内涵,以课程教学与实践活动为主要载体,以开发和提高创业主体综合素质为终极目标,培养其未来从事创业实践活动所必备的知识、能力与心理品质等的素质教育。[15]

本书认为,创业教育本质上是一种培养受教育者创业基本能力与素质的教育,也是一种开发个体创业潜能、敢于突破、实现自我价值的教育。

因此,所谓创业教育是指以传授创业理论知识,搭建创业训练拓展平台,提高受教育者的创业技能水平为主要手段,以培养受教育者的创业精神和创业综合能力为核心,以增强受教育者的开拓性素养和可持续发展能力为宗旨的教育理念及活动。

创业教育是一个复杂的系统概念,不能简单地把它割裂为广义和狭义之分,形成两种极端,两者应该统一于创业教育之中。这既有利于防止人为地窄化创业教育的深刻内涵,也有利于防止过度地泛化创业教育。

正确地理解和把握创业教育的本质内涵,还需要防止陷入以下误区:

1) 把创业教育理解为教会学生创办企业或公司

将创业教育狭隘地理解为教会学生创办企业或公司是一种典型的窄化创业教育深刻内涵的行为,严重违背了创业教育的宗旨,扭曲了创业教育的本质。创业教育并不等于倡导和鼓励学生去创办企业,主动地为自己或他人创造就业机会或岗位。因为大量研究已经表明,大学生虽然是社会中素质较高的一个群体,创新能力较强,接受过系统学习,充满激情与活力,但大多数学生社会经验不足,风险应对能力较弱,社会交往能力较差,集中表现为创业成熟度较低,如果把他们直接推向社会去创办企业,则创业失败风险极大,会造成大量的资源浪费,给创业者带来难以承受的损失。创业教育传授相关创业理论知识和实践技能,搭建创业训练平台,使受教育者能够掌握相关创业理论知识,具备一定的创业能力,但这不等于让每个受教育者都去创业,而是使每个受教育者都具备一定的创业素养和创业能力,增强其开拓性素养和可持续发展能力,使之在今后的成长发展中更加具有竞争力,更好地实现人生价值。

2) 把创业教育等同于创业项目培训

把创业教育等同于创业项目培训同样是犯了窄化创业教育的错误,没有正确把握创业教育的深刻内涵和精神实质,容易把创业教育平庸化为单纯的技巧与操作。而且创业项目培训往往具有很强的功利性,希望短时间内就能够出成果。教育不是盖房子,往往具有一定的滞后性,不可能立竿见影、一蹴而就,受教育者创新思维的开发、创业能力的锤炼,需要一个循序渐进的过程。很多地方把成立多少家创业公司,进行多少次创业项目培训或讲座,获得多少次创业比赛奖牌作为衡量创业教育成败的主要指标。创业教育不能简单地以大学生创业实体的数量评判,当然也不能以创业项目成功与否评判,而应该以大学生接受创业教育所获得的以创新与创业能力为核心的综合素质提升和职业精神培育的质量评判。不应该把创业教育引向精英化的歧途,把大多数学生排斥在创业教育之外。创业教育不是只针对少数有创办企业潜质学生的技能性教育,而应该是面向全体学生的综合性素质教育,其宗旨是为学生终身可持续发展奠定坚实的基础。

3) 把创业教育独立于知识教育和专业教育之外

这种观点认为创业教育可以独立存在,自成一派。创业教育决不能脱离知识教育和专业教育而孤立地存在。创业教育包含于多学科之中,具有很强的学科关联性,脱离了知识教育、专业教育,没有相应的文化氛围和专业知识支撑,创业教育就像无水之鱼,会慢慢枯竭至死。这是"因为人的创造性是不能像具体技能和技巧那样教授的,它必须通过现代科学知识和人文知识所包含的文化精神的熏陶和教化才能生成"。[16]创业教育不但不排斥知识教育和专业教育,而且必须把创业教育融入到知识教育和专业教育之中。

4) 把创业教育等同于就业指导

这种观点认为创业教育是在大学生就业压力下的被动之举,或者说创业教育是缓解就业压力的权宜之计。这样的创业教育把岗位职业培训作为创业教育的主要内容,把就业率的高低作为衡量创业教育成败的标准。这种观点同样犯了严重窄化创业教育的错误,是对创业教育深刻内涵和精神实质的误读。创业教育绝不等同于就业指导,而是一种基本能力与素质的教育,也是一种开发个体潜能、实现自我价值的教育。

正确地理解和把握创新教育与创业教育的深刻内涵和精神实质是准确理解和掌握创新创业教育内涵和本质的关键。我们知道,创新和创业紧密联系,密不可分,创新和创业本质上是相通的,创新是创业的核心和基础,创新为创业提供源泉和支撑,创业实现创新并进一步推动和深化创新。创新教育与创业教育同样紧密联系,密不可分。我们要突破创新教育与创业教育相分离的局面,打通创新教育与创业教育的联系,将二者有机融合,创新创业教育正是在此背景下应运而生的。

创新创业教育继承和发扬了创新教育与创业教育的宗旨和精神实质,兼顾创新教育与创业教育的特点,同时被赋予了新的使命和时代内涵,是在两者基础上进一步融合的统一体。

2. 创新创业教育的目标

创新创业教育的目标是一个多因素、多层次和全方位的目标体系(表2.1)。

表 2.1 创新创业教育的目标与要点

序号	目标	要点
1	创新意识	推崇创新,追求创新,以创新为荣,好奇心,问题意识,敢于质疑,求变意识,求真意识,求新求异意识等
2	创新思维	批判性思维,逆向性思维,换位思维,移植、组合、拆解思维,发散性思维等
3	创新与创业精神	求真精神,实干精神,开拓精神等
4	创新人格	独立,自信,开放,勇敢等
5	独立思考与批判思考	敢于质疑,独立思考,能够批判思考
6	创业意识	风险意识,市场意识,机会意识等
7	企业家精神	实干,诚信,自信,富有远见,开拓精神等
8	创新与创业能力	创造力,创意,创新转化,创业能力等
9	识别创业机会,对市场敏感	捕捉市场机遇的能力,识别创业机会等
10	强大的资源整合与管理能力	资源整合,运营管理等
11	出色的组织领导能力	组织管理,激励能力,团队管理,领导力等
12	高效的判断与决策能力	决策信息搜集,决策工具,决策方法等
13	应对风险与挑战能力	风险预估,成本控制等

总之,创新创业教育旨在提高学生的创新创业意识,培育学生的创新思维和创新精神,增强其创新与创业能力,促进人的全面发展,培养出与创新时代潮流相适应的具有创新意识和创新能力的高素质人才,以适应经济发展和社会变革的需要。

哈佛大学原校长陆登庭在北京大学讲坛上讲了这样一段发人深省的话:"在迈向新世纪的过程中,一种最好的教育就是使人们具有创新性,变得更善于思考,更有追求的理想和洞察力,成为更完善、更成功的人。"可以说,卓越的创新能力充分地体现了一个人发现问题、积极探索的心理取向和善于把握机会的敏锐性。创新能力绝不仅仅是一种智力特征,更是人格特征、精神状态以及综合素质的体现。[11]

3. 创新创业教育的定位

定位是指为事物发展确定方位,是方向性、根本性问题。创新创业教育的定位事关创新创业教育的发展和未来,因此意义重大。

创新创业教育的定位不是企业家教育,也不是职业教育,更不是就业教育,而是培养高素质创新创业人才的教育。创新创业教育本身的教育性质决定了其价值的基础性和未来性。创新创业教育必须坚持培养高素质创新创业人才的教育本位,才能让创新创业教育回归教育价值本位,避免创新创业教育陷入功利化、工具化和精英化的误区。

创新创业教育坚持培养高素质创新创业人才的教育定位,应是我国创新创业教育发展步入新时期新阶段的重要标志,将极大地推动我国创新创业教育的快速健康发展。

4. 创新创业教育的本质

创新创业教育本质上是一种高层次、高质量、综合性的素质教育。创新创业教育的核心是"育人"。因此,在创新创业教育中,需要坚持以人为本,以人的发展为本,着力提高人的综合素质,促进人的全面发展。

素质教育强调人的全方位综合发展,培养人的创新创业意识、精神、人格、能力和素养是实施素质教育的重点和核心。创新创业素养是学生综合素质的重要体现,也是评估人才培养质量的重要衡量指标。

创新创业教育不是一般普通的素质教育,而是高层次、高质量、综合性的素质教育,是知行合一的素质教育,是一个集知识、专业、能力与素养为一体的多学科交叉融合的素质教育,是素质教育的最高体现。

本书构建了创新创业教育冰山模型(图 2.2)。该模型创造性地揭示了创新创业教育的本质。日常生活中,人们往往把目光聚焦到创新创业技能,过度地重视创新创业的显性层面,而忽视了创新创业的隐性层面。

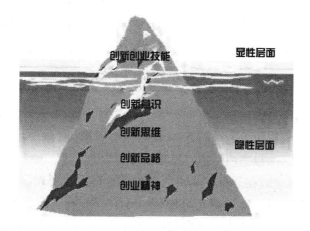

图 2.2 创新创业教育冰山模型

创新创业技能是建立在创新意识、创新思维、创新品格和创业精神等基础之上的,或者说前者是后者的表现形式和延伸。过度重视显性层面的培养而忽略隐性层面的培养无异于本末倒置。创新创业教育不仅培养创新创业技能等显性层面,更重视创新意识、创新思维、创新品格和创业精神等隐性层面的培养。只有这样才能从根本上提高创新创业教育的质量和水平,促进创新创业教育快速、健康、可持续地发展。

5. 创新创业教育的意义

创新创业教育作为培养创新创业人才的重大举措,有利于提高学生的创新创业意识,培育学生的创新思维和创新精神,增强其创新与创业能力,激发学生的创新创业活力,不断开发释放其创新创业潜能,不断提升学生的综合素养和能力,促进人的全面发展。

1) 开展创新创业教育是时代和现实的选择

开展创新创业教育,这是顺应创新经济时代发展的必然选择,也是适应社会变革发展的必然趋势。当前,全球新一轮科技革命和产业变革方兴未艾,科技创新加速推进,国际科技竞争日趋激烈,社会创新与变革持续推进,世界正在发生前所未有的广泛而深刻的变革,创新已经成为这个时代的核心主题,人类已经步入创新时代,开展创新创业教育正是顺应创新经济时代的必然产物,适应社会发展的必然趋势。

2) 开展创新创业教育是高等教育改革的重要措施

开展创新创业教育是推进高等教育综合改革的重要措施。切实将深化高校创新创业教育改革作为推进高等教育综合改革的突破口,将解决高校创新创业教育存在的突出问题作为深化高校创新创业教育改革的着力点,将完善高校创新创业教育体制机制作为深化高校创新创业教育改革的支撑点,面向全体、分类施教、结合专业、强化实践,增强学生的创新精神、创业意识和创新创业能力,促进学生全面发展,提升人力资源素质,努力造就"大众创业、万众创新"的生力军。

3) 开展创新创业教育是促进学生个体全面发展的必然要求

开展创新创业教育是促进人的全面发展的必然要求。当今,人才竞争激烈,对人才的综合素质特别是创新创业素质提出了更高要求。创新创业教育坚持以人为本,以促进人的全面发展作为最根本的价值取向。个体的全面发展离不开创新创业教育,创新创业素养是创新型应用人才的必备素质。

4) 开展创新创业教育是经济和社会发展进步的内生动力

创新是经济发展的内生动力,是社会进步的灵魂,创业是推进经济社会发展、改善民生的重要途径,创新和创业连为一体,共同作用于经济社会发展。创新创业教育通过培养大批高素质创新创业人才,为经济发展和社会进步提供有效的智力支持和人才支撑。通过创新创业教育充分释放全社会创新创业潜能,提高创新创业主力军的创新创业能力,使之成为中国经济行稳致远的活力之源。

5) 开展创新创业教育是贯彻创新驱动发展战略、建设创新型国家的应有之义

随着我国经济社会发展进入新常态,党中央、国务院作出了加快实施创新驱动发展战略、建设创新型国家的重大决策。人才是创新的核心要素,创新驱动实质上是人才驱动,迫切需要深化教育教学改革,大力开展创新创业教育,加快培养高素质创新创业人才队伍。因此,大力开展创新创业教育是贯彻创新驱动发展战略、建设创新型国家的应有之义。

6) 开展创新创业教育是落实以创业带动就业,促进高校毕业生充分就业的重要措施

就业是民生之首,而高校毕业生的就业是就业工作的重中之重。国家高度重视并强调要切实做好以高校毕业生为重点的青年就业工作,强化就业创业服务体系建设,落实高校毕

业生就业促进计划,实施好大学生创业引领计划。做好高校毕业生创业就业工作,除了努力创造更多的创业就业机会以外,最根本的一条是从源头上深入推进高校创新创业教育改革,切实提高毕业生创新创业能力,激发创新创业的热情,使其以更高的质量创业就业。同时,青年学生是社会上最富活力、最具创造性的群体,是推动经济发展的活力源泉,他们更高质量地创业或就业,将充分发挥创新创业对就业的倍增效应和带动作用,扩大高等教育对经济社会发展的贡献。

2.2 部分发达国家创业教育概况

创业教育最早起源于美国,为美国创新型经济发展提供了源源不断的动力,并助推美国从历次金融危机中复苏。英国、德国、日本等发达国家也高度重视创业教育,将创业教育纳入到整个国民教育体系当中,系统推进创业教育的发展。在政府和社会各界的高度重视和推动下,很多国家都已经建立了一套较为完善的创业教育体系,也积累了丰富的经验,对各国的经济发展和社会进步发挥了巨大作用。

1. 美国创业教育

美国创业教育已经有60多年的历史,创业精神的倡导和创业教育的实践对美国经济飞速发展起到了十分重要的作用。

1) 美国创业教育实施体系

美国构建了较为完整的创业教育实施体系。各级各类教育部门或机构能够通过多种渠道让受教育者享受创业教育。对受教育者的创业能力和素质进行培养,能够有效地提高受教育者的创业意识、创业精神和创业能力。美国创业教育实施体系主要包括 K-12 创业教育、社区大学创业教育、高等学校创业教育、研究生创业教育、Ph.D.创业教育等。

(1) K-12 创业教育。

K-12(从幼儿园到12年级的教育,泛指基础教育阶段)创业教育主要对就读于小学、初中和高中(共计12年基础教育)的学生进行与其年龄相适应的创业教育,其课程设置的目的是让学生对创业有个初步的认识,对于自由市场和经济发展态势有概括性的了解。K-12 创业教育由12个模块构成,每个模块介绍一个创业概念,让学生逐步掌握创业教育知识,完成不同阶段创业教育的目标。

(2) 社区大学创业教育。

美国社区大学与传统大学教育不同,其资金主要来源于社区所在地区征收的地方财产税,是推动当地经济发展的重要部门。通常来说,社区大学主要通过"职业教育"支持地方经济发展,在培养学生职业技能的同时,也肩负着培养受教育者创业能力的责任。社区大学提供涵盖公司创业信息的相关课程,主要包括如何创办小型企业,如何撰写创业计划书,如何创业等。这些创业课程可以帮助个人建立自己的小企业。

(3) 高等学校创业教育。

美国高校创业教育经过 60 多年的发展,已经形成了适合于美国文化和经济体制的高校创业教育模式,成为培养创业人才的重要阵地。美国高校创业教育是典型的"市场驱动模式",根据市场需求变化调整创业教育供给。目前绝大多数高校均开设了完整的创业教育课程,比如如何准备创业资金、如何创立企业、如何管理企业等。大学除了开设创业教育专门课程以外,还会利用成功企业家的捐助资金设立创业中心。创业中心是连接学术界和商业界的桥梁,通常会举办创业计划竞赛,通过比赛的形式选拔出具有潜力的创业者,帮助他们争取广告商和投资商的支持,并为合适的创业项目提供税费减免,使学生的项目能够直接在孵化器里进行孵化。

(4) 研究生创业教育。

MBA 创业教育课程几乎是美国所有商学院的必开课程。以麻省理工学院为例,该校斯隆商学院开设创业课程已有 40 余年的历史,并一直秉持"学习和创业实践"的理念。美国大学除了给 MBA 学生开设创业课程外,也逐步给其他专业的研究生开设创业教育课程。例如,斯坦福大学创业研究中心已开设了 21 门跨学科领域的创业课程,同时面向 MBA 和其他专业学生开放,其技术创业项目(STVP)的目标是促进高新技术创业教育,更具针对性地提供未来工程师和科学家所需要的创业技术。研究生水平的创业课程在美国几乎随处可寻,学习人数也逐年增多。

(5) Ph.D.(博士)创业教育。

在研究生创业教育课程之上,美国部分大学开始设立 Ph.D.(博士)创业教育课程。佐治亚大学、印第安纳大学、沃顿商学院已经专门开设了创业方面的博士学位课程。另外,一些学校如波士顿大学、哈佛大学等的原有商业教育课程涵盖部分创业方面的内容。

2) 美国高校创业教育模式

美国高校创业教育之所以发展迅速,主要得益于其不断探索行之有效的与院校发展目标相一致的创业教育模式。美国高校开展创业教育主要遵循三条路径:一是以建设创业学科为目标的发展路径。教学活动多在商学院和管理学院进行,培养专门化的创业人才,多采用聚焦模式(focused model)。二是以提升学生创业素质和创业能力为本位的发展路径,教学活动在全校范围内展开,主要培养学生的创业精神和创业意识,为学生从事各种职业打下基础,多采用辐射模式(radiant model)。磁石模式(magnet model)介于上述两种模式之间。这三种模式具体区别如表 2.2 所示。

表 2.2 美国高校三种创业模式比较

类别	聚焦模式	磁石模式	辐射模式
管理机构	由隶属于商学院或管理学院的创业教育中心管理	由隶属于商学院或管理学院的创业教育中心管理	全校范围内成立创业教育委员会,所有参与学院共同管理
资源	商学院或管理学院负责	商学院或管理学院负责	所有参与学院分别负责
师资	商学院或管理学院负责	商学院或管理学院负责	所有参与学院分别负责
学生	只针对商学院或管理学院学生	针对全校学生	针对全校学生

3) 美国创业教育特色

美国是世界上实行创业教育最成功的国家之一,培养出了大批具有创新创业能力的人才,极大地推动整个经济社会的快速发展。美国创业教育在课程设置、培养目标等方面具有领导地位,其主要特色如下。

(1) 前瞻性的创业教育理念。

美国的创业教育从最初的一门选修课发展成为今天成熟的独立学科,经历了长时间的探讨和摸索。在社会本位的高等教育价值观的影响下,结合多元化社会文化特点,美国大学根据自身使命和社会定位,形成了各具特色的创业教学理念,呈现多元并存的状态。如美国百森商学院的创业教育理念就是培养学生的创业者素质,特别是创业精神和创业能力,着眼于为未来的几代人设定"创业遗传代码",以造就"最具革命性的创业一代"。哈佛大学商学院向来被视为美国企业界的西点军校,学院认为创业教育教给学生的不仅是"战略和流程",而且是一种"生活方式"与"思考习惯",要求学生具有创业意识和创业精神,让学生成为改变世界的人物,让他们可以驾驭新思想,创造新的市场和新的就业机会。

(2) 终身化的创业教育体系。

创业教育是美国教育体系的一个重要组成部分。美国全面普及创业教育,贯穿小学、初中、高中、大学乃至研究生整个教育教学全过程,构建了涵盖基础阶段、能力意识阶段、创造性实践阶段、创业阶段和成长阶段五个阶段的终身创业教育模型。美国的创业教育协会曾指出,创业教育是一项终身性学习的过程,每一层次创业教育在个体创业意识和能力的培养上承担的责任是不同的。

(3) 立体化的创业支持环境。

美国政府在创业教育中起着重要的推动作用,通过制订和完善法律法规政策,从立法上保证创业教育的实施,从政策上、税收上支持创业活动的开展,从氛围上营造浓厚的创业文化大环境。除政府政策支持以外,美国创业教育得到社会组织的大力支持,基金会、研究机构和企业等都在创业教育中发挥重要作用。通过广泛吸纳社会资源,建立了多方位、多渠道、多层次的立体化创业教育社会支持体系,形成了政府、学校、社会、企业良性互动的创业教育生态系统,为大学生创业提供了有力保障,大大促进了创业教育的发展。[17]

(4) 多渠道的创业资金支持。

美国大学创业教育得到了社会组织的大力支持,基金会、研究机构和企业等在创业教育中发挥了重要作用,形成政府和民间多渠道的财力支持系统。美国创业教育资金主要有三个来源:第一,美国政府支持;第二,成功创业者对高校创业中心的捐助;第三,一些公益性的基金会提供创业教育活动资助。

(5) 系统性的创业课程设置。

美国高校已经形成系统性的创业课程体系。针对不同层次的课程目标,美国高校开设不同类型的课程,包括激发全体学生创业意识的课程,教授创业基本知识的课程和致力于实际创业的专门课程等;针对不同的授课对象,美国高校也开设了针对本科、硕士和博士等多种层次的创业课程;针对不同的课程内容,开设理论课和实践课,理论课将创业过程中所涉及的知识进行整合,实践课以理论知识为基础,通过撰写商业计划书、参与创业计划大赛等活动,让学生体验创业的整个过程。

(6) 重实践的教育教学方式。

美国高校创业教育往往采用鲜活、灵活、多样的创业教育教学方法,除了传统的课堂教学以外,还有案例讨论、客座教授讲授、企业家演讲、计算机模拟、实地考察、与成功创业家交流等,这些教育方法具有很强的实践性、创新性。

(7) 多功能的创业教育中心。

创业教育中心是为开展创业教育而成立的,提供创业方面的学术课程、开展外延拓展活动以及进行创业领域的研究,成为美国高校创业教育的基地。创业教育中心的发展依托传统院系,既保证了稳定的师资、经费和课程供给,也能有效地跨越传统学术边界,成为高校与外界联系的重要纽带。

(8) 高质量的师资团队建设。

教师是创业教育的最终实施者,高质量的师资队伍是创业教育的课程开设和取得成果的有效保证。美国创业教育非常注重教师的质量,有着充足的优秀教师储备。

2. 英国创业教育

作为老牌教育强国,英国很好地践行了创业教育,成为当今世界上创业教育比较成功的国家之一,形成了相对完整的创业教育体系,培养了大批高素质创业人才。

1) 英国高校创业教育模式

创业教育是培养大学生创业意识、创业精神和创业能力的教育,这一点在英国各个大学以及大学内的各个专业中都是一致的。由于各个大学对创业教育的要求并不相同,在不同大学、不同专业中,英国的创业教育呈现出不同的模式,主要分为两种模式:一是商学院主导模式,以牛津大学赛德商学院为例;二是大学主导模式,以剑桥大学为例。

2) 英国高校创业教育特色

英国的创业教育不同于其他国家,有自己的特色,它以很多项目为依托,更加注重培养学生的创新精神、创新能力、创新思维和技能以及学生的创业意识。

(1) 创业教育发展环境政策良好。

首先,政府各项政策措施,如科技创新政策、知识产权政策、支持中小企业发展的创新政策、鼓励大学变革和创新的教育政策和新的工业福利政策,相互协调和配合,形成了有利于大学创业的政策环境。

其次,与美国创业教育发展主要依靠私人捐赠有所不同,英国创业教育的大部分资金来自政府,政府为创业教育买单,为创业教育提供物质发展基础。

最后,英国科学创业中心和全国大学生创业委员会这两个全国性组织在英国高校创业教育中发挥着举足轻重的作用。

(2) 高校自身支持发展创业教育。

在英国政府大力支持发展创业教育的大环境下,高校自身也积极将创业教育明确纳入大学的规划和政策当中,鼓励师生创业并为师生创办企业提供相关智力支持和物质支持,尽量减少创业所带来的风险,为创业教育打造有益的内部环境。

(3) 创业教育课程结构的整合性。

英国高校的创业教育课程已经形成了一个多元互动体系,在这个体系中创业课程开发、创业研究、教学方法、教学师资和课外创业活动形成了整合性的特征。

(4) 创业教育基础设施建设完备。

为保障创业教育的顺利开展,英国高校提供完备的基础设施建设,为创业教育质量和成效提供实施保障,其具体表现为以下几个方面:第一,设置专职创业拥护职位;第二,设立课程开发基金;第三,提供各种创业支持与服务。

(5) 注重创业精神和意识的培养。

在英国,高校创业教育是一项目标长远的教育方式,它对学生更是一种创业精神和创业意识的培养。由注重简单的创业知识传授与动手实践能力的培养,向注重创新精神、创业意识和创新创业能力培养转变,这正是创业教育的意义和价值所在。

(6) 全社会支持创业氛围的营造。

一个大学生在创业的征程中,既可以得到课程老师、导师的帮助,也可以得到银行、律师等组织和专家的指导,还可以得到亲人、朋友、校友以及其他成功创业者的支持。全社会支持创业的氛围,不仅帮助创业者更好、更快地实现梦想,而且也为创业教育的发展提供不竭动力,有助于创业教育的健康持续发展。

3. 日本创业教育

日本将创业教育称为"企业家教育"。作为一种新的教育理念,日本将创业教育作为培养未来富有挑战性人才的战略,积极部署高等教育及基础教育阶段创业教育的实施,经过多年的探索和实践,日本逐步形成了具有自身特色的创业教育模式,拥有相对齐全的创业教育课程、创业基础设施及社会支持体系。

在日本,创业教育作为一个崭新的教育理念已经得到广泛传播,并形成独特的发展模式。日本创业教育的特色主要表现在以下几个方面。

1) 注重官、产、学密切协作

近年来,日本创业教育逐步形成了官、产、学协同的体制。在开展创业教育时,日本充分调动社会各界的资源,形成政府(经济产业省、地方公共团体、产业振兴团体)、受托或独立进行创业教育的组织及高校本身三者的创业教育协同互助模式。这种模式既提高了创业教育的效率,又为创业教育的顺利开展提供了必要的条件。

2) 重视创业教育体系化

日本在开展创业教育的过程中,很重视学生创业教育的衔接问题。目前,日本创业教育已经形成一个从小学到大学的连贯体系,通过不同形式、不同阶段的创业教育避免了创业技能与创业意识之间的失调,为大学创业教育的顺利开展奠定了基础。

3) 服务地域经济的发展

为充分挖掘利用地域经济资源,日本大学尤其是地方私立大学在开展创业教育时,尤其注重与地域特色产业的对接,许多大学结合本地域产业优势,将振兴地方经济发展作为大学人才培养的目标。

4. 德国创业教育

德国是现代大学模式的发源地,其高校创业教育一直走在世界前列。德国高校创业教育的目标是培养大学生创业意识,鼓励大学生创业,为推动中小企业蓬勃发展作出贡献。经过几十年发展,德国已经基本形成了创业教育政策健全、创业教育课程完善、创业教育管理科学、创业文化浓厚的高校创业教育体系。

1) 德国高校创业教育的教学模式

德国大学创业教育主要采用两种教学模式:经典教学模式和创业学习模式。以经典教学模式为主,以创业学习模式为辅。经典教学模式是以问题为驱动的教学途径,其内容主要包括:教师传授大学生创业教育理论知识,让大学生根据具体情况决定是否自主创业,大学生所学内容都是预先设定的,不允许犯错和模仿,达成具体的学习目标后授予评价等级等。而创业学习模式是以对策为驱动的研究路径,其内容主要包括:大学生不再作为被动学习者,而成为参与者,参与创业实践活动,学习内容不是预先设定的,没有指定创业教育教科书,而是根据学生在创业实践中发现的问题来选择学习内容,学习的环境也比较宽松,并且允许模仿和犯错,不授予等级,但需要在限定时间内完成学习目标。这种教学模式后来逐渐被一些大学所重视和采用。

表 2.3 经典教学模式与创业学习模式比较

教学模式	经典教学模式	创业学习模式
内容比较	教师讲授	教师引导,师生讨论学习
	学生作为被动学习者	学生作为参与者,反复试验和信息反馈
	学习内容是预先设定的,学习是有组织的、有计划的(如时间、地点、条件等)	主要通过引导发现具体问题,根据学生在实践中发现的问题来决定学习内容
	在具体目标达成以及授予评价等级的压力下学习	在非正式、宽松的环境中学习
	学习今后要解决的问题	在目标达成中学习(如在限定时间内完成等)
	不允许模仿、重复	允许模仿
	不允许犯错	允许犯错

2) 德国高校创业教育的特色

德国教育学家普遍认为高校创业教育是培养大学生从事创业实践活动所必须具备的能力、精神、意识与心理品质的素质教育。创业教育已成为德国大学课程体系中的重要组成部分,并形成了鲜明的特征。

(1) 完善的创业政策环境。

为推动创业教育和大学生创业实践,德国政府构建了良好的创业教育环境,主要包括经济环境、政治环境和社会文化环境。

在经济环境方面,德国政府实施优惠的投融资政策,如允许创业投资公司注册经营,取消政策交易公开报价的规定,将创业投资机构纳入公司的征税条例适用范围;推出一系列优惠的税收政策,如免征创业投资公司的商税,免征新一轮创业投资股权转让收益税,为新创立企业提供10—20年期限的创业援助贷款,减免新设立企业的部分所得税等。

在政治环境方面,德国政府构筑起比较完善的政策保障体系。首先,德国政府由联邦卡特尔局和国家托拉斯局负责,禁止大企业的合并和中小企业的兼并,检查监督大企业是否利用自己的优势地位,采取压价或提价的不正当手段打击限制中小企业。

在创业文化氛围方面,政府做多方面的尝试和努力,包括开展创业培训、创业咨询、创业指导和帮助等,对创业教育和学生创业素质的提升起到整体引导、塑造和培养的作用。这种对创业文化氛围进行营造的做法,极大地激起大学生的创业热情,对大学生将创业理想付诸实践有很大的促进作用。

(2) 健全的创业教育体系。

德国一直以来把青年就业项目的实施以及就业前的培训作为一种社会义务,从中小学到大学,再到企业,各个层面均有人传授创业知识,已经形成相对完善的创业教育体系。

德国政府要求大学开设与创业培训有关的课程,并提出"高校要成为创业者的熔炉"的理念,其创业教育的目标是每年使20%—30%的毕业生拥有自主创业能力,并尝试创业。

此外,大量的非政府组织和社会团体加入高校创业教育体系,并逐步形成了纵横交错的青年就业创业社会化服务体系。大多数德国社团都举办各种针对青年的创业指导活动,如提供免费的咨询、建立创业信息网站等,为创业者把握方向提供帮助,通过对大学生的培训和吸纳,能够帮助大学生实现创业计划。

(3) 全面的创业课程体系。

虽然德国各高校的创业课程不尽相同,但均涵盖了不同创业领域所需的各种知识和技能,如创业意识、创业知识、创新能力、创业实践操作、企业家精神等。

在课程开设上,德国高校联合德国政府与金融机构共同设计,主要包括企业家精神训练、企业创业管理、企业创业法律法规、商业计划书、财务管理、市场调研、新产品开发、市场营销战略等课程,涵盖了企业创立、融资、管理等多方面的内容。

(4) 高效的创业实践教学。

创业是一项实践性很强的活动,单靠理论课程根本无法达到预期效果。德国大学的创业教育并不要求学生掌握精深的理论知识,而对学生解决问题的实践工作能力和实际动手能力要求非常高。德国高校非常重视实践教学,其中项目教学、实验教学、技术实习以及毕业设计等占据德国创业教育的大部分时间。

(5) 专兼协同的师资队伍。

高校教师是创业教育的实施主体,创业教育师资队伍结构将直接影响创业教育的实施程度和效果。德国高校在进行创业教育课程建设的同时十分重视创业教育师资队伍建设。德国许多大学都有自己的创业教育研究机构和研究人员,不仅对创业教育展开研究,而且还负责学生创业教育工作。

德国高校还聘请创业成功,具有丰富创业经验和企业管理经验的企业家或者经济学院教师担任兼职创业教师。德国这种专兼相结合的师资队伍结构在大学得到全面的推广,有效弥补了高校教师实践经验不足的缺陷,丰富了创业教育的内容,取得了较好的教学效果。

5. 部分发达国家创业教育的经验总结

西方发达国家创新创业教育起步较早,经过多年的探索和实践,已经形成了较为完善的创业教育体系,成就显著,并积累了丰富的经验。

(1) 完善相关扶持政策。

美、英、日、德等发达国家很早就认识到创业教育的重要性,它们认为创业不仅能改变就业情况,还能促进经济增长,给技术创新带来新的机遇,创业教育得到了政府的高度重视。美国政府通过制订一系列的政策法律鼓励大学生创业,营造出有利于大学生创业的有利政策环境,如制订《拜杜法案》《技术创新法》《联邦技术转移法》等。日本政府高度重视高校创业教育,颁布和修改了《中小企业新事业活动促进法》等,支持大学生创新创业活动。

(2) 依托相关专业机构。

创业教育中心在高校创业教育中发挥举足轻重的作用,它是为创业教育而成立的。美国的创业教育中心不仅提供创业方面的学术课程,还开展外延拓展活动及创业领域的研究,是美国创业教育的基地,是高校与外界联系的纽带。由此可见,创业教育中心在高校的创业教育中占据主导地位。

(3) 营造良好社会氛围。

发达国家或地区创业教育不仅得到政府的高度扶持,也得到社会各界的广泛支持,已经形成了一定的创业风气和创业意识。美国创业教育得到社会组织的大力支持,基金会、研究机构和企业等都为创业教育做出卓越贡献,中小企业发展中心为创业学生提供咨询服务,中小企业管理局为创业学生提供收费较低的甚至免费的技术支持,建立起多方位的创业教育社会支持体系。在德国,大量的非政府组织和社会团体加入高校创业教育体系,并逐步形成了纵横交错的青年就业创业社会化服务体系,为大学生创业提供指导活动,如免费咨询等,通过多种援助方式,帮助大学生实现创业梦想。

(4) 健全创业课程体系。

发达国家或地区创业教育已形成完整的、系统的、科学的课程体系,具体分为理论和实践两个部分,理论课程是将创业过程所涉及的知识进行整合,实践以理论为基础,通过各种校内外创业活动和大赛,让学生真实体验创业的全过程,促使理论与实践有机结合。针对不同的对象安排不同的创业课程,采用不同的教学方式,如美国高校采取的案例教学、实地考察等,既丰富了教学内容,又增强了学生的创业意识,提升了创业能力。

(5) 强化师资队伍建设。

美国目前的创业师资除了少部分来自各院校的教师外,还有大量的企业家、风险投资家、企业高管、创业者等社会人员,高校的创业师资不断多元化。日本高校创业教育都是由专职教师和兼职教师构成,专职教师既有创业实践经验又有深厚创业理论基础,兼职教师主要来自于风险投资企业的经营者、金融机构或基金管理机构的从业者、企业经营顾问等,并在产学合作的机制下,通过"教员企业研修制度""社会人讲师派遣制度"等形成师资培养的长效机制,开启创业教育的"双师制度",提升高校创业教育水平。德国的师资队伍也由专业教师和兼职教师构成。兼职教师主要由创业经验丰富的企业家或经济学教师担任,成为创业教育师资队伍的主力。

2.3 我国创业教育发展存在的问题

近年来,中国创业教育研究与实践获得了快速发展,取得了丰硕成果,但是与部分发达国家相比,仍存在一定差距,在很多方面仍有潜力可以挖掘。我们需要不断努力,迎头赶上并形成具有中国特色的创业教育体系。

1. 观念落后

我国创业教育存在功利化、工具化和精英化等倾向。一些教育主管部门和高校对创业教育能够产出的经济效益过分关注,把创业教育理解为"企业家速成教育"或"创业项目培训",过多地用商业眼光来衡量大学生创业教育的成果,甚至把大学生创业成立公司数量及其营业额作为衡量创业教育成果的主要指标。创业教育的功利化倾向偏离了创业教育的目标、定位和本质,违背了大学生的成长成才规律,忽略了创业教育对人的综合素质的提升和品格的塑造。

工具化倾向也是不容忽视的问题。一些高校把创业教育简单地理解为创业技能方法教育,过度地重视创业应用技能、方法、技巧的培养,而忽略了对创新思维、创新创业意识与精神、创新创业品格的培养。这也集中表现为"重创业、轻创新""重技巧、轻素质"。

很多高校的创业教育存在精英化倾向。一些高校把创业教育看作只针对少数有创办企业潜质的学生开展的技能性教育,而把广大学生排除在外。创业教育应是面向全体学生的素质教育,其宗旨是为学生终身可持续发展奠定坚实的基础。

此外,还存在重技术创新,轻理论创新、管理创新和社会创新的现象。对创业教育重视不够,很多高校没有把创业教育真正提高到与专业教育同等的地位,也没有真正把创业教育纳入到人才培养体系中去。一些高校创业教育追求短平快、投资少、周期短、见效快,急于求成,短视浮躁。殊不知创新创业教育是一个渐进过程,不可能立竿见影、一蹴而就。受教育者创新思维的开发,创业能力的锤炼,需要一个循序渐进的过程。从这个意义来说,创业教育就不能简单地以大学生创业实体的数量评判,当然也不能以创业项目的成功与否评判,而应该以大学生接受创业教育所获得的、以创新能力为核心的综合素质提升和职业精神培育的教育质量评判。

2. 创业教育课程体系尚不健全

我国创业教育课程体系零散、不完整。许多高校开设的创业教育课程相对孤立、零散,未形成完整的课程群,创业课程与其他课程之间的逻辑性以及创业课程内部的逻辑性还有待进一步完善。创业教育课程内容不完善,缺乏科学性。我国创业教育课程的内容体系建设初具水平和规模,但是各高校尚无统一的、科学的、本土化的创业教育系列教材,创业教育课程内容因学校、教师等因素的不同有很大的差异,而且规范的创业教育课程评价体系也尚未建设完成。

3. 师资队伍建设相对落后

从目前我国高校的整体情况来看,从事创业教育的教师大多是负责就业工作的行政人员、辅导员或者经济、管理学院中担任其他课程教学任务的教师。很多教师没有接受过系统的、专门的创业教育培训,自身也没有创业的亲身经历,同时兼顾学生工作或者其他课程,投入创业教育的精力有限。也有很多高校聘请有实战经历的企业家和职业经理人等,但由于缺乏组织协调、制度保障和资金保障,加上部分外聘教师课堂教学经验欠缺,导致教学不系统,在一定程度上对教学效果也有不利影响。

4. 学生创业的支撑体系不完善

创业教育是一个长期复杂的系统工程,不仅是高校的工作,更是社会、政府、高校共同的责任和义务,需要得到高校、政府、行业、企业等组织的广泛支持。

目前政府制订并颁布了一系列鼓励大学生创新创业的政策和法律,比如针对大学生创业企业的税费减免政策等。但是仅仅靠政府推动还是远远不够的,需要政府、高校、企业、社会组织等建立形成一个多方主动参与的联动机制,只有通过多方的大力支持,才能真正构建起有利于创业教育顺利开展的支撑体系。

2.4 对我国发展创业教育的建议

当前我国创业教育依然处于起步、探索阶段。国外先进创新创业教育经验和优秀成果对我国当前深化创新创业教育改革有一定借鉴意义。针对我国创新创业教育现实存在的各种问题,本书对推进我国创业教育的发展提出以下几点建议。

1. 明确创业教育理念与目标定位

随着我国经济社会的快速发展和高等教育大众化,大学生的创业意识逐渐增强,创业知识不断丰富,创业能力逐步提高,这对促进生产力发展和建设创新型社会有着重要意义,创业教育成为我国高等教育发展的必然趋势。在创业教育实施中要充分认识到,大学创业教育并不等于倡导和鼓励大学生或研究生毕业离校就去创办企业或公司,实际上,经过创业教育的陶冶能够成为成功企业家的人毕竟是少数。真正意义上的创业教育应当像百森商学院那样,着眼于将"为未来几代人设定'创业遗传代码',以造就最具革命性的创业一代"作为基本价值取向。创业教育所能提供的不仅是一种能力或技能,更应该是一种精神、一种文化。为推进相关院校创业教育的成功开展,我国必须树立科学的创业教育理念,确立合理的创业教育目标。

首先,政府应基于科学合理的创业教育理念来制订指导方针、政策。其次,高校应树立合理的创业教育理念和课程目标,加大对创业教育的重视力度,加深对广义创业教育概念内涵和外延的理解,有效整合政策、资金、师资、课程建设和课程管理等方面资源,建设适合本校创业教育和区域经济发展的课程体系。要改变把创业结果作为评价创业教育成功与否的标准,把开展创业教育课程的终极目标定位为培养受教育者的综合素质,增强大学生的创业意识和精神、创业知识和技能,培养具有开创个性的人,将创业信念渗透到整个民族,建立一个充满活力的创业型社会。最后,学生、家长及社会各界也应树立正确的创业和创业教育理念,将提升个人综合素质作为目标,纠正落后的就业思维,积极创造和把握发展机遇,实现创业教育价值和社会价值的统一。

2. 进一步创新课程组织实施模式

创业是一个鲜活的过程,创业教育是一种新的教育理念,它不仅体现了素质教育的内涵,而且突出了对学生实践能力的培养。这就要求创新课程的组织实施模式,改进教学方法,把理论知识与实践相结合,引导学生发扬创新精神。

创业教育要创新教学手段,可以采用灵活的小组讨论、案例分析、考察访问、项目实践、行业模拟等手段让学生积极参与到创业课程教学的每个环节。拓展创业教育第二课堂活动,有效利用区域资源,重视加强与企业和社会的合作,为学生提供更多的实践场所和锻炼机会,通过建设实习基地、组织企业家讲座、开展创业计划大赛等多种形式使第二课堂成为宣传创业教育、激发学生创业意识和精神、实践所学知识和技能的活跃阵地。

要创新课程的实施方式,还要解决好教材本土化的问题。我国许多高校在教学过程中沿用商学院专业教材或西方译著,这些教材注重理论知识而缺乏本土案例。因此,我国创业教育机构需要组织专业师资,针对本校学生创业实践需求和本地经济发展实际编写本土化的特色教材。

3. 建设完善的创业教育课程体系

为促进我国高校创业教育的发展,应尽快建立全覆盖、分层次的创业教育课程结构体系。全覆盖指面向全校全体学生,开设以创业精神和创业人格培养为目标的创业通识课程,增加课程量,满足学生日益增长的需求,实现对全体学生的辐射。

第一是针对不同创业意向的学生开展创业教育。对有兴趣了解创业知识和体验创业的学生开展基础性创业教育,开设公共选修课;面向一部分有强烈创业意愿的同学,开设针对性强的创业课程,教授专业创业知识;对一些已经开始创业实践的学生,则通过更高层次更加专业化的课程、创业指导教师"师带徒"的辅导和创业扶持机制等方式为学生提供服务。

第二是针对不同教育阶段开设不同层次的创业教育课程。为低年级的学生提供入门级的创业课程,教授创业基础知识,可以采用通识课程形式单独开设,也可以渗透到学科专业基础课中,介绍本学科或本课程的创新知识和前沿领域,开拓学生视野,激发创新思维;为大学高年级的学生提供高级创业课程,教授财务学、营销学、管理学专业知识,可以提供辅修专业、双学位或强化教育项目;针对全日制研究生或 MBA 学生可专门设立创业学方向;博士生阶段的创业教育还要进一步发展创业学的专门化研究,为创业教育学科发展和师资建设提供高水平专业化人才。创业教育具有典型的跨学科特点,多学科的交叉和渗透在拓展学生知识面、培养学生创造性思维方面有着重要的作用。建立健全课程体系,必然要构建跨学科的课程内容体系。

4. 打造专业化多元化的师资队伍

高质量的教师队伍是实施创业教育的关键,而师资队伍水平不高是目前制约我国创业教育发展的主要因素之一。在创业教育师资建设方面,我国急需培养具备创业学知识和创业实践经验的专业教师队伍。

首先,创业教育的科学化是未来的发展大势。要深化高校创业改革,就应积极建立创业学专业学科体系,发展创业教育师资培训项目,培养创业学专业教学、研究人才,改革依靠商学院或经济管理学院师资力量开展创业教育的现状。

其次,高校应当适当降低对学历和学术成就的要求,吸引有创业实践经历的优秀企业家、高层管理者等进入高校,参与创业教育课程教学和研究工作。

再次,各高校可以探索建立教师制度,缓解高校创业教育师资短缺的窘境,实现优质创业教育师资的共享,提高教师的积极性,缩小创业教育区域差异,促进创业教育全面发展。

最后,教师的创业行为对提高创业教育教学水平和培养学生的创业意识十分有益,尤其是结合专业的科技创业行为有利于高校技术成果的转化和社会生产力的发展。我国高校应鼓励教师创业行为,制订合理的激励机制,引导教师带动学生开展创新创业活动。

5. 建立规范的创业教育评价体系

高校要真正落实创业教育,必须尽快制订针对创业教育的规范完整、内外兼顾的评价体系,并将其纳入高校人才培养质量的评价体系中,作为衡量高校办学水平的依据之一。

首先,我国关于创业教育评价的理论基础薄弱,需要加大相关理论研究,加强对创业教育发展规律、创新创业人才成长规律的认识与把握,为创业教育评价体系的建设、发展提供理论依据。可在高校建立专门的创业教育研究和管理机构,给创业教育评价体系的构建和实施提供规范指导。

其次,一个完整的创业教育评价体系需要包括对教育目标、专业开设、课程设置、教师教学、人才培养效果等的全方位评价。对教育目标的评价,主要看教育目标是否符合创业教育发展规律、创新创业人才成长规律,是否充分结合学校及区域经济发展特色,是否符合社会和学生需求。对专业开设、课程设置的评价,主要针对其是否符合创业教育目标,学时学分是否合理,课程内容和教材的选取是否科学等问题。对教师教学的评估,除了学生评价,还应结合教师的创业知识方面进行理论考核,来了解教师的专业知识和综合素质,聘请专家或资深教授对授课表现进行评估,判断其教学能力的好坏、能否满足学生等。对人才培养效果的评价是体现创业教育价值的最终评价。

最后,评价主体应多元化。在内部由专门的创业课程研究部门或教务管理部门根据制订的评价指标和方法对创业教育制度进行质量管控,而外部评价可由政府、中介机构、行业协会、学术团体、学者等评价主体对高校创业教育进行公开公正的评估,充分调动不同评价主体的积极性,从不同角度推进创业教育评价体系的建设、发展。

6. 营造良好的创业教育文化氛围

国外创业教育实践证明,浓厚的创业文化氛围有利于创业者创业,创业者的成功比例也较高。因此,高校开展创业教育,培养具有创业意识和创业能力的高素质人才,就要在校内外营造一种具有创业特色、可以被环境中成员感知和认同的创业氛围。通过立体式、多维度的设计方法,以创业文化节、创业视觉景观等表现形式,营造创业文化氛围,能提高大学生的创业热情,激发创业的动机,综合提升成员的创业意识。

首先,要在精神和舆论上将创业提升到为社会创造财富、为社会做贡献的高度,崇尚创业、鼓励创业。社会要广泛深入开展创业教育宣传,形成良好的社会舆论环境,引导社会对创业教育的重视,同时普及创业知识和创业技能,为创业者设立服务机构提供支持。

其次,学校创业文化的形成还需要借助实践活动。高校结合大学生特点以及现阶段创业教育现状,通过发掘、协调和利用校内外各项资源,开展一系列围绕创业主题的活动,一方面,让学生在参与活动过程中从素养、知识、技能等方面培养和提升自身的综合能力;另一方面,在学校范围内为师生营造宽松、自主、开放和进取的创业氛围,让丰富多彩的创业活动建设与支持鼓励大学生创业的氛围形成合力,共同激发大学生主动创业的激情和活力。

7. 建设全面的创业教育支持体系

创业教育是一个长期浩大的系统工程,不仅是高校的工作,更是社会、政府、高校共同的责任和义务,需要得到高校、政府、行业、企业等组织的广泛支持。

首先,政府在高校开展创业教育的过程中扮演倡导者和扶持者的重要角色,没有政府相关政策体系的支持,高校创业教育将流于形式。

其次,创业教育的目的并不是简单地培养学生自主创业,企业、行业组织在大学生的创业教育过程中同样扮演着重要角色。

最后,高校的校友也是创业教育支撑体系的一部分。校友资源是一种很宝贵很特别的资源。校友在获得一定的成功后,应把为母校的建设和发展尽一份力量视为一种义不容辞的责任。

 案例分析

张玉利：创业的本质是创新型人才培养[①]

2017年5月刚刚过半，在短短的十几天里，先后有河南、广西、山东等多个省份公布了本省的大学生休学创业政策，而且允许大学生休学的年限也越来越长，最长已经达到了8年。而据最新统计，目前国内已经有超过20个省份发文鼓励大学生休学创业。

休学创业政策频出的背后，是政府对高校创业持续多年的热情支持。只是，这样的支持是否到位，面对大学生创业？我们又该在哪些方面重点支持呢？

针对这些问题，《中国科学报》记者专访了南开大学商学院院长、南开大学创业研究中心主任张玉利。

《中国科学报》：自从教育部允许学生休学创业以来，各省纷纷颁布相关政策，而且允许休学的年限也越来越长。但与此同时，有人也对此提出质疑，甚至担心如果大量学生选择休学创业，可能会干扰学校正常的教学秩序，您怎么看待这一政策的利弊？

张玉利：在我看来，这不会是一个大问题。近些年来，我们提出了很多创业口号，教育主管部门也陆续提出很多相关文件。这些工作的确使大学生创业的数量有所增加。然而尽管如此，大学生从事注册公司和商业活动的比例依然很小，而且这一比例在短期内很难有大幅度提升，更不可能出现井喷式的增长。

基于创业者依然是一个小众群体的事实判断，休学年限的适当增长并不会带来多大的问题。事实上，目前我国多数高校采取的学分制其实就是一种弹性学制，有的学生因为生病也可以延长学制。因此，延长学制、鼓励大学生创业会对一些学生起到鼓励作用，而对于全体学生而言不是很大的问题，不会影响学校的教学秩序。

《中国科学报》：您认为允许休学年限多久比较合适？

张玉利：从一般的创业规律而言，从识别创业机会到创业行动的实施，这一过程其实是比较短的。调查发现，从创意到创业活动，一般只有一年左右，有些甚至更短。即使比较长的创业行为，3年时间也足够了。因此，从政策有效性来说，即使考虑到大学生连续创业的问题，允许休学的时间也不用太长，3—5年的时间足够了。

《中国科学报》：近年来，国内高校创业整体发展固然迅速，但似乎总给人一种浮于表面的感觉，您认为出现这一问题的关键是什么？我们的创业教育是否还缺乏一些更深层次的内涵？

张玉利：对于大学生创业而言，不管是政府鼓励还是政策支持，其实都是外因。相比之下，内因要更重要。不可否认，当前大学生创业的确存在浮于表面的现象，大部分的大学生创业行为也属于生存型。换言之，缺乏创新性。大学生应该热衷于创造新奇的事物，热衷于解决难题，而不停留于经商。有些观点甚至认为大学生不应该和下岗工人争夺同一类型的创业机会。这种观点虽有一定程度的偏激，但也不是完全没有道理的。

[①] 摘引自 http://news.sciencenet.cn/htmlnews/2016/5/346372.shtm? id=346372。

大学生的优势是年轻。年轻就意味着有闯的机会,有实验和尝试的机会。因此,社会和高校应该引导鼓励大学生多开展创新型创业。在我看来,创新是创业的本质,我们需要有创新驱动的创业。而创新的基础是科学,创新是有科学依据的实践问题解决和价值创造。

因此,大学生创业一定要和专业结合起来,和研究结合起来,用新的理论和创新性方法解决社会问题。这是大学生应该具有的优势,同时也是高校应该加以引导的。从这个角度上说,创业的本质是创新型人才的培养。

《中国科学报》:有一种观点认为,创业教育不是培育项目,而是对"人"的教育,您认为"项目"教育和"人"的教育最大的区别在哪里?

张玉利:前段时间,我看到一篇报道。这篇报道的标题很吸引人,叫作"创业80%会失败,但创业者的人生80%却会成功"。这句话很有道理,创业是人们解决社会问题、对社会进行奉献以及实现自我价值的载体和手段。创业其实是一个广义的概念。

高校的核心任务是培养德才兼备的创新型人才。可以说,创新型人才的培养使创业成为自然的结果。从这个角度上说,要使创新型人才培养和创业结合起来,就需要高校在创业和专业结合的基础上,使得创业和市场结合,切合社会的需求,并与消费者的痛点相结合。这是大学需要改进之处,大学需要让自己更加开放,整合资源形成更广阔的创业平台。

总之,创业是在人才培养过程当中,大学生实现自身价值和职业发展的一种载体和路径。这是我的基本看法。当然,这样的路径并不仅限于创业这一种,我们希望学生能通过不同路径进行探索。社会发展也需要路径多样化,这样也有助于社会和谐。

《中国科学报》:前段时间,您组织召开了一场关于创业失败的研讨会。会上您提出不应再仅仅宽容失败,而是应该伸出援助之手。这种观点具体到创业教育中应如何体现?

张玉利:对于创业失败,我有三点基本看法。

首先,创业失败是一种客观规律,特别对于具体的创业项目而言,创业高失败率是正常的。所以我们要正视创业失败的客观事实,并将创业失败的教训利用起来。失败既有一定的偶然性,也有一定的必然性,比如某些政策的利弊问题。如果能让创业者有更多的了解和准备,将是一件很好的事情。

因此,我们不仅要开设创业基础和通识课程,讨论创业成功的因素,更要开设创业失败的课程,从中探讨创业的一般性规律,这对创业是有好处的,对社会也是有好处的。

其次,高校人才培养的一个重要任务是培养学生的学习能力。要做到这一点,一种方式是从别人的经验中学习,另一种很重要的方式是自己从实践中摸索。对于绝大多数人而言,基于失败的学习是学习的重要路径,我们不应忽视。

再次,在教育范畴内鼓励创业失败的价值挖掘,可以帮助学生乃至老师探索学习方法。我在给本科生上课时,每节课都会提醒大家四个字——提问、总结。其中,总结其实就是反馈。失败是每个人主观上都不愿意接受的。换言之,失败会对当事人有更大的刺激,而这种刺激会使得自己留下更深刻的印象,如果我们能借此及时反馈和总结,我们就有了进一步提升的空间。

《中国科学报》:对于高校的创业教育,您认为政府和社会还应该给予怎样的帮助和支持?

张玉利：现阶段，政府与社会帮助的核心应该是如何将政策落地。应该说，我们目前的相关政策、措施已经不少，但我总是有一种感觉，在创业问题上，政府更多地依然像一个旁观者，似乎觉得制定了政策就能水到渠成，这其实远远不够。

通俗来讲，创业是创业者和机会、资源之间的动态匹配过程。创业者首先要敢于创业，在这方面，现行的各种鼓励政策已经起到作用。在资源方面，在"互联网+"的背景下，平台建设和网络建设方面的提速也很有帮助。但机会却不总是现成的，需要人们创造。而且不单要创业者创造，政府的创造也很重要，政府需要在这方面扮演重要角色。

这也是为什么从创业成本角度看，西部的确成本更低，但创业者依然愿意向"北上广"集中——因为机会多才能够驱动创业，创业者才能通过对机会的追寻整合资源，形成良性互动。在这方面，政府、学校和社会的重点不应只是实施更多政策，而应在政策讲解、机会创造方面做更多的工作。

针对现在政策的实施以及可能出现的新政策，我建议一定要通过基层自下而上的提出。创业者在创业中遇到的问题暴露后，政府扮演解决问题的角色，这样才能够产生效果。并且政府要自我检讨之前的政策存在哪些漏洞。如此，我们的工作才会有更大的改进。

请结合材料：
(1) 谈谈你对"创业的本质是创新型人才培养"的认识。
(2) 谈谈你对"创业80%会失败，但创业者的人生80%却会成功"的认识。

思考题

(1) 有人说"摆地摊"也是创业，谈谈你对这句话的理解。
(2) 谈谈创新和创业之间的关系。

第 2 篇　创 新 篇

> 决定未来的首先是梦想，但是支撑梦想的必须是创新！
>
> ——刘庆峰

第3章 创新概述

**学习目标**

- 熟练掌握创新的内涵、类型、特点
- 掌握创新的原则
- 了解相关创新理论
- 理解创新的误区
- 理解并掌握创新与创造的关系

**重点难点**

- 创新的内涵
- 创新的特点
- 创新的原则
- 创新与创造的关系

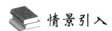**情景引入**

《2017年全球创新指数(global innovation index,GII)》发布，
中国综合排名上升至22位

2017年6月15日,世界知识产权组织、美国康奈尔大学和英士国际商学院联合发布《2017年全球创新指数》报告(图3.1),中国全球综合排名从2016年的第25位上升至第22位,提升3位,中国创新效率排名居第3位,创新质量排名居第16位,连续五年在中等收入国家群组中排首位。

该创新指数评价体系设置2个亚指数,7项一级指标(包括制度、人力资本与研究、基础设施、市场成熟度、商业成熟度、知识与技术产出、创意产出),21项二级指标,81项三级指标,对全球127个经济体的创新能力和创新成果进行综合评估。

报告显示,中国在中等收入经济体中保持首位,并进一步缩小该群组与高收入群组间的差距,中国是唯一在创新质量得分上与高收入经济体相当的中等收入经济体,是唯一与发达国家经济体创新差距不断缩小的中等收入国家。

全球创新指数研究于2007年启动,已经成为了全球政策制定者、企业管理执行者等人

士的主要基准工具之一。

有专家认为,该报告客观反映了我国近年来深入实施创新驱动发展战略,推动"大众创业、万众创新"所取得的显著成效,对提升我国国际影响力、推动全球创新发展也将产生积极作用。

图 3.1 《2017 年全球创新指数》报告封面及部分内页[①]

---

① 资料来源于 https://www.globalinnovationindex.org/。

China

Key indicators
Population (millions)	1,382.3
GDP (US$ billions)	11,391.6
GDP per capita, PPP$	14,107.4
Income group	Upper-middle income
Region	South East Asia, East Asia, and Oceania

	Score 0–100 or value (hard data)	Rank
Global Innovation Index (out of 127)	**52.5**	**22**
Innovation Output Sub-Index	50.9	11
Innovation Input Sub-Index	54.2	31
Innovation Efficiency Ratio	0.9	3
Global Innovation Index 2016 (out of 128)	50.6	25
1 Institutions	**54.8**	**78**
1.1 Political environment	51.6	64
1.1.1 Political stability & safety*	50.2	90
1.1.2 Government effectiveness*	53.0	47
1.2 Regulatory environment	47.0	107
1.2.1 Regulatory quality*	35.3	87
1.2.2 Rule of law*	29.6	78
1.2.3 Cost of redundancy dismissal, salary weeks	27.4	107
1.3 Business environment	65.8	75
1.3.1 Ease of starting a business*	81.0	96
1.3.2 Ease of resolving insolvency*	55.8	50
1.3.3 Ease of paying taxes*	60.5	94
2 Human capital & research	**49.2**	**25**
2.1 Education	69.6	8
2.1.1 Expenditure on education, % GDP	n/a	n/a
2.1.2 Gov't expenditure/pupil, secondary, % GDP/cap	n/a	n/a
2.1.3 School life expectancy, years	14.1	62
2.1.4 PISA scales in reading, maths, & science	514.3	8
2.1.5 Pupil-teacher ratio, secondary	13.8	55
2.2 Tertiary education	19.5	104
2.2.1 Tertiary enrolment, % gross	43.4	62
2.2.2 Graduates in science & engineering, %	n/a	n/a
2.2.3 Tertiary inbound mobility, %	0.3	98
2.3 Research & development (R&D)	58.5	17
2.3.1 Researchers, FTE/mn pop.	1,176.6	45
2.3.2 Gross expenditure on R&D, % GDP	2.1	17
2.3.3 Global R&D companies, avg. expend. top 3, mn $U	89.1	6
2.3.4 QS university ranking, average score top 3*	82.2	4
3 Infrastructure	**57.9**	**27**
3.1 Information & communication technologies (ICTs)	64.6	48
3.1.1 ICT access*	54.5	77
3.1.2 ICT use*	45.8	61
3.1.3 Government's online service*	76.8	31
3.1.4 E-participation*	81.4	22
3.2 General infrastructure	67.5	3
3.2.1 Electricity output, kWh/cap	4,152.9	51
3.2.2 Logistics performance*	73.9	26
3.2.3 Gross capital formation, % GDP	43.7	3
3.3 Ecological sustainability	41.4	78
3.3.1 GDP/unit of energy use	5.5	98
3.3.2 Environmental performance*	65.1	93
3.3.3 ISO 14001 environmental certificates/bn PPP$ GDP	5.8	18
4 Market sophistication	**54.7**	**28**
4.1 Credit	40.5	48
4.1.1 Ease of getting credit*	60.0	55
4.1.2 Domestic credit to private sector, % GDP	153.3	7
4.1.3 Microfinance gross loans, % GDP	0.0	73
4.2 Investment	35.0	85
4.2.1 Ease of protecting minority investors*	45.0	98
4.2.2 Market capitalization, % GDP	74.4	21
4.2.3 Venture capital deals/bn PPP$ GDP	0.1	26
4.3 Trade, competition, & market scale	88.4	2
4.3.1 Applied tariff rate, weighted mean, %	3.4	76
4.3.2 Intensity of local competition†	73.5	35
4.3.3 Domestic market scale, bn PPP$	21,269.0	1
5 Business sophistication	**54.5**	**9**
5.1 Knowledge workers	84.9	1
5.1.1 Knowledge-intensive employment, %	n/a	n/a
5.1.2 Firms offering formal training, % firms	79.2	1
5.1.3 GERD performed by business, % of GDP	1.6	13
5.1.4 GERD financed by business, %	74.7	2
5.1.5 Females employed w/advanced degrees, % total	n/a	n/a
5.2 Innovation linkages	28.6	62
5.2.1 University/industry research collaboration†	55.3	29
5.2.2 State of cluster development†	60.9	20
5.2.3 GERD financed by abroad, %	0.7	90
5.2.4 JV-strategic alliance deals/bn PPP$ GDP	0.0	45
5.2.5 Patent families 2+ offices/bn PPP$ GDP	0.9	29
5.3 Knowledge absorption	50.1	13
5.3.1 Intellectual property payments, % total trade	1.0	32
5.3.2 High-tech imports less re-imports, % total trade	19.3	6
5.3.3 ICT services imports, % total trade	0.5	99
5.3.4 FDI net inflows, % GDP	2.6	68
5.3.5 Research talent, % in business enterprise	62.7	9
6 Knowledge & technology outputs	**56.4**	**4**
6.1 Knowledge creation	66.0	5
6.1.1 Patents by origin/bn PPP$ GDP	49.2	1
6.1.2 PCT patent applications/bn PPP$ GDP	2.0	17
6.1.3 Utility models by origin/bn PPP$ GDP	56.9	1
6.1.4 Scientific & technical articles/bn PPP$ GDP	14.1	54
6.1.5 Citable documents H index	49.9	14
6.2 Knowledge impact	64.3	1
6.2.1 Growth rate of PPP$ GDP/worker, %	6.6	2
6.2.2 New businesses/th pop. 15–64	n/a	n/a
6.2.3 Computer software spending, % GDP	0.4	26
6.2.4 ISO 9001 quality certificates/bn PPP$ GDP	14.9	25
6.2.5 High- & medium-high-tech manufactures, %	n/a	14
6.3 Knowledge diffusion	38.8	24
6.3.1 Intellectual property receipts, % total trade	0.0	67
6.3.2 High-tech exports less re-exports, % total trade	29.4	1
6.3.3 ICT services exports, % total trade	1.1	77
6.3.4 FDI net outflows, % GDP	1.2	45
7 Creative outputs	**45.3**	**26**
7.1 Intangible assets	71.1	2
7.1.1 Trademarks by origin/bn PPP$ GDP	135.0	4
7.1.2 Industrial designs by origin/bn PPP$ GDP	28.0	1
7.1.3 ICTs & business model creation†	65.4	46
7.1.4 ICTs & organizational model creation†	64.4	29
7.2 Creative goods & services	31.3	29
7.2.1 Cultural & creative services exports, % of total trade	0.0	70
7.2.2 National feature films/mn pop. 15–69	0.6	88
7.2.3 Global ent. & media market/th pop. 15–69	5.0	44
7.2.4 Printing & publishing manufactures, %	0.5	89
7.2.5 Creative goods exports, % total trade	12.8	1
7.3 Online creativity	7.8	104
7.3.1 Generic top-level domains (TLDs)/th pop. 15–69	2.4	74
7.3.2 Country-code TLDs/th pop. 15–69	5.8	46
7.3.3 Wikipedia edits/mn pop. 15–69	1.6	110
7.3.4 Video uploads on YouTube/pop. 15–69	n/a	n/a

NOTES: * an index; † a survey question. indicates that the country's data are older than the base year; see Appendix II for details, including the year of the data, at http://globalinnovationindex.org. Square brackets indicate that the data minimum coverage (DMC) requirements were not met at the sub-pillar or pillar level; see page 181 of this appendix for details.

图 3.1 《2017 年全球创新指数》报告封面及部分内页（续）

3.1　创新的内涵

从已知最早记载"创新"一词的《魏书》算起,距今已有约 1500 年历史。在漫长的历史长河中,伴随着人类创新实践活动的不断深入,创新的内涵也在不断地演进与变化。可以说,创新有力地推动了人类社会的发展与人类文明的进步,它既是人类社会与文明发展进步之因,也是人类社会与文明发展进步之果。

在"大众创业、万众创新"的时代背景下,人们对于创新的重视程度远远超越以往任何历史时期,党的十九大报告更是 59 次提及"创新"一词,把创新提升至国家战略层面,明确提出大力实施创新驱动战略,加快建设创新型国家,强调创新是引领发展的第一动力,是建设现代化经济体系的战略支撑。创新被这个时代赋予更为深刻和伟大的历史使命。

进入 21 世纪,经济全球化竞争加剧,知识更新速度加快,伴随着人工智能、大数据、物联网等新科技日新月异,这个时代比以往任何时候都更迫切需要创新,创新已成为这个时代的主旋律和重大命题。然而,随着创新活动日渐频繁,创新问题也日益凸显,迫切要求我们对"创新"进行全面、深刻和系统的理解,从而更好地指导创新实践活动的有效开展。同时,"创新"也是本书的基础概念,必须深刻理解领会创新的本质内涵和精神实质,才能更好地学习和理解"创新",为后面的学习奠定坚实基础。

为了不滥用"创新"一词,我们有必要搞清楚创新的概念。然而,到目前为止,学界尚未形成一个统一的界定。我们尝试从词义考释、经济、社会、管理、文化变迁、哲学等不同层面和视角来给出答案,便于读者更好地认识和理解创新。

1. 词义考释视角

要全面深刻理解创新的内涵,首先要从"创新"一词在历史长河中的产生与演变去追根溯源。这样才能真正理解"创新"一词的深刻内涵,掌握"创新"的精神实质。

"创""新"二字在中国古代的历史文献中并不陌生,多次出现。

我们首先研究"创"字在我国古代的释义。"创"字在我国古代有五层含义:

第一层含义,开始做,初次做。如:创举,创刊,有时也用"刱"字,"刱"是"创"的古代异体字中较为常用的一个。《论语·宪问》:"裨谌草创之。"《汉书·叙传下》:"礼仪是创。"颜师古注:"创,始造之也。"

第二层含义,引以为戒。《尚书·益稷》:"予创若时。"孔传:"创,惩也。"孔颖达疏:"惩丹朱之恶。"

第三层含义,创伤。《汉书·萧何传》:"身被七十创。"

第四层含义,伤害。《汉书·薛宣传》:"欲令创咸面,使不居位。"颜师古注:"创,谓伤之也。"

第五层含义,通"疮"。《礼记·曲礼上》:"头有创,则沐。"[18]

"创"字的现代词义主要保留了第一层、第三层和第四层含义。

"新"字从古至今形体变化不大,词义也基本相同,古代历史文献中经常出现"新"字,"新"字主要含义有:"旧"的反义,新鲜的;革新或创新。

"旧"的反义,新鲜的。《论语·为政》:"温故而知新,可以为师矣。"《庄子·刻意》:"吹呴呼吸,吐故纳新。"

革新或创新。梁启超在《论小说与群治之关系》中写道:"欲新一国之民,不可不先新一国之小说。故欲新道德,必新小说;欲新宗教,必新小说;欲新政治,必新小说;欲新风俗,必新小说;欲新学艺,必新小说;乃至欲新人心,欲新人格,必新小说。"[19]

据现有历史文献记载,"创新"一词最早出现在南北朝时期的官方正式史书文献中,常指政治制度的变革与创新,而非指科技方面的创新。在《魏书》卷六十二中,李彪上表曰:"革弊创新者,先皇之志也。"[20]

其中,"革弊创新"主要指孝文帝时期创建的各种政治与制度改革。此处"创新"即为创建、开创和创造之意。

隋唐时期,"创新"一词常与"改旧"连用,主要指更新、改进。"创新"的应用领域不再限定于政治制度改革,还应用于军事设施设备和文化礼乐方面的更新。李延寿在《北史》中记述于翼时说:"西自雁门,东至碣石,创新改旧,咸得其要害。"[20]此处的"创新"意为军事设施的更新、改进。"自魏孝武西迁,雅乐废缺,征博采遗逸,稽诸典故,创新改旧,方始备焉。"[20]此处的"创新"指文化礼乐方面的更新、改进。

宋元明清时期,"创新"一词被广泛应用于政治制度、经济措施、艺术及建筑领域。除此之外,古人也常用"革新""维新""日新"等词来表达创新之意。

然而,在1989年和1999年版的《辞海》里没有找到"创新"这一词条。

"创新"在《新华汉语词典》的解释为:"创造新的从而抛开旧的。"[21]

"创新"在《现代经济词典》的解释为:"对旧事物的变革和新事物的创立。泛指一切创造性的活动。从大的方面说,可有知识创新、科技创新、制度创新等。

可见,"创新"一词在我国古已有之,并非舶来词。同时我们也应该清醒地认识到现代意识上的创新概念和创新理论则基本来源于西方,特别是以约瑟夫·熊彼特(Joseph A. Schumpter)为代表的西方创新研究学者,对创新内涵与创新理论的发展,为创新的深入研究做出了重大贡献。

创新是一个历史范畴,其内涵的发展演变经过了漫长的历史时期。在不同社会发展时期,创新的内容和形式以及作用都不一样,因此,创新的内涵也就不尽相同。创新的应用领域在不断扩大,内涵日益丰富,"创新"被赋予了鲜明的时代烙印。

综上所述,"创新"的内涵主要可概括为"革新"和"创造"两个层次。"革新"主要指对原有事物进行改良、更新或改造,即"推陈出新";"创造"主要指开创、首创、创立,即开创"前所未有"的崭新事物,也就是从无到有的过程。前者可以理解为从有到优的过程。

英文名词"innovation"或动词"innovate"特指"创新";"创造"一般用名词"creation"或动词"create"来表示;"发明"一般用名词"invention"或动词"invent"来表示;"发现"一般用名词"discovery"或动词"discover"来表示。需要注意的是这几个单词的概念和内涵都是不相同的,千万不能混淆,具体存在什么区别将在后面作详细介绍。

innovation源于拉丁词innovatus(innovare的过去分词),意为"改变,以新的方式做事"。拉丁文词根nov,意思是"new(新的)",加上前缀in,使之动词化,意味着对原来已有的东西加以更新和改造。

innovation 在《韦氏词典》的解释为[①]：

[1] a new idea, device, or method.

[2] the act or process of introducing new ideas, devices, or methods.

Innovation 在《牛津高阶英汉双解词典》的解释为[22]：

[1] the introduction of new things, ideas or ways of doing sth.

[2] a new idea, way of doing sth.

创新是一个历史范畴，在漫长的历史长河中，伴随着人类文明进步和社会实践的深入发展，其概念与内涵在不断地发生演变。

2. 经济学视角

研究创新的概念与内涵，不得不提被誉为创新理论奠基人的约瑟夫·熊彼特(图 3.2)。在西方，熊彼特是首位完整系统地阐释"创新理论"的经济学家，他开创性地把创新理论引入经济研究领域，并用创新来解释资本主义的发生、发展及其经济发展与周期变化规律等。

图 3.2 约瑟夫·熊彼特

约瑟夫·熊彼特(Joseph A. Schumpter，1883—1950)，美籍奥地利人，1883 年生于摩拉维亚的一个中产阶级家庭，1901—1906 年于维也纳大学攻读法律和经济，是奥地利学派主要代表人物庞巴维克的及门弟子，曾任美国哈佛大学教授、美国经济学会会长。熊彼特在 1912 年出版的《经济发展理论》一书中首先提出了创新的基本概念和思想，形成了最初的创新理论。1939 年和 1942 年，熊彼特又分别出版了《商业周期：资本主义过程的理论、历史和统计分析》《资本主义、社会主义与民主》两部专著，对创新理论加以补充完善，逐渐形成了以创新理论为基础的独特的创新思想体系。

---

① https://www.merriam-webster.com/dictionary/innovation。

1912年,标志着创新理论诞生的著作《经济发展理论》出版,熊彼特首次提出创新的基本概念和设想,初步形成了独具特色的创新理论。此后出版的《商业周期:资本主义过程的理论、历史和统计分析(Business Cycles: A Theoretical, Historical, and Statistical Analysis of the Capitalist Process)》《资本主义、社会主义与民主》两部著作进一步丰富和完善了其创新理论,促使其创新理论不断趋于成熟,逐渐形成了独特的创新理论体系(将在3.5节详细论述),极大地推动了创新理论和经济学的发展。

《经济发展理论》首次出版距今已有106年,跨越一个世纪,依然散发出耀眼的智慧光芒,其提出的创新概念、创新思想及创新理论已经深入各个领域,被广泛研究引用,对人们更好地开展创新实践、推动社会进步和促进经济发展产出了深远而重大的影响。

熊彼特认为,所谓创新就是要建立一种新的生产函数,也就是把一种从来没有过的关于生产要素和生产条件的"新组合"引入生产系统中去[23],即生产要素和生产条件的重新组合,其目的在于获取某种潜在利益。

可以理解为这样一种生产函数:$Q = F(X, Y)$。

"新组合"主要包括以下五种情况:

(1) 引进一种新产品,也就是消费者不熟悉的产品,或者一种具有新特征的产品;

(2) 引入一种新的生产方法,这种生产方法是有关的制造部门还没有检验的,而且不一定需要建立在科学新发现的基础上,可以是在商业上对商品的新的处理方法;

(3) 新市场的开放,新市场就是一个国家的某一个生产制造部门之前没有进入的市场,无论这个市场之前是否存在;

(4) 控制原材料或半成品的新供给来源,无论这种来源已经存在还是首次被创造出来;

(5) 实行新的组织,比如制造或打破一种垄断地位。[24]

以上五种情况,既包括技术方面的创新,也包括非技术方面的创新,如(1)(2)两种情况属于技术创新范畴,(3)(4)属于市场创新范畴,其中,(3)是面向供应链下游的终端消费者,可理解为消费者市场,(4)是面向供应链上游的供应商,可理解为生产者市场,(5)属于组织创新范畴或管理创新范畴。

为深刻理解创新的概念与内涵,熊彼特把"创新"与"发明""试验"区分开来。他认为:发明是一个新的人造装置或工序,可以取得专利;试验是一种科技实践行为,可以发现新的知识。发明和试验都是科技行为,是一种知识生产活动。而创新则是经济行为,目的是获取相应的经济和社会效益,也就是说,创新不一定来源于"发明"或"试验",发明也不一定是创新,发明家不一定是创新者,只有将发明应用到经济活动中,形成生产能力,产生经济社会效益,发明家才能成为创新者。技术和经济的结合十分重要。

因此,在熊彼特看来,"创新"是一个经济概念,而不是一个技术概念,并非指单纯技术上的新发明或新创造。能否形成一种新的生产能力,创造经济效益和社会效益成为评判是否创新的重要依据和标准。熊彼特创新概念的外延是广阔的,因为所有生产要素(资金、土地、技术、人员等)与生产条件的"新组合"充满了无限可能性,也预示了创新的无限可能性。"新组合"既包含技术层面的创新,也包含非技术层面的创新。

2000年,联合国经济合作与发展组织(OECD)在《学习型经济中的城市与区域发展》报告中提出:"创新的含义比发明创造更为深刻,它必须考虑在经济上的运用,实现其潜在的经济价值。只有当发明创造被引入到经济领域,它才成为创新。"[25]

2004年,美国国家竞争力委员会向政府提交的《创新美国》计划中提出:"创新是把感悟和技术转化为能够创造新的市值、驱动经济增长和提高生活标准的新的产品、新的过程与方法和新的服务。"[8]

这就确认了"创新"在社会经济发展中极其重要的地位和作用。因此,当前我们的创新战略应当重点突出推进"innovation"。作为"innovation"的创新实际上是个过程,是实现创造发明潜在的经济价值和社会价值的过程。

厄特巴克(J. M. Utterback)在20世纪70年代的创新研究中独树一帜,他在1974年发表的《产业创新与技术扩散》中认为:"与发明或技术样品相区别,创新就是技术的实际采用或首次应用。"技术创新是创新的一种重要形式,它与发明、创造相对应,更多地是将技术、人力、资本等生产要素进行整合以推出新产品。按照发生的先后次序,创新过程可以分为三个阶段:(1)新构想的产生;(2)技术难点攻关或开发;(3)商业价值实现及扩散。[26]

综上所述,经济学视角下的"创新"着重研究创新在经济发展中的地位和作用,明确创新是经济发展的本质和内在动力,创新的目的在于实现创造发明潜在的经济和社会价值,创新是唯一能够造就一个持续和健康发展经济的工具。

3. 管理学视角

彼得·德鲁克(Peter F. Drucker,图3.3),世界著名管理学大师,被誉为"现代管理学之父",他从管理学视角来研究创新,是管理创新研究领域代表人物。

图3.3 彼得·德鲁克

彼得·德鲁克(Peter F. Drucker,1909—2005)被誉为"管理大师中的大师"。他以建立于广泛实践基础之上的30余部著作奠定了现代管理学开创者的地位,被誉为"现代管理学之父"。2002年6月20日,美国总统乔治·W.布什宣布彼得·德鲁克成为当年的"总统自由勋章"获得者,这是美国公民所能获得的最高荣誉。主要代表作有《公司概念》《管理的实践》《卓有成效的管理者》《管理:任务,责任,实践》等,1985年出版的《创新与企业家精神》被誉为《管理的实践》推出后德鲁克最重要的著作之一,全书强调当前的经济已由"管理的经济"转变为"创新的经济"。

德鲁克对熊彼特的创新理论评价极高,他的创新思想也深受熊彼特创新思想的影响,比如,他们都强调企业家的主体地位,指出企业家精神就是创新精神,"创新是企业家特有的工具,创新是企业家的特殊功能,是企业家的'灵魂'所在"[27]。德鲁克的创新思想和理论是对熊彼特创新理论和创新思想的继承与发展。

德鲁克认为:"创新活动赋予资源一种新的能力,使它能创造财富。事实上,创新活动本身就创造了资源。"[15]德鲁克的创新内涵中,衡量创新与否的标准是能否为人们创造财富,创造财富不等于赚取财富,创造财富的前提是创造资源,然后才为人类创造福利和财富,此处财富既包括物质财富也包括精神财富。

"凡是能使现有资源的财富生产潜力发生改变的事物都足以构成创新"[27],也就是说只要某行为赋予资源以一种新能力,能为人们创造财富,该行为就是一种创新行为。创新本质上是一种能够带来新价值的实践活动,不能带来价值增值的事物不能称之为创新。德鲁克列举了青霉素的案例,认为只有发现青霉素具有杀灭细菌的医学价值,成为对人类健康有价值的资源后,青霉素的发现才是创新。

德鲁克刻意地区分了"新奇"和"创新",他认为:"不能把新奇与创新混为一谈,它们的分别在于创新能带来价值,而新奇的东西只是好玩而已。"[28]也就是说形式的新不等于创新,创新必须要求内容的新,而且这种内容的新必须能体现其实用价值,一切新奇的事物如若不能为人们带来价值就不是创新,创新能赋予事物以新的价值。

"创新不一定必须与技术相关,甚至根本就不需要是一个'实物'。"[27]德鲁克指出技术创新往往能够带来显性的物质财富,也最易为人们津津乐道,而创新并非都存在物质实体,也就是说存在隐性表现形态。创新非实体的东西应当是社会创新,社会创新涵盖了制度创新、管理创新和文化创新等社会人文方面内容,该项创新带来的是非显性的价值,十分容易被人们忽视,然而社会创新所带来的价值却是极大的。

"社会创新远比蒸汽火车头或者电报更重要。"

"社会创新的实现远比制造火车头和发明电报要困难得多。"

"社会创新显然比大多数技术的发明有更持久的影响力。"[27]

德鲁克对社会创新给予了极高的评价,认为正是这种无形的社会创新为日本带来了巨大的价值。德鲁克列举1867年日本明治维新到20世纪七八十年代期间,先避免了被西方列强殖民化,1894年甲午战争打败中国,1905年日俄战争打败俄国,到20世纪七八十年代成为举世瞩目的超级经济强国,说:"日本人被公认为并非创新者,而是模仿者(不仅西方人这样认为,日本人自己也这样认为)。因为就整体而言,日本人并没有产生令人瞩目的技术或科学创新。他们的成功源于社会创新。"[27]

"100年以前,日本人经过慎重考虑,决定将他们的资源投注于社会创新,而对技术创新加以模仿、引进和改造,结果他们取得了举世瞩目的成功。"[27]

最后,德鲁克指出:"创新是一个经济或社会术语,而非科技术语。我们可以用萨伊定义企业家精神的方式来对它下一个定义——创新就是改变资源的产出。或者,我们可以按照现代经济学家的习惯,用需求术语而非供给术语对它加以定义——创新就是通过改变产品和服务,为客户提供价值和满意度。"[27]可见,德鲁克改变以往从生产和供给视角(例如熊彼特)来研究创新,转而从消费者需求视角或者市场营销视角来探究创新,具有开创性,是对熊彼特创新思想的继承和发展。同时需要注意,德鲁克特别强调进行系统化的创新,而不是单打独斗。

南京大学周三多教授认为:"创新首先是一种思想及在这种思想指导下的实践,是一种原则以及在这种原则指导下的具体活动,是管理的一种具体职能。""创新工作是管理过程的重要一环,创新工作也和其他管理职能一样,有其内在逻辑性。"[29]周三多主要站在管理职能视角来研究创新,认为管理主要有决策、计划、组织、领导、控制和创新等六项职能,而创新是其中的一项,并且重点研究了技术创新和企业组织创新。

4. 文化变迁视角

霍默·巴尼特(Homer G. Barnett)在1953年出版的《创新:文化变迁的基础》一书中提出创新是所有文化变迁的基础这一重要结论,认为:"创新应被界定为任何在实质上不同于固有形式的新思想、新行为和新事物。严格说来,每一个创新是一种或一群观念。但有些创新仅存于心理组织中,而有些则有明显的和有形的表现形式。"创新包括进化、发明、发现、传播或借用四种表现形式。[30]

巴尼特认为长时期进化积累过程使人的体质特征、组织的发展、观念、伦理、礼仪等意识形态方面缓慢发生变化,这一切都是创新在推动,发现和发明也是一种文化创新,文化传播是文化变迁的一种基本形式。

文化发现是指发现原先已经存在、未被人所知晓的文化或文化现象,这种文化发现形成对原有文化的一种全新理解,赋予原有文化一种全新的意义,未知的或被遗忘的文化因为被发现,又会像新事物一样重新获得生命力,焕发生机。

发明则基本上是一种文化的新生事物,是在原有文化基础上的成功攀登和新事物的产生。发明在文化变迁中具有举足轻重的地位,这主要是因为一种有意或无意的发明有可能引发一场大规模的文化创新活动,甚至是一场文化革新。

文化变迁的重要原因和内容是文化传播。文化传播是文化发展的一种自然的趋势,它会随着不同文化之间的交流和交往,向四面八方不断地延伸和扩展。

5. 发生学视角

前面我们论述了创新对于促进经济发展,推动社会进步和文化变迁的重大作用,那么创新活动及现象产生的根源是什么?这个问题为我们更加深刻抓住创新的本质,更好理解创新产生和发展的内在必然性提供了解决思路。发生学揭示了事物产生与发展的内在逻辑及必然性,因此从发生学的视角来研究创新具有巨大现实意义。

德国人类学家兰德曼说:"如果人有某种不可改变的东西的话,那么这个东西就是人的创新本性。"[31]

亚里士多德也提到:"求知是人类的本性。"[32]这种原始的冲动使人不断地去探索未知、克服困难、追求美好生活,这个过程其实也是人类不断创新的过程,使原始冲动升华为创造或创新能力。这种"本性"在推动人类社会前进的同时,也使人从"必然王国"迈向"自由王国"。

陈玉和认为:"创新的发生是创新主体为了摆脱自然的奴役(物的奴役)、精神的奴役和人们相互之间的奴役而采取的试探性对策。创新（创造）是源自人的个体追求幸福与完美人生的冲动。"[33]

因此，我们可以得出结论：创新的发生根源是人们探索未知、消除恐惧、追求完美和改造世界的内在本性与冲动。人们一直不断地在处理与自然界、人类社会以及内心精神世界之间的关系，通过不断地学习、积累和创新去改造世界，努力摆脱来自自然界、人类社会和精神的枷锁，不断克服困难，追求完美和幸福生活。从发生学视角更容易深入揭示创新产生和发展的必然性和内在逻辑。

6. 哲学视角

"创新"既是一个历史范畴也是一个哲学范畴。当前学者多从经济、社会和管理等视角来研究创新，从哲学视角研究创新则较少。这在一定程度上不利于深入挖掘和全面把握创新的内在本质与基本规律，难以形成系统的创新理论，而哲学给我们提供了很好的解决办法。

"创新"的哲学视角研究要求我们运用历史唯物主义，特别是马克思主义实践观，对各领域创新活动进行高度抽象概括，找到创新的共性及其客观规律，赋予创新更为全面和深刻的理解。马克思并没有给出创新的明确概念，但是其历史唯物主义思想，特别是实践观给我们认识和理解创新提供了新的理论视角。

毛良升认为："创新是人类为了满足自身发展需求，通过对认识对象新的属性、规律和关系的揭示、发现和运用把握，在认识和改造世界过程中形成新的质的飞跃，进而推动人类社会和人类自身不断向前发展的标志性实践活动。"[34]

首先，创新是人类特有的一项实践活动，是人类区别于动物的显著特征。马克思主义实践观认为："实践是人类有目的地进行的能动地改造和探索现实世界的一切社会性的客观物质活动。实践是人的本质和存在方式，人类的产生、生存和发展是以实践为基本方式和标志的，没有实践，就没有人类，就没有一切社会生活。人类社会的发展与进步是人类不断实践的结果，实践本身就是一种创造性的活动。"德国哲学家卡西尔也把创新作为"我们人类世界与自然界的天然分界线"的"标示"[35]。同时，创新是人的主观能动性的集中体现，是人类实践活动区别于动物本能活动的关键所在。抓住了这点，就抓住了创新的内在本质。

其次，创新不是一般人类实践活动，而是高级人类实践活动。创新实践活动相比一般人类实践活动具有开拓性、超越性和独特性的特点。创新实践活动是对一般人类实践的突破和超越，取得的成果将更具有创造性、首创性，即创新的"新"。当然，"新"是在尊重客观规律的基础上取得的。所以说，创新是人类的高级实践活动。

最后，创新是一项对促进人的全面发展，加快经济增长和推动人类社会进步发挥正面积极作用的价值增值活动。

人类创新活动的宗旨和根本目的在于促进人的全面发展，加快经济增长和推动人类社会进步，这是对创新活动进行价值评判的唯一标准。同时，创新是一项价值增值活动，这就要求必须在原有事物的基础上进行变革、突破和创新，创造"新事物"，使之更好地实现创新的目的。创新已经成为促进人的全面发展，加快经济增长和推动人类社会进步的内在动力和集中体现。

同时，创新是人类社会得以延续和自我更新的特殊工具。所有人类思想、理论、机构、制度以及技术的产物都会逐渐陈腐、僵化和过时。创新可以让社会、经济、产业、机构保持高度灵活性与自我更新能力。

当然，"创新"的哲学研究远不止于此，比如量变与质变规律，旧事物的灭亡、新事物的产生（类似发展）规律，否定之否定规律等。"创新"的哲学问题是一个大课题，还需要更多学者为之努力。

7. 相关概念辨析

为了更好地理解创新的概念，有必要简单区分创新与发现、发明、变革、发展、创造之间的关系与区别。

1) 发现

"发现"(discovery)，也称为科学发现(scientific discovery)，是对前所未识但客观存在的事物、现象及其规律的一种认识活动。发现的对象或结果本身是一种客观存在，是不以人的意志为转移的，比如说万有引力定律，不管人类发现与否，它都一直存在着。马克思主义哲学认识论告诉我们，客观世界是可知的，人们不仅能够认识物质世界的现象，而且可以透过现象认识其本质。人类的认识能力是无限的，世界上只有尚未认识的事物，没有不可认识的事物，因为随着人类实践的深入，人类的认识能力也在不断提高，会发现更多未知事物、现象及其规律，科学研究的目的就是发现这些客观存在的然而还没有被人类认识到的事物、现象及其规律。

发现与发明密切关联，发明往往是在发现的事物、现象及其规律基础上，运用一些技术和工具，创造出新事物或者新方法的技术实现过程。

发现并不等于创新，因为发现本质上是知识获取或生产的过程，知识的价值在于应用，只有应用才能创造价值和财富，所以说拥有知识并不等于拥有财富。创新与发现和发明的最核心的区别在于：创新是一种有着明确经济效益和社会效益导向的经济行为，强调知识的应用，并使之创造巨大的社会和经济效益。

1831年10月17日，英国著名物理学家、化学家，被誉为"电学之父"和"交流电之父"的迈克尔·法拉第首次发现电磁感应定律，并进而得到产生交流电的方法。1831年10月28日，法拉第发明了圆盘发电机（图3.4），这是人类创造出的第一个发电机。

2) 发明

发明(invention)是指创造出前所未有的新物品、新技术或新方法等。发明成果具有独创性、新颖性、实用性和时间性的特点，既可以是有形的技术产品，也可以是无形的方法等，在被发明出来之前客观上是不存在的，这是它们与发现的显著区别。

《中华人民共和国专利法》(2008年版)明确规定："本法所称的发明创造是指发明、实用新型和外观设计。发明，是指对产品、方法或者其改进所提出的新的技术方案。方法发明包括操作方法、制造方法、工艺流程等技术方案的发明。"

创新和发明联系紧密，较为相近，它们都是人类创造能力的体现，都突出强调从无到有，但发明不等于创新。发明是一种科技行为,而创新是一种经济行为,发明是创新的技术基础,创新是发明的首次商业应用,创新实际上是实现创造发明潜在的经济和社会价值的过程。可以认为:创新=发明+市场开发与应用。

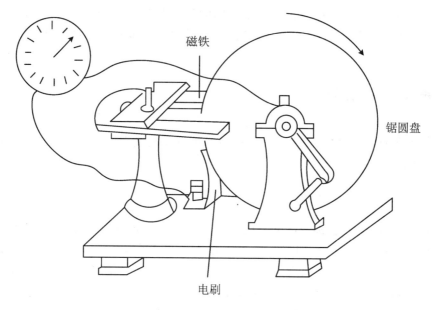

图 3.4　法拉第圆盘发电机

北宋庆历年间,毕昇(970—1051)发明泥活字,标志活字印刷术的诞生,活字印刷术的发明是印刷史上一次伟大的技术革命(图 3.5)。

图 3.5　活字印刷

3) 创造

创造和创新是最容易混淆的两个概念,人们经常认为创造就是创新,创新就是创造,两者可以相互替代,持这种态度的人并非少数。实际上,创新和创造两者之间关系较为复杂,不能简单等同。厘清创造与创新之间的关系,对于树立正确的创新观具有十分重要的作用,同时也是本章的重点与难点。

创造通常指做出前所未有的事情,《后汉书·应奉传》:"凡八十二事……其二十七,臣所创造。"[18]在英语中对应的单词通常是 creat(动词)或 creation(名词),突出强调"首创"和"前所未有",从这个意义上,创造和发明概念近似,所以,创造发明经常连用。中国矿业大学庄寿强教授认为:"创造的本质特征是具有新颖性,新颖性常以'非重复性'或'第一'的形式表现出来。"[36]

创造与创新拥有一个共同的本质特征"新颖性",即都具有"第一"或"非重复性"的外在表现,这是二者最大的共同点。

目前,学术界对创造与创新之间关系的认识主要有以下四种观点:

第一种观点认为:创造等于创新,创新等于创造,创新与创造内涵相同(图3.6)。

持这种观点的人认为,创造和创新都具有"新颖性"的本质特征,两者都产生出新的事物、新的产品、新的成果。

如何认识"新颖性"成为理解第一种观点的关键所在。根据《中华人民共和国专利法》(2008年版)第二十二条的规定:"新颖性,是指该发明或者实用新型不属于现有技术,也没有任何单位或者个人就同样的发明或者实用新型在申请日以前向国务院专利行政部门提出过申请,并记载在申请日以后公布的专利申请文件或者公告的专利文件中。"这里的"新颖性"主要是从法律层面来解读。

图 3.6 第一种观点示意图

本书认为"新颖性"主要分为两种类型:

第一种类型:0 ⟶ 1,即从无到有,前所未有,属于"绝对"新颖。

第二种类型:1 ⟶ 1⁺,即从有到优,青出于蓝,属于"相对"新颖。

第一种类型主要指具有开创性或首创性的发明成果。例如中国古代对世界文明发展史产生巨大影响的四大发明,即造纸术、指南针、火药和印刷术。

1885年10月,世界上第一辆汽车由德国人卡尔·本茨研制成功,1886年1月29日,卡尔·本茨取得了世界上第一个"汽车制造专利权"。从此,1886年1月29日被公认为是汽车的诞生日,本茨的专利证书也成了世界上第一张汽车专利证书。

第二种类型是"从有到优"和"青出于蓝"的过程,对原有事物进行改良和完善,有人称之为微创新、二次创新或渐进式创新,这种类型是最常见的而往往也是最易被忽视的。相对于原始创新或颠覆式创新,这种创新往往具有时间更短、成本更低、风险较小等特点,但同样也可能带来革命性的变化。日本就是一个非常善于学习和模仿他国原始技术的国家,擅长利用"二次创新"来进行技术反超。我国创新研究学者许立言、张福奎在奥斯本检核表法基础上,领会吸收其基本原理,加以二次创新,并在上海和田路小学进行实验,提出了一种创新思维技法——"和田十二法"。美国得克萨斯州立大学的布莱克和莫顿在领导行为四分理论的基础上,提出了管理方格理论。

当前,全社会都将创新焦点过多地放在颠覆式创新上,往往忽视渐进式创新的重要性。我国应进一步优化相关创新政策,充分发挥政策引导作用,激励企业持续渐进创新,通过不断量变实现质变,提升企业核心创新能力和国家整体创新竞争力。

其实，无论是第一种还是第二种，都只是一个相对概念，好比"大"和"小"，"长"和"短"，没有"旧"作为参照物，也就无所谓"新"。但需要指出的是，第一种观点忽略了创新的经济学内涵和商业应用属性，简单地把创造和创新等同。我们知道衡量创新成功与否的唯一标准在于能否实现其经济价值和社会效益。如果开展创新活动不讲市场需求、不讲经济效益、不讲商业推广应用、不讲社会效益，那么"创新"就会变得没有意义，新事物、新成果也就会变成无源之水、无本之木，"新"也就变得不可持续，犹如昙花一现，稍纵即逝。这种认识也与现代产、学、研合作的宗旨背道而驰。

经济价值和社会效益是创新的内在驱动力和根本保障。经济价值和社会效益体现了创新的科学性、适用性和社会认可度。创新不是为了"新"而"新"，创新的价值在于应用，在于创造客户价值，增进民众福祉，推动经济、社会进步与人的发展。经济收益和社会效益是创新的根本保障，没有经济收益做支撑，创新就会变得捉襟见肘，难以持续。

众所周知，中国古代具有革命性意义的四大发明诞生于中国，却在西方获得了大规模应用并带来巨大的社会经济效益，正如马克思所说："火药、指南针、印刷术——这是预告资本主义社会到来的三大发明，火药把骑士阶层炸得粉碎，指南针打开了世界市场并建立了殖民地，而印刷术则变成了新教的工具，总的来说，变成了科学复兴的手段，变成为精神发展创造必要前提的最强大的杠杆。"[37]然而，四大发明在中国确是另一种景象，正如鲁迅所言："外国用火药制造子弹御敌，中国却用它做了爆竹敬神；外国用罗盘针航海，中国却用它看风水。"[38]学者们认为，造成这种现象最根本的原因是"中国古代科学技术的发展缺乏经济上的动力，导致许多创造始终停留在胚胎状态，不能形成对经济社会发展产生革命性影响的技术力量。"[39]

第二种观点认为：创新包括创造，创造是创新的一部分（图 3.7）。

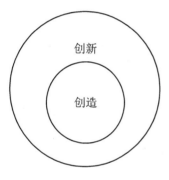

图 3.7 第二种观点示意图

持这种观点的人主要有三点原因：

首先，创新既包括"从无到有"也包括"从有到优"，而创造仅仅是"从无到有"，所以创造真包含于创新，创造是创新的真子集。

其次，创新包括"创造 + 应用"，创造是知识生产的过程，而创新不仅是知识生产的过程，也是知识应用的过程，它更强调知识所产生的市场价值、经济效益和社会效益。创造注重的是新知识的产生，而创新注重新知识的实际应用。

最后，创造的成果往往是有形的实体，属于器物层面的发明创造，而创新不仅包括有形的器物层面的实体，还包括无形的成果，如"管理创新""制度创新"等。

第三种观点与第二种观点相反，认为创造包括创新，创新是创造的一部分（图 3.8）。

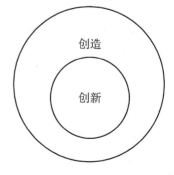

图 3.8 第三种观点示意图

持这种观点的人不在少数，主要有四个方面原因：

首先，创造不受"成果效益"所限，而创新则必须考虑经济效益和社会效益。所以，从创新的"成果效益"来看，创新真包含于创造，创新是创造的真子集。

其次，创造的主体可以是人也可以是大自然，而创新的主体只能是人。比如说，珠穆朗玛峰、北极光、大堡礁等，这些自然奇观都是大自然神奇而伟大的创造，甚至人类就是大自然创造出来的作品。

再次，既存在已经被转化为现实生产力，投入到市场，形成一定规模，产生良好的经济和社会效益的创造成果，也存在待转化或未转化为现实生产力的创造成果。据国家知识产权局权威发布数据，2016年我国国内外专利受理量共计346.48万件，其中发明受理量133.85万件，同比增长21.48%[①]，连续6年位居世界首位，然而专利转化率却远低于国际水平，只有不到10%，绝大部分发明专利处于"睡眠"状态，这些"闲置"发明专利无疑都是创造，但并不产生经济和社会效益。

最后，创新成果必须符合正面价值判断，而创造不一定。创新成果必须有益于推动经济增长，促进社会进步和人的全面发展，也就是说创新成果对于人类一定是积极向上和正面的，而创造并没有正面价值判定的限制要求，其结果既可以对人类有利，也可以对人类不利。

第四种观点认为：创造是创新的基础，创新是创造的高级阶段。

创造和创新都是人类改造世界能力的集中体现，是人类社会实践活动的重要环节，创造为创新提供坚实基础，创新带动创造投入应用，产生效益。

总之，创新与创造是一种较为复杂的关系，两者都具有"新颖性"的特征，同时也存在不同之处，对"创新"的研究相比于"创造"出现较晚，"创新"带有明显的时代色彩。或者说两者都是历史范畴，随着时代的发展和社会的进步，创新和创造将被赋予新的使命和时代内涵。

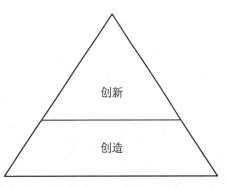

图3.9　第四种观点示意图

8. 本书对创新内涵的理解

本书认为：所谓创新是指组织或个人为了获取经济利益或社会效益，创造或革新现有资源组织方式，产出具有新颖性特征的成果，以满足客户需求的价值增值实践活动。

对这一概念可做进一步解释：

(1) 创新的主体是组织或个人，组织包括企业、政府、非营利性机构等社会组织。

(2) 创新的目的是为了获取经济利益或社会效益，企业创新主要是为了获取经济利益，而政府、非营利性机构等创新则更多是追求社会效益。

(3) 创新的方式可以是创造也可以是革新，也就是说可以是"从无到有"，也可以是"从有到优"。

(4) 创新的手段是改变资源产出，重新进行资源组织、整合和利用。

(5) 创新的本质是价值增值活动，创新是一项对促进人的全面发展，加快经济增长和推动社会进步，发挥正面积极作用的价值增值活动。

---

① 参见《中华人民共和国国家知识产权局专利统计年报2016》。

（6）创新的出发点和落脚点是满足客户需求，创造客户价值。这里的客户是广义上的概念，不仅包含终端消费者，还包括民众、社会组织、企业等。

（7）创新是一种人类社会实践活动。创新是人类有目的地能动地探索和改造客观世界的实践活动。从哲学视角出发，抓住这一点就把握了创新的本质属性。

3.2 创新的类型

熊彼特在定义创新的时候，其实已经把创新划分为三种类型，分别是技术创新、市场创新和管理创新。德鲁克在宏观上把创新分为技术创新和社会创新，并且认为社会创新比前者更加重要。

根据不同的分类标准，创新可分为不同的类型。当前关于创新的各种分类标准较多，质量参差不齐。有些学者根据创新成果自主性程度，把创新分为自主创新（或独立创新）、模仿创新和合作创新（或开放式创新）。这种划分欠妥，因为没能充分理解和把握自主创新的本质内涵，把自主创新片面地理解为完全依靠自己力量从零开始，事事都"自力更生"，成果必须拥有"百分之百的知识产权"，排斥模仿，排斥合作，忽略了知识共享、知识转移和知识创新的重要性。在分工国际化、经济全球化和知识经济时代，关起门来搞创新是没有出路的，反而与先进创新国家的差距会越来越大。自主创新不应该也不可能排斥开放合作、模仿学习、引进、吸收和再创新。自主创新未必一定能产生自主知识产权，模仿创新也未必不能产生自主知识产权。因此，"自主"的真谛在于把握创新的主动性，在于掌握核心知识产权，在于切实增强自身创新能力。还有些学者根据创新的效果进行分类，把创新分为有价值创新、无价值创新和负价值创新。这种分类忽视了创新的正面价值判断属性，混淆了创新和创造，没有把握创新的本质内涵和特点。

本书将从四个维度来对创新进行分类，分别为：

（1）按照创新主体的不同，可分为企业创新、政府创新、非营利性组织创新和个人创新等。

创新主体是创新活动的承担者、组织者和主导者。由于创新领域的广泛性，创新主体呈现多元化的特点，其中企业是国家创新体系的中坚力量，承担更多使命和责任，政府及非营利性组织等应该积极进行创新，大力建设创新型政府，推进社会组织创新发展。

（2）按照创新对象的不同，可把创新分为知识创新、技术创新、管理创新和制度创新等。

知识创新包括基础研究创新和应用研究创新，是指通过科学研究获得新的基础科学、技术科学等方面的知识，并将新知识引入原有的知识体系。知识创新是为了探索新发现、摸索新规律、创造新方法，在这一过程中可增加整个创新体系的知识存储量并扩展创新领域，知识创新是技术创新的起点和基础，技术创新是知识创新的延伸和落脚点。

1913年，美国著名学者戴布拉·艾米顿（Debra M. Amidon）提出了知识创新的概念，所谓"知识创新，是指为了企业的成功、国民经济的活力和社会的进步，创造、演化、交换和应用新思想，使其转变成市场化的产品和服务"。[40]可见，艾米顿把知识创新分为知识创造和知识应用两部分。

1930年,美国天文学家汤博(Clyde Tombaugh)发现了冥王星(图3.10)。此后的76年里,冥王星一直与其他八大行星并称为太阳系九大行星。在发现初期,由于冥王星距离太遥远,观测技术有限,人们对它的认识较少。经过近30年的进一步观测,发现它的直径只有2301千米,比月球还要小,而在太阳周围有太多与冥王星体积大小差不多的"行星"。而此时"冥王星是大行星"早已被写入教科书。

图3.10 冥王星

1978年,美国天文学家发现冥王星有卫星。这一发现使得科学家有理由相信,冥王星的实际大小比原来估计的要小得多。由于它的质量过小,所以冥王星没有吸引它的卫星围绕着冥王星本身在旋转,而是冥王星和它的卫星围绕着两者中间的一个公共点在旋转。

2006年,国际天文联合会通过了行星的新定义,根据新的定义,冥王星因质量不够大、轨道与海王星的轨道交叉等原因,不再符合新的大行星要求,被降为"矮行星"。就这样,冥王星在被发现76年后,被从太阳系的大行星名单中除名,从此太阳系中只有"八大行星"。

技术创新是指应用知识、工艺等改进或改变现有的技术体系,这种创新包括改变现有的生产设备和工艺流程、开发生产新的产品、提供新的服务等。技术创新是发展高科技并实现产业化的重要前提,是将科研成果、知识创新成果转换为生产力,通过技术创新可实现知识的价值,从而促进社会发展。

我国率先倡导并开展技术创新研究的著名学者傅家骥认为:"技术创新就是企业家抓住市场的潜在营利机会,以获取商业利益为目标,重新组织生产条件和要素,建立起效能更强、效率更高和费用更低的生产经营系统,从而推出新的产品、新的生产(工艺)方法,开辟新的市场,获得新的原材料或半成品供给来源,建立企业的新的组织,它是包括科技、组织、商业和金融等一系列活动的综合过程。"[26]这种概念参考了熊彼特的创新理念,属于广义的技术创新概念。

技术创新的本质特征在于其首次实现商业价值,技术行为与经济行为的一种社会整合,是科学、技术、经济一体化的社会过程,也是科技活动中一个必不可少的环节。

奔驰公司发布的未来巴士(future bus)身上一共有10套摄像头,位于车头位置的两套立体摄像头用于识别前方的红绿灯和行人,两者的最远检测距离分别为30米和60米。另外,车身上还有4个短距雷达和1个长距离雷达,短距雷达主要用于识别50厘米到10米范围内的障碍物,而长距雷达则是用于探测200米范围内的障碍物。

除了以上提及的摄像头和检测雷达,这套系统能够通过Wi-Fi跟交通灯进行信息交流和使用差分定位技术。遇到交通灯时,它能够根据这些信息来控制车速和刹车时间,同时也具备自动停靠站的功能。在停靠站、开关车门、上下乘客、离站整个过程中,它不需要司机的介入控制,完全自主完成。奔驰公司表示,这套系统能够将停靠站的误差控制在2英寸(约5.08厘米)以内。不过,这款未来巴士依然设立了司机驾驶位,在运行过程中司机也不能离开驾驶位,需要全程监控车辆。

图3.11 未来巴士

图3.12 七人分粥

管理创新是对现有管理思想、方法、工具和管理模式的创新,是组织根据管理对象、管理情境、科学技术和市场竞争等因素的变化,适时对管理工作进行的改进、调整和创新。管理创新能够创造一种新的更有效的资源整合方式,建立一种新的规则,促进组织与个人共同发展并达到其目标。通过管理创新可以有效提升组织的战斗力及成员的凝聚力、执行力和满意度,不断提高组织绩效和管理效能。

有七个人住在一起,每天共喝一桶粥。一开始,他们每天轮换来分粥。于是一周下来,他们只有自己分粥的那一天能吃饱。后来他们推选出一个人来分粥。结果大家开始挖空心思去讨好他、贿赂他,搞得乌烟瘴气。然后大家开始组成三人的分粥委员会及四人的评选委员会,互相攻击扯皮下来,粥吃到嘴里全是凉的。最后想出来一个方法:轮流分粥,但分粥的人要等其他人都挑完后拿最后一碗。为了不让自己吃到最少的,每个人都尽量分得平均,就算不平均,也只能认了。大家快快乐乐,和和气气,日子越过越好。

制度创新是制度主体对社会规范体系的选择、创造、新建和优化,包括制度的调整、完善、变革和更替等,以增加制度供给,降低制度成本,提升制度活力和适应性,来谋取经济、政治和社会的最大收益。

在整个国家创新体系中,知识创新、技术创新、管理创新等都离不开制度创新,制度创新是整个国家创新体系的基础和保障。所有创新活动都依赖于制度创新的积淀和持续激励,通过制度创新得以固化,并以制度化的方式持续发挥着自己的作用。因此我们在进行知识创新、技术创新和管理创新的同时,必须高度重视制度创新的作用。

正如李克强总理对中外企业家所说:"创新不单是技术创新,更包括体制机制创新、管理创新、模式创新,中国 30 多年来改革开放本身就是规模宏大的创新行动,今后创新发展的巨大潜能仍然蕴藏在制度变革之中。"

2016 年 10 月 30 日,中共中央办公厅、国务院办公厅印发《关于完善农村土地所有权承包权经营权分置办法的意见》,明确实行农村土地集体所有权、农户承包权、土地经营权"三权分置"并行。"三权分置"这一制度坚持了土地集体所有权,稳定了农户承包权,放活了土地经营权,为引导土地经营权有序流转,发展农业适度规模经营,推动现代农业发展奠定了制度基础。"三权分置"是在新的历史条件下,继家庭联产承包责任制后农村改革又一重大制度创新,也是中央关于农村土地问题出台的又一重大政策(图 3.13)。

图 3.13 三权分置土地改革

综上所述,知识创新、技术创新、管理创新和制度创新相互联系、相互作用。知识创新为技术创新、管理创新和制度创新提供知识储备、来源与素材;技术创新是知识创新的具体应用和延伸;管理创新可以有效激发组织创新热情,从而促进知识创新和技术创新;制度创新为知识创新、技术创新和管理创新提供制度保障。四者共同为经济增长、社会进步与发展提供强大动力。

(3) 根据创新的新颖性程度不同,可以把创新分为根本性创新、适度创新和渐进性创新。

根本性创新也称为源头创新、颠覆性创新或原生创新,是指开发一种"前所未有"的技术,将它引入经济活动中,并会带来技术和市场的中断。根本性创新创造出一种尚未被消费者认知的消费需求,开辟全新的市场和客户群体,是对现有技术和市场的颠覆和突破,往往形成新的产业、新的产品和新的客户,甚至推动整个行业的变革。例如:互联网的出现,形成了互联网产业及其庞大的关联延伸产业,创造了亿万的网民群体;汽车的发明与应用同样属于根本性创新,汽车解放了人们的双脚,大幅度扩展了人们的生活工作圈,改变了人们的生活方式,汽车产业现已经成为国民经济的重要支柱,创造出庞大的就业岗位。

正如科大讯飞董事长刘庆峰所说:"一定要有人做源头创新,这个国家才能在国际上立足。什么是真正的创新?关键是掌握价值链的主导权!"

适度创新指新产品在企业现有产品线上生产完成,是企业当前产品线上的新产品,市场对于它并不很陌生。

适度创新分为两种情况:

① 技术中断,市场不中断。

这种情况下,新产品是在原有产品大类和现有客户群体下,采用新技术,抛弃老技术,从而形成新的产品线。例如,海尔运用大量新技术推出天樽系列智能空调,这款新品的特别之处是让空调具备了自主"思考"能力,不再是以往单纯根据使用者指令制冷制热的工具,而是成为能够根据外界环境变化自动调节运行状态的"智能空气管家",同时该系列空调改变了传统的送风方式,"风洞式"外观设计也彻底颠覆了以往空调的传统外形。

② 市场中断,技术不中断。

这种情况属于利用现有技术去开拓新市场,寻找新的目标客户群体。例如,建筑玻璃制造厂商开始生产汽车玻璃,进军汽车产业。

可见,适度创新产品将带来市场或技术的中断,但并不会同时带来两者的中断。如果两者同时发生,这将成为一种根本性创新,而如果两者都没发生,那将是一种渐进性创新。

渐进性创新是指为当前技术和市场提供具有新特色、新收益的升级产品,侧重于对原有技术的改良,其技术轨道是线性的、连续的,渐进性创新的目标是维持与加强现有市场地位,降低产品成本和提高产品性能等,而不是重新改变游戏规则,颠覆行业或认知。渐进性创新并不会引起技术或市场的中断,而是一种微观意义上的改变。例如,一款手机制造商推出"土豪金"版或"Plus"版。

(4) 根据创新应用领域的不同,可以把创新分为农业创新、教育创新、文化创新、金融创新和社会创新等。

创新活动无处不在,无时不有,已经渗透到我们生活的各个角落,创新的应用领域非常宽泛,因此这种划分没有止境。

3.3 创新的特点

创新具有以下特点：

(1) 新颖性。

新颖性是创新的本质特征，是区别于其他社会活动的显著标志，离开了新颖性，创新也就失去了价值和灵魂。

(2) 价值性。

创新是一种价值增值实践活动，创新从一出生就带有鲜明的价值增值取向。正是因为创新的价值性，人类社会才会不断向前发展，人们生活才会越来越美好。离开了价值性谈创新，就背离了人们创新的初衷。创新的价值性要求创新成果必须有益于推动经济增长，促进社会进步和人的全面发展。

(3) 普遍性。

创新是人类的一项高级社会实践活动，是人类的一项本质属性，也是人类区别于动物的显著标志之一。创新伴随着人类的产生而产生，随着人类活动的不断扩大，创新的领域也变得广泛，可以说创新无处不在，无时不有，整个人类社会进步发展史其实也是一部人类社会创新史，创新是推动人类社会发展的根本动力。

(4) 科学性。

创新活动要遵循自然规律与人类社会发展规律，充分发挥人的主观能动性，不断去认识和改造客观世界。创新不是天马行空，需要严谨求是精神，要符合客观实际，扎扎实实，一步一个脚印，才能经得起实践和历史的检验。违反客观规律的创新活动是不可持续的，也是不可能产生创新成果的，注定要失败。

(5) 条件性。

任何创新都是有条件的，任何创新成果都是在一定条件下完成的，离开了条件谈创新，就会陷入主观主义。在创新日益成为时代特征的背景下，高度重视创新的条件性，充分认识创新的艰巨性和条件性，对我们开展创新实践活动具有十分重大的意义。

(6) 系统性。

创新是一项有目的、有组织的系统工程。创新不是灵光乍现，也不是意外收获，更不是单打独斗。创新是精心策划、反复试验、分工协同、整合资源的结果。可以说，创新是一个体系、一个整体。创新是有准备的系统"战争"，而不是孤立无援的单兵作战。

(7) 民主性。

创新需要较为宽松、民主、自由和容错的外部环境。创新是做别人没有做过的事情，创新充满了艰巨性、复杂性和不确定性，因此营造一个自由、民主、容错的宽松创新环境有利于保护创新主体的积极性和创新热情。创新活动有其自身规律，不能用计划经济思维和方法来管理创新活动，管得太多，管得太死，不按创新规律办事，往往会干扰创新活动的正常开展。

(8) 动态性。

创新的动态性表明创新不是静止不变的,而是处于不断变化之中的。现有创新成果会被后来的创新成果替代或推翻,创新虽然有风险,但不创新才是最大的风险,创新没有止境。创新就是一个动态的生态系统,充满了生机与无限可能性。

3.4 创新的原则

原则往往是指说话或行事所依据的法则或标准。那么,创新的原则即为人们在开展创新活动过程中需要遵循的法则或标准。创新原则是一条"红线",违反创新原则,创新活动将很难取得创新成果,甚至失败。

因此研究创新原则是必要的,也是有益的。为了更好地帮助读者理解创新原则,在创新实践中自觉地遵守创新原则,本书总结出九条创新原则,以供参考。当然,创新原则可能远远不止这些,非本书所能概括完全。

1. 目标明确,不盲目创新

著名管理大师德鲁克早已告诉我们:"创新是有目的性的,是一门学问。"目标明确的创新源于周密的分析、严密的系统以及辛勤的工作。创新通常不是"灵光乍现",不仅仅是新奇、好玩或有趣的事物。当然也不能绝对排除有些创新者是"缪斯的宠儿",他们的创新是"灵光乍现"的结果,而不是依靠辛苦、有组织、有目标的工作得到的。然而这种"灵光乍现"是非常罕见的,另外,这种"灵光乍现"还不能算作创新,它们还只是停留在创意阶段,而且这种"灵光乍现"很难再现、传授和学习。

创新主体在开展创新活动之前,必须目标明确,知道自己想要什么,想获得什么效果,才知道哪些是需要放弃的,哪些是自己可能需要的,然后反复实验,不断论证,寻求突破,才能获得成功。明确的目标就像是一盏明亮的灯塔,能指引我们前进的方向,没有明确的目标,就会迷失方向,创新活动也就变得盲目,很难成功。

惠普中国研究院院长王敏曾说过:"惠普中国研究院的目标是实现有目的性的创新,将基础研究与技术成果的转化很好地结合在一起,帮助用户解决在实际应用中遇到的种种难题。"

闻名世界的发明大王爱迪生在发明电灯(图3.14)之初,就定下明确目标,要制造出价钱便宜、经久耐用、安全方便的电灯。为了实现这一目标,爱迪生翻阅了大量的有关电力照明的书籍,为了找到能够做灯丝的耐热材料,他对自己所能想到的1 600种耐热材料逐一进行试验,然而一次次地试验,一次次地失败。爱迪生没有退却,他明白,失败乃成功之母,每一次的失败,意味着又向成功走近了一步。正当工作陷入低谷时候,爱迪生在炉火旁闲坐,看着炽烈的炭火,爱迪生感到燥热,顺手把脖子上的围巾扯下。看到这用棉纱织成的围巾,爱迪生顿受启发:为何不用棉纱来制作材料呢?棉纱的纤维比木材的好,他把棉纱制作成炭丝,小心地把这根炭丝装进玻璃泡里,并连续进行了多次试验,效果果然很好。灯泡的寿命一下子延长到13小时,后来又达到45小时。然而,爱迪生希望它能够达到1 000小时,最好是16 000小时。他根据棉纱的性质,决定从植物纤维这方面去寻找新的材料。于是,"马拉松"式的试验又开始了。凡是植物方面的材料,只要能找到,爱迪生都做了试验。甚至连马的鬃毛、人的头发和胡子都被拿来当作灯丝进行试验。最后,爱迪生选择了竹子。在试验之前,他先取出一片竹子,用显微镜一看,高兴得跳了起来,觉得大有希望。于是,他把炭化后的竹丝装进玻璃泡,通上电后,这种竹丝灯泡竟连续不断地亮了1 200小时。经过进一步试验,爱迪生发现用炭化后的日本竹丝作灯丝效果最好。于是,他开始大批量生产电灯。此后,电灯开始进入寻常百姓家。人们便一直使用这种用竹丝作灯丝的灯泡。几十年后,人们又对它进行了改进,用钨丝作灯丝,并在灯泡内充入气体氮或氩。这样,灯泡的寿命又延长了很多,这就是我们现在使用的灯泡。

图3.14 爱迪生和他发明的电灯

2. 为价值而创新,不是为创"新"而创新

创新的价值追求是其区别于发现、发明和创造的显著标志,创新本质上是一种价值创造活动。不是以创新为目的,而是以创新为手段,去解决问题,提出解决方案,创造价值。这里的价值指经济价值和社会价值,或者说企业价值、客户价值和社会价值。创新是否成功不在于它是否新颖、巧妙或具有科学内涵,而在于它是否能够创造客户价值,赢得市场。这里的客户是一个广义概念,既可以是终端消费者,也可以是供应商、合作伙伴、社会公众、政府机构、非营利机构等。因此,开展创新活动时一定要认真思考,创新的价值在哪里,有什么意义,哪些问题和困扰可以迎刃而解,哪些人会受益,创新会给社会带来哪些积极有益的变化,会有人买单吗,等等。

3. 做有准备的创新

创新是一项艰巨而又复杂的系统工程,因此需要精心准备、认真筹划、深入调研、反复论证实验,才有可能成功。俗话说"工欲善其事,必先利其器",创新工作也是如此。同时,创新是理性和感性的综合,需要有清醒、理性和严谨的科学精神,实事求是,脚踏实地。

自古以来,创新机遇从来只眷顾有准备的人,只有未雨绸缪,才能胸有成竹,运筹帷幄,才能更好应对未来挑战。指望上天眷顾和"碰运气"的思想是极其危险的,失败风险极高。将会造成创新资源的极大浪费。在创新活动之前,反问下自己准备好了没有,未尝不是一件好事。

总之,只有苦练内功,夯实基础,不断提高创新能力和本领,才能抓住创新机遇,结出丰硕创新果实。

4. 开放共享,合作共赢

进入互联网经济时代,开放、合作、共赢逐渐成为这个时代的共识。如今,"如果想要把一件事情做好,那必须自己亲自去做"这句话已经过时了。甚至还有人认为自主创新就是自己创新,事实证明,早期封闭式创新道路已经走不通了,关起门来搞创新已经被时代所淘汰,唯有开放共享、合作共赢才能拥有未来。正如海尔集团首席执行官张瑞敏先生所言:"如果做成一个开放的平台,世界就是你的研发部;如果要整合全球的资源,只需要点一下鼠标而已。"创新不仅是组织研发部门的事情,也是每个员工的事情,在组织内部人人都是创客,人人都是创新的种子。华为的创新信条是:"一定要开放,不开放就是死路一条。对于我们公司来说,如果我们的软件不开放,就跟中国自给自足的农民情况一样,收益率非常低,再怎么折腾就是一亩三分地。"

越来越多的企业已经认识到开放创新、合作共赢的重要性,通过开放创新,优化整合全球优质创新资源,才能实现更大的价值创新。

5. 创新之道,简单为要

人们经常把创新想象得太高深、太神秘、太复杂,并因此阻断了人们创新的步伐。其实,真正的创新大多简单朴实、通俗易懂,同时却是高效的。只有从错综复杂中解放出来,回归简单和质朴,这才是通向创新的坦途。从这个意义上讲,简单蕴含着丰富。德鲁克告诉我们:"创新若要行之有效就必须简单明了,目的明确。"[27]"如果它不够简单,就无法操作。"[27]"所有有效的创新都异常简单。实际上,一项创新所能赢得的最大赞美莫过于人们说:原来就是这么简单,我怎么没想到呢?"[27]可以说,创新就是用简单的方法解决复杂的问题。过于聪明又复杂的创新,不管在设计上还是实施上,几乎注定是要失败的。一项创新必须简单明了,目标明确。如果创新不够简单,需要特殊天分的人才能进行这种复杂的操作,那么这项创新就很难实施和发挥作用。

我国古代就有"大道至简至易"的说法。《老子》中说:"治大国若烹小鲜。"《易经》中也有"简易"的思想,要把复杂问题简单化,抓住事物的本质一点就够了。

"简单"看起来似乎很容易,但要做到其实很难,当我们去伪存真,抓住本质之后,就会发现这种"简单"实际上是对人类创新智慧的深刻理解和敏锐判断。把简单的事情说复杂是一种"学问",而能把复杂的事情说简单则是一种智慧。

6. 做自己擅长的、热爱的事

要想取得成功，创新者必须立足于自己的长处，要创新就必须把力量用于自己的长处上。比尔·盖茨曾说过："我之所以能够取得今天的成就，与我从小就喜欢电脑是分不开的。回想起来，我不过是选择了自己喜欢的事，爱做的事。"百度创始人李彦宏也说过："开始的时候，每个人一定要想想自己最擅长做什么。当前除了少数垄断行业之外，整个商业社会竞争是非常充分、非常激烈的，如果说这件事情别人做起来比你更擅长，那你再喜欢它也没有用，你是做不过人家的。所以，这种情况下一定要考虑自己最擅长做的事情，你再去做。"

创新工作需要审视自己的长处在哪里，内心是否真的热爱。创业之初，刘庆峰跟团队达成了一个共识：语音产业就是需要 10 年的时间，来进行技术积累。而枯燥的技术研究，如果不是发自内心的热爱，是很难坚持下去的。可见内心的热爱是推动创新工作不断前进的强大动力，它可以帮你克服畏惧，保持专注，战胜困难。在自己擅长、热爱的领域，找到一个最佳的位置，充分发挥自己专长，坚持不懈地做下去，就一定能够有所突破、有所成就。

7. 专注于"机遇"，而不是专注于"冒险"

系统化的创新始于对创新机遇的深度分析，创新的成功离不开机遇。创新者必须具备敏锐的嗅觉，能够嗅到创新的机遇，甄别机遇，根据自己的资源、能力和专长，专注于某一机遇，才能把握机遇，成就未来。德鲁克就提出了创新机遇的七大来源，值得我们学习与思考。机遇是时代的发展与进步赋予的，是经济与社会活动双重作用的结果。试想，如果 20 世纪末 21 世纪初互联网没有进入中国，那么就不会有阿里巴巴，就不会有淘宝，也不会有今天的马云。创新者所要做的是顺应时代浪潮，抓住机遇。

8. 学会站在巨人肩膀上去创新

相对于根本性创新，"创造性模仿"是很多创新的良好途径。日本在 20 世纪后半叶崛起为世界第二大工业强国，并没有走高科技自主创新的道路，相反它的策略是"创造性模仿"或"企业家柔道"。日本在科技方面没有多少原创，而是在别人尤其是美国人的原创上加以改进，然后通过市场创新去打败原创者。"创造性模仿"也是我们寻求创新的最佳之路。中国汽车工业正是在走"创造性模仿"之路，从一开始的引进、模仿到消化吸收，不断积累自己的技术和管理经验，形成正向开发能力，中国汽车工业发展史其实就是站在巨人肩膀上的创新史。华为任正非强调："不要狭隘地强调自主知识产权，不能狭隘地只用自主开发的套片，要让世界科学技术为我所用，一切要以市场成功来评价。"

9. 为现在创新，而不是为未来创新

德鲁克告诫我们："不要尝试为未来进行创新。要为现在进行创新！"[27]为现在创新，并不是要我们只看眼前，而是要我们立足当前，脚踏实地，而不要好高骛远。一项创新可能会

对今后产生深远影响,可能需要10年、20年甚至30年,这项创新成果才能完全成熟。"未来也许会有很多人需要这样的创新产品,前景广阔",这是远远不够的,因为未来充满了太多不确定性。现在就需要有很多人希望这种创新能够给他们带来改变。没有一家制药企业会去着手做一项目前尚无医疗用途的药物研究项目。

超前太多的技术固然是人类的瑰宝,但必须牺牲现有资源来完成。有很多公司并不是技术不先进而失败的,而是技术先进到别人还没有对它完全认识与认可,以至于没有人来买。产品卖不出去却消耗了大量的人力物力,丧失了竞争力。许多领导世界潮流的技术虽然是开始的领跑者,却不一定是最终的赢家。任正非曾用"领先半步是先进,领先三步成先烈"这句话,告诫华为工程师们不要盲目追求产品和技术引领世界潮流。

3.5 创新相关理论概述

创新理论是研究创新活动过程及其规律的系统化知识体系。学习和掌握创新相关理论有利于我们树立正确的创新观,激发创新热情,释放创新活力,有针对性地培养创新思维和创新意识,不断提高创新能力。

1. 熊彼特创新理论

约瑟夫·熊彼特是当代西方经济学界主要代表人物之一。1912年,他出版了代表作《经济发展理论》一书,首次提出了创新的概念、创新的作用,首次用创新来解释经济发展的原因,轰动了当时的西方经济学界,也奠定了他在创新理论研究中的地位。1939年和1942年熊彼特又先后出版了《商业周期:资本主义过程的理论、历史和统计分析》《资本主义、社会主义和民主》两部专著,对其创新理论加以补充和完善,逐渐形成了独具特色的创新思想体系(图3.15)。

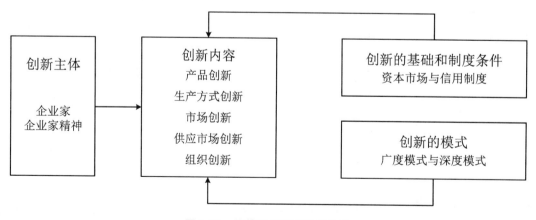

图 3.15 熊彼特创新理论结构图

熊彼特创新理论以"创新"为核心来解释资本主义的产生、发展及其变化规律,并用"创新"来解释资本主义经济周期变化与经济发展的内在动因,明确提出创新是经济发展的根本原因和内在动力,经济发展的本质就是创新。他认为创新的过程就是一种不断打破经济均衡的过程。经济研究的重心不是探讨如何维持均衡,而是研究如何打破均衡,打破原有的均衡就是创新。

熊彼特创新理论主要包括以下六点:

第一,创新的概念。

熊彼特认为创新是一个经济概念,而不是一个技术概念,创新并不是单纯技术上的发明创造,创新是一个商业行为,而不是技术行为。熊彼特认为,创新是指"新的生产函数的建立",即"企业对生产要素与生产条件的新的组合",一般包括五种情况:(1) 采用了一种新产品,即消费者不熟悉的或具有新特征的产品;(2) 采用一种新的生产方法;(3) 开辟了一个从未进入过的新市场;(4) 控制或"掠取"了新的生产原料和半成品的供给来源;(5) 实现了一种新的工业组织形式,比如形成或打破了一种垄断,或者实现了托拉斯化。

第二,创新的主体。

熊彼特认为创新的主体是企业家及其精神。企业家精神的核心与灵魂是创新,企业家的职能就是创新。熊彼特强调企业家的素质、能力、文化修养、前瞻性、首创精神、冒险本性等性格对企业发展和社会进步的推动作用。企业家敢于把一种新发明、新技术率先引入经济组织,或者把一种从来没有过的生产要素和生产条件的新组合引入生产体系,并形成生产能力,这就是创新。企业家进行创新的动机或动力来源于追求更大利益和征服困难时得到的愉悦感。

第三,资本主义的经济周期性波动。

熊彼特用创新理论解释了资本主义经济周期性波动现象。他指出创新不仅引起了资本主义的产生,而且推动了资本主义的发展,阐明了资本主义经济周期的四个阶段——繁荣、衰退、萧条、复苏的形成和更迭,并首次提出了长、中、短三周期论。创新的出现,造成了对生产资料和银行的新需求,引起经济增长;当创新扩展到较多企业后,盈利的机会就会减少,对生产资料和银行的需求也减少,导致经济收缩;经济的衰退又会促使企业家进行新的创新以寻找盈利机会,从而导致下一轮经济的增长。因此,资本主义经济的发展是以周期性波动的形式表现出来。创新使潜在的利润变成现实的利润并推动着资本主义经济的发展,同时也使一批无法创新的企业在此过程中被淘汰。据此,熊彼特认为,创新对于资本主义经济和企业的发展来说是一种"创造性的毁灭"。最后,进一步得出"离开创新也就没有资本主义,更没有资本主义的发展"的结论。

第四,创造性破坏。

熊彼特在分析资本主义的发展过程时创造性地提出"创造性破坏"的概念。熊彼特认为,创造性破坏就是创新不断地从内部破坏旧的经济结构而代之以一种新的经济结构,每一次大规模的创新都淘汰旧的技术和生产体系,并建立起新的生产体系。这个创造性破坏的过程,就是资本主义的本质事实。创新的破坏效应就是新的创新必然会破坏原来的创新,而新旧替代必然会破坏原有的经济和社会系统的结构。用"创造性破坏"来描述整个动态过程,无疑是熊彼特式内生经济增长思想的核心和集中体现,影响深远。

第五,创新的基础和前提条件。

熊彼特提出,企业家实现创新的基础和前提条件是资本主义制度下的资本市场与高度发达的信用制度体系。他认为资本不是一般的商品,而是一种可供企业家随时使用的支付手段,是企业家和商品之间的桥梁。信用制度体系使得个人能够在某种程度上不依靠继承的财产而独立行事,信用对企业的最初建立是十分必要的,信用机制一旦建立,旧的传统资本组合将会被取代。总而言之,创新的基础和前提条件是实现以信用制度为特征的资本市场的建立和良好运转。

第六,两种创新模式——广度模式和深度模式。

1912年,熊彼特在《经济发展理论》中阐述了创新的"广度模式"(图3.16)。该模式主要从研究企业家个体出发,高度重视企业家在创新活动中的作用。企业家把新企业引入市场,有远见的银行家通过信用系统,对前者的商业行为进行投资,降低了创新的进入门槛,小规模的新企业得以在这种环境中扮演重要的角色。

图3.16　熊彼特广度模式

1942年,熊彼特在其出版的《资本主义、社会主义与民主》一书中提出"深度模式"(图3.17)。该模式主要研究合作型的企业家和具有垄断性质的大公司的创新活动,重点讨论了行业R&D实验室与技术创新的相关性,以及大公司在创新中扮演的关键角色,认为垄断型企业在创新中能够发挥巨大作用,也更容易开展创新活动。大公司利用"创造积累"建立行业进入壁垒,以阻止新的创新者。这种创新的集聚程度比广度模式更高,创新者拥有更大的经济规模。

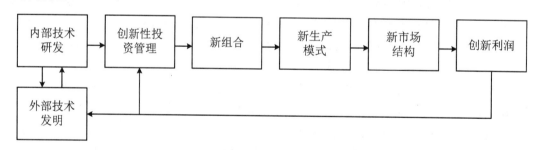

图3.17　熊彼特深度模式

熊彼特创新理论的主要贡献在于开创了用"创新"来解释资本主义制度和经济发展问题的研究,改变了人们对资本主义制度的认识。传统西方经济学家通常认为资本主义制度是最美好和谐的制度,因此经济学应主要研究商品的供给与需求问题。相当长一段时间内,技术、制度等问题是在经济学家的视野之外的。熊彼特具有完全不同的观点,他认为创新是资本主义经济繁荣、衰退、萧条和复苏周期过程中的决定因素,是资本主义经济发展的根本动力,也是推动社会经济发展的原因所在。如果创新停止了,资本主义制度也就消亡了。

熊彼特创新理论存在一定的局限性。熊彼特站在企业家创新和资本主义经济发展规律的视角研究创新问题,因此,不能深入研究创新的内在价值规律、机制、过程、影响因素、创新体系等具体内容,对制度创新的理解也比较狭窄。商业领域创新成果用经济指标来衡量无可厚非,但社会创新、制度创新、政府治理创新只用经济指标来衡量,就存在不合理的一面。

经济指标只是评价体系中的一种,而不是全部,除了经济指标,还应该包括伦理指标、公平指标及价值评价指标,仅仅用经济视角来考虑创新是不全面的,也是不完整的。

1950年熊彼特去世后,后来的创新研究学者在他的研究基础上进行了进一步探索,并形成了两条相对独立的研究路线:一个是以爱德温·曼斯菲尔德(Edwin Mansfield)、施瓦茨(Nancy Schwartz)等为代表的技术创新学派,发展了以技术模仿、扩散、规模和市场结构为研究对象的技术创新理论,另一个是以道格拉斯·诺斯(Daoglass C. North)等为代表的制度创新学派,发展了以制度变革和制度推进为研究对象的制度创新理论。

2. 技术创新理论

1) 技术创新模仿与扩散论

美国耶鲁大学教授爱德温·曼斯菲尔德对技术创新的推广与扩散问题进行了深入的研究,建立了新技术推广模型,系统分析了影响新技术推广速度的因素等。爱德温·曼斯菲尔德提出了新技术推广模型的五个概念(表3.1)、四个前提假设、四个基本经济影响因素和四个补充因素。

表3.1 新技术推广模型的五个概念

概念名称	内涵界定
模仿	某个企业首先采用一种新技术之后,其他企业以它为榜样而采用该种新技术
守成	某个企业首先采用一种新技术之后,其他企业并不继起效仿,而仍使用原有的传统技术
模仿率	实行模仿的企业采用新技术的速度
模仿比率	采用某种新技术的企业占该部门企业总数的比率
守成比率	不采用新技术而仍使用原有技术的企业占该部门企业总数的比率

四个前提假设是指:

第一,假定完全竞争的市场,新技术不是被垄断的,可以按模仿者的意愿自由选择和使用。

第二,假定专利权对模仿者的影响很小,因而任何企业都可以对某种新技术进行模仿。

第三,假定在新技术推广过程中,新技术本身不变化,从而不至于因新技术变化而影响模仿率。

第四,假定企业规模的大小差别不至于影响采用新技术。[26]

爱德温·曼斯菲尔德认为,影响新技术推广速度即模仿率的基本经济因素有:

一是模仿者采用新技术的预期经济收益率。预期收益率越高,模仿的可能性就越大,模仿率就越高。

二是采用新技术所需投资额的多少。采用新技术所需投资额愈多,模仿的可能性越小,模仿率越低。

三是资本供给的难易程度。资本的供给越困难,模仿的可能性越小。

四是模仿比率大小。模仿比率越大,表示模仿企业越多,即新技术推广的成效越大。一般来说,在一种新技术开始采用时,由于情报信息短缺和经验不足,企业采用新技术的风险较大,往往望而却步,因此守成者较多。之后,随着情报和经验的增加,风险减小,模仿者逐渐增多,守成者逐渐减少,于是模仿比率逐渐增大。

四个补充因素为:

一是旧设备还可使用的年限。年限越长,推广速度就越慢。

二是一定时间内该部门销售量的增长情况。增长越快,推广速度就越快。

三是某项新技术初次被某个企业采用的年份与后来被其他企业采用的时间间隔。间隔越长,推广速度就越慢。

四是该项新技术初次被采用的时间在经济周期中所处的阶段。阶段不同,推广速度也不同。

该模型指出技术推广主要包括三个方面:(1) 部门内扩散;(2) 部门间扩散;(3) 国际间扩散。其中,部门间技术扩散的主要途径是:(1) 某一部门新性能、新质量的原材料、燃料被另一部门所采用。(2) 某一部门的通用性设备为另一部门所购置。(3) 某一部门的熟练工人转移到另一部门谋取职位。影响这类扩散速度的基本因素仍然是投资的相对利润率和模仿的投资阈值。

爱德温·曼斯菲尔德等分析了国际间技术扩散的障碍,认为主要来自于四个方面:(1) 观念障碍,即对新技术、新产品、新生活方式的不同评价和价值取向。(2) 制度障碍,如不同社会体制间法律制度的不协调,投资缺乏安全和利益保障,人为设置的扩散壁垒等。(3) 经济障碍,如资本匮乏、劳动力短缺、市场容量过小和市场垄断等。(4) 技术障碍,即一国技术对他国的适应性。其中,对技术创新扩散模式影响最大从而也最受关注的是经济障碍和技术障碍,即经济与技术的结合及可行性问题。[41]

爱德温·曼斯菲尔德的技术创新模仿与扩散论继承和发展了熊彼特的创新理论,填补了熊彼特创新理论中有关技术创新如何推广和扩散的一些空白,在一定程度上有助于对技术模仿和技术推广的解释,但其理论假设的前提条件与实际情况相差太大,对现实经济的解释是有限的。

2) 企业规模的"起始点"论

二战后,美国经济学家保罗·戴维进一步研究了技术创新与企业规模之间的关系,主要研究技术创新推广与应用和企业规模之间的关系问题,不涉及企业规模与创新效率或创新优势关系问题。1971年,保罗·戴维在其所著的《内战前中西部的收割机械化》一书中提出了企业规模"起始点"的理论。该理论指出一个企业如要采用某种新技术(设备),那么它至少要达到某种规模,这种规模称为"起始点"。如果企业规模过小,达不到"起始点",那么企业采用该种新技术(设备),就会导致产品成本比采用原有技术(设备)成本还要高,产品竞争力减弱,企业利润下降,企业基于成本收益比较,就会放弃采用该新技术(设备)。可见这种未达到"起始点"规模的企业是不宜采用新技术(设备)的。例如一个农场要采用新技术设备(拖拉机)耕地,耕地面积就需要达到一定的规模("起始点"),如果耕地面积达不到"起始点",那么新技术设备(拖拉机)就不能充分发挥技术优势,导致耕作成本不降反升,不如不采用新技术设备,经济上还没有人工耕作合算。

保罗·戴维给出了企业规模的起始点的计算公式:

$$S_T = C/(L_S W) \tag{3.1}$$

其中，S_T 表示规模的起始点，C 表示使用某种新技术所需负担的年均成本，L_S 表示使用该种新技术后，平均每个单位产量所能节约的劳动力（人日）数额，W 表示未使用该种新技术时，使用旧技术所需要的每人每日的费用。公式表明，企业使用某种新技术所需达到的最小规模是使用该种新技术所需负担的年均成本除以使用该种新技术后所能节省的劳工费用之商。企业最小规模是使用新技术后所能节省的成本至少要达到或等于使用新技术所花费的年均成本，即

$$C \geqslant S_T L_S W \tag{3.2}$$

其中，由于 C 取决于以下几个因素：第一，该种新技术（设备）的成本或购买价格，以 P 表示；第二，该种新技术（设备）的年折旧率，以 d 表示；第三，对该种新技术（设备）投资的机会成本，即该项投资的利息，以 r 表示。所以可得

$$C = (d + r)P \tag{3.3}$$

将(3.3)式代入(3.1)式得

$$S_T = (d + r)P/(L_S W) = [(d + r)/L_S] \times (P/W) \tag{3.4}$$

其中，P/W 是该种新技术的相对价格。(3.4)式表明企业规模的起始点 S_T 与折旧率、利息率和新技术相对价格成正比，与 L_S 成反比。

一般情况下，企业规模的起始点高低与采用新技术（设备）概率成正比。企业规模起始点愈低，采用新技术（设备）的成本就越低，效益就越高，采用该种新技术（设备）的企业就越多，从而该新技术（设备）的推广与应用就越容易。因此，戴维认为，降低企业规模起始点是新技术（设备）推广与应用的一个关键问题。

那么，要降低规模起始点，可以从以下几点入手：

第一，降低折旧率 d，这就需使新技术（设备）更加经久耐用。

第二，降低利息率 r，这就需调整银行货币金融政策。

第三，增加新技术所能代替的劳动力数额（L_S），这就需提高新设备的功能。

第四，降低新设备的相对价格（P/W），这就需降低新设备的价格 P。

此外，学术界对于企业规模与创新效率或创新优势之间的关系问题一直存在争论，也就是说技术创新与企业规模之间到底存不存在显著的直接相关性，即创新存不存在规模效应的问题。关于到底是大企业在技术创新中更具优势，作用更大，还是小企业更具优势，作用更大，目前存在以下两种观点。

(1) 大企业技术创新优势论。

熊彼特在《资本主义、社会主义和民主》一书中，突出强调垄断在创新中的巨大作用，认为市场垄断地位是企业承受与创新相关的风险和不确定性的先决条件，"大企业是技术进步最有力的发动机"。可见，熊彼特强调具有垄断性质的大企业在创新方面的重大作用。加尔布雷斯(Galbraith)、莫尔顿·卡米恩(Morton Kamien)和施瓦茨等人也认为，相对于竞争性小企业，大企业创新优势和创新效率更高，能够更好地开展创新活动，更容易成功。理由在于：

第一，大企业实力雄厚，资金充足，足够支撑技术研发与创新所需的高额费用。

第二，大企业占据较大市场份额，市场优势明显，大企业更容易把创新作为利益最大化的手段，更易于发现创新的市场价值，能更好地把握创新机遇。

第三,技术创新研究与开发是一项高风险投资,大企业能更好地通过多元化研究项目投资,分散投资风险,相比小企业具有更强的抵御风险能力。

第四,大企业规模效益显著,使得新技术、新产品的引入更加便利,大企业更易于从创新中获得更大收益。

第五,大企业因技术创新带来的企业成本降低而得到的收益要远大于小企业,这有利于提高大企业创新的积极性。

第六,企业技术创新研发存在最小有效规模。我国学者王永生博士通过对日本和中国企业的技术创新的研究,提出了企业研究开发"最小有效规模"的概念(即一个经济单位用于研究开发的资源配置的绝对规模下限),认为研究开发更多地具有固定成本特性,研究开发活动规模是与企业经营规模同方向变化的。当企业的经营规模低于某一水平时,就较少进行研究。[42]

(2) 中小企业技术创新优势论。

谢勒尔(F. Scherer)等人认为,中小企业的创新优势和创新效率更高,作用更大,能够更好地开展创新活动,理由在于:

第一,中小企业的创新决策更灵活,效率更高。一般而言,大企业决策层级多,程序繁杂,官僚体制过于刻板僵化,厌恶风险,决策层更趋于保守,不利于灵活快速决策。而小企业领导机构相对简单,机制灵活富有弹性,应变能力强,创新决策更灵活,效率更高,正所谓"船小好掉头",能够根据市场的变化快速做出相应决策。

第二,中小企业面临的创新压力更大,市场竞争激烈,不创新就意味着淘汰和死亡,因此,创新动力和意愿更强烈,也更易于形成创新共识,形成强大的创新能量。而相比中小企业,大企业不存在强烈的生存创新压力,所以,创新动力和意愿相对中小企业要更低。

第三,中小企业拥有较为宽松的管理环境和创新氛围,有利于创新活动的开展。大企业的行政等级制度常常窒息研究人员的创新激情,而中小企业技术创新常常得益于从大企业"溢出"的研发人员。

第四,中小企业对创新研发人员的奖励机制更有弹性。

第五,中小企业对市场反应比大企业更加敏感,能较快作出反应。

1982年,美国盖尔研究所对20世纪70年代121个行业的635种创新产品进行分析研究,发现中小企业每百万职工提供的技术创新是大企业的25倍,50%—60%的科技进步发生在小企业身上,80%以上新开发的技术由中小企业来付诸生产。[43]

从20世纪初到70年代,美国科技发展项目中的50%以上是由中小企业完成的,中小企业的人均发明为大企业的2倍,中小企业在产品创新、服务创新、工艺创新和管理创新中的贡献率分别达到32%、38%、17%和12%。[44]

爱德温·曼斯菲尔德教授1968年考察了数个产业的创新活动,并没有发现创新活动的规模效应。他认为在给定规模的R&D条件下,大企业创新效率比不上小企业。[45]

因此,关于企业规模与创新效率或创新优势之间的关系问题的研究表明,技术创新与企业规模之间并不存在显著的相关性。也就是说,与大企业相比,中小企业在技术创新活动中并不总是处于劣势,进入知识经济时代,中小企业的创新优势将更加明显。目前,我国中小企业数量占全部市场主体总量的99%以上,成为我国经济高速发展的一支重要力量,是国家创新体系中的重要组成部分,中小企业的技术创新能力关系到整个国家的技术创新能力。

因此在支持龙头企业做大做强的同时,不能也不该忽略中小企业。建设创新型国家进程中更应该重视国家创新体系中最急迫、最活跃和最具效率的中小企业。

3) 市场结构论

20世纪70年代,美国经济学家莫尔顿·卡米恩和南希·施瓦茨从垄断竞争的角度对技术创新过程进行了研究,探讨了技术创新与市场结构的关系,即何种市场结构环境对技术创新是最有利的。为此,他们设置了三个影响因素:(1)竞争程度。它决定技术创新的必要程度,因为技术创新能获得比竞争对手更多的利润。(2)企业规模。它影响技术创新所开辟的市场前景的大小,企业规模越大,技术创新所开辟的市场越大。(3)垄断力量。它决定技术创新的持久性,垄断程度越高,对市场控制越强,越不易被人在短期内模仿,技术创新便越能持久。因此,最有利于技术创新的市场结构是介于垄断和完全竞争之间的所谓"中等程度竞争"的市场结构。垄断统治条件下,因缺乏竞争对手的威胁,不容易引起重大的技术创新;在完全竞争的条件下,因缺乏保障技术创新的持久收益的垄断力量,也不利于进行重大的技术创新。因此,介于垄断和完全竞争之间的垄断竞争的市场结构既避免了上述两种极端市场结构的缺陷,又兼有二者之优点,"垄断竞争型"的市场结构是最适宜于技术创新的市场结构选择。然而,按照经济学对于市场结构的划分,"中等程度竞争"的市场结构可以理解为寡头垄断市场和垄断竞争市场,到底哪种市场结构更容易引发技术创新,他们并没有作进一步分析阐述。

在熊彼特的创新理论中,创新是被设定在完全竞争的市场条件下进行的,从而忽略了技术创新与市场结构的关系问题。从这个意义上,莫尔顿·卡曼和南希·施瓦茨的理论填补了这方面的空白,是对熊彼特理论的进一步发展。

3. 制度创新理论

制度创新学派主要以美国经济学家道格拉斯·诺斯和兰斯·戴维斯(Lance E. Davis)等人为代表。制度创新理论采用经济人假设,融合了制度经济学与熊彼特创新理论两个学术流派。戴维斯和诺斯在1971年出版的《制度变革与美国经济增长》一书被认为是制度创新理论的重要代表作,也是西方经济学界第一部比较系统的阐述制度创新的著作。

下面将从制度创新的动力、影响因素、类型、过程和地位等几个方面来阐述。

(1) 制度创新的根本动力在于谋求利益(社会、政治、经济)最大化,是以获取追加利益(潜在利益)为目的,通过降低交易成本和摩擦成本,权衡制度创新成本与预期收益,制订利益分配规则,约束相关主体行为等来实现。

(2) 制度创新的影响因素主要有:

① 市场规模的扩大。市场规模扩大,商品交易额增加,促进制度创新,以降低经营管理成本、规范行业运行,从而获取更多利益。例如,网约车市场的扩大,催生了《网络预约出租汽车经营服务管理暂行办法》的出台。

② 技术的发展。新科技的快速发展和技术发明的涌现及其应用范围的扩大,改变了现存制度条件下成本和收益之比,从而引起对制度创新的需求。例如,随着无人驾驶技术的发展,戴姆勒的自动驾驶卡车在美国内华达州的高速公路上接受测试,无人驾驶技术一旦成功

投入运行,交通运输行业的一场革命就会到来,相关法规制度就得重新修订,以适应新技术的发展。

③ 预期收益变化。社会集团力量为防止自己预期收益的下降而采取制度变革措施。例如,在通货膨胀持续增长的情况下,工资、利息等固定收入者就要求实行收入指数化制度,以保障自己的实际收入不因通货膨胀而下降或下降得过快过多。

(3) 制度创新按照不同划分标准可以分为不同的类型(表3.2)。

表 3.2 制度创新的类型

划分标准	类型	内涵
按发起主体在制度创新中的地位和作用	诱致性制度变迁	现行制度安排的变更、替代或新制度安排的创造是由个人或一群人在响应获利机会时自发倡导、组织和实行的制度变迁
	强制性制度变迁	由政府命令、法律引入和实现,其变迁主体是国家,具有强制性的特点
按制度创新的来源	创设式制度变迁	目标制度基本上是依赖自我设计和自我建构的制度变迁,具有原创性强、成本高、风险大等特点
	移植式制度变迁	目标制度基本上是根据他方已经创设并具有一定效率的制度变迁,具有有经验可循、风险小、摩擦成本小等特点

(4) 制度创新的过程。道格拉斯·诺斯和兰斯·戴维斯认为制度创新需要有一个相当长的时间过程,因为制度创新存在着一定的时滞问题。造成这种时滞的原因是:制度上的创新是一个复杂而艰难的过程,因而需要一定的时间来产生;新旧制度的替换需要有一个磨合和适应的过程;一种新制度的出现要受现存法律规定的活动范围的制约。如果现存法律不容许某种新制度的出现,就只有等修改法律制度之后才能实行制度变革。制度创新的全过程可以为五个阶段(表3.3)。

表 3.3 制度创新的过程

阶段	名称	内容
一	形成"第一行动集团"阶段	"第一行动集团"是指那些能预见到潜在利润的存在,并认识到只要进行制度创新就能获得这种潜在利益的人,他们是制度创新的决策者、首创者和推动人
二	"第一行动集团"提出制度创新方案的阶段	先提出制度创新方案,再进入下一阶段的创新活动
三	"第一行动集团"对已提出的各种创新方案进行比较和选择的阶段	方案的比较和选择必须符合能获得最大利益的经济原则

阶段	名称	内容
四	形成"第二行动集团"阶段	"第二行动集团"是指在制度创新过程中帮助"第一行动集团"获得经济利益的组织和个人。这个集团可以是政府机构,也可以是民间组织和个人
五	"第一行动集团"和"第二行动集团"共同努力	实施制度创新并将制度创新变成现实的阶段

(5) 在整个国家创新体系中,知识创新、技术创新、管理创新、组织创新等都离不开制度创新,制度创新是前面所有创新的基础和根本保障,制度创新的作用是不可替代的,具有决定性的作用。因此我们在开展知识创新、技术创新、管理创新、组织创新的时候也必须高度重视与大力推进制度创新建设工作,这样才能保障各项创新工作在制度的保障下顺利、有序、公平地开展。此外,知识创新、技术创新、管理创新、组织创新等创新形式也会对制度创新的成本与收益产生重大影响,它们之间是一种相互联系、相互影响、相互促进的关系。

4. 国家创新系统理论

自熊彼特提出创新理论以来,越来越多人认识到创新是经济增长、社会进步和人的全面发展的根本动力,人们更加重视创新的作用。特别是20世纪末,伴随着经济全球化和知识化,科学技术快速发展,产业结构不断调整,竞争日益激烈,西方经济学界兴起了国家创新系统理论研究热潮。国家创新系统理论源自两个重要理论与思想,一是德国古典经济学家弗里德里希·李斯特(Friedrich List)在1841年出版的《政治经济学的国民体系》一书中,从国家的角度,提出了"国家系统"(national system)一词,并清楚地预测了许多关于"国家创新系统"的现代理论,二是熊彼特的创新理论。国家创新系统理论研究主要代表人物有英国苏塞克斯大学克里斯托夫·弗里曼(Christophe Freeman)、美国学者理查德·纳尔逊(Richard Nelson)和丹麦经济学家雅克·伦德韦尔(Ake Lundvall)等。国家创新系统理论可以分为三个学派:

1) 国家创新系统理论的宏观学派

该学派侧重于从国家宏观制度设计、产业政策、政府扶持与干预等方面,研究国家创新系统的结构、性质和作用,强调政府进行系统化、有目的的制度安排和政府干预能够更好地推动创新。

1987年,克里斯托夫·弗里曼以日本为研究对象,发现了日本在技术落后的情况下,以技术创新为主导,辅以组织创新和制度创新,只用了短短几十年的时间,实现国家经济的快速增长,一跃成为世界工业强国。他认为日本的成功得益于日本的国家创新系统在经济增长中发挥了重大作用。他在《技术政策与经济绩效:日本国家创新系统的经验》一书中第一次明确使用了"国家创新系统"这一概念,分析日本国家创新系统的结构、特点、运作机制等,来进一步揭示日本实现跨越式经济增长的原因,得出国家间竞争不仅仅在企业技术研发层面,更是在制度安排和政府干预下的综合结果的结论。

1982年,理查德·纳尔逊在《理解作为进化过程的技术变革》一书中以美国的国家创新系统为例,研究了美国支持技术进步的一般制度结构。他讨论的重点是国家R&D体系、大学的作用和政府支持的R&D项目。理查德·纳尔逊认为,企业是国家创新系统的主体,应对科技创新不确定性的唯一方法是多元化的新技术。

1993年,理查德·纳尔逊在《国家创新系统:比较分析》一书中,通过比较分析十五个国家的国家创新系统在制度与经济结构上的差异,得出国家创新系统具有多样性和复杂性的特点,并没有固定的模式。纳尔逊强调技术变革的必要性和制度结构的适应性,认为科学和技术的发展过程充满不确定性,因此国家创新系统中的制度安排应当具有弹性,发展战略应该具有适应性和灵活性。

2)国家创新系统理论的微观学派

以丹麦经济学家雅克·伦德韦尔为代表的研究学者主要从国家创新系统构成的微观层面探讨用户和生产厂商的相互关系。1992年,雅克·伦德韦尔在《国家创新系统:走向创新和交互学习的理论》一书中指出国家创新系统是由一些要素及其相互之间的作用构成的网络系统。国家创新系统是一个相互作用的学习过程,包括了国家含义上的要素和关系。衡量一个国家创新系统效率的指标是生产、扩散和使用有经济价值的知识的效率。

3)国家创新系统的综合学派

该学派主要以美国经济学者迈克尔·波特(Michael Porter)为代表,其特点是在经济全球化的背景下,把国家创新系统的微观机制和宏观绩效联系起来进行研究。波特认为,每个国家的创新系统都是独一无二的,国家的竞争优势正是建立在成功地进行技术创新的企业基础之上的,国家只是企业的外在环境,政府的主要目标是为国内企业创造一个适宜的、鼓励创新的环境。因而评价一个国家产业竞争力的关键是该国能否有效地形成竞争性环境和创新土壤。他认为决定国家竞争力的关键因素主要有四个:(1)要素条件:这决定一国在生产要素方面的地位,包括熟练劳动力的供给,基础设施状况,在特定产业中竞争必备的条件;(2)需求条件:本国市场对该产品或服务的需要;(3)相关支持产业;(4)企业战略、结构和竞争状况,这是一国控制企业创建、组织和管理的条件,也是该国国内竞争的状况。这些因素为企业的产生和学习如何竞争创造了国内环境。

3.6 创新误区

随着人们创新活动的日益频繁,认识和理解创新比以往任何时候都更加重要和急迫。然而,当前人们对创新的认识和理解尚存在一些误区,只有走出创新的误区,才能正确、全面和客观地认识和掌握创新的本质内涵,更好地指导我们开展创新实践。为此,本书总结出常见的八大创新认识误区。

1. 创新一定与技术有关

持这种观点的人往往认为创新就是发明或者技术创新(图 3.18),创新成果一般具有实物形态,也就是看得见、摸得着的。他们常常过于崇拜和迷信技术的作用,是十足的"技术控",认为只有技术才是推动经济增长和社会发展与进步的根本力量。如果不是技术的创新,在他们看来就只是小打小闹,没有太大作用。

持这种观点的人把创新技术化、器物化,仅看到了创新中的技术因素,而忽视了非技术因素,盲目放大技术因素的作用,而忽略了非技术因素的作用。相信没有人能够否定亚当·斯密(Adam Smith)的《国富论》的作用,也没有人能够否认弗里德里克·泰勒(Frederick Winslow Taylor)的《科学管理原理》的作用。创新可以有实物形态,也可以有非实物形态,比如知识创新、方法创新、管理创新、社会创新等。

图 3.18　创新与技术创新关系图

在熊彼特看来,"创新"的概念是一个经济概念,而不是一个技术概念,并非单纯指技术上的新发明或新创造。技术仅仅是生产要素(资金、土地、人员、能源等)中的一种,生产要素和生产条件的新组合才是创新,才是推动经济发展和社会进步的根本原因。德鲁克指出,创新是一个经济或社会术语,而非科技术语,更指出创新不一定与技术有关,也完全不需要是一种"实物",能使现有资源的财富生产潜力发生改变的任何事物都足以构成创新。德鲁克高度重视社会创新的作用,社会创新涵盖了制度创新、管理创新和文化创新等社会人文方面,该项创新带来的是非显性的价值,十分容易被人们忽视,但社会创新所带来的价值却是极大的。正如他所说:

"社会创新远比蒸汽火车头或者电报更重要。"

"社会创新的实现远比制造火车头和发明电报要困难得多。"

"社会创新显然比大多数技术的发明有更持久的影响力。"[27]

2. 创新是科学家、聪明人或一小部分精英的事,与普通人太遥远

持这种观点的人往往把创新过于神化,把创新划为科学家、工程师或一小部分精英的专属区域,认为普通人很难涉足其中。他们认为,创新只有聪明的人才能干得了,普通人难以担当创新的重任。在制订创新战略计划,开展创新活动时,眼光往往放在追求专业技术上的"高、精、尖",到处寻找"顶尖"人才,创新遇到困难的时候,常常抱怨"顶尖人才匮乏"。

德鲁克认为:创新并不需要天才,但需要训练;不需要灵光乍现,但需要遵守"纪律"(创新的原则和条件)。要更好地开展创新活动,建设创新型国家,就必须打破以往创新给人的神秘感,让创新回归平常。

德鲁克谈到创新的"禁忌"时强调,从事创新不要过于聪明,创新必须由普通人来操作。如果创新想要达到一定的规模,发挥重要的作用,就必须让能力一般的人员也能够操作。天

才毕竟是少数，普通人才是数量庞大且取之不尽的人力资源。过于聪明的创新，不管在设计上还是实施上，几乎都是要失败的。一项创新必须目标明确，简单明了。如果创新不够简单，需要特殊天分的人才能进行这种复杂的操作，那么这项创新就很难实施和发挥作用。德鲁克认为，一切有效的创新都惊人地简单，最好的创新就是要让其他人评价说："原来就是这么简单，我怎么没想到呢？"

因此，企业要想获得更好的创新能力，最重要的不是去寻找"天才"，而是在企业内部有目的、系统化地不断增强创新意识，培育创新精神，训练创新思维，掌握创新方法，提升创新能力，建立创新型组织。实际上，经过踏踏实实的训练和努力，每一个平凡的人都可以做出不平凡的事。

3. 创新必须是拥有百分之百知识产权的根本性创新，绝不能借鉴、模仿和改良

持这种观点的人对创新的理解过于狭隘和绝对化。根本性创新是创新的一种，而不是全部，百分之百知识产权的根本性创新固然可贵，但在现实中，绝大部分创新属于适度创新或渐进性创新。我们在肯定根本性创新作用的同时，也不应该忽略适度创新或渐进性创新的重要性。正如德鲁克所说，日本在科技方面没有多少原创，而是在别人尤其是美国人的原创上加以改进，然后通过市场创新去打败原创者，"创造性模仿"也是我们寻求创新的很好路径。

另外，创新不一定必须掌握百分之百知识产权。传统观念认为，只有把所有知识产权牢牢抓在自己手里才放心，然而现实却很难做到。因为我们处在社会化大分工的时代，不可能所有技术、所有环节我们都能独自掌控，形成知识产权。封闭式创新是没有出路的，开放式创新、协同合作创新才是未来创新之道。

实践已经证明，无数的创新成果正是站在巨人的肩膀之上继承、批判和再创新的结果。从这个意义上说，创新更像是没有终点的"接力赛"。1886年1月29日，卡尔·本茨发明了世界上第一辆汽车，并获得专利，专利号为DRP37435，他也是奔驰汽车的创始人。之后，与汽车相关的创新超越了人们的想象，时至今日，与汽车相关的创新仍然在进行。

4. 创新只适用于"原子弹"，不适用于"茶叶蛋"

持这种观点的人往往把创新贴上高科技、前沿科学技术、最新研究成果的标签，认为创新只适用于这些"高、精、尖"前沿科技领域，创新变得高高在上。在他们看来，造出"原子弹"是创新，煮出"茶叶蛋"就不是创新。

"高、精、尖"科技领域的创新固然非常重要，且不可替代，但是创新并不以高科技为前提条件。在德鲁克看来，创新是否成功不在于它是否新颖、巧妙或具有科学内涵，而在于它是否能够创造客户价值，赢得市场。创新是一个经济或社会术语，并非科技术语。例如"集装箱"这个"创新"并不源于科技，而是来自于将"货轮"视为一种物料运输设备而不是一艘"船"的新认识，这意味着真正重要的是尽量缩短货轮在港口停泊的时间。这项创新没有多少高技术，却使远洋货船的运载能力大约提高了4倍，而且可能因此拯救了船舶运输业。[27]

知名经济学家许小年曾说过:"企业效率的提高靠什么?靠创新。我想在这里做出一个澄清,所谓创新不一定需要高技术。创新并不意味着你必须用那些当今最前沿的技术,我们用低技术照样可以创新,只要你在市场上向你的客户提供了其他的厂商尚未提供,或者不能提供的产品、技术和服务,这就叫创新,乔布斯和'老干妈'都是创新。"

创新未必需要高科技,创新在非高科技领域同样适用。非高科技领域的创新同样可以取得巨大的经济和社会效益。在我们身边,生活中处处都可以有创新。

5. 凡是"新奇""与众不同""标新立异"的东西都是创新

持这种观点的人往往简单地把创新口号化、标签化,只要是"新奇""与众不同""标新立异"的东西都统统称之为"创新"。"创新"成了一个时髦词,好像不说"创新"就跟不上时代,就落伍了。

德鲁克早就为我们区分了"新奇"和"创新"。他说:"不能把新奇与创新混为一谈,它们的分别在于创新能带来价值,而新奇的东西,不过是好玩而已。"[28]

这种观点看到了创新的"新颖性"特征,却并没有理解和掌握创新的真正本质内涵,从而导致"创新"的使用口号化和标签化,不利于人们正确认识创新和指导创新实践。现实生活中,这种滥用"创新"的情况还是比较普遍的,值得我们反思和警惕。

6. 创新是不可捉摸的,具有很大的随机性和偶然性

这种观点认为,创新是不可捉摸、无规律可言、不可复制、很难通过后天学习获得的,或者说创新是可遇而不可求的,具有很强的随机性和偶然性,往往给人造成一种高深莫测、变幻无常的感觉。

这种观点看到了创新的不确定性和风险性,但陷入了不可知论,变得悲观起来。那么,创新究竟能不能够被人类认识和学习,创新到底存不存在自身客观规律呢?这是我们必须回答的问题。通过之前的论述,应该能够得出答案,创新是可以被人们认识和学习的,创新是一种客观存在,具有自身客观规律性。人们可以通过后天学习和训练,具备一定的创新思维和创新实践能力。德鲁克强调,在创新领域,只有经过训练,并把它完全掌握,才能完成有效的创新。创新已经成为一门学科,能够被人们学习和实践。在哲学视角下,创新是一种高级人类社会实践活动,是人类主观能动性的集中体现。马克思主义哲学把实践观引入认识论具有十分伟大的意义。

另外,创新是偶然性和必然性的统一体。偶然性中蕴含着必然性,必然性通过偶然性来表现,两者相互依存,相互转化。这种观点割裂了必然性和偶然性之间的辩证统一关系,只看到了偶然性,而忽略了必然性。

7. 出现了问题,才需要创新

持这种观点的人把创新理解为"救火",有问题的时候,才想到创新,没有问题的时候,就把创新"束之高阁"。这种"平时不烧香,临时抱佛脚"的行为很显然是错误的。人们往往只

看到创新的结果,而忽略了创新成果背后的故事。比创新更重要的是创新思维、创新意识,如果平时不有意识地训练创新思维,遇到实际问题时,就往往会束手无策。

这种观点虽然看到了问题也是创新的机遇,但把创新定位成应急措施,是十分错误的。创新是企业家精神的核心,也是企业家的首要职责。其实,不仅仅企业需要创新,政府机构、社会组织同样需要创新。创新需要长期坚持与积累,应该是常态化的,而不是应急式的。只有培养好创新的土壤,才能结出丰硕的创新果实。

8. 创新就是要取得经济利益,只要能获得经济利益,就是好的创新

这种观点把创新过于功利化,也是十分片面的。经济指标不是评价创新的唯一标准,创新的目的不应仅仅包括经济利益,还应该包括社会进步与人的全面发展。当然,我们需要承认经济利益是创新的一项十分重要的指标。企业为了获取经济利益开展创新无可厚非,也十分正当,但在获取经济利益的同时,也应该充分考虑社会公共利益和自然生态利益。政府、非营利性社会组织等开展创新活动的时候,更应该注重社会公平、正义,保护相关主体合法权益,关注社会民生,促进社会福祉。

总结上述八个创新误区可以发现,人们经常陷入"创新"的两个极端——过于"神化"或过于"泛滥化"。这两种倾向都是不可取的,都会干扰我们正确地认识创新,甚至导致创新活动失败。对此我们需要有清晰的认识。走出创新误区,才能更好地创新,创造出更美好的未来。

 案例分析

"砼"的故事

砼(tóng),是"混凝土"的同义词。从事建筑行业的人们大概都认识这个字。但"砼"是谁创造的?什么时候被批准全国通用的?

"砼"字的创造者是著名结构学家蔡方荫教授。时间是在1953年,迄今已经60余年。当时教学科技落后,没有录音机,也没有复印机……学生上课听讲全靠记笔记。"混凝土"是建筑工程中最常用的词,但笔画太多,写起来费力又费时!于是思维敏捷的蔡方荫教授就大胆地用"人工石"三字代替"混凝土"。"混凝土"三字共有三十笔,而"人工石"三字才十笔,可省下二十笔,大大加快了记笔记速度!后来"人工石"合成了"砼",并在大学生中得到推广。

1955年7月,中国科学院编译出版委员会名词室审定颁布的《结构工程名词》一书中,明确推荐"砼"与"混凝土"一词并用。从此,"砼"被广泛用于各类建筑工程书刊中。

1985年6月7日,中国文字改革委员会正式批准了"砼"与"混凝土"同义、并用的法定地位。

(1) 上述案例中,"砼"字的创造和使用属于哪种类型的创新?说出你的理由。
(2) 试举出类似的创新案例。

◗ 思考题 ▶

(1) 谈谈你对钱学森之问和李约瑟难题的看法,并给出你的解决方案。
(2) 请谈谈熊彼特创新理论对现代中国的创新发展事业有哪些指导意义。
(3) 有人说"小农经济阻碍了我国农业科技创新和农业现代化进程",谈谈你的理解。

第4章 创新思维

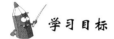 **学习目标**

- 理解创新思维的概念
- 掌握创新思维的特征和影响因素
- 了解创新思维常见误区
- 掌握思维定势的类型
- 理解批判性思维的概念和意义
- 掌握13种常见的推理谬误和8种证据可靠性问题
- 理解逆向思维的概念
- 理解换位思维的概念
- 掌握移植、组合、拆解思维
- 理解发散思维

 **重点难点**

- 创新思维的概念
- 创新思维的特征和影响因素
- 思维定势的类型
- 13种常见的推理谬误和8种证据可靠性问题
- 批判性思维的概念

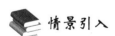 **情景引入**

探秘广州全球最大蚊子工厂：每周生产50万绝育雄蚊

广州"蚊子工厂"生产出一种接种了"绝育疫苗"的雄蚊。雄蚊是不会吸血咬人的，它们在大自然中和雌蚊交配。绝育一只雄蚊相当于消灭400只蚊子，可大大减少蚊子的数量。

2015年春天，一队科学家驱车在中国广州的一个岛上四处转悠，从装在卡车上的塑料罐里释放了超过50万只蚊子。据报道，当地家庭纷纷欢迎他们，而不是赶走这些研究人员。中山大学—密歇根州立大学热带病虫媒控制联合研究中心奚志勇教授表示："一些居民甚至向我们要蚊子，想放到自己家里。"

这是应对登革热疫情的几个创新举措之一。通过释放接种了"绝育疫苗"的雄蚊来稀释种群密度,以抗击登革热。

登革热是一种经由蚊子传播的疾病,会给患者带来极大痛苦。2014年中国的登革热发病数达4.6万例,是近20年来最严重的一年,病例几乎都集中在广东省。奚志勇和他的同事释放的蚊子携带沃尔巴克氏体,而携带沃尔巴克氏体的雄蚊与不携带沃尔巴克氏体的雌蚊交配所产的卵不能发育,沃尔巴克氏体这种细菌只在昆虫体内生存,无法在人体内生存。通过大量释放这种雄蚊,可使蚊子种群数量降低至不足以引起登革热流行。

在试验的第一阶段,让绝育的雄蚊与野生的雌蚊交配,目标是减少蚊子数量。按计划,在试验的第二阶段,研究人员将释放携带有沃尔巴克氏体的雌蚊,以取代能传播登革热病毒的野生雌蚊。

奚志勇预计:"在释放蚊子的地方,最终的结果将是:首先,咬人的蚊子会更少;其次,蚊子对登革热病毒有抗体。"

"蚊子工厂"两个特殊的实验室代表了新的研发方向——稻飞虱和实蝇的生物绝育技术。实蝇每年导致广东水果业损失高达几十亿元,而稻飞虱每年在国内造成上百亿元损失。传统农药灭杀的方式效果很差,对人体和环境的破坏也很严重。奚志勇教授团队开始研究将沃尔巴克氏体转入到这两种害虫体内。目前,已经成功研制出了稻飞虱的稳定共生胚胎,如果能达到与蚊子绝育差不多的效果,未来这项技术为农业挽回的损失将难以估量。

4.1 创新思维导论

纵观人类社会发展历史,创新始终是一个国家和民族不断发展进步的重要力量,也始终是推动经济增长、社会进步和人的全面发展的根本动力,可以说整个人类发展史就是一部人类创新史。而创新的根源和灵魂是创新思维,人类的一切创新都始于创新思维,人类的每一次创新实践活动都源于创新思维。没有创新思维,创新实践活动就会变成无源之水、无本之木,也就不可能取得创新成果。可以说,人类创新实践所取得的一切创新成果都是创新思维的外化。

当前,我国正处于建设创新型国家和实施创新驱动国家战略的关键时期,急需大量高素质创新型人才,而创新型人才培养的关键和核心在于创新思维的培养。要研究创新,就必须深入研究创新思维。

然而,我国的创新思维教育和研究相对滞后于西方发达国家。1983年,在钱学森院士的倡导下,"中国思维科学学会筹委会"成立。1984年,钱学森主持召开了"全国第一次思维科学研讨会",开辟了我国思维科学研究的新纪元。进入21世纪以来,我国的创新思维教育与研究取得了一定进展,但与西方发达国家相比差距仍然非常巨大,问题较为突出,正如钱学森于1995年给戴汝为的信中所说:"到今天,我们对逻辑思维研究得最深,对形象思维只是搞了个开端。对创新思维的研究则尚未起步。"[46]因此,创新思维教育和研究事业任重道远,仍需要我们持之以恒,不断努力。

1. 创新思维的概念

深入研究创新思维,首先必须对创新思维有个准确、完整和系统的认识,挖掘它的深刻内涵,揭示创新思维的本质、特点、影响因素等,帮助人们获得更多的创新思维成果,更好地指导创新实践,激活创新潜能,提高创新能力,推动创新发展和社会进步。然而,目前创新思维的概念还没有形成一个统一的、公认的定义。

本书认为:创新思维是指创新主体为了获取经济利益、社会效益和促进人的全面发展,借助科学的创新思维技法,突破传统思维定势的局限性,对现有思维资源和要素进行重组、整合与升华,实现非逻辑性思维与逻辑性思维,发散思维与收敛思维的辩证统一,产出以新颖性、批判性和价值性为主要特征的新思维、新观念和新方法。创新思维是人类思维的高级形态,是传统思维的质的飞跃,是人类在思维领域的创新实践活动及其成果的总称。

为便于理解,对这一概念可做进一步阐述:

(1) 创新思维的目的是为了获取经济利益、社会效益和促进人的全面发展。这就解决了为什么要开展创新思维,或者说开展创新思维的意义是什么的问题。创新思维不是新奇或好玩的事情,创新思维有明确的目标,旨在推动发展进步,破解发展难题,解决实际困难,应对未来挑战。

(2) 创新思维的工具是创新思维技法。

(3) 创新思维的内在要求是突破传统思维定势的局限性。

(4) 创新思维的核心是对现有思维资源和要素进行重组、整合与升华。

(5) 创新思维的内在表现形式是非逻辑性思维与逻辑性思维,发散思维与收敛思维的辩证统一,创新思维的外在表现形式是新思维、新观念和新方法。

(6) 创新思维的主要特点是新颖性、批判性和价值性,创新思维是一项价值增值活动,其成果对促进人的全面发展,加快经济增长和推动人类社会进步发挥正面积极作用。

(7) 创新思维的本质是人类在思维领域的创新实践活动及其创新成果,是人类有目的地能动地认识和改造思维世界的创新实践活动,在哲学意义上,抓住这一点就把握了创新思维的本质属性。

(8) 创新思维是在传统思维的基础上产生的质的飞跃,是对传统思维的扬弃和质变。创新思维破坏原有的思维均衡状态,建立新的思维均衡状态。

2. 创新思维的特点

创新思维能够产生前所未有的、有价值的创新思维成果,研究创新思维必须掌握创新思维的特点。归纳起来创新思维具有以下特点。

1) 新颖性

创新思维是相对于传统思维而言的,是人们面对新问题、新领域和新挑战,综合运用创新思维技法产生的新思维成果。新颖性包含绝对新颖性和相对新颖性,绝对新颖性是指新思维成果是前所未有的认识和思维成果,相对新颖性是指对于自己个人来说是新的思维,而不管前人是否有过这样的思维。

新颖性是创新思维的本质特征之一，是区别于传统思维的显著标志，离开了新颖性，创新思维也就失去了价值。

2) 批判性

批判性是创新思维的灵魂。批判性要求我们不拘泥于常规，不迷信权威，拒绝盲目从众，保持头脑清醒与理性，独立思考，善于质疑，勇于批判，去伪存真。批判性是创新思维永不僵化、永葆生机和活力的根本保障。

人类的每一次取得的创新思维成果都是对旧思维的批判、反思、扬弃和超越。批判性就是要去伪存真，找到事物产生和发展的根源、本质及规律。批判不仅需要有深厚的专业背景知识做支撑，而且还要有扬弃原有思维方式，从新的高度和视角提出问题和解决问题的思维能力。马克思自觉地将"怀疑一切"作为自己的理论倾向，"怀疑一切"的思维方式使马克思以高度的自觉精神和批判精神，反思人类历史上曾经存在过的一切思维形式，使其思维始终保持着蓬勃的活力和开阔的张力。

因此，批判性可以从三个方面来理解：第一，批判性在于求真；第二，批判性在于扬弃；第三，批判性在于超越。

3) 价值性

价值性是创新思维的初衷和目的。创新思维区别于其他新奇思维的标志就是价值性，创新思维不仅要"新"，还要能够创造价值。因此，创新思维本质上是一种价值增值思维活动，创新思维从一开始就带有鲜明的价值增值取向。离开了价值性谈创新思维，就背离了创新思维的初衷，创新思维失去了应有的价值和作用。创新思维的价值性要求创新思维成果必须有益于推动经济增长，促进社会进步和人的全面发展。

4) 普遍性

创新是人类高级实践活动，创新思维是人类思维的高级形式。创新思维伴随着人类的产生而产生，先有创新思维，才有创新实践活动，一切创新始于思维的创新，创新思维存在于人类活动的各个方面，可以说无处不在，无时不有，正所谓"三百六十行，行行出状元"。

创新思维是每个普通人都具有的能力，并不是个别天才或科学家所独有的专利，人们所产生的创新思维只有水平的高低，没有性质的差别。著名教育家陶行知于1943年在《新华日报》上发表《创造宣言》，倡言："处处是创造之地，天天是创造之时，人人是创造之人。"

5) 实践性

创新思维作为人类思维的高级形式，是人类意识的突出表现。创新思维的实践性具体表现在：创新实践决定创新思维，创新实践是创新思维的基础和来源；创新实践是创新思维发展的动力，创新实践是创新思维的目的和归宿；创新实践是检验创新思维的真理性的唯一标准。也就是说，创新思维绝对不是无缘无故产生的，而是需要一定的客观现实基础和条件的。创新思维要杜绝脱离客观实际的胡思乱想和任意编造，必须来源于创新实践，而又能动地指导创新实践，同时接受创新实践的检验。不谈实践性，创新思维就会变成空中楼阁，不切实际。

因此,要脚踏实地,紧密联系客观实际,实事求是,在充分进行调查研究的基础上,不断提高创新思维的指导性、能动性和前瞻性,更好地指导创新实践活动的开展。

6) 灵活性

创新主体的思维活动不受常规思维定势的束缚和限制,不固守一种不变的秩序,其思维方式、途径等没有固定的模式和框架,允许一定的自由跳跃和发散,常常借助于直觉和灵感,以突发式、飞跃式的形式寻求问题的答案。需要指出的是,在重视以灵活性为主要特征的非逻辑性思维或发散思维的同时,不能忽视逻辑性思维和收敛思维的作用,灵活性不是绝对的,没有边界的,而是相对的。创新思维是非逻辑性思维与逻辑性思维,发散思维与收敛思维的辩证统一。

7) 多维性

创新思维的多维性主要体现在注重从不同角度、不同方向去思考问题,在一个问题面前能尽量提出多种设想,寻求多种多样的解决方案,进行对比研究,从而挑选出适合的解决方案,而不是唯一答案。变换观察与思考问题的角度和方向,可以拓宽思维的广度和深度。创新思维能力越强的人,思考问题往往就会越广、越深、越新。

8) 综合性

创新思维是一个十分复杂的综合性系统过程,绝不是某一种创新思维形式或某一种创新思维技法的单打独斗,而是多种创新思维形式和创新思维技法的综合运用。创新思维的具体形式有逻辑性思维与非逻辑性思维、正向思维与逆向思维、求异思维与求同思维、发散思维与收敛思维等。这些创新思维形式相互影响、相互联系、相互制约,共同在创新思维过程中发挥着巨大作用。

9) 动态性

创新思维的动态性表明创新思维不是静止不变的,而是处于不断变化之中的。现有创新思维成果会被后来的创新思维成果替代或推翻,创新思维就是一个"初始创新思维创立—形成均衡—产生新的创新思维—打破均衡—新的创新思维形成"的过程,创新没有止境,创新思维同样没有止境。创新思维是一个动态的生态系统,充满了生机与无限可能性。

3. 创新思维的影响因素

创新思维的形成及其发展要受到相关因素的影响。要有效增强创新主体的创新思维能力,让创新思维更好地指导创新实践,就必须认真分析研究创新思维的影响因素。影响创新思维的因素主要体现在以下六个方面。

1) 个人特质

人脑是创新思维的主要承担者,人脑是创新思维产生的生理基础,是影响创新思维主体产生创新思维的关键性生理因素。

美国心理生物学家斯佩里博士(Roger W. Sperry)通过著名的割裂脑实验,证实了大脑不对称性的"左右脑分工理论",因此荣获1981年诺贝尔生理学或医学奖。正常人的大脑分为左脑和右脑,左脑和右脑在机能上有不同分工,左脑主要负责语言、文字、符号等语言信息处理,逻辑推理思维能力较强,并控制右边的身体;右脑主要负责图像、音乐等感性认知,思维较为发散,非逻辑性思维能力较强,并控制左边的身体。

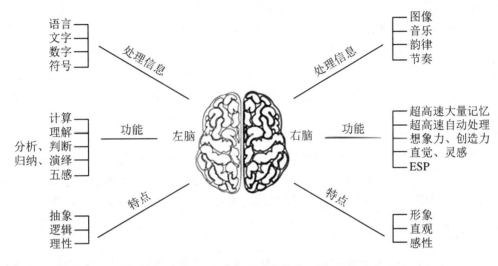

图4.1 斯佩里左右脑分工图

我们知道,创新思维是逻辑性思维与非逻辑性思维的辩证统一,缺一不可。但需要指出的是,相比逻辑性思维而言,非逻辑性思维在创新思维形成和发展进程中发挥的作用更大,因为右脑的视觉记忆系统不受语词、语序的限制,它不遵循固定的逻辑规则,富有想象力,通常是在突然间或随意中产生直觉和灵感,而这些恰恰是创新思维需要的。

人格是一个人的整体心理面貌,是在一定社会历史条件下,个人所具有的个性倾向性和经常稳定地表现出来的心理特征总和。创造性人格对于创新思维的产生和发展具有十分重要的影响。研究表明,创造性人格一般包括以下特征:(1)独立思考,自主性强。坚持独立思考、敢于质疑、勇于批判是创新的前提,批判是创新的开始。由于人们认识的局限性,原有事物的不断发展、新事物的不断涌现都会导致原有的认识成果、思维方式过时或变得僵化。从某种意义上讲,人类社会发展史就是一部对旧事物不断进行批判和否定的历史,可以说没有否定与批判就没有创新,而批判的关键在于独立思考,它是克服创新障碍、提高创新能力的基本途径。自主性是指主体在思想上、行为上具有相对独立的自主权,追求个性的解放和自由发展,有自己独立的目标、想法和行为规范,不因外界的干扰而妥协。(2)想象力丰富,思维活跃。(3)强烈的好奇心,对未知充满好奇,渴望发现,敢于探索。(4)冒险精神。(5)善于观察,能够独立做决策。(6)坚韧不拔,执着冷静。(7)自信,勇敢。(8)不轻易相信,不安于现状,不盲目从众等。创造性人格的特征可能远远不止如此,还需要我们去不断探索和总结。

创新思维需要创新主体对他所思维的对象有强烈兴趣。兴趣是人们探究某种事物或现象的心理倾向,兴趣产生的基础是对特定心理需要和客观事物的认识需求。兴趣使人们在认识和探索某种未知事物时,始终保持热情和专注力,并感受到乐趣,这种乐趣能使人们得到极大的满足,从而促使人们的注意力高度集中,甚至达到忘我的程度。

创新是一项十分复杂而艰苦的系统工程,没有顽强的意志力,创新思维是很难产生的。因为意志力可以帮助人们战胜面前遇到的种种困难,克服自卑、逃避、缺乏定力等消极的心态,坦然应对挫折,而始终保持顽强的意志力。

现代心理学研究证明,积极健康的心理素质是任何事情成功的重要保障,心理素质也是影响创新思维的一项重要个人特质。心理素质影响人们的思维和行为。在创新思维活动过程中,存在许多阻碍和干扰创新思维活动的消极心理因素,如自大、自卑、嫉妒、盲从等。自大会使人的观察敏锐性和思维紧张度下降,造成创新动机减弱从而抑制创新思维。自卑是对自己的创新能力产生严重怀疑,患得患失,失去了自信心和创新的勇气。嫉妒心理是一种不良的社会心理,它会使人的自主神经系统功能紊乱,情绪不安,注意力分散,损害心理健康,同时还会造成人际关系紧张,降低群体创新效率。盲从是一种常见的社会心理现象,也是创新思维必须克服的。它易使人束缚于权威及传统习惯势力,缺乏自主性和独立思考能力,造成心理呆板、迟钝,缺乏自我批判意识和精神。因此,在培育创新思维的过程中,一方面要积极地有意识地培养优良的心理素质,将创新心理潜能最大限度地发挥出来,另一方面要注意克服和消除不良心理因素的干扰和破坏,进行心理活动的自我调适和优化。

2) 知识和经验

知识和经验对于创新思维有着至关重要的作用。心理学家认为,创新思维是在现有资料的基础上进行想象、加工、构思,以全新的方式解决前人所未解决的问题的思维过程,是人类心理的高级活动过程。知识是人类创新思维的重要原材料,知识是人类进步的阶梯。因此,掌握一定的知识,形成合理的知识结构,才能够为创新思维奠定深厚的知识经验基础。一般来说,一个人的知识储备越丰富,知识结构越全面合理,那么可供其调用的知识素材就越多,运用起来就越能够得心应手,孕育出高质量的新思想、新思维的可能性就越大,创新思维的水平和质量也就可能越高。没有或缺少知识作为原材料的创新思维注定是贫乏的、空洞的。康德说:"无内容之思维成为空虚,无概念之直观则成为盲目。"[47]

无论是发明家、科学家还是普通人的创新思维,都不是胡思乱想、凭空捏造的,都是在他们各自的知识积累和经验储备基础上得来的。实践证明,知识经验越丰富往往越有利于创新思维的孕育与产生。勒内·笛卡儿(Rene Descartes)(图4.2)创立了解析几何,从而打开了近代数学的大门,在数学史上具有划时代的意义,被称为解析几何之父;在物理学上,他首次对光的折射定律提出了理论论证,第一次明确地提出了动量守恒定律——物质和运动的总量永远保持不变,为能量守恒定律奠定了基础;在天文学上,他创造性地把机械论观点应用

图 4.2 勒内·笛卡儿

到天体,发展了宇宙演化论,提出了旋涡模型,形成了他的关于宇宙发生与构造的学说;在哲学上,他是近代二元论和唯心主义理论的著名代表;在心理学上也颇有建树,对后来心理学的发展产生了深远的影响。可见,笛卡儿不仅是著名的数学家,而且也是著名的哲学家、物理学家、数学家等,他的创新成果对人类的发展与进步做出了重要的贡献。笛卡尔从小体弱多病,喜欢安静,善于思考,并受到了良好的教育,系统学习了古典文学、历史、神学、哲学、法学、医学、数学及其他自然科学等多个学科。他在学习过程中保持独立思考和批判精神,觉得所学到的知识漏洞百出,很多论证都模棱两可,甚至前后矛盾,这令他颇感失望。正是因为所学的知识范围很广,又善于思考,融会贯通,敢于批判,才为他后来的成就奠定了坚实基础。

需要注意的是,我们强调知识和经验对创新思维的影响,但反对对知识和经验的盲目迷信。我们应该用辩证批判的态度来看待知识和经验。一方面需要看到知识和经验是前人对过去成功或失败的总结和反思,另一方面随着时间、空间和条件的变化,原有的知识和经验可能不再适用而失去指导意义。因此,知识和经验对人们的创新思维具有双重作用,既可能是积极促进作用,也可能是消极阻碍作用。

另外,知识的僵化现象也必须引起我们的重视。所谓知识僵化是指学生所学的知识很少或不能在实践中加以检验、运用和创新,知识没有活力,其本质是知识吸收的僵化。知识仅仅被吸收(记忆)而不被运用、检验或重新组合,所学知识不能创造新的价值,知识就没有任何活力,或处于"睡眠"状态。

众所周知,知识的根本价值在于应用与创新,而不在于知识的获取。过度地强调知识的获取,而忽略了知识的流动、重组、批判、应用与创新,往往导致不能学以致用,所学知识只能应付考试。学生机械被动地背诵知识,"上课做笔记,考试背笔记,考过扔笔记",学习毫无价值和创新可言。同时,所学知识之间处于割裂状态,相互独立,互不相关,很难串联起来,更不能融会贯通。这导致学生的知识结构不合理,综合理解和应用能力差,看问题容易片面,很难做到学以致用和知识创新,更难形成创新思维。

因此,知识要"活"学才能"活"用,知识要活起来,才能发展和延续下去。

经验同样重要,它是创新思维必不可少的一部分,但我们要辩证地看待经验。经验存在两面性:一方面经验来自于人们实践,是对客观事物的现象及其规律性的真实反映和总结,只要环境、条件没有发生变化,经验就能够有效指导人们开展创新实践活动。另一方面,经验具有局限性,已有的经验可能成为创新思想的羁绊。任何经验都是在以往特定环境和条件下得出的,随着时间推移,环境和条件发生了变化,人们的认识对象也在不断发生变化和发展,那么之前的经验就很难全面、准确、客观地反映变化了的新事物。例如:上个世纪,老司机经常说"空挡滑行省油",因为当时使用化油器,空挡滑行可以降低发动机转速,从而降低油耗,而现在的汽车发动机早已普及了电控燃油喷射技术,汽车带挡滑行时能自动断油,空挡滑行反而需

图4.3 空挡滑行更省油?

要喷油来维持怠速,因此空挡滑行不再省油,并且空挡滑行时失去了发动机制动,一旦发生紧急情况,可能增加刹车距离,增加驾驶的危险性。

知识和经验的积累与沉淀不仅需要个人的努力,还需要一代又一代人的不懈努力。待积累达到一定的阈值时创新思维才能发生,创造性成果才可能实现。另外,知识和经验只有融合、渗透在一起才能产生合理的知识结构。孕育创新思维,既要掌握丰富的知识(尤其注重前沿性知识,夯实知识基础,突出学以致用,加强知识的流动、批判、重组与创新,做到活学活用),又要注重科学实践(取得大量的实践经验对于创新思维亦有着至关重要的作用)。

3) 政治和制度环境

创新思维的产生与发展离不开宽松的政治和制度环境。宽松的政治和制度环境对创新思维的发生与发展起着重要的保障作用,对创新起着规范、引导、激励的作用。政治和制度环境既可以促进也可以阻碍创新思维的发生与实现。

在人类历史发展的过程中,创新思维的发生及良性运行均发生在政治环境开放时期和思想宽松地区。文艺复兴时期,由于工商业的发展,资产阶级的兴起,欧洲社会逐渐摆脱了罗马教廷的控制,人们开始创造性地寻找"人"的价值,把人的需求和价值看作是第一位的。这一时期人们精神上的解放造成思维的活跃,创新活动层出不穷,在文学领域出现了彼得拉克、但丁、薄伽丘和莎士比亚等一大批文学家,他们不再以神为主体进行创作,而将人作为其作品的核心,主张人的解放,反对神权对人权的压迫,反对罗马教廷的禁欲主义,提倡人要勇于发现自己,肯定人权,反对神权。这种对人与神的认识上的创新,如果没有宽松的政治环境几乎是不可想象的。

还有中国古代的春秋战国时期,随着周王朝的衰落,诸侯国割据一方,没有了强大的中央政府,王官之学退场,以孔子为代表的私学兴起,形成了百家争鸣的局面,各种流派根据自己的思想发表学说,去说服各个诸侯国采用自己的思想,彼此竞争,又相互渗透,思想空前繁荣。影响中国数千年的儒家"仁义"思想、道家"无为"思想、墨家"兼爱"思想和法家"法术势"思想均是在春秋战国时期产生的。

如果政治环境封闭,政治干预过多,创新思维便很难运行和发生。与春秋战国时期的思想大繁荣不同,中国明清时期就出现了严重的思想停滞。明清两代,中央王朝强大,权力高度集中。明朝开国皇帝朱元璋废丞相,集朝廷大权于一身,清朝皇帝对权力的管控更甚于明朝,两代王朝的思想管制很严,最具有代表性的便是八股文和文字狱。八股文是中国明清两朝科举的一种特殊文体,由破题、承题、起讲、入手、起股、中股、后股、束股八部分组成。八股文过于关注文章的格式,每个段落都有严格的规定,考生必须遵守,不能逾越。甚至文章的字数都必须是一样的,作者只能按照题目字义敷衍成文,思维被禁锢,很多文章成了文字游戏。文字狱是中国专制统治者维护统治的一种方式,很多人因文字获罪。清朝文字狱众多,据统计,顺治到乾隆时期文字狱竟高达166次。在这种近乎恐怖的文化管制之下,人们不能够自由地表达自己的思想,人们的思想、作品都要符合统治者的需要,创新思维是很难产生的。[48]

因此,建设创新型国家就必须深化体制与制度改革,以改革释放创新活力,破除一切制约创新思维的制度藩篱,为各创新主体潜心研究、发明创造、思维创新创造良好制度条件和宽松环境。

2014年6月9日,习近平总书记在中国科学院第十七次院士大会、中国工程院第十二次院士大会上发表重要讲话并指出:"要在全社会积极营造鼓励大胆创新、勇于创新、包容创新的良好氛围,既要重视成功,更要宽容失败,完善好人才评价指挥棒作用,为人才发挥作用、施展才华提供更加广阔的天地。"[49]

4) 教育与学习环境

教育与学习环境对创新思维的形成与发展起着十分关键的作用。实践证明,创新思维与能力是可以通过良好的教育和训练获得的。不重视学生创新思维的开发与培养,忽略学生创新素养和能力培养,过度重视学业上的表现,尤其是过分注重考试成绩,集中表现为"重分数,轻创造""重逻辑性思维性培养,轻非逻辑性思维培养""重知识传授,轻知识创新",这些往往会压制学生的想象力和创造性才能的发挥,限制或阻碍创新思维的形成与发展,不利于创新型人才的培养和创新型国家的建设。近些年来,我国的教育事业取得了长足进步,但也存在一些突出的问题。

美国芝加哥大学心理学教授盖泽尔斯(J. W. Getzels)曾提出:"学校本应是赏识和培养创造性才能的场所,然而事实却不是如此。"各级各类教育机构可能过分注重学业上的表现,"以致教育机构不仅混淆了潜在的创造才能,而且压制了创造性才能的发挥"。中国社会科学院副院长刘吉就曾明确指出:"当前中国教育的严重问题之一是缺少对青少年创造力的开发。"[50]

长期以来,我国推行的应试教育严重扼杀了学生的想象力和创新思维,这样教育出的学生往往缺乏个性。据统计,学生从小学到大学毕业,要经历多达上千次的测试和考试,这些测试和考试试题往往只有一个标准答案(图4.4)。在课堂上,教师往往过度重视知识的传授,而忽略了对学生问题意识、批判思维和创新精神的培养,经过"千锤百炼",使得"问题只有一个标准答案"的观念深入人心,质疑、批判和创新精神受到了压制,久而久之,学生的思

图4.4 标准答案

维标准化情况日益严重,思维单一固化,看问题的视角狭隘,失去了独立思考的能力,凡事均按标准答案思考,不敢去大胆质疑、批判和创新。

思维标准化对学生创新思维培养的阻碍极大,主要体现在:第一,思维固化。学生的思维陷入固定模式,往往单一化、直线型地思考问题,严重缺乏新颖性、灵活性和批判性。在学习中,突出表现为"一题一解""一问一答"的思维惯性,缺乏"一题多解""一问多答"的思维灵活。第二,迷信权威。凡是书本上说的都是对的,凡是老师说的就是正确的,学生对所学知识严重缺乏问题意识、批判精神和创新思维,丧失独立思考能力,导致思维的僵化和禁锢。第三,思维惰性。集中体现在学生在考虑问题时往往头脑简单,浮于表面,不够耐心,不愿也不善于对问题进行深入的独立思考和反思。网络上,经常有人看一眼新闻标题,还没有弄清楚真相就发表意见,现实生活中也不乏这种人云亦云、不分真伪、不能做出独立判断的人。

创新思维的培养必须从小抓起,应该贯穿于学生学习成长的全周期和全领域。大力推进教育改革与创新,真正把创新教育摆在优先发展的战略地位上来,落实到教育和学习的各个环节中去,让创新教育回归本质,着重培养学生的发散思维、辩证批判思维和独立人格等。教育与学习环境的营造需要政府、教育工作者、社会公众、学术界等共同努力。

5) 家庭与工作环境

家庭环境和氛围对创新思维的形成与发展至关重要,一个拥有良好教育传统的、充满人文气息的、宽松活跃的、幸福美满的家庭对于创新思维的形成与发展有着积极的推动作用。家长是激发孩子的创新意识和创新思维,增强敢于创新的勇气和自信心的首位导师。家长在根本上要尊重孩子的独立个性和想象力。尊重孩子的想象力,无论它是多么的怪诞离奇,本质上就是在尊重孩子自由幻想的权利,是对孩子创造天性的最大保护。另外,对于孩子的教育要顺乎天性,崇尚自然,也就是要根据儿童的心理和年龄特点去进行教育,切不可揠苗助长(图 4.5)。

图 4.5 如此家教

家长要有意识地引导孩子不要一味追求标准答案,而是积极开动脑筋,发挥想象力,从不同角度对问题进行分析,给出自己的答案,哪怕是错误的或荒诞的,这对于孩子养成良好的思维习惯至关重要。

此外,宽松和谐的工作环境和氛围对创新思维的产生和发展也是非常重要的。大学生进入工作岗位,开展创新活动,必然会与领导和同事产生联系。领导和同事对于新事物、新想法、新思维的开放态度和支持力度直接关系到员工进行思维创新、开展创新活动的积极性。组织文化和组织制度同样也是影响创新思维形成和发展的重要因素。开放、共享、民主、高效、创新的组织文化和组织制度将使员工处在一个宽松愉快的环境中,有助于创新思维的产生和发展。

6) 传统文化与习俗

文化是一个国家、一个民族的灵魂。它承载着人们的社会信仰、传统习俗、人文审美、道德情操和价值观念等诸多精神层面的追求。中华传统文化与习俗对创新思维的形成和发展有巨大而深远的影响。

中华民族历史悠久,文化源远流长,博大精深。作为有着五千年灿烂文明的文化古国,凝结着无数中华儿女拼搏奋斗的辉煌业绩,包含着炎黄子孙的无穷智慧,积淀着中华民族最深层的精神追求,孕育出令世人瞩目的文化成就。

中国传统文化蕴含着非常可贵的创新思想与智慧。《孟子·尽心下》就指出:"尽信书,不如无书。"这就要求读书人不要拘泥于书本,更不能迷信书本,要善于独立思考问题。韩愈《师说》:"孔子曰:三人行,则必有我师。是故弟子不必不如师,师不必贤于弟子。闻道有先后,术业有专攻,如是而已。"《周易·系辞下》:"穷则变,变则通,通则久。"《管子·正世》:"不慕古,不留今,与时变,与俗化。"等等。

同时,我们也应该正视传统文化与习俗中一些严重限制和阻碍创新思维产生和发展的糟粕。首先,中国传统文化一直把中庸之道作为调节人际关系的准则,并由此孕育了中国人自制、维护均衡和缺乏竞争意识的价值观念,逐步形成了保守的心理习惯和性格特征,其目的就在于追求群体的和谐、社会秩序的稳定以及人与自然的和谐。无疑,中庸之道的价值观念对于建设和谐社会是有利的。然而,要创新就需要不断打破均衡,突破常规,勇于批判,敢于深究事物背后存在的奥秘和真相,这就要求人们能够顶住各种压力,敢于冒尖,敢于成为领先的人物。其次,中国传统文化过于推崇权威,使人们不敢质疑和超越前人,权威崇拜是人们普遍的心理,但如果对权威的崇拜到了迷信的程度,不敢怀疑权威,势必导致思想僵化。受中国传统文化影响,中国人往往缺乏怀疑和挑战权威的勇气和胆识,缺少对真理孜孜不倦追求的坚定信念,而质疑、批判和问题意识是创新的前提。最后,中国传统修身哲学过于内敛的处事方法使人缺乏社会主体意识和责任感,旁观者心态浓厚,奉行多一事不如少一事,避免冲突,善于韬光养晦,抑制了人们向外探索的创新欲望,不利于创新思维的产生和发展。此外,还有"官本位文化""求同文化""关系文化""面子文化"等,也对创新思维的产生有着不利影响。

因此,要全面认识传统文化,取其精华,去其糟粕,使之与当代社会相适应,与现代文明相协调,保持民族性,体现时代性,加强对外文化交流,吸收各国优秀文明成果,为创新思维的产生与发展营造良好文化氛围。

4. 创新思维的认识误区

人们对于创新思维存在很多错误的认识和看法,要正确认识和理解创新思维,促进创新思维的产生与发展,就必须避免陷入创新思维的认识误区。创新思维的认识误区主要有以下几种:

1) 创新思维是一小部分科学家、发明家等精英群体的专利,普通人很难产生创新思维

持这种观点的人往往把创新思维过于神化,把创新思维划为一小部分科学家、发明家等精英群体的专属区域,普通人很难涉足其中。他们认为,创新思维只有聪明的人才有,普通人不够聪明,不可能产生创新思维。

这种看法和3.6节已经论述的创新的误区第二条都犯了同样的错误——把创新或创新思维过于"神化"。然而,要培养创新型人才,建设创新型国家,就必须破除对创新思维的迷信,揭开创新思维的神秘面纱,让创新思维回归本源。我们身边有大量的农民和工人发明家,如北京通州区漷县镇吴玉禄、河北省大城县留各庄镇朱占福、鞍钢工人李超、工人发明家代旭升(图4.6)等,他们都是生产一线的普通人,却做出了一个又一个不平凡的发明创造,大大提高了劳动效率,推动了生产力的发展。可见,创新思维人人都有,普通人也可以创造出不平凡的创新成果。

图4.6 工人发明家代旭升

2) 创新思维是个人天赋,是先天形成的,后天很难改变

我们知道创新思维是人类思维的高级形态,是对传统思维的质的飞跃,是人类在思维领域的创新实践活动及其成果的总称。因此创新思维不是生而有之的,也就是说,它不是先天地通过遗传基因传递给个人的。人类的遗传基因只能遗传人的生理特征,尽管这些生理特征对人的后天的思维、精神状况存在一些影响,但在一般情况下,这种影响并不是决定性的。

反对创新思维天赋说的观点,并不意味着创新思维与先天因素毫无关系。实际上,人的生理素质及潜能是产生与发展创新思维的基础条件,在一定程度上影响创新思维的产生与发展,但创新思维的产生和发展更多受到后天因素的影响,可以通过学习、教育、训练和参加社会实践活动等改变。

3) 知识量越大,创新思维越多

知识量是创新思维产生与发展的重要影响因素,但创新思维并不一定与知识量成正相关。也就是说,知识量越大不等于创新思维就一定越好越多,一定的知识量是创新思维产生

与发展的必要条件,而非充分条件。因为创新思维产生的重点不在于知识的规模,而在于知识的质量和适用性,不在于知识的存储,而在于知识的灵活运用、重新组合和融会贯通。如果不能灵活运用、融会贯通,知识量即使再大,也仅仅是无用的知识库存(图4.7)。

图4.7 知识存储

4) 与众不同、标新立异的思维就是创新思维

持这种观点的人认为,只要与现有思维、观念、看法不一样就是创新思维。这种观点只看到了创新思维的新颖性特征,而忽略了创新思维的其他特征,如批判性、价值性、实践性等,片面地认为凡是新颖独到的思维都可以视为创新思维。创新思维除了具备新颖性,关键在于能指导实践,解决问题,改造客观世界和创造价值。

5) 创新思维是通过灵感、直觉、联想等一系列非逻辑思维方式偶然激发的、突然产生的

持这种观点的人认为,创新思维是运用非逻辑思维方式偶然发生的,因此具有很强的偶然性和不确定性。这种观点只看到了非逻辑思维在创新思维中所起的作用,而忽略了逻辑思维的作用。创新思维是非逻辑思维与逻辑思维的辩证统一。逻辑思维强调对已有信息和知识的理解和运用,而非逻辑思维则强调对未知信息和知识的想象和假设。逻辑思维和非逻辑思维相辅相成,对立统一,它们相互作用,共同构成了创新思维的基础,两者缺一不可。培养创新思维能力,就必须训练和培养非逻辑思维能力和逻辑思维能力。

5. 个人培养创新思维的措施

创新思维的培养是一个十分复杂的议题,需要从个人、家庭、企业、学校、政府、社会等多方面综合考虑。我们很难短时间内改变大的外部环境,但是我们可以从自己做起。个人培

养创新思维的措施,主要有以下几个方面。

1) 坚持独立人格

人格是指一个人具有一定倾向性和稳定性的心理特征的综合,即一个人基本的精神面貌和个性特质。独立人格是创新人才的"脊梁"和精神支柱,包括执着追求真理,崇尚科学理性,坚持自主思考与人格独立,摆脱人格与精神依附,不迷信权威,能够独立做出正确价值判断,坚毅诚信、自信乐观、主体意识强烈和富有社会责任感等。

创新呼唤独立人格,培养独立人格对创新至关重要。爱因斯坦曾说过:"学会独立思考和独立判断比获得知识更重要。"培养创新型人才不仅要进行创新能力的训练与开发,更重要的是培养创新人格,而创新人格的核心和内在本质是独立人格。真正阻碍我们创新的以及我们急缺的正是独立之精神与人格。正如陈寅恪先生在《清华大学王观堂先生纪念碑铭》所撰:"惟此独立之精神,自由之思想,历千万祀,与天壤而同久,共三光而永光。"[51]

2) 养成良好的思维习惯

养成良好的思维习惯是培养个人创新思维、创新意识和创新能力的必由之路。良好的思维习惯是创新型人才的优秀品质和必备素养,也有利于我们自觉地打破思维定势的枷锁,拓展自己的思维空间,促成创新思维的产生和发展,不断强化与提升自己的创新意识、创新思维和创新能力。然而在实际生活中,我们往往过多地重视知识的获取和能力的开发,而忽视了对创新思维习惯的培养。创新思维习惯的养成可以从以下几个方面着手。

(1) 强化问题意识。

问题意识是创新思维产生与发展的基础。"学起于思,思源于疑。"疑问是创新思维的起点,疑问是创新思维发展的动力。提出问题是深入思考和反思的结果,也是创新机遇的重要来源。创新需要我们不断提出新问题,或从新的角度去思考老问题,这样才会导致新的发现与突破。同时,问题意识帮助我们提高思维的敏锐性,形成一种怀疑和探究的心理状态,驱使我们不断去克服思维惰性和定势,提出解决问题的新见解和新方法。强化问题意识是培养创新思维、创新意识和创新能力的必然选择。

然而,目前我国的教育方式仍没有从根本上改变传统的应试教育培养模式,突出表现为课堂教学活动的单向灌输,教学气氛沉闷,学生不善于也不愿意提问题。这与知识经济时代创新人才的培养要求格格不入,培养学生问题意识的价值被忽视和低估。学生问题意识缺乏,直接导致了学生批判性精神和创新思维的贫乏。

因此,强化问题意识就变得十分迫切和重要。历史上很多在创新领域做出重大贡献的杰出人士往往都具有良好的创新思维习惯,特别是问题意识。这就要求我们在日常生活中,多进行思考和反思,大胆提问,不断强化问题意识,增强提出问题、分析问题和解决问题的能力。

(2) 良好的辩证批判思维。

养成良好的辩证批判思维习惯是培养创新思维的关键环节。一般而言,辩证思维是指个人辩证地评估、判断某一事物或现象好坏利弊的能力。辩证思维是按对立统一的矛盾运动形式来反映客观事物的思维活动,要求我们能用发展的、联系的、一分为二的眼光去分析和解决问题,而不是静止地、孤立地、片面地看待和处理问题。

批判思维要求个人对周围的事物和现象进行反省与批判,不断形成独立的合理见解,注重逻辑分析、理性判断与独立思考的作用。批判思维是创新思维和创新能力培养的重要前提，没有批判就没有创新。另外，批判思维促使人们不断破除其思想观念中的种种束缚和思维定势。

缺乏辨证批判思维的集中表现有：思维简单，懒惰，不愿也不善于深入思考，看问题留于表面，容易冲动，缺乏分辨能力，不能独立做出价值判断，容易被外部表象迷惑，人云亦云，只知其然，而不知其所以然。

正如伟大的物理学家爱因斯坦所说："不下决心培养思考习惯的人，便失去了生活的最大乐趣。"

（3）多维度思考问题，进行思维发散。

多维度思考问题就是从思维的各个层次出发，对事物进行多角度、多方面、多因素的思考，不断拓展思维空间，如此才能认清事物的真面目。一个问题可能不只有一条解决途径，思考问题也不要受限于一种解决方式。

要养成良好的思维习惯，就需要进行多维度思维训练，开动脑筋，增强思维的全面性和合理性。这样往往能够帮助我们跳出思维定势，挖掘出更多的灵感和创新点。正如苏东坡所说："横看成岭侧成峰，远近高低各不同。"

抗生素的滥用问题已经成为了世界级的话题，我国是世界上最大的抗生素生产和使用国，同时也是抗生素滥用的重灾区（图4.8）。怎么样合理地使用抗生素，已经成为广大医生、患者们需要共同面对的问题。这里不妨从相关主体出发来多维度思考滥用抗生素这个问题，进行思维发散。

图 4.8　滥用抗生素

医院：经济利益驱动；医生的考核和处方管理办法；见效快，避免医疗纠纷。

医生：经济利益驱动；迎合患者要求；习惯固化，从众心理；怕承担风险。

患者：对抗生素药品缺乏常识；使用抗生素存在很大误区；盲目求快，求立竿见影；容易受宣传影响。

政府相关部门：重视不够；宣传不足；管理不严；相关法律、法规、标准缺失或执法不严。

药品生产厂家:经济利益驱动;不当宣传;受市场需求影响。

通过多维度思考滥用抗生素问题,进行思维发散,可以发现滥用抗生素的治理涉及的利益相关方较多,是一个十分复杂的系统工程。养成多维度思考问题的习惯有利于拓展我们的思维空间,把握问题的深刻本质,挖掘出更多的灵感和创新点。

3) 大胆假设,小心求证

大胆假设就是要求我们大胆去想象,敢于冲破既有知识、传统观念的束缚,敢于提出新观点、新设想和新论断,充分进行思维发散,培养根据不充分的信息得出结论的非逻辑思维习惯。假设可以是正确的,也可以是错误的,这个过程中更多的是运用非逻辑思维。而小心求证则更多的是运用逻辑思维进行严谨推理与科学论证,不断地验证和审视假设的科学性、合理性和可行性。可以发现,大胆假设,小心求证本质上是逻辑思维和非逻辑思维的统一,这和之前提到的创新的概念和本质是高度吻合的。新时代创新型人才必须具备这样的创新习惯——大胆假设,小心求证。

美国著名哲学家杜威就曾提出,新思想产生和科学发现必须经历以下五个步骤:(1) 感到困难;(2) 寻找疑难点(问题);(3) 提出假设;(4) 根据假设而推理;(5) 通过行动检验假设。这就是著名的思维"五步法"。胡适将杜威的"五步法"进一步概括为:"大胆地假设,小心地求证。"这与科学研究的"假说-演绎法"是一致的。"假说-演绎法"在当代被视为科学探索的基本方法,这种方法认为科学发现包括两个基本的阶段:先假设,后演绎。也就是说,先通过假设提出一个新的思想、观点,然后再通过演绎法加以检验和论证。

我们来看一看魏格纳发现大陆漂移说的思维过程(图4.9)。有一天,魏格纳在看地图时,注意到大西洋两岸的海岸线十分吻合,非洲方面有一个凹进去的海湾,对应的巴西就有

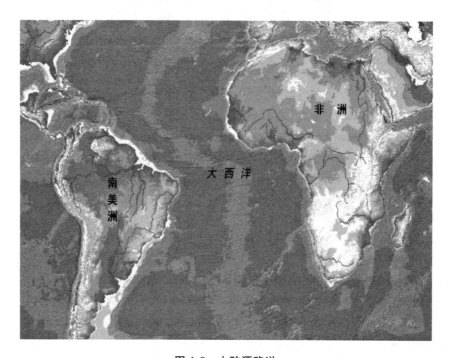

图4.9 大陆漂移说

一个凸起的地方，两边几乎可以完全拼合到一起。这就引起了他的思考：难道大西洋两岸原来是连接在一起的吗？换句话说，他直觉感到大西洋两岸原来可能是连接在一起的。此时魏格纳的思维活动所依据的知识材料是很少的，其思维活动主要是非逻辑思维，这种非逻辑思维所得出的新思想、新观点必须获得其他知识材料的支持才能转化为较为科学的理论。后来魏格纳又经过逻辑推演找到了许多支持自己假设的材料：现今大西洋两岸的地质构造是直接连续的。从南面比较起，横断非洲南端的开普山脉跨海之后，在南美布宜诺斯艾利斯出现。在中部，非洲片麻岩高原与巴西片麻岩高原的火成岩、沉积物以及古代褶皱的方向都完全一致。非洲西北部与巴西东北部不仅海岸线可以拼合，而且新的岩石的分界线也一一对应、跨海相连。北半球的大西洋两岸的陆地也有颇多的联系……有了这些跨界线的地质配合，大西洋两岸陆地的衔接就不再是偶然的现象了，而是必然的结果了。后来人们根据化石记录又发现：三亿年前，欧洲西部、北美东部同属热带植物区。北美、西欧都发现同期同种的珊瑚、海滨生物、江河生物，而非洲、南美则拥有同期同种的鱼类、爬虫类化石……从此，大陆漂移说就由非逻辑思维的假设逐步发展为科学的假说了。

4) 保持好奇心和想象力

创新思维不仅与知识量有关，还与好奇心和想象力有关。清华大学经济管理学院院长钱颖一认为，"创造力等于知识乘以好奇心加想象力"。

好奇心是驱动人类发现和创新的原始动力，不断推动我们探索未知世界，开创美好未来。想象力进一步拓展我们的思维空间，不断超越现实条件的局限，实现无限可能。爱因斯坦就曾说过："想象力比知识更重要。"因为知识是有限的，而想象力概括着世界上的一切，推动着进步，并且是知识进化的源泉。

图 4.10 别胡思乱想

儿童的好奇心和想象力都特别高。但是随着受教育程度增高，好奇心和想象力很有可能会逐步递减。因为知识体系都是有既定框架和假定的，好奇心和想象力往往会挑战这些假定，突破这些框架。这些挑战和突破在很多情况下并不正确，所以会受到批评。然而这些批评在客观上就容易产生压制好奇心和想象力的效果。因此,如何保护孩子探索未知事物的好奇心和想象力,对创新来说至关重要(图 4.10)。

学校不仅要传授知识,还需要在增加学生知识的同时,保护好创造力必需的其他元素——好奇心和想象力。此外还需要营造一个自由、宽松的环境,使创造性精神得以存活,创造性思维得以生根,创造性能力得以发展。

5) 不断学习知识,积累经验,夯实内功,打好基础

知识和经验是创新思维与创新能力产生和发展的重要影响因素,没有一定的知识储备和对知识的灵活运用是很难形成创新的。

因此,只有不断学习知识,积累经验,夯实内功,才能为创新实践活动打下坚实基础。

6) 掌握相关创新思维技法

工欲善其事,必先利其器,要善于灵活运用创新思维技法,使之成为改造主观(思维)世界的利器,破解创新难题,掌握创新思维活动的本质和规律,避免陷入创新思维误区,不断拓展思维的广度和深度,有效促进创新思维量和质的提升。相关创新思维技法将在第 5 章进行具体阐述。

6. 辩证地看待思维定势

思维定势是我们在思维创新过程中必须要认真面对的问题,因此全面、正确、客观、辩证地看待思维定势有利于我们自觉地利用思维定势的有利一面,克服其负面影响,提高创新思维的质量和效率,对于促进创新思维成果的产生和发展具有十分重要的意义。

思维定势是在特定历史背景和认知条件下人类认知活动的特定产物,是人类思维活动在某一阶段的特定反应。思维定势贯穿于人类认识活动的各个领域、各个环节和各个历史发展阶段。从整体来看,人类认知的过程也是一个思维定势不断建构,又不断被打破重构的过程,在不断的动态更新当中,是一种"均衡状态—创新(打破均衡)—建立新的均衡状态"的动态发展过程。辩证地看待思维定势就必须看到思维定势的两面性。

一方面,认知主体在过去积累的知识和经验的基础上,形成了既定的感性认识和经验总结,久而久之就形成了相对固化的思维模式。人们遇到问题往往会选择依赖原有的固化思维模式,不敢越雷池一步,习惯于用老眼光、老观念、老思维去思考和解决问题。然而整个世界处在不断的变化之中,如果一味地按照传统固化思维模式来思考和解决新问题,把"规矩"和"框框"绝对化,不允许有任何"出格"的想法和行为,那么就不会有创新。思维定势也就变成思维创新的主要障碍。创新思维就是要敢于突破思维定势的阻碍,超越既定的思维模式。

另一方面,思维定势也有其合理和积极的一面。思维定势是人类认知活动中的重要一环,它有助于我们获得稳定的知识和经验体系,具有不可忽视的积极作用。思维定势既是一定阶段和条件下思维活动的总结,又是新思维的起点,是人们继承前人已获得知识和经验的重要依据,更是创新思维得以产生和发展的重要依据。如果不善于借鉴、吸收思维定势中所包含的合理的稳定的知识和经验成果,人们就难以获得创新思维的机遇和灵感。因此,从一

定意义上说，创新思维的产生和发展是对思维定势进行扬弃的结果。

印度的养象人有一个习惯：在大象幼年时期，用绳子将它拴在一根木柱上，年幼的小象无力挣脱，只能慢慢适应被拴在木柱上的生活（图4.11）。等到它成年后，虽然有了挣脱绳索的力气，可在它的心里却早已形成了固有思维——认为绳索不可能挣脱。如此一来，养象人便能轻松地控制住大象了。

图4.11　无形的绳索

束缚住大象的其实并不是绳索和木柱，看得见的绳索并非无法挣脱，真正无法挣脱的是它头脑里的绳索——根深蒂固的定势思维。在我们身边，有很多人和故事中的大象一样被思维定势束缚着。

思维定势好似魔咒一般，让深陷其中的人因循守旧。思维定势使人们失去了创新的智慧和勇气，安于现状，懒得去探寻远方更广阔的天地。

思维定势和成见是束缚创造力的无形绳索，是阻碍成功的屏障。也许每个人的头脑中都会有这样的绳索，但都应该相信自己有力量去挣脱它，从而开启创新的大门。

思维定势是认知主体在过去积累的知识和经历的基础上，形成的固化思维模式，这些思维模式的形成可能来自于某种权威、大众和自身经验、教育经历等，我们划分出5种思维定势类型。

1) 权威型思维定势

权威是在长期的人类历史和社会实践过程中所形成的一种使人信服的力量和威望。权威是任何时代、任何社会、任何行业都存在的普遍现象。人们对权威存在尊重、敬仰和崇拜之情是可以理解的，但是如果把合理的敬仰和崇拜异化为迷信权威，对大师、专家等各领域权威的观点和主张都不加思考地全盘接收，盲目迷信，不敢质疑，甚至把权威作为判断是非对错和处理问题的标准，这将会导致我们丧失独立思考和判断的能力，陷入思维固化陷阱。

要创新就必须打破对权威的盲目崇拜和迷信，要敢于质疑和批判，坚持独立思考和批判精神，敢于发表独立的见解和主张。一些创新者正是克服了对权威的无条件崇拜，打破了迷信权威的思维障碍，才取得了创新成果。

2) 从众型思维定势

从众是一种随大流,别人怎么想自己就怎么想,别人怎么做我也怎么做的社会现象。从众型思维定势是较为常见的思维定势类型之一,集中表现为人们在发表见解、判断是非和进行决策的时候,往往附和多数,不能也不愿提出不同的主张和见解,为了逃避责任和风险而与大众保持一致,从而获得一种集体归属感和安全感。

从众型思维定势将导致人们的思维陷入平庸化和无活力的陷阱,这也是思维固化的一种表现。人们要开展创新思维活动,就必须克服这种思想障碍,学会独立思考,敢于大胆提出独立的主张和见解,摆脱思维的依附性,不断推动创新思维的产生和发展。

3) 习惯型思维定势

习惯型思维定势是指人们习惯于按照他人或自己确立的固定轨迹和方式去思考问题和解决问题。习惯性思维定势也称为"定势思维"。习惯型思维定势能够使人们快速套用以往已有的固定思维模式,而放弃重新进行思考和改进的机会。这使我们满足于已有的固定模式,严重阻碍了新发现、新思维、新模式的产生和发展,不利于人们用新思维、新办法、新模式去思考和解决新问题和新挑战。

要创新就必须克服习惯型思维定势,摆脱固化思维模式的束缚,与时俱进,锐意进取,不断用新思维、新模式、新方法去应对在快速发展中产生的新事物、新问题和新挑战。

4) 经验型思维定势

经验是人们通过大量社会实践获得的对特定事物或问题的规律性认识和判断,是人们不断总结经历和体会获得的一般性看法。经验型思维定势是指人们在认识和处理问题时,往往不由自主地按照以往的经验来看待和解决问题。本质上,它是把经验绝对化、神秘化,忽视了经验的相对性和片面性。一般情况下,经验为人们认识和处理问题提供了有益参考,也在推动人类社会进步和发展的过程中发挥了重大作用。但是,如果我们过分地依赖经验,盲目迷信经验,不敢对其进行质疑和批判,那么就会阻碍我们进行独立思考和判断,一定程度上扼杀了人们的创造力和创新精神,从而成为创新的枷锁。同样,经验型思维定势也是思维固化的一种表现,不利于创新思维的产生和发展。

5) 书本型思维定势

书本是人类获取知识的重要来源,前人的研究成果和经验的总结大部分都是通过书本形式传递给后人的。书本型思维定势是指人们盲目相信书本上的内容,认为凡是书本上记录的就是真理,必须严格按照书本上的去做,不能有质疑和违反。本质上,这是犯了把书本知识绝对化、神秘化的错误,陷入了"教条主义"的陷阱。实际上,书本往往记录的是以往的事实、知识和经验,而随着时代的发展,当初的社会背景和环境已经发生了变化,涌现出大量的新知识、新事物和新问题,以往的事实、知识和经验可能不再适用或者已经过时,这就要求我们对书本要进行重新审视、反思和改进。孟子说:"尽信书,不如无书。"这就告诉我们要读书,更要有自己的判断,不能盲目迷信书本,要注重独立思考和批判精神,辩证性地消化吸收书本知识。

4.2 批判性思维

20世纪70—80年代,美国、英国、加拿大等国在教育改革领域兴起了一场轰轰烈烈的"批判性思维运动"。批判性思维的价值受到世界各国的广泛关注和普遍重视,并被作为教育和教学的主要目标之一。批判性思维已成为现代学生,特别是大学生的必备素养和创造力的重要体现,是高素质创新人才培养的关键和基础。

我国对批判性思维的研究和教育同西方发达国家相比仍存在较大差距,学生的批判性思维的状况不容乐观。这不利于学生综合素质的提高,也不利于创新型国家的建设。当前我国正处于深化改革的关键时期,培养具有批判性思维的高素质创新人才比以往任何时候都更加重要和迫切。

美国耶鲁大学原校长理查德·莱文(Richard C. Levin)在出席第四届中外大学校长论坛上曾指出:"中国大学本科教育缺乏两个非常重要的内容:第一,就是跨学科的广度;第二,就是对批判性思维的培养。"[52]

大学课堂不能仅局限于传授知识,还要培养学生的独立人格、批判性思维和创新能力。在知识经济时代,批判性思维已被普遍确立为教育特别是高等教育的重要目标之一。学生不能仅仅满足于被动接受知识,还要对所学知识进行批判性思考、反思、评估和应用,深挖知识的深层内涵和现代价值,学以致用,否则就容易陷入教条主义。

批判性思维是一种合理的、反省的思维,是人们独立思考和开展创新活动的重要前提,是创新人才的核心素养之一,也是推动社会文明前进的主要动力之一。可以说,没有批判就没有创新。

1. 批判性思维的概念

目前,有关批判性思维的研究有很多,但还没有形成一个统一的概念,下面列举几种有代表性的概念,方便大家理解和掌握。

1910年,美国哲学家约翰·杜威(John Dewey)在《我们怎样思考》一书中没有直接提出"critical thinking",而是使用"reflective thinking"一词,他指出:"反思性思维是根据信仰或假定的知识背后的依据及可能的推论来对它们进行主动、持续和缜密的思考。"[53]

美国教育家爱德华·格拉泽(Edward Glaser)认为:"批判性思维包含认真考虑问题和事情的态度、逻辑推理的知识和运用逻辑推理方法的技能。一个具有批判性思维的人能够依据证据去质疑真理和知识,并具有进行逻辑推理以及分析、综合和评价的认知技能。"[54]

国际公认的批判性思维权威,美国"批判性思维国家高层理事会"主席理查德·保罗(Richard Paul)将批判性思维定义为:积极地、熟练地解析、应用、分析、综合、评估支配信念和行为的那些信息的过程,这些信息是通过观察、实验、反省、推理或沟通收集而产生的[55]。

20世纪90年代,美国哲学协会(American Philosophical Association)认为:"批判性思维是用于指导自己的言行所进行的独立分析、综合和评价信息的过程,是有目的地自我调整判断的过程,是充分考虑证据、概念、方法和标准的过程,是思考了又思考的过程。批判性思维技能包括解释、判断、推理、归纳、评价和自我调控等。"可以说,批判性思维包含"勇于批判"的批判精神和"善于批判"的批判技能。

美国著名批判性思维专家彼得·范西昂(Peter A. Facione)在其所撰写的博士论文中提出,批判性思维是大胆质疑而非愤世嫉俗,是思想开放而非举棋不定,是分析批判而非吹毛求疵。批判性思维果断但不固执,评价但不苛责,有力但不武断。[56]

美国批判性思维学者布鲁克·诺埃尔·摩尔(Brooke Noel Moore)和理查德·帕克(Richard Parker)在其书中这样界定批判性思维的定义:批判性思维是指人对接受或拒绝任何事物、或对某种说法存疑的谨慎的、深思熟虑的决定,以及接受或拒绝某事物时的自信程度。[57]

亚历克·费舍尔(Alec Fisher)和迈克尔·斯克里芬(Michael Scriven)专门写了一篇文章讨论批判性思维的定义。他们认为,批判性思维是"对观察、交流、信息、论证的有技巧的和主动的阐释和评价"。[58]

我国学者钱颖一认为,所谓批判性思维,就是善于怀疑已有的结论,能够用多角度的、不同于常规的方式去思考和分析问题,并给出不同以往的新答案。[59]

20世纪90年代,美国哲学学会(APA)使用德尔菲调查方法研究批判性思维,从1988年开始,历时三年,经过6轮磋商,达成一致意见。参加者46人,其中哲学专家52%,教育专家22%,社会科学专家20%,自然科学专家6%,包括诸多著名批判性思维专家,最终得出的《德尔菲报告》所表达的概念界定取得了学界的普遍共识。这个权威报告强调批判性思维的两个维度:批判性思维能力和批判性思维倾向(或气质)(图4.12)。

美国批判性思维运动的倡导者,著名批判性思维学者罗伯特·恩尼斯(Robert Ennis)认为:"批判性思维是指自己在决定要相信什么或者要做什么时所进行的合理和反思性的思考。"[60]本书采用这种定义。

根据上述定义,本书将批判性思维的概念分解为以下几点:

(1) 批判性思维的本质是求真。

(2) 批判性思维的目标是明辨是非、优化决策和创造价值。

(3) 批判性思维构成要素主要包括批判精神和批判技能。批判精神除美国哲学学会的《德尔菲报告》所阐述内容之外,还包括:独立思考;不迷信权威,敢于质疑;追求真理,求真务实;审慎理性,客观中立公正;开明自信和宽容乐观。批判技能主要包括解释、分析、评估、推论、说明和自校准。

(4) 批判性思维的基本特征是怀疑一切。批判性思维要求我们不迷信权威,敢于怀疑一切,大胆质疑,敢于根据新情况、新问题和新标准,对已有成果、现象和主张,进行反思、质疑、批判、否定和总结,摆脱自身思维的狭隘性,克服传统思维和观念的束缚,开放理性,求真务实,不断创造新事物,推动新发展,取得新进步,解决新问题,实现自我革新与完善。

(5) 批判性思维不等于否定思维。不是为了"否定"而"批判",也不是有了"否定"就是"批判",批判不等于否定一切,而是要实事求是,用客观事实、理性精神和严谨推理来明辨是非真伪,求得真相和真理,不断创造价值,推动创新、发展和进步。否定不是目的,而是在一定情况下的常用手段,是建设性的,否则盲目否定,批判就变味了。创新与发展就是要敢于反思、批判、否定旧事物,创造新事物。发展的实质就是新事物的产生和旧事物的灭亡。不对旧事物进行反思、批判、否定和总结,就不会有新事物的产生和发展,也就没有发展和创新。

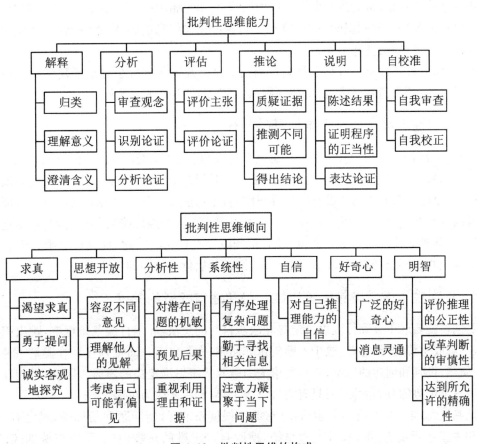

图 4.12 批判性思维的构成

2. 研究和培养批判性思维的意义

1) 批判性思维是健全独立人格的基本要素

健全独立人格是指人格的社会、生理、心理、道德和审美等各要素的完美统一、协调和平衡,是一种既有鲜明个性,又有很强社会适应性的理想化人格。它要求个体具有开放自信、独立自主的品质,能够独立思考,并做出正确价值判断和决策,并具有尊重他人、诚信友善的良好道德情操。批判性思维对于健全独立人格的养成至关重要,对个人的成长和发展具有深远意义。

2) 批判性思维是应对信息时代下的各种错误信息、欺骗信息的保证

当今我们处在一个信息大爆炸的时代,形形色色的数据、信息、观点和思想蜂拥而至,每天我们都会接收、判断和处理大量的信息,做出我们认为正确和恰当的决策。然而,如何正确地分辨真伪,抓住事情的本质和真相,做出正确而恰当的判断和决策,避免受到各种错误、

欺骗、迷信和诱惑信息的影响,这就需要具备真正的独立思考能力,而批判性思维正是独立思考的灵魂和重要手段。批判性思维帮助我们清除错觉、识破欺骗、破除迷信、澄清误解、追寻事物的本质和真相,帮助我们做出正确而恰当的判断和决策。如果缺乏批判性思维,就会被信息时代浩如烟海的知识所淹没,容易受到各种错误信息的困扰,迷失自我,甚至引发不同程度的社会危机、动荡和不安。

因此,培养批判性思维有利于我们在当前信息爆炸和各种社会思潮涌现的时代更好地成长和发展,有利于消除迷信、盲从和误判,具有十分重要的现实意义。

3) 批判性思维是创新思维的基础与核心

一切创新始于思维的创新,批判性是创新思维的重要特征之一,也是创新思维的一项极为重要的品质。创新思维和创新能力的发展往往是以怀疑、批判为前提的,由质疑到反思再到论证,直至得出新的结论。没有批判性思维,就不可能发现问题、提出问题,更不可能得出新的解决方案和创新成果。同时,创造性思维成果需要批判性思维对其进行检验、筛选和论证,以保证其有效性。一定意义上说,没有批判就没有创新。因此,批判性思维是创新思维的基础和核心,是创新的必经环节和必要条件,是开启创新之门的钥匙。

4) 批判性思维是破除传统思维定势和迷信权威的关键

要创新就要敢于破除传统思维定势和故步自封的想法,敢于打破条条框框,跳出固化思维圈子,解放思想,开阔思路,敢于不断尝试和超越,大胆创新。而批判性思维正是一种注重反思、质疑、批判和创造的思维,必然要求大力破除传统思维定势的障碍。因此,批判性思维是突破思维定势的有力武器,而只有突破思维定势,创新才成为可能。

批判性思维也要求我们不迷信权威,敢于根据新情况、新问题和新标准,对已有成果、现象和主张进行反思、批判、否定和总结,摆脱自身思维的狭隘性,克服对权威的迷信,开放理性,求真务实,不断创造新事物,推动新发展,取得新进步,解决新问题,实现自我革新与完善。

5) 批判性思维是培养科学精神和增强学习能力的重要途径

美国哲学家卡尔·波普尔(Karl Popper)认为,科学精神就是批判,就是不断推翻旧理论,不断有新发现。纵观人类历史发展进程,我们可以看出,科学是在批判中发展的,真理是在批判中完善的,人类文明也是在批判中不断进步的。在一定意义上,科学精神就是批判精神。批判性思维是识别谬误、探索真理的思想武器。

批判性思维的教育将有助于提高学生思维的广度和深度,进一步增强学生的学习能力和创新能力,更好地消化、吸收所学知识,在学习中不迷信书本、标准答案和权威,真正地学会学习,彻底改变传统填鸭式、机械式的被动学习方式,自觉使用批判性思维去反思、质疑、批判所学知识,活学活用,让所学知识成为创新的基础,不断取得新见解、新成果和新突破。

6) 批判性思维是增强科学决策能力、提高决策质量和水平的必然要求

批判性思维为实现决策的科学化和合理化提供有效工具。在决策过程中,批判性思维

帮助决策者审查、筛选和评估决策素材及备选方案的科学性、合理性和价值性,帮助我们对决策方案进行全面系统的论证,做出科学而合理的决策,不断增强科学决策能力,提高决策质量和水平。

7) 研究和培养批判性思维是贯彻创新驱动战略和建设创新型国家的应有之义

批判性思维是推动一个国家、一个社会发展进步的不可或缺元素。党的十九大报告中强调,创新是引领发展的第一动力,是建设现代化经济体系的战略支撑。党中央决策部署把加快建设创新型国家作为现代化建设全局的战略举措,坚定实施创新驱动发展战略,强化创新作为第一动力的地位和作用。

研究和培养批判性思维是贯彻落实创新驱动战略和建设创新型国家的有力支撑和具体要求。贯彻创新驱动战略和建设创新型国家需要大量的高素质创新型人才,而批判性思维是高素质创新型人才的核心素养和必备技能,在培养高素质创新型人才的进程中发挥着不可忽视的重要作用。当前我国批判性思维的研究和教育仍存在很多困难和不足,这更加迫切要求加快批判性思维的研究和培养工作。因此,研究和培养批判性思维是贯彻创新驱动战略和建设创新型国家的应有之义。

3. 常见的推理谬误

识别和找出推理中的谬误有助于我们判断推理过程、推理逻辑、推理假设和素材以及所得出的结论是否具有可靠性、合理性和价值性。谬误妨碍人们全面、准确和客观地认识事物,误导人们做出错误的判断和决策。因此,识别这些推理中的谬误有助于我们全面、准确、客观地认识事物的全貌,抓住事物的本质和真相,并做出正确合理的判断和决策。只有发现这些推理谬误,你的思维才会变得更加理性和富有逻辑。本书列举了常见的 13 种推理谬误,甄别这些谬误有助于避免被谬误误导。

1) 人身攻击

人身攻击是指针对个人的人身攻击或侮辱,而不是就事论事。人身攻击之所以属于推理谬误,是因为论证人的个人品格通常和其所作论证的质量毫无关系。

❋示例

A:"张三就是一个骗子,你怎么能相信他说的话?"

这是一种典型的人身攻击谬误。因为说话者没有给出不能相信张三说的话的理由或证据,而是直接对张三进行人身攻击。对张三进行人身攻击可能干扰当事人的判断。

❋示例

A:"小李昨天羽毛球比赛输了,不知道他为什么很生气,竟然把球拍都给摔断了。"

B:"那根本不算啥,他本来就是一个输不起的人嘛。"

这是一种典型的人身攻击,而不是直接对小李生气摔球拍的原因进行讨论。生活中这种现象也十分常见,不针对某件事的原因进行讨论,而转换为对那件事的发起者进行人身攻击。

2) 滑坡推理

滑坡推理是指假设采取提议的行动会引发一系列不可控的不利事件,而事实上却有现成的程序来防止这类连锁事件发生。

❋ 示例

A:如果我们同意开放负面新闻报道,那么报纸上一定都是负面消息,进而影响社会稳定。

这是一种典型的滑坡推理。同意开放负面新闻报道不能直接推理得出会导致报纸上都是负面消息,这样的假设是不合理的。

❋ 示例

A:如果我们同意小明的换座要求,那么班里其他同学一定都会要求换座,这样班级管理将陷入混乱状态。

同意小明的换座要求不会直接导致班里其他同学都要求换座,因为还有其他影响因素,例如不能排除很多同学对现在的座位可能很满意。

3) 追求完美解决方案

追求完美解决方案是指假设尝试某种解决方案后,还有遗留问题未解决,那么就认为这种解决方案不应该采用。也就是说,如果某方法不能彻底解决某问题,就不采用此方法。

❋ 示例

A:"如果你不能保证百分之百安全,就不能推出这种新药。"

俗话说"是药三分毒",寻求绝对安全的药物在一定程度上很难实现。因为不同病人的体质、耐药性等不同,药物的安全性也因人而异。

❋ 示例

A:"家里添一套安保系统,纯粹是浪费钱,如果贼要光顾你家,他们总归能想得到办法,无论你装什么系统都不管用。"

没有绝对安全的安保系统。不能因为不能彻底解决安保问题,就不去采取安保措施,这样可能给安全隐患以可乘之机。

事实上尝试某种解决方案之后,部分问题仍然存在,并不意味着解决方案不妥当。不能因为解决方案存在一些不足就彻底否定这个方案。能提出特定的解决方案比起一筹莫展、束手无策要更具有积极意义,因为这会让我们向彻底完全的解决问题迈进了一步,解决方案本身也需要经过一个逐步完善的过程。如果坐等完美解决方案的出现,我们可能会发现自己仍然固守在原点,常常会贻误时机,得不偿失。

4) 偷换概念

偷换概念是指论证中的关键词语有两种或两种以上的含义,一旦不同含义之间的转换被指认出来,这个论证就讲不通了。这是最常被人利用的谬误之一。当你看到或听到一个关键词或短语在阐述过程中出现不止一次,就要小心了,检查一下看看其意思有没有发生改变,如果意思发生改变,就要警惕偷换概念谬误。而且意思越是模糊抽象的词汇和术语越是容易被替换。

❋示例

A:"我们想知道公司的财务状况,不知道公司会不会破产,你不是说上个礼拜就告诉我们的吗?"

B:"公司的财务状况早就通知你们了,人事部最近有点忙,可能要这两天才能把通知贴出去。"

这里 B 偷换了概念,将"通知——让人知道某个信息"换成了"通知——通知书"。

5) 诉诸公众

诉诸公众是指通过引述大部分人都持有这一观点的说法,来竭力证明某个论断有道理,错误地假设大部分人喜欢的都是有道理的,可以接受的。公众常常没有对某一问题进行足够深入的调查研究,从而不能够做出充分、合理、正确的认知和判断。

❋示例

A:"九成网民支持延长春节假期,最好带薪休假到元宵节。"

引述大部分人(九成网民)都持有这一观点的说法来证明延长春节假期有道理,但并没有拿出具有说服力和高质量的理由来论证延长春节假期的利弊及可行性。仅试图用大部分人赞同来说服我们相信延长春节假期是正确和合理的,这就是一种谬误,因为大部分人的观点和喜好不代表就是正确和合理的。

❋示例

A:"小三应该纳入刑罚,因为根据对已婚妇女的调查,她们都支持纳入刑罚。"

已婚妇女们都支持将"小三"纳入刑罚,但是这不一定符合现代刑法精神、原则和要求。

6) 诉诸可疑权威

诉诸可疑权威是指引用某一权威的话来证明结论,但该权威对这一论题并没有特别的专门知识。例如引用 A 领域权威对 B 领域发表的观点。

❋示例

小明不知道怎么反驳进化论,于是就说:"我爷爷是大科学家,他觉得进化论是错的。"

小明的爷爷不一定是进化论领域的专家,因此搬出爷爷,也不能证明进化论是错的。

7) 诉诸感情

诉诸感情是指使用带有强烈感情色彩的语言来分散读者或听众的注意力,让他们忽视相关的理由和证据。利用调动感情的词汇,激发情感共鸣替代理性判断,利用这种情绪或共鸣来诱导人们同意其结论。这种谬误常发生在三个地方——广告、政治辩论和法庭辩论。

❋示例

小王在饭店看到小明吃狗肉,于是上前训斥:"你怎么可以吃狗肉,小狗多么可爱,就像小朋友一样,你忍心伤害小朋友吗?"

小王犯了诉诸感情的谬误,具有极强的感染力和煽动性。小明能不能吃狗肉,吃狗肉是否违反道德或法律,需要理性看待,不能完全用感性来审判这种行为。

8) 稻草人谬误

稻草人谬误是指歪曲对方的观点,然而再加以攻击,实际上我们所攻击的观点并不是对方的观点。说话者通过歪曲、夸大甚至凭空捏造别人的观点,人为地树立一个靶子来让人们加以攻击,从而诱导人们站在自己这边,支持自己的观点,从而让自己的观点显得更加合理。这是一些媒体人员喜欢利用的谬误。

✿示例

A:"公司决定购买机器人来取代生产线上的工人,来提高工作效率,增加产量。公司这种自私的行为让更多的工人变成了流浪汉。"

说话者树立了一个靶子(失去工作的人就会变成流浪汉)来加以攻击,让我们更容易站在他这边(反对公司引入机器人),而这个靶子实际上根本就不存在。因为失去工作的人不一定就变成流浪汉,可以转岗或另找工作,另外公司有权利购入机器人来提高工作效率和产量。

9) 虚假的两难选择

虚假的两难选择是指当现实中存在两种以上的选择时,却假设只有两种解决方案,制造虚假的两难困境,其实还有更多选择。

✿示例

A:"小明今天上班迟到,不是睡过头了就是还在为昨天的事生气。"

小明上班迟到的原因其实还有其他可能,例如堵车等。

10) 乱扣帽子

乱扣帽子是指错误地假设因为你为特定事件或行为提供了一个名称,你也就合情合理地解释了这一事件。有人宣称他们发现了导致某个行为的原因,而实际上他们只不过是为这种行为起了个名字而已,并没有发现事情的真相。

✿示例

有个人总是疑神疑鬼,觉得有人在背后偷窥他,他就问老婆为什么会这样,老婆说:"那是因为你得了妄想症。"

这个回答并没有令人满意地解释为什么他会这样,"妄想症"不但不是原因,还容易误导别人。

11) 光环效应

光环效应是指使用模糊而容易引发人们强烈感情认同的美德词汇,使我们倾向于同意某件事而不去仔细检查其观点。通常使用模糊、情绪化的美德词汇诱导我们不经仔细思考就接受其观点。

✿示例

这是一位有爱心的女士,她有决心、信心和勇气,支持儿童事业和环境保护,为这位女士投一票就是为公正、爱、和平投票。

一连串的赞美词汇,让我们产生无限美好憧憬和正面积极联想,而忽略了审查和评估她到底有没有能力赢得选票。

12) 转移话题

转移话题是指引入一个不相干的话题,将注意力从原来的论题上面转移走,来帮助赢得一场论战。这个谬误的顺序如下:① 甲主题正被讨论;② 乙主题被介绍进来,好像和甲主题有关,实际上并不相干;③ 甲主题被置之不理。转移话题谬误是生活中和辩论中经常被人使用的谬误方法。

❋**示例**

妈妈:你和男朋友去哪儿了?你为什么对我撒谎?

女儿:你总是挑我的错儿。

在这段对话中女儿成功将"和男朋友去哪儿"的问题转移到了"总是挑我的错儿",而不再是女儿为什么要跟妈妈撒谎。这样原本被动的局面变得主动。

13) 循环论证

循环论证是指在推理过程中已经假设了自己的结论成立。把结论换个说法,在论证中变结论为理由,也就是"自己证明自己"。

❋**示例**

A:"经济发展会推动股票上涨,因为在经济发展地区,股票都在上涨。"

结论是经济发展会推动股票上涨,然而说话者并没有指出经济发展和股票上涨之间到底是什么关系,而是把结论包装成论点,来论证结论。

4. 常见的证据可靠性问题

持论者给出证据来论证他们的结论,希望说服人们接受和认可他们的结论。这个时候听众就需要问自己,我为什么要相信它?这个结论是否需要证据来加以证实呢?如果需要证据但是对方没能给出相应的证据,那么这个结论就值得怀疑。如果对方提供了证据来证实,那么我们还需要去判断这个证据的效力如何,它的可靠程度怎么样。在判断对方的证据可靠性时我们一般需要问以下几个问题:

证据在哪?

你确信它是真的吗?

你怎么知道它是真的?

你为什么相信它?

你能证明吗?

为了便于读者判断持论者给出的结论是否值得相信和接受,本书将介绍常见的8种证据可靠性问题,帮助读者从证据的可靠性着手去审视结论是否值得信赖,力争做一名优秀的批判性思维者。

1) 直觉作为证据

所谓直觉就是我们相信自己对某件事有直接洞察的能力,却不能有意识地说出理由。

直觉最大的问题在于我们很难提供有效证据加以证明，别人根本无法判断它的可靠性。当一个人说"常识告诉我们""第六感告诉我""直觉告诉我"，那么他就在用直觉作为证据。

存在问题：过于主观自信，可能存在个人情绪和偏见。

应对策略：必须谨慎使用直觉作为声明的依据，批判性思维者应当弄清楚由直觉得出的声明是否有其他类型证据的支持，寻找其他来源的证据作为佐证。

❋示例

我的直觉告诉我，走这条路才能帮助我们脱离险境。

2) 个人经历作为证据

将个人经历作为证据来证实断言往往会犯以偏概全的错。因为单一的个人经历，甚至是个人经历的总和，往往不足以构成一个代表性的经历样本来说明问题，个人经历作为证据可能存在可靠性问题。例如"以我的经验，我发现……""我认识有个人……"等表达就是将个人经历作为证据。

存在问题：容易以偏概全，往往不全面。

应对策略：个人经验让人记忆深刻，以致我们常常把它当作证据来支持自己的观点，但个别经验不应当作一般性证据。

❋示例

抽烟未必不长寿，我认识几个百岁老人都抽烟。

3) 典型案例作为证据

通过对一个或几个典型事件进行详细、生动、感人的描述（以便对说服对象动之以情）来支持结论。生动、具体、感人的案例有可能会分散我们的注意力，让我们不再追问它们作为证据的价值，不再去调查与之相关的其他有力证据，从而接受他们的结论。

存在问题：以偏概全，不够全面和充分。

应对策略：警惕使用动人案例作为证据的情况，要时刻提醒自己："这个案例是否典型？""能不能找出有力的反面典型？""这个例子被提及的方式中有没有偏见存在？"

❋示例

让所有医生都束手无策的一名厌食症患者居然被一颗撒尿牛丸给治好了，所以撒尿牛丸是治疗厌食症的不二之选，应该大力推广。

4) 当事人证词作为证据

持论者往往通过特定当事人（或者是有影响力的名人）现身说法来说服其他人相信和支持他的结论。当事人证词其实是另一种形式的个人经历，常常在医疗广告、销售领域使用。

存在问题：可能作伪证，说假话。

应对策略：必须谨慎审视当事人证词有大多程度的可靠性，我们要深入了解证人的专业技术水平、立场、动机、兴趣、价值观甚至偏见。

❋示例

我郑重向你推荐这种减肥药，因为我使用三个月后瘦了4千克，效果特别好。

5) 专家意见作为证据

持论者通过引用专家意见来为他的结论辩护,因为专家一向被认为是某种权威的代表,比普通人对事情的见解要更加深入和专业,从而显得更具有说服力。其实专家也经常会犯错误,专家内部也可能意见不统一。

存在问题:过度迷信。

应对策略:更谨慎辩证地看待权威观点,深入分析专家的立场、利益关系、代表性和专业性。要研究该专家在该研究领域的地位和业界评价如何。要问自己为什么要相信这个权威。不要盲目相信专家,失去独立思考和判断的能力。

❋示例

任志强认为房价肯定还会涨!

6) 个人观察作为证据

人们往往对亲眼所见的事物深信不疑。其实眼见不一定为实,个人观察常常被证明是不可信赖的证据。

存在问题:存在个人偏见或观察误差。

应对策略:不要仅仅依赖一个观察者的观察。

❋示例

在一起抢劫案中,一名目击证人说犯人手里拿着一把很大的枪,其实犯人只是拿着一根木棍。

7) 研究报告作为证据

当持论者将科学研究报告作为证据来源,我们应该注意以下几点:

(1) 研究的质量有高有低,差别很大。

(2) 研究结果常常会相互矛盾。

(3) 研究结果并不能证明结论。

(4) 研究人员的期望值、态度、价值观和需求,可能会使他们所问的问题、做研究的方法、解释研究结果的方式产生一定的偏差。

(5) 持论者常常歪曲、简化、选择性遗漏研究结论。

(6) 研究报告的时效性可能存在问题。

(7) 研究报告中样本的选择、研究方法可能存在问题。

(8) 经济利益、社会地位、人身安全和其他因素可能影响研究结果。

(9) 调查问卷的回答可能不是真实意愿的表达。

存在问题:没有证伪性。

应对策略:要认识到研究人员的预期、态度、价值观和资助单位的期望等会使研究人员的提问、研究方法以及解释研究结果的方式存在偏差。另外,考虑到样本范围的可靠性,研究结果常常不能证明结论,只能在一定程度上支持结论。

❋示例

美国康奈尔大学研究人员在一次社会调查中发现:如果夫妻之间的一方收入是另外一

方的 5 倍或 5 倍以上,就很有可能发生精神出轨。

8) 类比作为证据

类比就是用熟悉的事物来解释不熟悉的事物,潜在的假设是"两样东西如果在一两个方面有相似之处,那么它们在其他方面也必然有相似之处"。类比涉及的两种事物往往存在相似的特征,持论者依赖这种相似度来说服人们认可结论。类比既能激发深刻的见解同时也有可能蒙蔽我们。

存在问题:不当类似的误导。

应对策略:当被比较的两种事物之间存在与论题有关的相似之处,而没有与论题有关的差异时,这样的类比才是强有力的。

❋ 示例

作为企业管理者,早点清除问题员工并处理好他们带来的影响是很重要的,因为一枚臭鸡蛋往往会弄糟一整块鸡蛋饼。

4.3 逆向思维

逆向思维是一种十分常见的创新思维形式,在创新中发挥着十分重要的作用。逆向思维改变了人们认识和解决问题的常规思维方式,有利于突破传统思维定势的樊篱,是创造性地发现问题、分析问题和解决问题的重要思维方式。

所谓逆向思维是指在尊重客观规律和事物之间客观联系的基础上,从常规思维相反的方向或对立面去思考问题和解决问题的一种思维方式,突出表现为敢于打破常规,反其道而行之,往往能够跳出特定的"思维定势",产生出奇制胜的效果,也称为反向思维、求异思维。

逆向思维并不是鼓励人们在思考时违背客观规律,不切实际地胡思乱想和标新立异,而是要在尊重客观规律及事物之间客观联系的基础上寻求突破,找到切实可行的解决方案。也就是说,并非从反面思考问题的都是逆向思维,只有既从反面思考问题而又符合客观规律及客观联系,并且符合相关特征和要求的才是逆向思维。

为了便于大家更好地理解和掌握逆向思维,下面将列举三个案例来具体说明。

❋ 示例:司马光砸缸

司马光七岁的时候就像一个大人一样非常懂事。听老师讲解《春秋》,非常喜爱,放学之后又为家人讲他所学到的,因此他也明白了春秋的内涵。从此书不离手,甚至忘记了饥渴、冷热,一心都扑到了书里。

有一次,他跟小伙伴们在后院里玩耍。院子里有一口大水缸,有个小孩爬到缸沿上玩,一不小心掉到了缸里。缸大水深,别的孩子们吓得边哭边喊,跑到外面向大人求救。司马光却急中生智,从地上捡起一块大石头,使劲向水缸砸去。"砰!"水缸破了,缸里的水流了出来,被淹在水里的小孩也得救了。

"司马光砸缸"的故事(图 4.13)在中国可谓家喻户晓,今天仍被人们津津乐道。这个故事正是古人巧用逆向思维的典型案例。有人落水,绝大部分人的常规思维是应该把人从缸里解救出来,让人脱离水,从而脱险。而司马光的难得之处正在于他冷静观察,尊重实际情况和客观条件,审时度势地意识到让人脱离水是很难的或不可行的,自己也不能爬进水缸救人,于是用石头砸破水缸,让水流出来,也就是让水脱离人,从而解救了小伙伴。这就是逆向思维。

图4.13 司马光砸缸

❋示例:乌鸦喝水的故事

一只口渴的乌鸦发现枯井旁有一个水瓶,它将嘴巴伸进瓶口试了试,瓶口太细,喝不到水。乌鸦看到地上有许多石子,忽然想出了一个好主意。乌鸦用嘴叼起石子,投进水瓶里,使水位不断升高,最后升到了瓶口,乌鸦终于喝到了水。

《乌鸦喝水》是《伊索寓言》中的一个经典寓言故事(图4.14),同样闪耀着逆向思维的智慧光芒。要喝到水只有两种方式,一种是水不动,嘴动,低下嘴去喝水;另一种是水动,嘴不动,让水上来。由于瓶口太细,乌鸦的嘴只能伸进一部分,无法接触到水,也就无法喝到水,因此第一种方式就失败了。聪明的乌鸦采用第二种方式让水上来,就成功喝到了水。

图4.14 乌鸦喝水

❋示例

2016年4月14日,篮球观众朋友们所熟知的篮球巨星科比·布莱恩特(Kobe Bryant)在洛杉矶斯台普斯球馆宣布退役,这意味着他长达20年的篮球职业生涯落下帷幕。对于这个热门事件,各大体育品牌厂商都想方设法抓住此次营销机会,积极进行事件营销,而耐克的最新广告短片《The Conductor》做得尤为出色和优秀,受到了广泛好评,取得了良好营销效果。在广告短片《The Conductor》中,耐克一反常规,很好地运用逆向思维,用"恨"来表达爱,而不是大篇幅地赞美科比对篮球的热爱和贡献,也没有突出强调他在篮球生涯中荣获的奖项和各种荣誉。

如果按照常规思维,绝大部分人都会从正面来赞美和肯定科比的贡献和表达对他的热爱,然而耐克却从反面用"I hate you"来表达对他的依依不舍(图4.15)。在片中科比幽默地指挥了一支欢呼声与嘘声的交响曲,展现了科比在球员、教练和球迷中无与伦比的影响力。整个短片都在反复强调"I hate you",甚至"My hate was growing stronger""I hate you, with all my heart!",并已经把"恨你"当成了一种生活习惯,变得无法自拔。大家可以想象,如果连"恨"他的人都对他依依不舍,那么爱他的人呢?

图4.15 科比退役

4.4 换位思维

面对同一个问题,由于视角不同,人们就有可能得出不同甚至是完全相反的答案。因为在认识世界过程中,认识主体总要受到一定的社会历史条件、认识工具和自身条件等影响因素的限制和制约,这就导致了认识主体在认识客观对象的过程中难免带有一定程度的主观性和片面性。主体要达到对客体及其与主体的关系的客观、全面的认识,一方面就必须力求突破既定认识条件所具有的社会历史局限性,另一方面还要跳出自身立场的局限性,从客体或主客体之外的第三方的立场和角度来客观地审视客体、自身及其与客体的关系。

换位思维是认识主体从客体或主客体之外的第三方的立场和角度来客观地审视客体、自身及其与客体之间的关系,克服自身的局限性,以便更加客观、全面、准确和公正地认识问题和抓住事物的本质,更好地了解不同对象的利益关切和诉求,促进有效沟通,更好地解决问题,为创新提供重要的机遇和来源的一种重要的创新思维形式。换位思维有助于人们开阔思路,推动创新发展,有着广泛而重大的现实意义。

换位思维不仅在调节人际关系,化解矛盾和冲突方面(图4.16)发挥着重要作用,而且也是一种先进的管理理念和有效的管理手段,在企业管理中采用换位思维可使信息沟通事半功倍,使管理工作更加行之有效。可以说,换位思维是实现有效沟通的桥梁,是管理沟通的润滑剂。

图 4.16 "6"还是"9"

✱示例:你做老师,我做学生

孩子不愿意做爸爸留的课外作业,于是爸爸灵机一动说:儿子,我来做作业,你来检查好不好?孩子高兴地答应了,并且把爸爸的"作业"认真地检查了一遍,还列出算式给爸爸讲解了一遍,只是他可能不明白为什么爸爸的作业做错了好多。

4.5 移植、组合、分解思维

1. 移植思维

移植思维是一种十分常见且重要的创新思维形式,它具有激发灵感、提供线索、举一反三、触类旁通的作用,在创新活动中得到了广泛的应用。英国科学家贝弗里奇(W. I. B. Beveridge)说:"移植思维是科学发现的一种重要方法。大多数的发现都可应用于所在领域以外的范畴里,而应用于新领域时,往往能促成进一步的发现。重大的科学成果很多来自移植。"

所谓移植思维就是根据不同事物之间的内在相通性或同一性,把某一领域或事物的原理、规律、方法、技术等移植到其他领域或事物上,从而得出新的创造成果的一种创新思维形式。

移植思维本质上是知识、智慧、思维的"流动"与"融合",是尊重在客观事物之间客观联系及其内在共性基础上的不同知识、智慧、思维元素的流动、借鉴、重组、创新与应用,是一个人的创新思维活力及其创新能力的集中体现。

移植思维是在尊重客观规律的基础上，通过抓住不同事物之间的内在本质联系，认真研究移植的可行性和价值性，充分发挥移植思维的启发、引导、类推和创新作用，使人们不断取得新发现，创造新成果，取得新成就。

我们在分析问题时，如果能够把多种思维、多种方法进行合理的"移植"，在充分研究移植的可行性和价值性基础上，解放思想，拓展视野，大胆利用"移植思维"，就可能摩擦出意想不到的思维火花，产生更多的思维成果。移植思维的应用不是随意的，而是有其自身的客观基础，即各研究对象之间的同一性和相通性。移植也不是简单的拼凑，移植本身就是一个创造的过程。

如果根据内容来划分，我们可以把移植思维分为三种类型。

（1）原理的移植。

原理的移植是指把某一领域或事物的原理移植到另一个领域或事物中去，从而创造出一个新的事物或成果。例如，瑞士著名科学家阿·皮卡尔把平流层气球的技术原理移植于深潜器研制中，并成功地创造出一种新型深潜器，皮卡尔因此荣获了"上天入海的科学家"的美名。气球和深潜器虽然是两个完全不同的事物，但它们在技术原理上有相关性且都存在于流体中，都利用了浮力原理。又如蝙蝠回声定位和雷达工作原理等。

瑞士的乔尔吉·朵麦斯特拉尔是狩猎爱好者。一次，他去猎兔，钻进灌木丛中。可是兔子溜走了，他十分扫兴地从灌木丛中出来时，发现裤子上粘满了苍耳子，而且粘得很牢。他想，能不能利用苍耳子粘裤子的原型，发明一种能开能粘的带子？这就得搞清苍耳子为什么能粘在裤子上。他用放大镜仔细观察，发现原来苍耳子的小刺尖上都有倒钩，苍耳子就是凭这些倒钩粘在裤子上的。弄清了这个机理，他发明出"贝尔克洛钩拉黏附带"，这就是一贴就能粘住、一拉又能脱开的尼龙黏附带（图4.17）。乔尔吉申请了专利，组建了公司，成了年收入几千万元的实业家。如今，这种尼龙黏附带已经广泛地使用于服装、轻工、军工等诸多领域。

图4.17　尼龙黏附带

（2）技术方法的移植。

技术方法的移植指把某一领域或事物的技术方法应用到另一领域或事物上去。例如：泌尿科医生把微爆破技术引入医疗技术中，发明了一种新的消除肾结石的医疗技术；把市场经济满足顾客需求、提高满意度的方法移植到公共治理和政治改革领域；用研究数学的方法来研究经济学等。

（3）技术功能的移植。

技术功能的移植指把某一领域或事物的技术功能应用到另一领域或事物上去,导致了该技术手段的扩大应用和技术功能的扩展。例如:把激光技术移植于工业加工部门,研制出了激光打孔机;移植于精密测量技术部门,发明了激光定向仪、激光测厚仪、激光全息照相术等;移植于环境控制部门,发明了激光测污雷达;移植于医疗技术领域,形成了全新的激光医疗技术等。

如果根据方式来划分,我们可以移植思维分为两种类型:

（1）直接移植。

直接移植是直接把一领域或事物的原理或技术不经改造地应用到另一领域中去。例如,将激光技术直接移植到医学,变成激光手术刀等。

（2）间接移植。

间接移植是在充分调查不同领域或事物之间的相似性或可移植性基础上,把某一领域或事物的原理、技术、结构等移植到另一个领域和事物上去,从而让其具备相应的结构、原理、特征和功能。例如:将海豚的体形或皮肤结构（游泳时能使身体表面不产生紊流）应用到潜艇和鱼雷的设计上（图4.18）;人们模仿鱼类的形体造船,以木桨仿鳍。

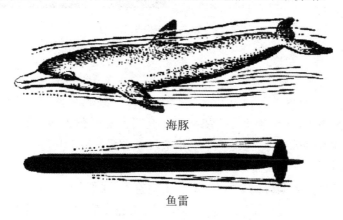

图4.18　间接移植

2. 组合思维

马克思主义哲学告诉我们世界是普遍联系的,任何事物都不能孤立地存在,世界是万事万物以及事物内部要素之间相互连接、相互依赖、相互影响、相互作用、相互转化的统一整体。这就为组合思维得以产生和发展奠定了哲学理论基础,要求我们用联系的眼光来看待世界万物,不能用孤立和片面的眼光来看待和处理问题。

任何整体都是由部分构成的,任何系统都是由元件构成的。组合思维就是把各个相互关联、相互影响和相互作用的部分或元件进行连接、重组和整合,使之具有各部分或元件在孤立状态下所不具备的整体功能和新的属性与功能。

组合思维又称"连接思维"或"合向思维",是指把不同元素、部件进行连接、重组和整合,从而形成一个新的有机整体的一种创新思维方式。

实质上,组合思维是一种复杂的系统认识和建构思维。组合思维为创新带来了新的契机,激发了联想,形成了更为广阔的创新思维空间。我们可以看到,狮身人面像与美人鱼(图 4.19)正是运用组合思维创造出来的新事物。

图 4.19 狮身人面像与美人鱼

✱示例:橡皮铅笔

铅笔和橡皮擦原先是两个分开的东西。20 世纪,在英国有一个叫威廉的人去朋友家做客,他看见朋友为了作画时方便,在铅笔的一端绑上了一块橡皮擦。他由此得到启发,发明了方便实用的橡皮铅笔,并大受欢迎。威廉正是运用组合思维发明了橡皮铅笔。我们可以把这个思维过程简单地概括为:橡皮铅笔=铅笔+橡皮擦。

✱示例:风扇灯

灯和风扇本来也是独立的两个事物,为了节约空间,人们创造性地把两种不同功能的电器组合到一起,变成了风扇灯(图 4.20)。风扇灯既能够照明,又可以调节空气流动,同时具

图 4.20 风扇灯

有体积小、风速柔和、噪音小的优点。另据实验表明,在空调房间内使用风扇能够使房间内的舒适度和通风性大大提升。我们也可以把这个思维过程简单地概括为:风扇灯＝灯＋风扇。

在日常生活中,只要我们细心观察就会发现,运用组合思维的案例还有很多很多。大家也可以动动脑筋来举出自己身边还有哪些新事物是运用组合思维发明的。

3. 分解思维

分解思维和组合思维正好相反,是将研究对象科学合理地分离或拆解成若干个部分或元件,使人们对各个部分或元件有更细致、更深入、更精准的理解、掌握和应用,以获得新思路或新成果的一种创新思维形式。分解思维把整体分解成各个相对独立的部分来认识和思考,就使复杂的问题变成了一个个相对简单的问题,使宏观的问题变成一组微观的问题。

分解思维是一种独特的创新思维形式,其原理就是化大为小、化整为零,把大目标分解成小目标,以达到创新目标。在创新思维培育中,运用分解思维往往会使复杂的问题迎刃而解。例如在项目管理过程(PMP)中,经常会用到 WBS（工作分解结构）这个项目综合工具。WBS 把项目分解成任务,再把任务分解成一项项工作,然后再把一项项工作分配到每个人的日常活动中,直到再也分解不下去为止。运用 WBS 法,可以让我们的工作架构更加清晰,分解任务更加到位,任务落实更加高效,执行操作更加优质。

❋示例：曹冲称象

中国古代的科学技术很不发达。例如,古时人们使用的大秤一次最多只能称 100 多千克。有一次,吴国孙权送给曹操一只大象,曹操十分高兴。曹操要大家用秤称一称大象的重量。这可把大家难坏了,大象太重,又不能把大象分解,上哪去找这么大的秤？年纪尚小的曹冲想出了个好主意：先用大木船装上大象,把大木船的吃水深度做上刻度标记。然后,把大象牵下船,再装上石块,石块不断增加,当大木船的吃水深度达到同一刻度时,表明船上的石块与大象等重。最后,再用秤分多次称出石块的重量,把这些数值相加,其总和就是大象的重量。借助石块,曹冲创造了用船称大象的奇迹(图 4.21)。

图 4.21　曹冲称象

曹冲之所以聪明过人,是因为他与众不同地运用了等值替换和分解思维:

第一步,先运用替代思维找到替代物。大象无法分解,但可以用等重的多个石块来替换。

第二步,破除观念界限,打破传统意义上"秤"的概念的束缚,运用发散思维,把目光转向比小木秤大数千倍的大船,以大木船为秤,借助媒介——水,用等值替换称出石块的重量。

第三步,运用分解思维逐一称出石块的重量,然后把这些数值相加,得出石块的总重量,大象的体重也就出来了。

4.6 发 散 思 维

发散思维又称求异思维、扩散思维、辐射思维等,是对某一事物或问题进行全方位、多角度、多层次的发散性思考,克服传统思维障碍,不受特定的条条框框限制,大胆想象,寻求"一题多解",具有开放性、灵活性、多维性等特点,是一种提出新问题、探索新知识、解决新问题的创新思维形式。

发散思维是衡量思维活力和创造力的一个重要指标,在培养学生创新能力方面有着不可替代的重要作用。

❋示例:树上几只鸟

有个老师问学生:"树上有10只鸟,有人开枪打死了1只,还剩下几只?"

学生站起来说:"猎人射出的子弹是单粒子弹还是散发弹?"老师说:"是单粒子弹。"

学生问:"这是无声手枪还是有声手枪?"老师说:"是一般的手枪。"

学生问:"枪声有多大?"老师说:"80—100分贝。"

学生问:"有没有鸟是聋子,听不见?"老师说:"没有"。

学生问:"你确定这只鸟被打死了吗?"老师说:"确定。"

学生问:"鸟有没有被关在笼子里面,挂到树上的?"老师答道:"没有。"

学生问:"有没有鸟怀孕?"老师说:"没有。"

学生问:"旁边有没有别的树,别的树上还有没有鸟?"老师说:"没有。"

学生问:"有没有饿得飞不动的鸟?"老师说:"没有。"

学生问:"你确定树上只有10只鸟?"老师说:"确定。"

学生问:"这10只小鸟有没有刚被孵育出来,尚在鸟窝中嗷嗷待哺,还不会飞翔的小鸟。树上有鸟窝吗?"老师说:"没有。"

这时,老师脑门上的汗已经流下来了,下课铃响起。

学生问:"有没有傻得不怕死的鸟?"老师说:"没有。"

学生问:"会不会一枪打死两只鸟?"老师一边擦汗一边说:"没有。"

学生问:"最后,还有一个问题,鸟都会自由活动吗?"老师回答说:"是的。"

学生问:"它们受到惊吓起飞时会不会惊慌失措而互相撞上?"老师说:"不会。"

学生最后说:"如果打死的一只鸟挂在树上,树上还有一只鸟。如果打死的一只鸟掉下来的话,树上就没有鸟。"

这位学生的话还没有说完,那位习惯于标准答案的老师已经晕倒在地上了。

这个案例大家应该都不陌生,我们在觉得好笑之余,想一想我们在面对问题时,从内心产生最初的想法,一直到最后答案的形成,中间考虑了多少因素?常规的思考方向使我们的答案具体而固定,然而,只要不只是顺着问题简单思考,在其他方向多追问一下,事情的走向可能就不同了。达·芬奇的老师韦罗基奥说:"即使是同一个蛋,只要变换一下角度去看,形状也就不同了。比方说,把头抬高一点儿看,或者把眼睛放低一点儿看,这个蛋的椭圆形轮廓就会有差异。"看问题也一样。有些问题从不同的角度看,会得出截然相反的结论,有些问题永远没有唯一的答案。

案例分析

> 俄国大作家托尔斯泰设计了这样一道题:从前有个农夫,死后留下了一些牛,他在遗书中写道:妻子得全部牛的半数加半头;长子得剩下的牛的半数加半头,正好是妻子所得的一半;次子得剩下的牛的半数加半头,正好是长子的一半;长女分给最后剩下的半数加半头,正好等于次子所得牛的一半。结果一头牛也没杀,也没剩下,问农夫总共留下多少头牛?

思考题

(1) 如何看待"不听老人言,吃亏在眼前"这句话,你是怎么理解的?

(2) 请从多角度来分析思考"滥竽充数"这个故事,进行思维发散。

(3) 甲午中的战争中,假如中国打赢了日本,那最后的结果会是怎样?对中国和日本会有什么影响?

第 5 章　创新思维技法

 学习目标

- 掌握头脑风暴法的内涵和基本程序
- 了解头脑风暴法的作用机理和基本特征
- 了解思维导图的由来和内涵
- 掌握思维导图的作用和绘制方法
- 掌握六顶思考帽法的内涵和作用
- 掌握奥斯本检核法的内涵和实施步骤
- 掌握属性列举法、缺点列举法和希望列举法
- 了解信息交合法

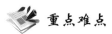 重点难点

- 头脑风暴法
- 奥斯本检核表法
- 和田十二法
- 缺点列举法的操作程序

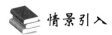 情景引入

日本美津浓有限公司原是一家规模较小的生产体育用品的工厂。为了拓展销售市场，公司研发人员进行了市场调查。在调查过程中，他们了解到，最令网球初学者头疼的就是打不到球，即使打到也常常是触框球。研发人员就把网球拍的这一"缺陷"向公司反映，经过商讨决定制作一种比标准网球拍大 30% 的网球拍，供初学者使用。这种球拍一上市，销售情况就极好。后来，公司研发人员又了解到初学者打网球时，手腕容易患一种叫作"网球腕"的皮炎症，这是腕力弱的人打球时因承受强烈的腕部振动而造成的。于是，公司就用发泡聚氨酯作为材料，经过无数次试验，制成了著名的"减震球拍"，产品畅销国际市场。

人类社会发展和科学技术演变的历程表明，经济快速发展，社会不断变革与进步以及重要的科技成就都离不开创新，创新是推动经济社会发展的根本动力。然而，创新从根本上来说是思维的创新，或者说一切创新都始于思维创新，因此创新思维尤为重要。如何提高创新

思维的质量和水平,这与创新思维技法密切相关。只有掌握并适当地运用相关创新思维技法,才能进一步激发创新灵感,获得更高质量的创新思维成果。创新思维技法是指在实践基础上总结的,用于辅助人们产生创新思维的策略和手段。

当前我国正处于经济社会和科技事业发展的重要战略机遇期,在建设创新型国家的过程中,通过大力推进创新思维技法的研究和学习,培养大量高素质创新型人才,为贯彻落实创新驱动战略奠定了坚实的基础,有效地提升我国的创新能力和水平,不断推动创新事业取得新的更大的成就。

本章将介绍几种常用的创新思维技法,包括头脑风暴法、奥斯本检核表法、和田十二法和信息交合法等,帮助读者更好地掌握创新思维技法,不断提升创新思维的质量和水平,取得更大创新成就。

5.1 头脑风暴法

1. 头脑风暴法的内涵

头脑风暴法(brainstorming)又称智力激励法、脑力激荡法,是美国著名创新思维大师、现代创造学的创始人、被称为"头脑风暴法之父"的亚历克斯·奥斯本(Alex Faickney Osborn)于1939年首次提出、1953年正式发表的一种激发群体性创造性思维的方法。

"头脑风暴"一词最早是精神病学上的专业术语,特指精神病患者的精神错乱、胡思乱想状态,而在这里则指思维高度活跃的自由畅想与讨论,其目的在于让与会者在自由愉快、畅所欲言的气氛中毫无顾忌地解放思想、畅所欲言,使各种思维和观点自由碰撞,激起脑海中的创造性"风暴",引起思维共振产生组合效应,从而产生尽可能多的创意、设想和创造性思维成果,培养与会者的创新思维和创造能力。可以分为直接头脑风暴法和质疑头脑风暴法,前者是在专家群

图 5.1 头脑风暴

体决策基础上尽可能激发创造性,产生尽可能多的设想的方法,后者则是对前者提出的设想、方案逐一质疑,分析其现实可行性的方法。这是一种集体开发创造性思维的方法,是对传统专家会议预测与决策方法的修正。在各种定性决策方法中,头脑风暴法占有极其重要的地位。

2. 头脑风暴法的作用机理

头脑风暴法如何激发与会者的创意、创造性设想和创新思维？它是怎么发生作用的？亚历克斯·奥斯本在观察和研究人们的创造力的时候，发现主要有以下四个原因在发生作用。

1) 连锁反应

连锁反应是新创意、新设想、新思维产生的重要途径。在自由愉快的气氛中，人们积极思考，畅所欲言。在人们热烈发言和交流的过程中，一个人提出的创意和设想往往能够起到非常好的催化剂的作用，不断地引发其他与会者的一系列联想和反应，形成连锁反应，不断产生出新的思想火花，从而产生大量的新创意、新设想、新思维和新成果。

2) 个人欲望

在自由开放、轻松愉悦、没有顾忌的情况下，人们发表自己设想和观点的欲望就会大大增强，更容易开动脑筋、敞开心扉，敢于主动发表自己的观点和主张。在这种情况下，通过获得别人的关注、认可和赞同，个人的价值、信心和心理需求会得到满足，从而有利于新思想、新观念、新思维的产生。

3) 竞争意识

心理学研究结果表明，人们都有争强好胜、不甘落后的心理。在有一定竞争意识的氛围下，人们的心理活动效率可增加50%或者更多。会议群体发言和讨论，其实也是个人的思维和形象的展示。因此人们争前恐后、竞相发言，力求能够展示自己的真知灼见和独到见解，从而提升了创新思维成果的产生效率。

4) 热情感染

在自由开放、轻松愉快、充满热情的会议讨论氛围中，人们都会被这种气氛所感染，大家在发言交流中，相互感染，相互增强，形成良好的交流氛围，从而最大限度地激发各自的创新思维。

3. 头脑风暴法的基本特征

1) 简单易行

头脑风暴法的作用原理、运行程序、主要原则等简单易懂，没有复杂繁琐的理论和技术要求，对硬件设施要求低，对环境没有特殊要求，组织实施成本低廉，操作方法简单易行。

2) 民主包容

头脑风暴法构建了一个自由民主、开放包容、热情活跃的会议环境，让所有与会者都能够敞开心扉,畅所欲言,自由联想,相互激励,相互启发,产生"思维共振",起到集思广益的作用。民主包容是头脑风暴法极其重要的特征,是能否取得创新思维成果的关键,同时也是群体性决策方法的内在要求。

3) 集众思,汇群智

运用头脑风暴法时,围绕某一主题或某一特定问题召集有关人员参与会议交流和讨论。在自由开放、轻松愉快、充满热情的会议氛围中,与会者敞开心扉,各抒己见,相互启发,获得大量创造性设想和更多解决问题的方案。

头脑风暴法本质上是一种群体性的思维决策方法,高度重视广开言路,集聚众人思维成果,汇集群体智慧,充分发挥群体的智慧和能量。

4) 创新性强

头脑风暴法通过构建一个自由民主、开放包容、热情活跃的会议氛围,为大量创新思维的涌现提供了良好的土壤和环境,为创新成果的取得奠定了坚实的基础。

4. 头脑风暴法的基本原则

头脑风暴法的基本原则可归为以下几点。

1) 自由畅想原则

与会者自由、独立地思考问题,思维充分自由,不受限制。每个人都开动脑筋,敞开心扉,畅所欲言,各抒己见,设想和建议不必深思熟虑,不用考虑自己的想法是否正确,也不必担心自己的想法是否"荒唐可笑",所产生的想法越新颖、越发散越好,看上去"荒谬""天马行空"的想法有时恰恰是最有价值的。头脑风暴法鼓励每个人从不同角度、不同层次、不同方位大胆地展开想象,尽可能产生大量奇思妙想,提出具有独创性的新思想、新观念和新思维。这项原则的目的在于让所有参与者有一个足够宽广的思考和想象空间,从而使灵感大量涌现,创造性地解决问题。

2) 延迟评价原则

头脑风暴法必须坚持对别人当场提出的设想和观点不作任何评论,一切评价和判断都要延迟到会议结束以后才能进行,目的在于保障思维充分自由,让思维不会受到任何干扰或不利因素的影响,使发言者充分感受到心理自由和心理安全,保证良好的激励氛围不被破坏,最大限度地促进创新思维的产生。过早地进行评价可能会使创新思维在萌芽阶段就被扼杀。与会者不得对别人的设想提出批评意见,因为批评会对创造性思维产生抑制作用。同时,发言者的自我批评也在禁止之列。有些人习惯于使用一些自谦之词,这些自我批评性质的说法同样会破坏会场气氛,影响自由畅想。同样,也禁止对别人的设想和观点提出表扬和赞美。因为对某些设想的赞扬,特别是言过其实的恭维,会使其他与会者受到相对的冷遇,或者使人产生问题已圆满解决的错觉,同样不利于创造性设想的产生。

3) 追求数量原则

头脑风暴会议的目标是获得尽可能多的设想,追求数量是它的首要任务,以创造性设想的数量来保证创造性设想的质量。因此参加会议的每个人都要抓紧时间开动脑筋,多思考,多提设想。至于设想的质量问题,可留到会后的设想处理阶段去解决。在某种意义上,设想的质量和数量密切相关,产生的设想越多,创造性设想就可能越多。

4) 综合改善原则

这项原则的依据是"综合就是创造"。奥斯本指出:"最有意思的组合大概就是设想的组合"。综合改善原则的目的在于使与会者勤于、乐于并善于在别人的基础上对各种设想进行综合、改善和升华,从而形成更有价值的设想。也就是说允许与会者补充和完善已有的设想和建议。由于大量的设想未经深思熟虑,多少会有考虑不周的情况,每个与会者除了提出自己独立思考的结果外,还应该从他人的设想中吸收营养,获得灵感,激励自己,启发自己,或补充他人的设想,或将他人的若干设想综合起来提出新的设想等。

上述四项原则紧密联系,相辅相成,保证了头脑风暴法的顺利开展。第一条原则突出求异创新,这是智力激励的目标。第二条原则要求思维轻松,气氛活跃,这是激发创造力的保证。第三条原则追求创造性设想的数量,这是获得高质量创造性设想的前提。第四条原则强调相互启发、相互激励、相互补充和相互完善,这是头脑风暴法成功的关键。

5. 头脑风暴法的基本程序

头脑风暴法力图通过一定的讨论程序与规则来保证创造性讨论的有效性,因此,讨论程序构成了头脑风暴法能否有效实施的关键因素。从程序来说,头脑风暴法的组织关键在于以下几个环节:

1) 确定议题

一个好的头脑风暴从对问题的准确阐明开始。因此,必须在会前确定一个目标,使与会者明确这次会议需要解决什么问题,同时不要限制可能的解决方案的范围。一般而言,比较具体的议题能使与会者较快产生设想,主持人也较容易掌握;比较抽象和宏观的议题引发设想的时间较长,但设想的创造性也可能较强。

2) 会前准备

为了使头脑风暴畅谈会的效率较高、效果较好,可在会前做一点准备工作。如收集一些资料预先给大家参考,以便与会者了解与议题有关的背景材料和外界动态。就与会者而言,在开会之前,对于要解决的问题一定要有所了解。会场可作适当布置,座位排成圆环形的环境往往比排成教室式的环境更为有利。此外,在头脑风暴正式开始前还可以出一些创造力测验题供大家思考,以便活跃气氛、促进思维。

3) 确定人选

一般以 8—12 人为宜,也可略有增减(5—15 人)。与会者人数太少不利于交流信息、激发思维,而人数太多则不易掌控,每个人发言的机会相对减少,也可能会影响会场气氛。只有在特殊情况下,与会者的人数可不受上述限制。

4) 明确分工

要推定一名主持人,1—2 名记录员(秘书)。主持人的作用是在头脑风暴畅谈会开始时申明讨论的议题和纪律,在会议进程中启发引导,掌握进程,如通报会议进展情况,归纳某些发言的核心内容,提出自己的设想,活跃会场气氛,或者让大家静下来认真思索片刻再组织下一个发言高潮等。记录员应将与会者的所有设想都及时编号简要记录,最好写在黑板等醒目处,让与会者能够看清。记录员也应随时提出自己的设想,切忌持旁观态度。

5) 规定纪律

根据头脑风暴法的原则,可规定几条纪律,要求与会者遵守。例如:要集中注意力,积极投入,不消极旁观;不要私下议论,以免影响他人的思考;发言要针对目标,开门见山,不要客套,也不必做过多的解释;与会者之间互相尊重,平等相待,切忌相互褒贬等。

6) 掌握时间

会议时间由主持人掌握,不宜在会前定死。一般来说,以数十分钟为宜。时间太短与会者难以畅所欲言,太长则容易产生疲劳感,影响会议效果。经验表明,创造性较强的设想一般在会议开始 10—15 分钟后逐渐产生。美国创造学家帕内斯指出,会议时间最好安排在 30—45 分钟。倘若需要更长时间,就应把议题分解成几个小问题分别进行专题讨论。

6. 影响头脑风暴法效果的因素

头脑风暴法在管理实践中取得了很好的效果,但也存在一定的问题,主要是应用者忽视了头脑风暴法的影响因素。

1) 主持人的个人素质

头脑风暴法能否成功很大程度上取决于主持人的素质,一般来讲一个合格的头脑风暴法主持人需要具备下列条件:了解召集会议的目的;思想敏锐,表达归纳能力强;掌握头脑风暴法的原则;善于引导大家思考和发表观点;善于阻止相互间的评价和批评。

2) 与会人员自身的素质

头脑风暴法与会人员应由下列人员组成:方法论学者——专家会议的主持者;设想产生者——专业领域的专家;分析者——专业领域的高级专家;演绎者——具有较强逻辑思维能力的专家。具体应按照下述三个原则选取:

第一,如果参加者相互认识,要从同一职位(职称或级别)的人员中选取,领导人员不宜参加,否则可能对参加者造成某种心理压力。

第二,如果参加者互不认识,可从不同职位(职称或级别)的人员中选取。主持者不应公布参加会议人员的职称,以免造成心理压力。不论与会人员的职称或级别,在头脑风暴会议中都应同等对待。

第三,参加者的专业领域应力求与所讨论的问题相一致。最好包括一些学识渊博,对所讨论的问题有较深理解的其他领域专家。

3) 环境因素

良好的环境是头脑风暴法成功的重要条件。环境的选择应该具备下列条件:(1) 一间安静、光线柔和的办公室或会议室;(2) 严禁电话或来人干扰;(3) 准备录音机,把畅谈的全过程都录下来;(4) 一块白板以及相应的书写工具,便于记录员记下所有与会人员的观点。

4) 问题的难易程度

头脑风暴法实施的效果也与所要讨论问题的性质、范围、难易程度有关。如果问题过于敏感,或者与专家有利害关系,或者专家不熟悉,或者问题范围太大、时间跨度过长,或者问题太难于把握,都会对专家产生影响,使其过于谨慎而不敢畅所欲言,从而影响头脑风暴的效果。

5.2　思维导图训练法

1. 思维导图的由来

思维导图(mind map)是英国著名心理学家、教育学家、脑力开发专家东尼·博赞(Tony Buzan,图 5.2)于 20 世纪 70 年代发明并提出的一种有效使用大脑的思维工具。思维导图又叫思维地图,有时也叫脑图、心智图或心灵图。

东尼·博赞在大学学习期间遇到思维障碍、记忆困难的时候,努力寻找解决办法,当他到图书馆寻找相关资料时,却惊讶地发现没有教导如何使用大脑的相关书籍,于是开始探索研究人脑与思维。他想知道人是如何学习的,人类的思维过程是怎么样的,思维的本质是什么,有哪些最佳的记忆技巧,有哪些培养创造性思维的最佳技巧,等等。为获得上述问题的答案,他除了研究人类大脑构造及神经生理机制,还研读了包括心理学、语言学、信息论、记忆和助记法、创造性思维等内容,而且在研究过程中受到了达·芬奇做笔记的启发,最终发明并提出思维导图这一强大的思维工具,从而揭开了人类思维过程的神秘面纱,为人类思维的研究开辟了新天地。

研究表明,我们的大脑分为"左半球"和"右半球"(图 5.3),左脑具有语言优势,主要负责逻辑、推理和分析等理性思维活动;右脑具有视觉优势,主要负责图画、想象和创新等感性思维活动[61]。东尼·博赞在研究人类大脑和思维的过程中,发现如果左右脑能协同运用,比单独工作效率更高,更容易记忆深刻,思维将更具有创造性。

图 5.2 东尼·博赞

东尼·博赞(Tony Buzan)于 1942 年生于英国伦敦。英国头脑基金会的总裁,世界著名心理学家、教育学家。他因发明"思维导图"这一简单便捷的思维工具成为世界闻名的"大脑先生"。曾因帮助英国查尔斯王子提高记忆力被誉为英国的"记忆力之父"。他是著名的大脑潜能和学习方法研究专家,世界记忆锦标赛和世界快速阅读锦标赛创始人。他是全球的公众媒体人物,在英国和国际电视台出现的时间累计超过 1 000 小时,拥有超过 3 亿的观众和听众。英国、新加坡、墨西哥、澳大利亚等国家争相聘请他担任政府机构顾问。同时,他还在微软、IBM、索尼、三星、甲骨文、摩根、英国电讯等知名跨国公司担任商务顾问。已出版专著 80 余部,在 100 多个国家的总发行量突破 1000 万册。他所引领的"头脑风暴"正在席卷全球。

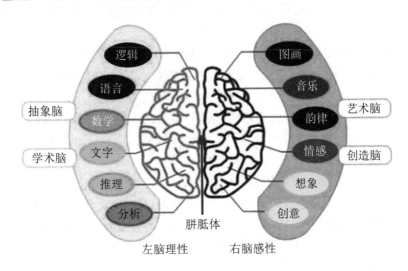

图 5.3 左右脑功能图

思维导图是一种新的思维工具,它将左脑的理性思维和右脑的感性思维相结合,把左脑的逻辑、顺序、条例、文字、数字以及右脑的图像、想象、颜色、空间、整体等各种因素全部调动起来,把一长串枯燥的信息变成彩色的、容易记忆的、有高度组织性的思维元素。通过将自己的思考过程"可视化",不但可以提升记忆力,增强思维能力,更重要的是,能够激发思维的

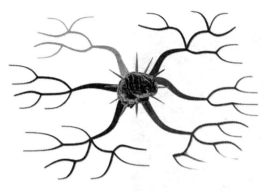

图 5.4　大脑放射性思考方式

活力,开发思维潜能,提高我们的想象力与创造力。

东尼·博赞还发现人类大脑的神经结构是以树状展开的,并提出放射性思考(图5.4)是人类大脑的自然思考方式。思维导图的树状结构与我们大脑自然的思维方式很相似,进入大脑的每一条信息,每一种感觉、记忆或思想,包括每一个词汇、数字、代码、食物、图像、音符或纹路,都可以作为一个中心球体表现出来,从这个中心球体可以放射出成千上万的联想,每个联想又都有其自身无限的连接及联系。思维导图就是进入大脑放射性思考方式的一种途径,是将人脑发散思维进行可视化表达的一种有效工具。它以一种与大脑思考方式相似的思维框架,利用文字、色彩、图画、代码等多种形式从多角度来展现思维图谱,对思维过程进行引导和记录,并实现回放,直观地展示大脑的思维过程。思维导图可以说既是一种具有直观形象特征的"图形",又是一种思维工具。

2. 思维导图的内涵

1974年,东尼·博赞在《启动大脑》一书中首次提出"思维导图"这一概念。他认为,思维导图是指在层级和分类的信息组织基础上,从中心主题通过特定的关联展开分支,由关键词或图形标识分支,并充分利用色彩和字体的变化将放射性思维过程和结果可视化的工具。[62]

东尼·博赞在《思维导图》一书中是这样对思维导图进行描述的:"思维导图是放射性思维的表达,也是人类思维的自然功能。它是一种非常有用的图形技术,是打开大脑潜力的万能钥匙。"

思维导图是一种开发大脑发散思维的有效工具,它模拟人脑神经网络放射结构,以视觉形象化图示展现人脑放射性思维活动,外化大脑思维图谱,以充分开发人的"全脑",促进思维的发展。

思维导图由主题、节点、连线、图像和色彩构成,是从多维度来表达、反映、修饰和组织相关领域知识的网络结构图。思维导图由中心主题分支出节点,节点分支出子节点,并由此发散,节点不断增加。思维导图呈现的是一个思维过程,它往往从中心主题开始,随着思维的不断深入,逐步形成一个向周围发散而有序的树状图,同一层节点数表示思维的广度,一个分支的长度表示思维的深度。

思维导图与大脑神经网络有异曲同工之妙,二者不仅"形似",而且"神似"。思维导图以一个主题为中心,每个与其相关的关键词或图像作为一个子主题或节点,围绕中心主题向四周发散,形成某一特定主题知识的一种可视化网络结构。关键词类似于神经网络中的神经元,它是思维导图的基本构成元素,每个单独的关键词都可能引发成千上万的联想,就像神经元有很多触角一样,关键词含义广,具发散性,可以自由扩散、组合与连接。

3. 思维导图的作用

思维导图自诞生以来，受到全世界的广泛关注和高度重视。作为一种重要的思维工具，思维导图展现出极高的实用价值和生命力，几乎可以在所有需要思考和决策的领域内使用，特别是在个人发展、教育培训、科学研究、领导决策、创新创业等方面能发挥重要作用。

1) 有利于激发人们丰富的想象力和创造力

思维导图作为一种创造性的思维开发工具，能够有效地激发人们丰富的想象力和创造潜能。利用放射性思维方式，可以极大拓展大脑的无限想象空间。通过绘制思维导图，不但可以增强思维能力，提升注意力与记忆力，而且能够挖掘思维潜能，促进思维发散，增强思维的层次性与联想性，提高人们的想象力和创造力。

2) 有利于增强学习能力和学习效率

思维导图具有知识结构可视化功能，可以将信息的线性排列转化成关键信息的发散性结构，有助于整体把握知识结构，能够显著提高学习能力和学习效率。把一长串文字描述转化为易被接受的、生动有趣的、易于记忆的、有高度组织性的图，减轻了学生的记忆负担，有效地帮助了学生加深对知识点的理解和掌握。学生通过思维导图的建构，更能理解知识点之间的关系，有助于提高注意力、记忆力、观察力、想象力和创造力，从而提高学习兴趣和效率。这些基本的操作可以加深学生对知识之间关系的理解，从而有助于学生形成知识网络，乃至产生创新性知识。

3) 有利于提高人们的思考能力和决策水平

思维导图的建立有利于人们对所思考的问题或所认识的事物进行全方位和系统的描述与分析。将抽象事物或过程用图形图像进行描述，使其形象化，可以把复杂问题简单化，简单到可以在一张纸上画出问题或内容中的复杂关系，让人一目了然，便于厘清复杂关系，抓住问题的本质，提高思考的深度，挖掘思考的潜能，不断提高决策的科学性和合理性。层次化和结构化的结果还有助于人们对研究的问题进行深刻和富有创造性的思考，有利于人们找到解决问题的关键因素或关键环节。

4. 思维导图的基本特征

思维导图(图 5.5)一般有以下五个基本特征：
(1) 注意的焦点清晰地集中在中央图形上。
(2) 主题的主干作为分支从中央向四周放射。
(3) 分支由一个关键的图形或者写在产生联想的线条上面的关键词构成，比较不重要的话题也以分支形式表现出来，附在较高层次的分支上。
(4) 各分支形成一个连接的节点结构。
(5) 不同的级别和内容可采用不同的色彩、线条、图形、符号等来区分。

由此可见,思维导图由关键词、线条、色彩、图像等组合而成,呈树状图形式,具有概括性、发散性、逻辑性和形象性特征。此外,思维导图采用了"左脑+右脑"的"全脑"思考模式,左脑的词汇、逻辑、顺序等与右脑的图像、节奏、色彩和维度等多种因素结合起来,一起参与思维和记忆的过程。这样就极大地激发了大脑潜能,促进了思维的发展。

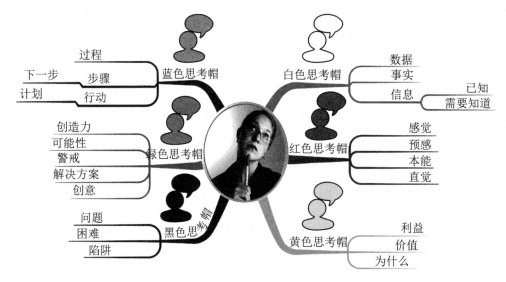

图 5.5　六顶思考帽的思维导图

5. 思维导图的绘制

目前,思维导图在各行各业有着广泛的应用。学会绘制思维导图是全面掌握思维导图的必然要求,也是开发大脑潜能,提高思维能力和创造力的重要途径。思维导图的绘制方法主要有手工绘制和软件绘制两种。

思维导图的手工绘制(图 5.6)流程一般是:

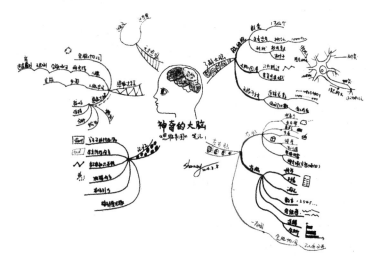

图 5.6　手绘思维导图

(1) 将中心主题置于中央位置,整个思维导图将围绕这个中心主题展开。

(2) 大脑自由思考,围绕中心主题内容进行发散思考,从主题延伸出子主题,二级和三级子主题依次延伸,线条近粗远细,不断延展,画出各个分支。

(3) 在各分支线条上添加各关键词或内容,留有适当的空间,以便随时增加或删减构图的分支。

(4) 认真考虑到各分支之间的关系,并且要善于用连线、颜色、图形等表示,以增加思维导图的层次性和趣味性。

(5) 选择自己喜欢或容易记忆的图形、线条、符号等元素,形成鲜明的个人风格。

绘图软件的发展促进了思维导图的研究和使用。在软件绘制思维导图方面,目前主要有 Mind Mapper,Mind Manager,iMindMap,XMind(图5.7)等绘制软件。

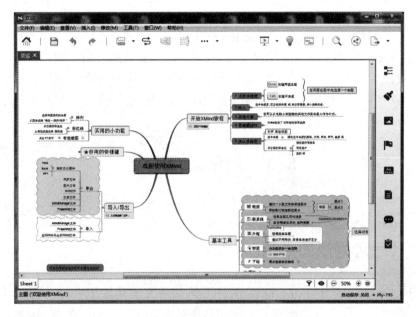

图 5.7 XMind 软件界面

思维导图可以采用手绘,也可以用软件绘制,两种方式各有各的特点,两者相互补充,相辅相成。两者之间的优点、缺点和应用场景如表 5.1 所示。

表 5.1 两种绘制方式对比图

绘图方式	优点	缺点	应用场景
	印象深刻,利于记忆 立体感强 激发想象力和创造力 过程利于思考 有艺术创作乐趣	速度慢,效率低 修改、增减不方便 文字不够清楚 共享不便	记忆 整理知识点 思维整理 课堂笔记 头脑风暴 ……

续表

绘图方式	优点	缺点	应用场景
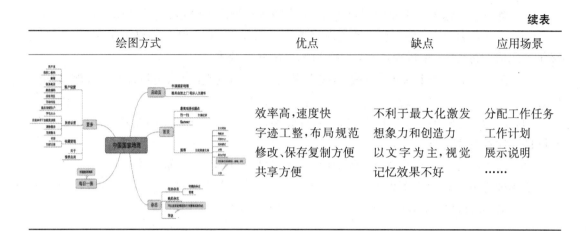	效率高,速度快 字迹工整,布局规范 修改、保存复制方便 共享方便	不利于最大化激发 想象力和创造力 以文字为主,视觉 记忆效果不好	分配工作任务 工作计划 展示说明 ……

随着各种绘制软件的出现及广泛应用,越来越多的人选择使用软件来制作思维导图。与手绘相比,使用软件制作思维导图便于复制、编辑加工和传播,通过多种文档格式的转换、导入、导出,可以促进思维导图成果的共享;可以使用软件预设的多种功能,使制作过程更为便捷,加快制作速度;也可以使用丰富的模板和素材、实例,提高制作质量和美观度。

5.3 六顶思考帽法

1. 六顶思考帽法的内涵

六顶思考帽(the six thinking hats)法是英国剑桥大学爱德华·德·波诺(Edward de Bono)博士开发的一种思维训练模式。波诺博士分别用蓝、白、红、黄、黑、绿这六种颜色的帽子来表示6种不同的思考模式与思考重点(图5.8)。

六顶思考帽法能够让人们的思维从混乱到清晰,引导人们从不同的角度思考和分析问题,扩大视野,增强思考的全面性和客观性,加强了沟通,增进了谅解,提高了工作效率和客户满意度,为问题的解决提供了更加科学合理的解决方案。

六顶思考帽法最大的价值在于提供了一种平行思维的方法,或者说一种横向思维形式。六顶思考帽法为人们建立了多角度体验和思考的框架,增强了思维的丰富性、创造性,有利于人们摆脱思维的固有模式。人们通过从多角度多侧面去观察和思考一件事,往往能够产生意料不到的创意。

六顶思考帽法是对于我们核心思维能力的训练,它为我们提供思考的程序,以简单而实用的平行思考的方法,推动思考者将争论的焦点转化为更多维度的探讨,让争论或持不同观点的一方看到对方观点的价值,从而能够改变自己固执或片面的思维,从无休止的辩论转向建设性的探讨,最大限度地避免对抗。在同一时间让大家"戴上"同一顶思考帽,朝同一方向去看问题,进行"平行"的探讨,形成合力。它也能够充分改善企业的微观文化,为企业添加一种新的高效沟通方式,成为跨部门沟通的"润滑剂"。

因此，运用六顶思考帽法，将会使混乱的思维变得更清晰，使团体中无意义的争论变成集思广益的创造，使每个人都变得更富有创造性。

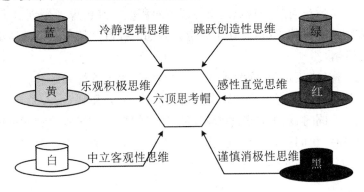

图 5.8　六顶思考帽法

（1）蓝色思考帽。

蓝色是冷色，也是高高在上的天空的颜色，表示"管理调控思考的整个过程"。

蓝色思考帽负责管理思考的整个过程和其他思考帽的控制和组织，就像一个乐队的指挥一样，它负责安排思考的先后顺序、分配思考时间和指引思考的方向。当思维活动一开始，我们就要"戴上"蓝色思考帽，对所思考的问题进行定义，为整个思考过程确定目标和方向，之后再考虑从哪些方面进行思考，接着计划每个方面思考所花费的时间。在集体讨论的时候，蓝帽子就是主持人的角色，确保参与讨论的人按照思考预定流程进行思考。在个人独立思考的时候，我们也需要先"戴上"蓝色思考帽问一下自己："我要思考什么？""我的思考是否超过时间了？"等。

（2）白色思考帽。

白色思考帽像白纸一样洁白，只要有一点痕迹就立马可以清楚地看见。白色表示"信息和数据"。它思考的对象是客观的事实和数据，因此代表中性和客观。

俗话说，"巧妇难为无米之炊"，人们在思考问题和提出解决方案的过程中也需要搜集大量客观、全面和正确的数据和信息。这些数据和信息帮助我们全面、客观、正确地看待和解决问题，它们是我们作出正确判断和科学决策的前提和依据。

白色思考帽就是要以事实和数据说话，科学合理的判断和决策取决于我们所掌握的数据和信息。白色思考帽确保我们中立而客观全面地去了解事情的全貌和内在本质，在此基础上帮助我们认清问题的根源，做出正确的判断和决策。因此在团队探讨问题的时候，所有参与者都要认真仔细地罗列所掌握的数据、信息和事实，在这顶帽子里面，我们可以了解自己不知道而别人知晓的信息，达到信息共享，防止信息不对称的情况发生。白色思考帽使我们获得更有质量的信息。我们做出任何决策都会依据所掌握的信息，而很多错误的决定都源于对某些信息的不了解，错误的信息会影响我们的判断，甚至使我们做出错误的决策。

（3）红色思考帽。

红色像火焰一样，充满激情，代表情绪、直觉和感情。

红色思考帽是我们日常生活中最常使用的一种思维方式。当我们对某一事物提出看法，或者需要做出判断和决策的时候，或多或少都会掺杂着一些个人情绪或感觉。当我们对某件事或某个人充满好感的时候，我们就容易认同和接受。反之，当我们不喜欢某件事或某个人的时候，往往会不自觉地产生排斥心理。红色思考帽为情感、感觉、直觉提供了表达的机会，也只有把感觉表达出来，我们才能对事情有所判断和衡量。在团队讨论中，红色思考帽帮助大家了解团队成员对某一观点的支持或反对程度。红色思考帽创造了更多的机会去让团队成员释放情绪和互相了解，并让个人意识到如何控制和调节自己的情绪。

（4）黄色思考帽。

黄色像阳光一样，代表乐观、充满希望的积极思考，表示价值和利益。

黄色思考帽让我们把注意力放在思考问题的价值、好处和利益上，尤其是在别人不容易寻找出价值的地方。同时，戴上黄色思考帽可以让我们学会寻找机遇和积极的方面，特别是在遇到问题和困难时，我们更要学会戴上黄色思考帽思考。俗话说："塞翁失马，焉知非福。"虽然受到损失，反而可能因此得到好处。

（5）黑色思考帽。

黑色代表冷静和严肃，意味着小心和谨慎，表示风险、困难和问题。

黑色思考帽更多地把注意力放在思考问题的困难和缺陷上。例如在创业过程中，如果带上黑色思考帽，那么创业者就需要把创业中可能遇到的所有困难、不足和风险都认真考虑，做最坏的打算，并尽可能地提出相应的措施。在企业管理中，管理者在做出判断和制订方案之前，必须对所有可能存在的困难和风险做充分的预估和准备。

（6）绿色思考帽。

绿色是草地和蔬菜的颜色，充满了生机和活力，代表丰富、肥沃和生机，表示创意和新想法。

绿色思考帽把注意力集中在提出新创意和想出新点子、新办法。它具有创造性思考、头脑风暴、求异思维等功能。绿色思考帽关注的是新的创意、新的选择、新的解决方案、新的发明，能够包容不同思维和观点，鼓励大家提出大量建设性的建议和意见，为创新思维的产生和发展提供土壤。

六项思考帽法作为一种全新的思维模式为人们提供了一种"平行思维"的工具，使得思考能从不同侧面展开，取代了一次性思考所有因素的做法。在统筹管理思考（蓝帽）的前提下，集中分析信息（白帽）、利益（黄帽）、情感（红帽）以及风险（黑帽）等，使人们可以依次对问题的不同侧面给予足够的重视和充分的考虑，有效地提高了人们的思维能力和水平。

2. 六项思考帽法的作用

六项思考帽法从上世纪80年代开始就被广泛地应用于服务业、教育、政府机构和社会组织。实践证明，这种操作简单的思维工具能够有效提高人们的思维能力和决策水平。在企业中，运用这种思维工具能够显著提升企业的综合满意度和工作效率。

1) 六项思考帽法为我们提供了有效的平行思维视角，提高了思维能力

每顶帽子都是一种思维方式，使我们能以不同的思考方向来分析和解决所遇到的问题。传统的"垂直思维"方式是按照既定的思维路线进行思考，始终逃脱不了原有的思维框架（又称思维定势）的羁绊，因而无法做到全面、客观、准确地认识事物的全貌，很难做到创造性的思考，而六项思考帽法改变了这种传统的"垂直思维"方式。六项思考帽法的每个不同的看

法是各自独立产生的,这将改变人们传统的一元化或垂直化的思维模式,增强人们从多视角、多层面观察探讨事物与事件的思维能力和意识。

2) 六项思考帽法是科学决策的有效工具

六项思考帽法不但可以有效地提高个人的思维能力和水平,也可以提高团队管理的工作效率和决策质量。在团队中讨论复杂问题时运用六项思考帽法会使大家在一个时间段内,一个平台上,用一个视角去思考问题,集思广益,群策群力。它能够把各种不同的想法和观点和谐地组织在一起,避免人与人之间的对抗,使团队中的每个人都能积极参与思考。这将大大降低组织内的管理决策成本,提高团队取得一致意见的效率。

3) 六项思考帽法有利于打破思维定势,养成良好的思维习惯

六项思考帽法从不同角度、不同方向去搜集数据、资料和信息,能够对问题形成较为全面、客观、准确的认知和见解,对人们消除迷信、打破传统思维定势障碍起到十分关键的作用,也为人们养成良好的思维习惯奠定了基础。

4) 六项思考帽法有助于增加管理的科学性和艺术性

六项思考帽法为管理者进行有效管理和科学决策提供了工具,指明了方向。六项思考帽法的平行思维方法对提高管理的科学性和艺术性有十分重要的作用。用白色和黑色思考帽可以增大管理决策的理性及科学性。用红色、黄色和绿色思考帽可以增加管理的艺术性和创意性,有助于战略的实施。用蓝色思考帽可以对思维过程本身进行统筹计划和合理的组织与控制。

案例分析

几年前,一家诞生没多久的互联网家电企业砍掉了传统渠道等中间环节,将一款款设计精良、性能优异的"爆品"通过线上进行销售。在很短的时间内,领先同行竞品,取得市场第一份额。但不久之后,一些市场问题突显出来了:销量下滑、投诉增加,甚至很多地方开始出现了假货或仿冒品。

公司总结,最大的原因是缺乏线下体验和线下购买方式的多样化。于是,战略决策部门组织公司骨干一起商量对策。开始了一场六项思考帽法的战略讨论。

【思维工具】
六项思考帽法
【组合方法】
蓝帽+白帽+黄帽+黑帽+绿帽+红帽+蓝帽
【应用目的】
蓝帽:确定主题,聚焦讨论重点。
白帽:梳理关键事实、数据和资料等信息。
黄帽:通过议题思辨,发现价值和机会。

黑帽:分析可能面临的问题、困难和风险。
绿帽:针对黑帽发现的问题,创造性地提出解决办法。
红帽:了解团队成员意见,保证最终决策一致。
蓝帽:形成最终决策及解决方案。

【会议过程】

蓝帽

设定讨论的议题:是否开设线下销售和线下体验服务来解决投诉问题?

白帽

(1) 一个月内,A产品在线销量下滑了40%。
(2) 在投诉量的统计上,线上、线下投诉的占比分别是35%和65%。
(3) 线下投诉者70%是中老年人,绝大多数原因是功能使用不当。
(4) 电话接到投诉最多的两个问题是线上"抢"不到产品、线下被骗而买到假货。
(5) 多家自媒体在优酷、爱奇艺等视频网站指责公司搞"饥饿营销"。
(6) 广东省某一个用户在当地数码市场买到假货,充电时短路造成重大损失。

黄帽

(1) 开设线下销售可以满足一部分不会在线购买的中老年用户的需求。
(2) 开设线下销售可以向客户推荐配件或其他产品,提高单价和提升毛利。
(3) 有了线下体验环节,线下顾问可以指导客户使用产品,避免使用不当造成的客户投诉。
(4) 线下终端和门店可以帮助客户进行免费验货、免费维护和保养,提升用户体验。
(5) 开设线下销售的话提高企业形象和影响力,提高口碑。

黑帽

(1) 开设线下商店的话,租金、运营成本将大大增加。
(2) 人力资源储备不够,一下子招募不到足够的人手满足线下销售和体验支持。
(3) 公司定位是"互联网公司",大规模开设线下销售渠道与公司定位可能会产生矛盾。
(4) 线下渠道投资增加,最终成本转嫁到价格,用户利益将严重受损。这和经营理念不符合。
(5) 进一步开放线下销售,可能会使"黄牛党"更加猖獗。

绿帽

(1) 储备一部分货源,在原有的城市服务网点销售。(不增加额外租金成本)
(2) 要求购买产品实名制,一张身份证可购买一个产品。(防"黄牛党")
(3) 每一个服务网点增设若干产品体验师,专职指导用户使用产品。(提升用户体验)

红帽

会议发起者组织大家投票,90%的参会者同意开设线下销售服务。

蓝帽

经过六顶思考帽的思考方式决定如下:
(1) 在原有的数百家服务网点开通部分产品线下销售,满足部分客户需求。

(2) 用户凭身份证限购，严格管理，防止"黄牛党"炒货。

(3) 服务网点员工全员定期培训，以轮岗的形式服务客户。

【案例结果】

该公司通过线上销售、线下服务的"O2O"模式，满足了不同用户群体的需求。在不增加运营成本的前提下，用已有的直营与授权服务网点部分开放销售，增加客户体验师的投入和培养，大大地提高了用户满意度，原来困扰大家的客户投诉问题也得到了缓解。

5.4 奥斯本检核表法

1. 奥斯本检核表法概述

亚历克斯·奥斯本（图5.9）被誉为"美国创新技法和创新过程之父"，也是头脑风暴法的发明人。1941年，他编写的世界上第一部创新学专著《创造性想象》中，提出了奥斯本检核表法。

奥斯本检核表法作为一种实用易行的创新思维技法，旨在引导主体在创造过程中进行多维思考，以便启迪思路，开拓思维想象的空间，促进人们产生新设想、新方案。

奥斯本检核表法是一种产生创意的方法，被誉为"创造之母"，是打开创新之门的钥匙。人们运用它产生了很多杰出的创意和发明，它在企业管理、新产品开发、技术改良、教育教学等领域发挥了很大的作用。

所谓奥斯本检核表法，是指根据需要研究对象的特点和相关要素，列出一张思考表，然后从不同角度进行提问，激发构想，根据奥斯本检核表逐个地核对讨论，从而发掘出大量解决问题的新设想、新创意和新方法，以实现发明创造。

图5.9 亚历克斯·奥斯本

奥斯本检核表（表5.2）主要从以下9个方面的问题展开思考，包括：能否他用、能否借用、能否改变、能否扩大、能否缩小、能否替代、能否调整、能否颠倒、能否组合。奥斯本检核表法有利于引导人们进行积极的发散思维，使思考问题的角度具体化，有利于产品改良、技术改进。

表5.2 奥斯本检核表

序号	检核项目	具体含义
1	能否他用	现有的事物有无其他用途，或稍加改变后有无其他用途
2	能否借用	能否从其他领域、产品、方案中引入新的元素、材料、造型、原理、工艺等

续表

序号	检核项目	具 体 含 义
3	能否改变	现有事物的某些属性,如颜色、声音、式样、花色、工艺方法、象征意义等能否改变
4	能否扩大	能否增加现有事物的长度、厚度、强度、频率、速度、数量、价值等
5	能否缩小	现有事物的体积、长度、重量、厚度等能否缩小化、浓缩化、拆分、简便化、省略化、短程化等
6	能否替代	现有事物能否用其他材料、元件、结构、力、设备、方法、符号、声音、香味等替代
7	能否调整	现有事物能否变换排列顺序、位置、时间、速度、计划、型号、元件等
8	能否颠倒	现有事物能否从里外、上下、左右、前后、横竖、主次、正负、因果等相反的角度颠倒过来使用
9	能否组合	能否进行原理组合、材料组合、部件组合、形状组合、功能组合等

2. 奥斯本检核表法实施步骤

运用奥斯本检核表法进行创新活动的实施步骤是：

(1) 根据创新对象明确需要解决的问题；

(2) 根据需要解决的问题,参照表中列出的问题,运用丰富想象力,强制性地逐个核对讨论,写出新设想；

(3) 对新设想进行筛选,将最有价值和创新性的设想筛选出来。

奥斯本检核表法的实施过程需要注意以下事项：

(1) 要联系实际逐个地进行核检,不要有遗漏；

(2) 要多检核几遍,效果会更好,会更准确地选择出所需创新、发明的方面；

(3) 在检核每项内容时,要尽可能地发挥自己的想象力,产生更多的创造性设想。进行检索思考时,可以将每大类问题作为一种单独的创新方法来运用；

(4) 检核方式可根据需要,可以一人检核,也可以多人共同检核。集体检核可以互相激励,产生头脑风暴,更利于产生新创意和新设想。

 案例

用奥斯本检核表法对电扇进行创新的过程如表5.3所示。

表5.3 奥斯本检核表法对电扇进行创新

序号	检核项目	创 造 性 设 想
1	能否他用	1. 保健理疗瓶 2. 吸气除尘装置

续表

序号	检核项目	创造性设想
2	能否借用	1. 仿古电扇 2. 借用压电陶瓷制成的无翼电扇
3	能否改变	1. 方形电扇 2. 立柱形电扇 3. 其他外形奇异的电扇
4	能否扩大	1. 工业电扇
5	能否缩小	1. 微型吊扇 2. 直流电微型电扇 3. 太阳能微型电扇
6	能否替代	1. 玻璃纤维风叶的电扇 2. 遥控电扇 3. 定时电扇 4. 声控或光控电扇
7	能否调整	1. 模拟自然风的电扇 2. 保健电扇
8	能否颠倒	1. 利用转栅改变送风方向的电扇 2. 全方位风向的电扇
9	能否组合	1. 带灯电扇 2. 带负离子发生器的电扇 3. 对转风叶的电扇

5.5 和田十二法

和田十二法源自上海市闸北区和田路小学的发明创新活动,是我国学者许立言、张福奎结合和田路小学的创新活动,在奥斯本检核表的基础上,借用奥斯本检核表法的基本原理并对其加以总结和改造,提出的一种创新思维技法。该创新技法从12个方面引导人们进行创新思考,进而得到启发,产生许多创新性设想,因此称为"和田十二法"。

这12个方面创新思路分别为：

(1) 加一加：加高、加厚、加多、组合等；

(2) 减一减：减轻、减少、省略等；

(3) 扩一扩：放大、扩大、提高功效等；

(4) 缩一缩：压缩、缩小、微型化等；

(5) 变一变：改变形状、颜色、气味、音响、次序等；

(6) 改一改:改正缺点、不便、不足之处;

(7) 联一联:考虑原因和结果有何联系,把某些东西联系起来;

(8) 学一学:模仿形状、结构、方法等,学习先进的理论或技术;

(9) 代一代:用别的材料代替,用别的方法代替;

(10) 搬一搬:移作他用;

(11) 反一反:颠倒一下考虑;

(12) 定一定:定个界限、标准。

下面我们来具体分析和田十二法。

第一法,加一加。

把一样东西与另一样东西组合在一起行不行? 加一加后会产生哪些新东西? 这些新的组合有什么新的功能?

例如,过去的铅笔和橡皮是分开的两件东西,美国人威廉将铅笔和橡皮加在了一起,便发明了橡皮铅笔。电灯和风扇组合在一起就变成了风扇灯。

第二法,减一减。

把某种东西减去一些,将会发生什么变化? 能够在某件物品上减去一部分吗? 能够在操作过程中减少频率和次数吗? 减少重量和体积,形态会发生什么变化? 会有什么积极影响?

例如,有些城市已经开通刷手机就可以乘坐地铁、公交等的服务(图5.10),从此人们不用再为没有零钱或忘记带公交卡而发愁了,极大地提高了出行效率,节约了时间。

图 5.10 刷手机乘坐地铁[①]

第三法,扩一扩。

如果把这种东西扩大了,扩展了,会变成什么样子? 可以从加大、扩充、延长、放大等角度去思考问题。

例如,下雨天两个人合用一把伞,很容易把两个人肩膀都淋湿,用"扩一扩"思考问题,就可以设计出适合两个人一起用的"情侣伞"(图5.11),有效地把伞的面积扩大了,因此在市场

---

① http://www.sohu.com/a/221239216_771906。

上很畅销。

图 5.11　情侣伞

第四法，缩一缩。

把一样东西压缩、缩小以后，会发生什么变化？主要从压缩、折叠、缩小的角度思考，看看它们的功能、用途会发生怎么样的变化。

例如，隐形眼镜（图 5.12）就是人们把传统眼镜进行缩小后得到的创新产品。人们把电脑压缩后变成了电脑一体机。

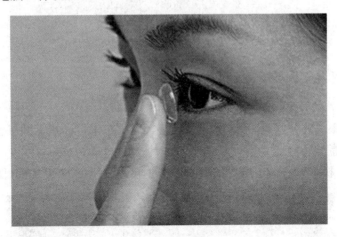

图 5.12　隐形眼镜

第五法，变一变。

把某种事物的颜色、形状、声音、味道、气味、顺序做一下改变，会发生什么情况？

例如，把圆形西瓜培植成方形西瓜（图 5.13），把黑色手机变成金黄色手机等，都是变化带来的改进。

第六法，改一改。

某件物品在使用时还有哪些缺点和不足，或者在其他环节是否存在不方便或不合理的地方？改变一下或许就能获得新发现。

例如，小孩子使用剪刀危险，和田路小学的学生就发明了安全剪刀（图 5.14）。

第七法，联一联。

图 5.13　方形西瓜

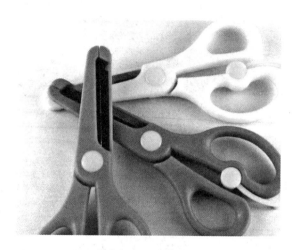

图 5.14　安全剪刀

将一些东西跟另外一些东西联在一起,会发生什么变化?寻找不同事物之间的联系,从联系中去寻找创意。

例如,把录音机、电视机、音响等物品联系在一起,就发明了家庭影院(图 5.15)。

图 5.15　家庭影院

第八法，学一学。

在自己的周围，有什么事物可以学习、模仿？学习或模仿它的形状、结构或者原理和方法，会产生什么好的效果和影响？又会产生哪些新的东西？

例如，人们发现带锯齿的小草能割破皮肤，于是发明了锯子。建筑设计师通过模仿鸟的巢穴，设计出了"鸟巢"体育馆（图 5.16）。

图 5.16 "鸟巢"体育馆

第九法，代一代。

周围的有些东西是否可以用另外一种东西代替？主要从材料、零件、方法等方面替代现有的事物，从而获得创新的灵感。

例如，用塑料油箱替代金属油箱（图 5.17），既减轻了汽车重量，又更加安全。

塑料油箱　　　　　　　　　　金属油箱

图 5.17 塑料油箱与金属油箱

第十法，搬一搬。

把一件事物移到别的地方，会有什么新的用途吗？把某个原理、技术、方法、材料等搬到其他场合和地方会产生哪些新的事物？哪些新的功能？

例如，超声波技术一般在医学上应用比较广泛，如用于脏腑器官的探伤及部分疾病的治疗等。将超声波技术"搬"到厨房用的水槽上，就可用于清洗果蔬食材。利用超声波去污清洗原理而设计一体式清洗水槽（图 5.18），不但能将果蔬和碗碟清洗干净，还能节水。

第十一法，反一反。

把某种东西颠倒一下，正反、上下、左右、前后、

图 5.18 超声波洗碗机

横竖、里外都颠倒一下，会有什么变化？

图5.19 吸尘器

例如，两面都可以穿的衣服。1901年，英国人赫伯·布斯在伦敦围观一场除尘器的公开表演，这种除尘器除尘的方法很简单，就是将灰尘用力吹走。可是，这除尘器在车厢使用时，"呼呼"地扬起漫漫灰尘，让人不敢呼吸。赫伯·布斯心想，如果这除尘器不是吹尘而是吸尘，一定很清洁。回到家中，赫伯·布斯还在冥思苦想。他用手帕蒙住口鼻，趴在地上用嘴猛地吸了一口气，再一看，手帕上吸满了灰尘。终于，带有灰尘过滤装置的负压吸尘器（图5.19）问世了。这种吸尘器的工作原理是：用强力电泵把空气吸入软管，通过布袋将灰尘过滤。这种吸尘器的创造就是"反一反"的运用结果。

第十二法，定一定。

为了解决某一问题或改造某件东西，提高学习、工作效率和防止可能发生的事故或疏漏等，而做出一些规定、界限和标准。

例如，为了交通有秩序，防止事故发生，发明了交通信号灯（图5.20）。小瓶子加上刻度，就变成了婴儿的奶瓶。

图5.20 交通信号灯

5.6 列举型思维方法

列举型思维方法是把与解决问题有联系的诸多要素逐个罗列，把复杂的事情分解开来，分别加以研究，以帮助人们克服认知不足的障碍，寻求科学解决方案的创新思维技法。

列举法是在美国的罗伯特·克劳福特教授（Robert Crawford）提出的属性列举法基础上形成的，是具体运用发散思维来克服思维定势的一种创新方法。该方法运用分解和分析的方法，人为地按某种规律列举出创造对象的要素分别加以研究，以探求创造的落脚点和方案。

列举法的要点是将研究对象的特点、缺点和希望点列举出来，并逐个分析，提出改进意见，形成有独创性的设想。例如，将一个熟悉的老产品的细节包括属性、缺陷和希望点罗列出来，强制性地进行分析、配对、组合、替换、测试等，由此获得新的创意。列举型思维方法一般可以分为属性列举法、缺点列举法和希望点列举法等。

1. 属性列举法

1) 属性列举法概述

属性列举法也称为特征列举法,是克劳福特教授发明的一种创新思维度法,属性列举法是非常有效的创新思维度法之一。

此法强调使用者在创造过程中观察和分析事物或问题的特点或属性,然后针对每项属性提出改良或改变的构想。

克劳福特教授认为,所谓创造就是掌握呈现在自己眼前的事物属性,并把它置换到其他事物上。创造发明的成果并非无中生有,而是通过对旧事物的某些属性加以改造而成。此法的要点就是要求创造者全面而细致地列举旧事物的属性,然后逐一审查,并根据自己的创造目的改变某些属性,使旧事物变成新事物。该方法特别适用于老产品的升级换代。将一种产品的特点列举出来,制成表格,然后再把改善这些特点的事项列成表,保证对问题的所有方面作全面的分析研究。

2) 属性列举法操作步骤

(1) 将对象的特征或属性全部罗列出来,例如把一台机器拆分成许多零件,每个零件具有何种功能和特性,与整体的关系如何等,都要毫无遗漏地列举出来,并做出详细的记录。

(2) 将物品或事物分为下列三种属性:
① 名词属性:性质、材料、整体、部分、制作方法等;
② 形容词属性:颜色、形状、长短、轻重、感觉状态等;
③ 动词属性:作用、功能等。

(3) 在各项目下设想从材料、结构、功能等方面加以改良,使用可替代的各种属性加以置换,引出具有独创性的方案。进行这一程序的关键是要尽量详尽地分析每一个特征,提出问题,找出缺陷。

(4) 方案提出后还要进行评价和论证,使新产品更加符合人们的需要。

案例

烧水壶的改良

使用属性列举法,改良一只烧水壶。可先把水壶的构造及其性能按要求予以列举,然后逐一检查每一项特征是否可以改良,问题便迎刃而解。具体做法是把事物的属性分为名词属性、动词属性和形容词属性三大类,并把各种属性列举出来,从这三个角度进行详细的分析,然后通过联想,看看各个特性能否加以改善,寻找新的解决问题的方案。

(1) 名词属性。
整体:水壶;
部分:壶柄、壶盖、壶身、壶嘴、壶底、蒸汽孔等;

材料:铝、铜、不锈钢、陶瓷、铁等;
制作方法:冲压、拉伸、焊接、浇铸等。

根据所列属性,可提出以下问题并进行分析,然后考虑改进:壶嘴长度是否合适?壶柄可否改成绝缘材料,以免烫手?壶身可否一体成型?冒出的蒸汽是否烫手?蒸汽孔可否改变位置?制作材料有无更好选择?成本能否更低?等等。

（2）形容词属性。
性质:轻重等;
状态:清洁、美观、高低、大小等;
颜色:白色、银色、灰色等;
形状:圆形、椭圆形、圆柱形等;
对形容词属性进行列举并分析,也可找到许多可改进的地方。如怎样改进更便于清洁?颜色、图案还可有哪些变化?底部用什么形状才更加有利于传导热量等。

（3）动词属性。
功能:烧水、装水、倒水、保温等。
对动词属性列举并分析,也可以找到许多可改进的地方。如将水壶改为双层并采用保温材料,可提高热效率,并具有保温性能;在壶嘴和壶盖上加一汽笛,使水开时就可鸣笛发出信号等。

2. 缺点列举法

1）缺点列举法概述

缺点列举法是通过发现、挖掘现有事物的缺点（如不方便、不经济、不美观、不适用、不省料、不轻巧、不环保、不安全、不省力等）,把它的缺点全部列举出来,然后针对所发现的缺点,有的放矢地提出相应的解决方案和改进措施,从而使原有事物变得更加完善,更能够满足人们需求,更加具有创新性的一种创新思维技法。

缺点列举法的基本依据是人们日益增长的对完美事物和美好生活的追求同客观事物存在的缺点和不足之间的矛盾。人们的需求在不断升级,缺点和存在的问题是创新的原动力,通过列举缺点为创新提供了良好的机遇和目标。

2）缺点产生原因及分类

任何事物都会存在一定程度的不足和缺点。一件物品即使设计方法再先进,制造工艺再精湛,也总能发现问题和缺点,可以说世界上没有十全十美的事物,这就为缺点列举法提供了广阔的舞台和空间。一般来说,产品存在的缺点有以下两种。

第一种,显性的缺点,包括:
（1）设计上的缺陷,如手机产品的握感、汽车产品的造型造成的视觉盲区以及噪音问题等。
（2）制造环节的缺陷,比如铸件上的砂眼,陶瓷上的斑点、裂纹、变形等缺陷。
（3）原材料及零部件的缺陷,如皮鞋用的鞋胶质量差,造成脱胶;汽车使用的气囊频繁故障等。许多企业为了降低产品成本,使用了较低劣的材料,在产品使用的过程中,无论是整体还是细部,各种质量问题接踵而来。

(4) 物流及销售环节存在的缺陷,如精密仪器在没有合理防护的情况下,经过颠簸路段,产生损伤;销售员不熟悉产品,误操作等造成产品缺陷。

第二种,潜在的缺点。这种缺点大致是由以下两种情况造成的。

(1) 由于设计造成的。如商品房的透光性、透气性、空间实用性等,需要在使用过程中才能发现。

(2) 由于技术进步造成的。随着时间的推移,新技术层出不穷,过去所采用的技术就会显得落后,如电子产品等。

通过对缺陷进行分类,有利于我们找到导致缺陷的根本原因,便于我们日后改进和完善。

成熟的产品发展历程事实上就是一个不断地发现缺点并不断改进和完善的过程。缺点列举法为不断打造趋于完美的成熟产品提供了重要的工具。

3) 寻找缺点的途径

爱因斯坦曾说过:"在创造活动中,发现问题、提出问题其实比解决问题更难、更重要。"用缺点列举法完善产品的第一步是发现问题,找出缺点,因此如何挑毛病、找问题就显得十分重要。一般来说,可从以下几个方面来进行。

(1) 从功能上找缺点。

产品功能是指产品能够做什么或能够提供什么功效。顾客购买一种产品实际上是购买产品所具有的功能及其附加利益。比如,冰箱有保持食物新鲜的功能,空调有调节空气温度的功能。产品功能与顾客需求和顾客期望有关,如果产品不具备顾客需要的功能或功能低于顾客的期望值,则会带来顾客的抱怨和不满意。如果产品具备顾客意想不到却很需要的功能或功能效果超出顾客期望值,就会给顾客带来惊喜和满意。

从功能上找缺点,就是要寻找产品目前在功能上存在的缺陷和不足,不断完善原有功能或增加新功能,以更好地满足用户需求,打造更加成熟和完善的产品。对产品功能缺点的分析可以通过功能分解的方式来实现,列出产品能够实现的所有功能,然后逐一分析和研究。

例如,自动豆浆机是代替石磨通过刀片高速旋转切碎豆子来加工产生豆浆的,该产品功能的完善经历了三个阶段:第一代豆浆机是在容器中将豆子打碎出浆,但豆浆和豆渣融在一起,需由人工进行几次过滤,再加热饮用。功能上虽然实现了打浆的自动化,但还要人工进行几次过滤和加热,十分繁琐。第二代豆浆机将打浆和过滤合二为一,在容器中加入一个滤网,就可以将豆浆和豆渣分离,省去了人工过滤,但还要人工加热。第三代豆浆机实现了全自动做豆浆的功能,将打浆、过滤、加热合三为一,人们只需将热豆浆倒出来。这样,针对总功能的不足不断添加分功能,使总功能更加完善。还可以针对子功能的不足之处提出缺点,如打浆时出浆率不高,过滤时浆渣分离不彻底,加热时不充分或易糊等,继而找到解决的方法来进行产品的改进设计,就能设计出有新意的新产品来。开发新的功能是产品创新的一条途径,也是针对现有产品的不足进行改进和完善的方法。

(2) 从用户反馈意见中找缺点。

该种途径存在两种情况。第一种是产品已经正式上市,并被消费者使用,消费者在实际使用过程中会发现产品功能存在的各种问题和缺点,例如功能单一、功能操作繁琐、功能效果不好、功能运行不稳定、不安全等,然后将使用过程中的感受和意见反馈到厂家。这种方式所获得的信息针对性比较强、更可信,因而有较高的参考价值。厂家需要对用户的使用反馈意见进行认真分析和研究,并提出改进和完善的方案。

第二种则是在产品进入市场之前,就让一些对产品没有了解的人来试用该产品,通过实际的操作发现存在的弊端,及时改进后再大规模上市。让不了解产品的人员进行实验是因为对设计的产品有所了解的人员往往发现不了使用过程中的缺点。这种方式便于厂家在产品正式上市之前把所有可能存在的问题和缺点逐一排除和解决。

例如,酒店在正式营业前会招募试睡员体验酒店的服务、环境、卫生、价格、餐饮等多个方面,比如床垫软硬、空调冷暖、网速快慢、下水道是否畅通、淋浴水流是否过大等。试睡员体验后根据自己的感受写成报告,交给酒店管理人员进行改进和完善。汽车厂商在推出某款新汽车产品前,也会小批量地生产试装车,经过反复测试,排除所有可能存在的问题和不足后,再大批量上市。

许多在使用过程中发现的缺点是设计者对人自身的特点考虑不周造成的,例如人的生理特点、心理特点和行为模式等,解决的方法是将产品设计与人机工程学的原理相结合,想用户所想,使所设计的产品尽可能符合人的特点和特定用户的需求。年龄、职业、性别、爱好等因素的不同,使人们对某种商品有着不同的使用方式,甚至对同一产品也可能提出不同的问题,所以要针对不同的使用人群来寻找使用过程中的缺点。如普通的杯子对卧床病人来说,在使用过程中就产生了易倾洒的问题,普通人使用的手表对水下工作者来说就产生了抗压和防水的问题,因此产品要针对不同人群的特殊需求来加以改进。

(3) 从同类产品对比中找缺点。

竞品分析又称对标分析,是一种产品自主研发的重要工具之一,也是获得创新灵感,改进和完善产品的重要途径。这种方法要求我们对竞品所有的产品功能进行分解并逐一罗列出来,然后再与自己的产品进行对比分析,找出自己的产品存在的缺点和不足,并不断加以改进,从而持续不断提升产品竞争力。

(4) 从与周围环境的关系中找缺点。

任何一个产品都会与周围环境产生关联,产品不能脱离周围环境而独立存在,与周围环境是否协调、是否融洽也是找寻缺点的方向之一。比如,在一片绿色的草地上放一个红色的还是绿色的垃圾箱更合适一些呢? 在大多数场合下,垃圾箱需要清晰可见以避免人们乱丢东西,需要用醒目的红色 ,但在草地上,红色与绿色对比太过强烈,看起来不协调,也影响到周围的风景。这时候产品本身并没有什么缺点,只是和周围环境不搭配了,这就为创新提供了机遇和突破口。因此厂商在产品开发与设计中要充分考虑到产品的周围环境,根据不同的周围环境对产品做出相应的调整。

4) 缺点列举法的操作程序

(1) 确定改进对象。

缺点列举法首先必须确定改进对象。确定改进对象的过程中需要大量搜集该改进对象的相关数据、资料和信息,做好前期的充分准备。

(2) 列举改进对象的缺点。

列举缺点时,应正确运用检核思维,把重点放在四个方面:

一是列出核心缺点,即现有物品的功能或职能是否能满足消费者的基本愿望,挑出功能性缺点。

二是列出形式缺点,即现有物品的质量水平、设计风格、包装和品牌等方面的不足,挑出形式性缺点。

三是列出延伸缺点,即现有物品进入市场变成商品后,在销售服务等方面存在的问题,挑出影响消费者利益的延伸性缺点。

四是列出隐性缺点,即现有物品不易被人察觉的非显性缺点。在某些情况下,发现隐性缺点比发现显性缺点更有创新价值,针对隐性缺点改进设计所产生的市场价值往往更大。

(3) 分析鉴别缺点,提出改进方案。

这一步骤一般有两种思路:一是针对存在的问题和缺点采取针对措施进行改进和完善;二是运用逆向思维,把事物的缺点转化为优点,也称为缺点逆用法。例如,20世纪40年代发明出半导体三极管后,电子学发生了一场深刻变革,同时也留下一个令人头痛的问题,即晶体管的特性会随着温度变化而变化,严重影响测量仪器和控制系统的正常工作。电子学研究者为矫正此缺陷颇费心机。然而,我国发明家张开逊巧用缺陷,利用晶体管物理特性随温度变化而变化的规律去测定温度,结果发明出"PN结温度传感器",获得日内瓦发明和新技术展览大奖。

3. 希望点列举法

1) 概述

希望点列举法是一种主动式的产品创新思维技法,通过对目标消费群体进行调查、访谈或召开会议讨论的方式,收集他们对于产品的需求、期待和希望,并对提出的需求、期待和希望进行汇总、排序、研究和论证,从中寻找到可行的希望点,作为创新的目标和突破口。

属性列举法和缺点列举法大多是围绕现有事物的属性、缺点和不足加以改进,通常不触及现有事物的本质和总体,它们都属于被动型创新技法,一般只适用于对老产品或不成熟产品的改造和完善,使其趋于完美。而希望点列举法很少或完全不受已有事物的束缚,凭借人们丰富的想象力和对美好事物和完美生活的向往,大胆地提出希望点,因此最具颠覆性,最易产生新的创意,无论在产品造型创新上,还是在功能创新上,往往具有引导性、前瞻性,在产品创新实践中应用非常广泛,为人们获得新创意、新思维提供了广阔的创新思维空间。例如,人们希望洗完的衣服很快就能够干,于是发明了带烘干功能的洗衣机;人们希望晚上回到家中,灯可以根据光线强弱和人体感应实现人来即亮,人走即关,省去人工操作的繁琐,于是带有光学和红外感应传感器的智能灯(图 5.21)就出现了。

2) 操作程序

(1) 确定研究对象和主题。

希望点列举法首先必须确定研究对象和主题,然后围绕研究对象和主题进行思考和准备。

(2) 列举研究对象和主题的希望点。

图 5.21 智能人体感应灯

为了尽可能多地获取有价值的希望点,可以召开希望点列举会议,每次可邀请 5—10 人参加。会前由主持人确定研究对象和主题,会中发动大家踊跃地提出希望点,会后分类整理出与会者提出的希望点。

例如,对手机的希望,可以列举以下一些希望点。

a. 希望通话更加顺畅,语音更加清晰。

b. 希望手机的待机时间更长一些。

c. 希望手机的屏幕更清晰,画面更漂亮。

d. 希望手机携带起来更加轻便。

e. 希望手机的按键使用更加舒服。

f. 希望手机的文字输入更加方便、快捷。

g. 希望手机可以用来玩游戏。

h. 希望手机可以用来坐公交。

i. 希望手机可以用来听音乐。

j. 希望手机可以用来看电视。

k. 希望手机可以用来购物。

l. 希望手机可以用来代替信用卡取款。

m. 希望手机可以用来办公,处理文件。

从某种角度来说,目前手机的多功能化也属于希望列举法运用的产物。希望点列举法是产品创新设计中人们运用最广泛、取得成果最多的方法之一。

(3) 筛选、研究、论证希望点,提出具体解决方案。

我们需要对与会者提出的希望点进行整理、归类和汇总,并列出希望点清单。然后,逐一对清单所列希望点进行分析、研究和论证,筛选出哪些希望点的用户需求更迫切、更可行、更具有操作性,再制订出具体的创新解决方案。

3) 希望点列举法的工作方法

希望点列举法的工作方法通常使用的有以下三种。

(1) 书面收集法。

这种方法是根据预先确定的目标,设计一个卡片或者记录表,发给消费者,请他们写下各种希望得到的功能,越多越好,然后收集、整理、分析。

(2) 会议法。

创新主体召开会议,邀请不同背景的人士参加,由主持人介绍本次会议的研究对象和主题,鼓励所有参与会议的人各抒己见,发散思维,大胆地提出各种不同的希望点,然后收集整理、分类、汇总与会者提出的希望点。

(3) 访谈法。

又称晤谈法,是指通过访员与受访人面对面地交谈来了解受访人对相关产品有什么样的期待和希望。访员要营造良好会谈气氛,消除受访人的顾忌和紧张情绪,鼓励受访人根据自身需要和实际感受,打开心扉,畅所欲言。

5.7 信息交合法*

1. 信息交合法概述

信息交合法,又称"信息反应场法""要素标的发明法",俗称"魔球"理论,是华夏研究院思维技能研究所所长许国泰于 1983 年首创的。它是一种在信息交合中进行创新的思维技巧,即把物体的总体信息分解成若干个要素,然后把这种物体与人类各种实践活动相关的用途进行要素分解,把两种信息要素用坐标 X 与 Y 表示,两坐标轴垂直相交,构成"信息反应场",每个轴上的各点信息可以依次与另一轴上的信息交合,从而产生新的信息。信息交合法的原理是:第一,不同信息的交合可产生新信息;第二,不同联系的交合可产生新联系。

许国泰认为,自然界中,大到宇宙、星系,小到粒子、基因,所有物体都有物质、能量、信息这三种属性。信息是事物间本质、属性及联系的印记。事物在相互作用中会不断产生信息,人要认识事物,必须通过信息。而认识活动就是大脑对信息的调度,认识信息间的联系可从广度、深度、有序度、力度、速度、高度、密度、精度、适度、时间度、空间度、跨度等方面入手。信息交合即信息的匹配和增值。信息交合论是研究客体世界与心理世界信息系统中尽可能多的信息、联系相互作用的理论。

2. 信息交合法的提出

1983 年 7 月,中国创造学第一届学术讨论会在南宁召开。会上除了国内诸多学者参加外,还请了日本专家村上幸雄与会。村上给大家作了精彩的演讲,演讲中他突然拿出一把曲别针说:"请大家想一想,尽量放开思路来想,曲别针有多少种用途?"与会代表议论开了:

---

* 本节为选读内容。

"曲别针可用来别东西——别相片、别稿纸、别床单、别衣物。""纽扣掉了,可用曲别针替代。""可将曲别针磨尖,去钓鱼。"归纳起来,大家说出了 20 来种用途。有代表问村上:"先生,那你能讲出多少种?"村上莞尔一笑,然后伸出三个指头。代表问:"30 种?"村上自豪地说:"不! 300 种!"代表们一下子愣住了。随后,村上拿出早已准备好的幻灯片,展示了曲别针的诸种用途。与会代表许国泰看着村上颇为自负的神态,心里泛起波浪:在硬件方面,或许我们暂时赶不上你们,但在软件上(思维能力),咱们倒可以一试高低。于是,他对村上说:"曲别针的用途,我能说出 3 千种、3 万种!"许国泰登上讲台,在黑板上画出了图。然后,他指着图说:"村上先生讲的用途可用勾、挂、别、联 4 个字概括,要突破这种格局,就要借助一种新思维工具——信息标与信息反应场。"他首先把曲别针的若干信息加以排序,如材质、重量、体积、长度、截面、韧性、颜色、弹性、硬度、直边、弧等,这些信息组成了信息标 X 轴。然后,他又将与曲别针相关的人类实践加以排序,如数学、文字、物理化学、磁、电、音乐、美术等,并将它们连成信息标 Y 轴。两轴相交并垂直延伸,就组成了"信息反应场"。现在,只要我们将两轴各点上的要素依次"相交合",就会产生出无数人们意想不到的新信息。比如,将 Y 轴的"数学"点,与 X 轴上的"材质"点相交,曲别针可弯成 1、2、3 等数字和 +、−、×、÷ 等符号,用来进行四则运算。同理,Y 轴上的"文字"点与 X 轴上"材质"等点相交,曲别针可做成英、俄、法等各国字母。再比如,Y 轴上的"物理"点与 X 轴上的"长度"点相交,曲别针就可以变成导线、开关、铁绳等。这是一个十分广阔而又神奇的思维空间。

3. 信息交合法的原则

信息交合法作为一种科学实用的思考与发明方法,不是随心所欲、瞎拼乱凑的,要遵循一定的原则:

(1) 整体分解原则。先把对象及其相关条件整体加以分解,按序列得出要素。
(2) 信息交合原则。各轴的每个要素逐一与另一轴的各个要素相交合。
(3) 结晶筛选原则。通过对方案的筛选,找出更好的方案。

信息交合法有着自己独特的特点,不但能使人们的思维更富有发散性,应用范围也十分地广泛,把某些看来似乎是孤立、零散的信息,通过相似、接近、因果、对比等联想手段搭起巧妙的桥,通过信息交合生成一项新的事物。

 案例分析

一款与竖直墙面成 33° 角的插座

家用墙体固定式插座多是与墙平面相适应的平面插座,其插孔在离地面 20—30 cm 的高度。插拔的时候,要么蹲下,要么手腕转一个大角度。

这款插座插孔的平面改为与墙体表面成一定夹角,从而方便插拔动作(图 5.22)。这款与垂直墙壁成 33° 的插座有个向上的角度,一是方便看到插孔,操作插头的时候容易插

入;二是插入的时候手臂与手腕不需弯成较大的角度,提高了舒适性。

图 5.22

请结合本章所学知识,试分析这款与竖直墙面成 33°角的插座体现了哪些创新思维技法,并给出你的理由。

思考题

(1) 请画出以"学生"为中心主题的思维导图。
(2) 请以眼镜为对象,运用奥斯本检核表进行检核。
(3) 请用属性列举法来对电风扇进行分解,并提出合理改进意见。

第3篇　创　业　篇

> 创业光有激情和创新是不够的，它需要很好的体系、制度、团队以及良好的盈利模式。
>
> ——马云

第6章 识别与评估创业机会

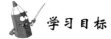 学习目标

- 掌握创业的内涵、本质、关键、手段和目的
- 理解关于创业的两种争论
- 了解创业的类型
- 掌握创业的影响因素
- 理解创业机会的内涵、类型和主要来源
- 掌握创业机会的评估

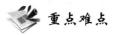 重点难点

- 创业的内涵、本质、关键、手段和目的
- 创业的影响因素
- 创业机会的内涵、类型和主要来源

 情景引入

科大讯飞的创业之路[63]

1973年出生于安徽泾县的刘庆峰,从小便表现出了超常的数学天赋。由于当时购买食品需要粮票,常常得进行一些相对复杂的兑换,即便是三四年级的小学生都不一定能够正确计算,但年幼的刘庆峰却能算得又快又准。

1990年,成绩优异的刘庆峰被推荐到清华大学汽车工程专业,但他却放弃了这一常人求之不得的机会,转而参加高考,最终以高出清华分数线40分之多的成绩,考取了中国科学技术大学电子工程系。

当年,与刘庆峰一起进入中科大的,就有13个省市的高考状元。然而,即使高手如云,刘庆峰从进校第一次摸底考试开始,几乎拿到了所有数理学科考试的第一名,俨然是学霸中的"学霸"。他也由此赢得了老师和同学们的赏识,为他后来聚拢一批"学霸"创业奠定了基础。

1992年,19岁的刘庆峰凭借出色的数理计算能力,被中科大从事语音技术研究的王仁

华教授看中。时至今日,他仍然忘不了20多年前第一次走进语音实验室时所感受到的震惊——站成一排的计算机已经可以初步合成简单的人声。

"以前我学数学是为了考第一,但不知道它到底怎么用。进了这个实验室后,才发现数学可以用于数字信号处理。这对我是一个很大的触动。"由此,刘庆峰决定跟着王仁华教授留在语音实验室。

从后来的历史看,这是一个改变了中国语音产业的决定。实际上,当时的中国语音产业一片混沌。虽然早有科研机构从事语音技术研究,但都是单兵作战小打小闹,迟迟未见成果,产业化更是遥不可及。而另一边,IBM、微软和摩托罗拉等国际巨头早已纷纷在中国成立语音研究机构,觊觎着中国未来的语音市场。

在这样的时局下,王仁华教授的这个语音实验室就如同一颗生机勃勃的种子。而刘庆峰进入实验室后很快如鱼得水:"王老师跟很多教授不同,完全放手让年轻人去做,还给予很多支持。"

事实上,跟很多领域的科研工作一样,当时的语音技术研究工作依靠国家划拨的科研经费维持。像刘庆峰这样的科研工作者,一个月的工资仅500元,而一些进入外企工作的师兄弟,年薪则有十几万元。巨大的收入落差,造成了本土科研人才的大量流失。

"只有产业化才有钱留住人才。"于是,刘庆峰鼓起勇气向王仁华教授提议,自己一边攻读博士,一边办公司创业。老师无私的支持,彻底点燃了刘庆峰心中的火把。激动万分的他登高一呼,不但实验室里的师兄师弟们纷纷响应,而且中科大BBS八个版主中的六个都加盟过来,最终组成了18人的创业团队。

这些人里,有当年中科大电子工程系的第一名胡郁,计算机系第一名、获得中科院自动化所保研机会的胡国平,以及中科大BBS黑客版版主、网络id为"绝地战警"的陈涛。这一帮学霸们有着一股浓浓的技术报国的情怀。

当初,刘庆峰邀请陈涛加盟时,陈涛反过来挖刘庆峰:"有一家日本的投资公司给我投资办软件公司,你到我这里来吧。"刘庆峰回应说:"你给别人打工没意思,我们有自主知识产权,将来能做产业领导。"冲着这句话,桀骜不驯的"绝地战警"最终选择了加盟。

1998年的夏天异常炎热,18个年轻人蜗居在租来的民房中,舍不得买空调,在闷热的空气中夜以继日地工作。"那时几乎天天吃盒饭,有时候饿了就啃个黄瓜充饥。"

当时的刘庆峰本认为只有研发才算是创新,才是有意义的工作,而诸如品牌、营销甚至公司注册等工作纯属浪费时间。所以,他将大量运营工作交给了一家福建企业,自己则担任总工程师,负责产品研发。可是,经过了大半年的磨合,他发现这完全是一个错误。

产品卖不出去,这家福建企业也陷入困境,开始拖欠刘庆峰团队的工资。无可奈何的兄弟们找到刘庆峰说:"这样干不行,要不你出来当CEO,要不我们就解散!"解散?!兄弟们的请愿,确实把刘庆峰吓了一大跳。组建团队之初,王仁华教授曾对他说:"庆峰啊,我认为这事儿能成,这么多优秀的年轻人能团结在一起,在科大还从来没有过。"好不容易聚集了这么多学霸,如果解散那就太可惜了。于是,刘庆峰硬着头皮对着兄弟们说:"行!我试一试,如果做不好,半年我就走人!"1999年,26岁的刘庆峰正式创立科大讯飞。

命运很快眷顾了这群满腔热情的年轻人。科大讯飞成立当年,合肥市领导带着三家投资机构前来考察。听完刘庆峰介绍产业前景与团队实力后,市领导当场表态:"这些小伙子必须留在合肥。"随后,三家投资机构以"3 060万元占股51%"的条件投资科大讯飞,而刘庆峰的团队仍然是最大的单个股东，这也是科大讯飞后来进行几轮融资的原则。

从大众消费市场，到企业客户市场，再到技术授权市场，在一次次的商业模式调整中，刘庆峰从最初的乐观主义里彻底清醒过来——科大讯飞不可能在短短两三年内就做到上亿元的规模。

更残酷的现实是，在核心源头技术的整合上投入了重金，却迟迟未能在市场上真正打开局面，这让科大讯飞的资金链几近断裂，最困难时公司账上只剩20万元。最亮的火把还未燎原，就要熄灭了。

整个2001年，刘庆峰都在一种莫大的痛苦中煎熬。在他此前乐观主义的鼓舞下，他的创业团队放弃出国留学的机会和唾手可得的高薪，拿着两三千元的月薪跟他奋斗，股东们也投入真金白银并寄予厚望，大家为的就是一个指日可待的结果。

一些股东和同事试着问他："庆峰，你不是说今年我们能上亿吗？怎么没做到？"这种有负于人的压力，时常让他夜不能寐。最终，经过了激烈的思想斗争后，他决定跟大家说实话："我们不可能一步登天，只能脚踏实地。成功一定会来，但绝对不是现在。"

这一残酷的现实随即让团队军心动摇。有人质疑，语音产业到底能不能做大；有人提议，语音业务赚不了钱，不如改做网络游戏；还有人甚至说，做房地产来钱快。"我们当时就像迷失在大海里，我作为船长，必须要指明一个方向。"

面对种种声音，刘庆峰专门将团队拉到合肥巢湖边上开会，大家议论了一通后，他最终掷地有声地说了一句话："如果不看好语音，请走人！"会场立即鸦雀无声。

这次巢湖会议在科大讯飞创业史上的意义如同红军长征时的遵义会议。从那一天起，科大讯飞明确了"语音是唯一方向"的战略，此后无人再有任何异议。

实际上，在市场上经历了几番摸爬滚打后，刘庆峰跟团队达成了一个共识：语音产业就是需要10年的时间来进行技术积累的。而枯燥的技术研究，如果不是发自内心的热爱，是很难坚持下去的。当语音产业开始爆发式增长时，竞争者们会发现，很难在短时间内达到科大讯飞的技术水平。

在一次全国青年大会上，刘庆峰找到了复星集团董事长郭广昌，两人发现，科大讯飞出自"科大系"的经历，跟一帮复旦学子创立复星的历史有着很多相似之处。郭广昌当即对科大讯飞表现出了浓厚的兴趣。

而后，通过一些业界内的合作关系，刘庆峰还找来了联想投资和英特尔。自2000年12月到2002年3月，三家知名企业相继入股科大讯飞，为这一国内语音产业最亮的火把注入了资本实力和产业资源。

其中，联想的这笔投资是柳传志进军投资领域的第一笔业务。在后来的多次交流中，刘庆峰从这位商界教父身上学到了诸多管理经验，比如著名的"建班子、定战略、带队伍"。

投资方在资金、资源和经验上的助推，将科大讯飞推向了产业化的快车道。而刘庆峰的团队也没有辜负股东们的期望。

由此，科大讯飞终于在2004年扭亏为盈，并从2005年至2007年保持了净利润130%的复合增长。2007年，科大讯飞营收达到2亿元，净利润达到5300多万元。次年，科大讯飞成功登陆深交所，成为中国第一个由在校大学生创立的上市公司，也是中国语音产业唯一的上市公司。

6.1 创业概论

创业是人类特有的活动，它与人类社会的发展历史一样久远，同社会的发展同步。可以说，自强不息、不断超越自我的创业是人类社会不断前进的永恒动力。

近年来，随着国家颁布一系列鼓励创业的政策，创业越来越成为经济发展的强劲推动力，我国的创新创业事业步入了快速发展的快车道。创业在推动科技进步、促进经济增长、带动就业等方面的作用日益显著，创业已经成为社会研究和关注的焦点。

1. 创业的内涵

创业本身是一个跨越多个学科领域的复杂现象，不同学科都可以从其特有的研究视角对创业现象进行考察，这些学科包括了经济学、心理学、社会学、人类学、管理学等。

目前，关于创业的内涵还没有形成一个统一的界定，学者们分别从不同角度来研究创业，大致可以分为八个学派：

1) "风险"学派

早在1755年，法国经济学家康蒂永（Cantillon）就把entrepreneur（创业者，企业家）一词作为术语引入经济学。他认为创业者要承担以固定价格买入商品并以不确定的价格将其卖出的风险。创业者的报酬就是卖出价与买入价之差。如果创业者准确地洞察、把握了市场机会，就赚取利润，反之则承担风险。[64] 毋庸置疑，创业者需要承担创业可能失败的风险。根据这种观点，创业利润是承担创业风险的回报。

2) "领导"学派

"领导"学派从创业者在企业组织中的领导职能来研究创业活动和创业者的行为。一个成功的创业者必须具备出色的组织领导能力，能够高效整合、协调和管理各种创业资源和要素，能够领导创业团队进行创业活动。

3) "创新"学派

"创新"学派以熊彼特为突出代表。熊彼特赋予创业者以"创新者"的形象，认为创业者的职能就是实现生产要素新的组合。创业是实现创新的过程，而创新是创业的本质和源泉。熊彼特把创新比喻成为"革命"，创业者"通过利用一种新发明，或者更一般地利用一种未经试验的技术可能性，来生产新商品或者用新方法来生产老商品，通过开辟原料供应的新来源或开辟产品的新销路，改组工业结构等手段来改良或彻底改革生产模式"。熊彼特强调创业和发明不是一个概念，创业最终需要创新成果在市场上实现。创业者的职能"不在于发明某种东西或创造供企业利用的条件，而在于有办法促使人们去完成这些事情"。他认为，经济体系发展的根源在于创业活动。"创业是经济过程本身的主要推动力。"

4)"认知"学派

"认知"学派强调从创业者的个人心理特性,特别是认知特性角度来研究创业,并强调创业者的认知、想象等主观因素。柯兹纳(Kirzner)认为,创业者具有一般人所不具有的敏锐地发现市场机会的"敏感",也只有具备这种敏感的人才能被称为创业者。[2]

5)"社会"学派

"社会"学派主要从创业的外部环境,特别是宏观环境来研究创业问题,不认为创业成功是创业者个人的特征或心理作用。"社会"学派给我们提供了一个研究创业现象和创业问题的宏观视角,把目光从创业内部转向创业的外部大环境。

6)"管理"学派

著名管理学大师彼得·德鲁克认为创业是一种"可以组织、并且需要组织的系统性工作",甚至可以成为"日常管理工作的一部分",反对把创业赋予个人的、神秘的色彩。德鲁克同样强调创新是企业家的标志,是企业家特有的工具。在德鲁克看来,企业家或企业家精神的本质就是有目的、有组织的系统创新。

7)"战略"学派

"战略"学派用战略管理的方法研究创业活动,用战略眼光来审视和考察创业活动,把创业过程视为初创企业或者现有企业成长过程中的战略管理过程。

8)"机会"学派

"机会"学派认为创业机会的识别和利用是创业者必须认真对待的问题,创业机会是创业能否成功的关键因素。创业意味着对创业机会的识别、评价与开发,进而实现在经济社会层面的价值创造。作为创业活动发生的必要条件,所识别的创业机会特征决定着创业活动的价值创造潜力。

本书认为,创业是指创业主体为满足现有或潜在需求,通过识别创业机会,进行资源高效重组整合,不断创造价值并获取回报的创新活动的总称。

(1)创业的本质是创新;
(2)创业的关键是识别和评估创业机会;
(3)创业的手段是进行资源高效重组整合;
(4)创业的直接目的是不断创造价值并获取回报,创业是一个创造财富、增长效益的动态过程,这里的效益既包括经济效益,也包括社会效益和生态效益。

本书界定的创业内涵摒弃了创业意味着创建新企业的狭隘认识,反对把创业等同于创建新企业。本书认为创业不应局限于创办新企业的活动,因为在现有企业中也存在创业行为。创业者既可以是新创企业的创办人,也包括现有企业中的具有创业精神的企业家或开辟新事业的创新者。创业的本质是创新,或者说创业是创新的实现环节。

目前,对创业存在两种争论:

1) 创业需不需要新建经济组织

很多人认为创业就是开办一个追求利润的新企业、新的经济组织，或者认为创业就是初创企业由小做到大的过程。本书认为，创业既可以是创立新企业，也可以在现有企业内部进行，既可以设立新的组织，也可以不设立新的组织。是否新建经济组织只是其外在形式，关键在于是否实施了创新，这里的创新不仅是技术创新，还包括管理创新、知识创新和社会创新等。根据本书对创业的定义，创业是创新活动的总称，也就是说实施了创新的活动才是创业，至于是否有外在表现（建立新企业）并不重要，因为很多实现创新的活动也可以在企业内部进行，或者寻找外部合作伙伴进行。创业可以被理解为是对机会的识别、挖掘，并最终将其转化成市场价值的过程。一个创业机会转化为市场价值的方式主要有两种：一是创建新企业；另一种是把创业机会出售给现有企业。

同时，创业也是一种开拓创新、坚持不懈、勇于奋进、真抓实干的精神，这种精神不管是新创企业还是现有企业都十分需要。从实际情况来看，现有企业特别是大企业更需要弘扬二次创业精神才能赢得更多的利润和企业长久的发展。德鲁克在1985年出版的《创新与企业家精神》一书中指出，从20世纪70年代中期开始，美国经济率先从"管理型"经济转向以"创新"为重要特征的"创业型经济"。他认为，在这种社会里，急需引入创业精神。

2) 创业者是否一定需要具有创业天赋

德鲁克告诉我们，创业是一种"可以组织、并且需要组织的系统性工作"，甚至可以成为"日常管理工作的一部分"，反对把创业赋予个人的、神秘的色彩。也就是说，创业是可以学习的，创业是可以有目的、有系统、有组织地学习的。创业并不是某些具有天赋的人的专利，普通人也可以创业成功。

本书不认为创业者必须具有创业天赋，但并不代表创业者不需要具有一定的创业知识、素养和能力。

2. 创业的类型

根据不同的标准，可以从动机、项目、风险等不同的角度对创业进行分类。

1) 按照创业的动机，可以将创业分为机会型创业和生存型创业

2001年，GEM年度报告首次明确提出了机会型创业和生存型创业的概念，并在此后各年度报告不断丰富和完善。机会型创业是指一些人为了追求商业机会而从事的创业活动。比如，哈佛大学数学系学生比尔·盖茨辍学创办了微软；杨致远感受到了互联网的机会，放弃博士学位，创办了yahoo公司；国内典型的机会型创业案例也有很多，比如，张朝阳创立搜狐，李彦宏创办百度等。

这类创业活动是以市场机会为突破口，创造出新的市场需求或满足现有的市场需求。机会型创业是一种主动性创业，产品或服务往往具有较高的科技含量，创建的新企业往往属于成长型企业，发展潜力较大。

生存型创业是一些人别无选择或对当前就业不满意而从事的创业活动。创业者把创业

作为不得已的选择,因为其他选择不是没有就是不满意,创业者必须被动创业,为自己的生存和发展谋求出路。例如,一些下岗工人创业,一些找不到工作的大学生创业等。这类创业活动是在现有市场上寻找创业机会,没有创造新的市场需求,科技含量低,同质化竞争严重。

2) 按照创业者的数量,可以将创业分为独创型创业和合伙型创业

独创型创业是指创业者独自创办企业或经济组织,表现为独立决策、产权清晰、利润独享、自担风险,如个体工商户或个人独资企业等。这类创业活动的特点在于企业或组织由创业者自主掌控,按照自己的思路经营管理,由于创业资源准备相对比较困难,也受创业者个人特质和能力的制约,其风险很大。

合伙型创业是指创业者与其他人合作,或由团队共同创办企业或者组织,表现为集体决策、共同出资、共享利益、共担风险。如朋友或同学之间合作创办一个有限责任公司就属于合伙型创业。这类创业活动的特点就是形成了团队合力,降低了创业风险,但由于合作者在经营过程中容易产生分歧,极易造成利益冲突,导致内部管理成本的提高。

3) 按照创业的项目类型,可以将创业分为传统技能型创业、高新技术型创业和知识服务型创业

传统技能型创业是指采用传统的技术和工艺进行的创业。如在饮食、工艺、美术等与人们日常生活密切相关的行业中,传统技能项目就表现出很强的实力,许多现代技术都无法与之竞争。这类创业活动由于具有独特的技术、工艺和配方,具有一定的市场优势。至今许多传统手工生产方式在国内外仍然保留着。

高新技术型创业是指借助带有前沿性、创新性的新技术、新产品进行的创业,如创办软件公司、生物制药公司等。这类创业活动具有知识密集、技术密集、拥有自主的知识产权等特点,产品和服务具有很强的市场前景和利润空间。

知识服务型创业是指为社会提供知识信息咨询等服务的创业,如律师事务所、会计师事务所、管理咨询公司等。这类创业具有投资少、见效快、易于转型的特点。当今社会信息量越来越大,知识更新越来越快,为了满足人们节省精力、提高效率的要求,各类知识型咨询服务机构不断并细化增加。

4) 按照创业的风险大小,可以将创业分为依附型创业和独创型创业

依附型创业可以分为两种情况:一是依附于大企业或产业链生存。主要是创办小企业,为大企业提供配套服务,或者在产业链中专门为某个或某类企业生产零部件、包装材料等。二是加盟连锁。使用特许经营权,充分利用品牌优势和成熟的经营模式,以减少创业企业的经营风险,如利用麦当劳、肯德基等品牌效应和成熟的经营管理模式减少经营风险。

独创型企业是指通过提供有创造性的产品和服务来填补市场需求的空白。这类创业的特点是独创性,这种独创性既有内容,也有形式,大到整个商品,小到某种技术,乃至某类服务等。由于消费者对新事物、新产品、新技术和新服务都有一个接受的过程,所以独创型企业具有一定的风险性。

3. 创业的影响因素

创业作为经济发展中最具活力的部分,是提升一个国家经济活力和促进创新的主要驱动力,这已成为社会各界的共识。创业不仅有效地缓解了社会就业压力,解决了就业矛盾,而且也成为促进经济持续增长的重要手段。

创业的影响因素主要有:

1) 创业成熟度

成熟度是个体对自身行为负责的能力和意愿,创业成熟度包括两个方面:

第一,心理成熟度。心理成熟度主要是指创业者的意愿和动机,包括创业意愿、创业动机、创业意识、创业信心等。创业意愿是指个体是否愿意进行创业活动的一种主观态度,是对个体创业特质、创业态度评价、创业意识和创业环境影响的描述。创业者若是刚毕业或在校学生,社会经验和工作经验不足,遇到问题时如果难以承受压力,很容易致使创业失败。

第二,工作成熟度。工作成熟度主要是指创业者的知识和技能,包括创业知识储备、学习能力、组织管理能力、财务管理能力、成本与风险管控能力、市场营销能力、决策能力和技术开发能力等。

2) 商业模式

一种好的商业模式很可能成为企业在激烈的市场竞争中克敌制胜、基业长青的法宝。对创业企业来说,构建一套行之有效且独具特色的商业模式是在市场竞争中取得优势地位的关键。

3) 市场需求情况

市场需求情况决定创业机会是否容易取得,市场需求总量决定企业的生存和发展空间。当市场需求足够大时,创业者就相对容易找到商机,也就更容易成功。

4) 竞争情况

对初创企业来说,竞争越激烈,企业的生存和发展压力就越大。初次创业者往往缺乏经验,在激烈的市场竞争中往往面临巨大挑战。

5) 资金和政策支持

企业的创立、成长、壮大离不开资金和政策的支持。创业资金和相关政策将会影响创业企业的发展。初次创业者特别是大学生往往资金有限,融资能力弱,那么对他们来说资金支持就显得尤为重要。

6) 创业文化氛围

在鼓励创业的社会大环境下,大学生的创业行为会更加积极主动,创业活动也更易取得成功;反之,如果社会对创业不认可或持消极态度,纵使创业者拥有完备的硬件条件、具体的配套政策,创业活动也难以达到预期的目标。

6.2 创 业 机 会

随着创业研究的逐渐深入,近年来越来越多的研究人员开始认识到创业机会是创业的核心要素,识别和开发创业机会是创业研究领域应当关注的关键问题,创业研究应当以创业机会为线索来研究创业现象和创业问题。

真正的创业过程开始于商业机会的发现。商业机会存于何处,如何从复杂多变的市场环境中找到富有潜在价值的商业机会,进而开发并最终转化为新创企业的利润和发展契机是值得每个创业者深思的问题。

1. 创业机会的内涵

创业者必须要进行创业机会研究。实际上,创业往往是从识别、把握和利用某个或某些商业机会开始的。关于创业机会的内涵比较有代表性的观点有:

熊彼特指出,创业机会是将资源创造性地结合起来,满足市场的需要,创造价值的一种可能性。由于技术、政治、社会以及其他因素的各种变化,市场时刻处在不稳定、不平衡的状态,为人们发现新的盈利机会提供了可能。熊彼特强调企业家结合资源创造价值的可能性。

柯兹纳认为创业机会是一系列的市场不完全(market imperfections)。柯兹纳强调市场不完全、信息不对称所带来的创业机会。

卡松(Casson)对创业机会的定义是"那些新产品、服务、原材料和管理能够被应用或者出售以获得高于其成本的情况"。[65]简言之,创业机会意味着利润。

蒂蒙斯(Timmons)认为一个创业机会"是具有吸引力、持久性和适时性,并且可以为购买者或者使用者创造或增加使用价值的产品或服务"。[66]

邓学军和夏宏胜认为,创业机会是一种满足未满足的有效需要的可能性。[67]

本书认为,所谓创业机会是指能够为创业者带来持续潜在盈利和回报的未满足需求的可能性。识别创业机会是创业成功最重要的第一步,好的创业机会是创业成功的一半。

2. 创业机会的类型

阿迪克威利(Ardichvili)等人根据创业机会的来源和发展情况对创业机会进行了分类,他们用价值创造能力和探寻到的价值两个维度来描绘创业机会:

横轴以探寻到的价值(即机会的潜在市场价值)为坐标,这一维度代表着创业机会的潜在价值是否已经较为明确。

纵轴以创业者的价值创造能力为坐标,这里的价值创造能力通常包括人力资本、财务能力以及各种必要的有形资产等,代表着创业者是否能够有效开发并抓住这一创业机会。

按照这两个维度,我们可以把创业机会划分成以下四个类型(图6.1):

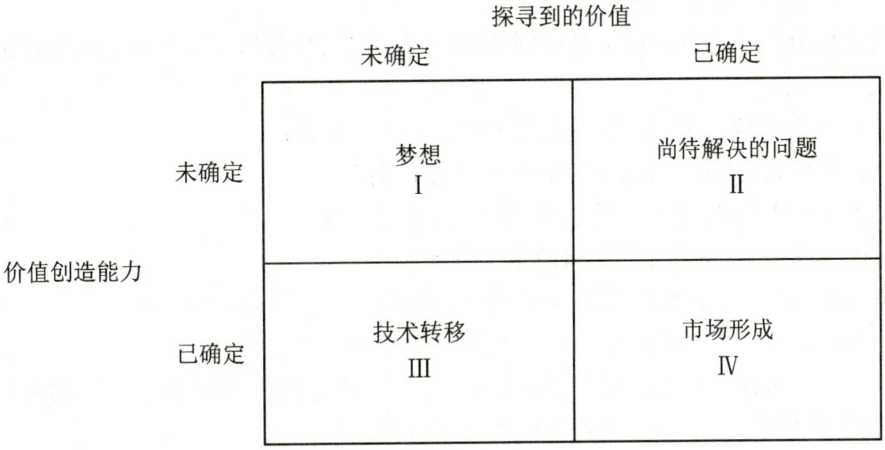

	探寻到的价值	
价值创造能力	未确定	已确定
未确定	梦想 I	尚待解决的问题 II
已确定	技术转移 III	市场形成 IV

图 6.1 创业机会的分类

左上角的第一象限中,机会的价值并不确定,创业者是否拥有实现这一价值的能力也不确定,阿迪克威利称这种机会为"梦想(dreams)"。这种创业机会实现的可能性极低。

右上角的第二象限中,机会的价值已经较为明确,但如何实现这种价值的能力尚未确定。阿迪克威利认为这种机会是一种"尚待解决的问题(problem solving)"。这种类型的创业机会价值明确,但是创业者们还不具备实现这种价值的能力,需要不断提高实现这种机会的能力,找到解决方案。

左下角的第三象限中,机会的价值尚未明确,而创造价值的能力已经较为确定,这一机会实际上是一种"技术转移(technology transfer)"(创业者或者技术开发者的目的是为手头的技术寻找一个合适的应用点)。

右下角的第四象限中,机会的价值和价值创造能力都已确定,这一机会可称为"业务或者市场形成(business formation)"。这种类型成功概率较高。

3. 创业机会的主要来源

针对创业机会的主要来源的研究,比较有代表性的有:

谢恩(Shane)和文卡塔拉门(Venkataramen)指出应当从不同市场类型的角度考察机会的不同来源。对于产品市场的商业机会,其机会来源主要有:

(1) 新技术的发明所带来的新产品及新的信息;
(2) 信息不对称导致的市场低效率;
(3) 政治因素、规章制度的变动带来的相关资源使用上的成本收益的变动。当然,尽管大多数的机会存在于产品市场之中,要素市场中的创业机会同样不能忽视,例如某一新材料的发现等。

巴伦(Baron)和谢恩以创业过程为分析框架,提出了创业机会来源于:

(1) 创新变革;
(2) 政治与规制变革;

(3) 社会与人口变化；

(4) 产业结构变化等因素。

阿迪克威利等认为创业机会是指创新或经济、政治、社会和人口条件变化使创造新事物成为可能。

谢恩和文卡塔拉门依据环境变化把创业机会来源分为：

(1) 技术创新，技术变化能带来技术型创业机会；

(2) 市场需求变化，市场变化会带来市场型创业机会；

(3) 政策变化，政策变化能带来政策型创业机会。

德鲁克在《创新与企业家精神》中认为创新机会来自七方面，分别是：

(1) 意外事件——意外的成功、意外的失败、意外的外在事件；

(2) 不协调事件——经济现状的不协调，现实与假设之间的不协调，实际的客户价值和期望之间的不协调，程序、节奏或逻辑的内部不协调；

(3) 程序需要；

(4) 产业和市场结构——机遇、产业结构何时会发生变化；

(5) 人口统计数据；

(6) 认知的变化；

(7) 新知识。

通过对创业机会来源进行研究，可以更好地进行创业机会的识别和把握，以创造更多财富。

4. 创业机会的评估

对创业机会的评估比较有代表性的是蒂蒙斯提出的包括 8 大类 53 项指标的评价框架（表 6.2）。该框架是现在应用得最广泛，也是公认的比较容易应用的框架，可以针对不同指标进行权衡打分。总体来说，这是比较科学的一种方法。

表 6.1 蒂蒙斯创业机会评价框架[66]

类别	评估指标
经济因素	1. 达到盈亏平衡点所需要的时间在 1.5—2 年或以下 2. 盈亏平衡点不会逐渐提高 3. 投资回报率在 25% 以上 4. 项目对资金的要求很大，能够获得融资 5. 销售额的年增长率高于 15% 6. 有良好的现金流量，能占到销售额的 20% 到 30% 及以上 7. 能获得持久的毛利，毛利率要达到 40% 以上 8. 能获得持久的税后利润，税后利润率要超过 10% 9. 资产集中程度低 10. 运营资金不多，需求量是逐渐增加的 11. 研究开发工作对资金的要求不高

续表

类别	评估指标
行业和市场	1. 市场容易识别,可以带来持续收入 2. 顾客可以接受产品或服务,愿意为此付费 3. 产品的附加价值高 4. 产品对市场的影响力高 5. 将要开发的产品生命长久 6. 项目所在的行业是新兴行业,竞争不完善 7. 市场规模大,销售潜力达到 1 000 万到 10 亿元 8. 市场成长率在 30%—50% 9. 现有厂商的生产能力几乎完全饱和 10. 在 5 年内能占据市场的领导地位,市场占有率 20%以上 11. 拥有低成本的工艺,功能商,具有成本优势
收获条件	1. 项目带来的附加价值具有较高的战略意义 2. 存在现有的或可预料的退出方式 3. 资本市场环境有利,可以实现资本的流动
竞争优势	1. 固定成本和可变成本低 2. 对成本、价格和销售的控制较高 3. 已经获得或可以获得专利所有权的保护 4. 竞争对手尚未觉醒,竞争较弱 5. 拥有专利或具有某种独占性 6. 拥有发展良好的网络关系,容易获得合同 7. 拥有杰出的关键人员和管理团队
管理团队	1. 创业者团队是一个优秀管理者的组合 2. 行业和技术经验达到本行业内的最高水平 3. 管理团队的正直廉洁程度能达到最高水准 4. 管理团队知道自己缺乏哪方面的知识
致命缺陷	不存在任何致命缺陷
创业者的个人标准	1. 个人目标与创业活动相符合 2. 创业者可以在有限风险下实现成功 3. 创业者可以接受薪水减少等风险 4. 所创办的事业顺应时代潮流 5. 创业者渴望创业这种生活方式,而不只是为了赚大钱 6. 创业者在压力状态下状态依旧良好
理想与现实情况的战略性差异	1. 理想与现实情况相吻合 2. 管理团队已经是最好的 3. 在客户服务管理方面有很好的服务理念 4. 所创办的事业顺应时代潮流 5. 所采取的技术具有突破性,不存在许多替代品或竞争对手 6. 具备灵活的适应能力,能快速地进行取舍

续表

类别	评估指标
理想与现实情况的战略性差异	7. 始终在寻找新的机会 8. 定价与市场领先者几乎持平 9. 能够获得销售渠道,或已经拥有现成的网络 10. 能够允许失败

创业可以被理解为创业者对创业机会的识别、评估和应用,并最终将创业机会转化成市场价值的过程。创业者不仅需要加强对创业机会的识别,更需要加大对创业机会的评估,从而在大量的不确定性机会中去甄别和选择正确的创业机会。

蒂蒙斯的创业机会评价框架提出了创业机会综合评价的指标体系,为我们正确地评估创业机会提供了有效工具。

案例分析

刘庆峰和董明珠的"创业经"

刘庆峰说,1999年他就开始创业,当时还在学校。在整个创业过程中,他和伙伴们一起走过错路,也有过没有资金、没有用户、没有大的厂商支持的遭遇,但是他们坚持下来了。2008年,科大讯飞成为中国在校大学生创业的第一家上市公司。经过十几年的发展,科大讯飞已经占有60%的语音市场份额。

对于自己的创业心得,刘庆峰说,激情和奋斗梦想是创业的前提,是创业前期最为重要的动力。在起步时,一个很好的商业模式也很重要,往往同样的技术下不同的商业模式就会决定一个企业的生死。

"如果掌握不了主导权,企业规模越大,未来风险就越大。今天的创客应该在主导权上为国家的影响做出贡献。产业使命感对于一个企业至关重要,我们要为人与人、人机之间的信息沟通做出贡献。"刘庆峰满怀激情地说,"掌握价值链的主导权,是创业过程的关键,要从源头、从技术核心去突破,而不是只做简单的'加工厂'。"

"创业是非常难的事情,一定要有良好的心态,我们有可能失败,也许失败一次,也许失败两次……重要的是一定要有远见,坚持你清晰预见的梦想。"刘庆峰这样告诫年轻创业者。

格力集团董事长兼格力电器总裁董明珠为创业的价值下了定义:"创业并不是为了自己得到什么,而是自己在创业中以及成功后能够改变他人多少。企业之间竞争的终极力量是诚信与创新。"

"现在很多人在做网站,做各种平台,他们是互联网时代异军突起的新型创业者。但是,"董明珠说,"在任何一个企业供职的每一位员工,即使他们虽然不是领导层,不是老板,但在工作中做出贡献,他们何尝又不是创业者?"

"没有高文凭,没有高能力,创新创业能成功吗?"董明珠说,"只要你把岗位工作做到极致,你的岗位给别人带来了方便,你就是成功的。只要你用心去做,你就能成为一个最好的创业者,也会有更多的智慧运用在创新的实践当中,得到社会认可。"

全国有十几亿人口,不可能每个人都去做老板,绝大多数人不是靠自己去开公司实现梦想,而是在不同的岗位上成就自己。董明珠说:"不是只有开公司才是创业,在平凡的岗位上实现自我价值同样是创业。"

请结合材料回答下列问题:

(1) 谈谈你对"掌握价值链的主导权,是创业过程的关键,要从源头、从技术核心去突破,而不是只做简单的'加工厂'"的认识。

(2) 谈谈你对"不是只有开公司才是创业,在平凡的岗位上实现自我价值同样是创业"的理解。

思考题

(1) 机会型创业和生存型创业的区别有哪些?
(2) 试列举至少 2 种创业机会的现实案例。

第7章 构建商业模式

 学习目标

- 理解并掌握商业模式的内涵
- 理解并掌握商业模式的本质
- 理解商业模式的特点
- 了解商业模式的意义
- 了解商业模式的构成要素
- 理解并掌握商业模式的类型
- 理解并掌握商业模式的构建工具

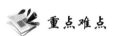 重点难点

- 商业模式的内涵
- 商业模式的本质
- 商业模式的类型
- 商业模式的构建工具

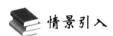 情景引入

共享单车的商业模式[①]

最近几年,共享单车雨后春笋般地快速发展起来,各式各样的单车涌现在城市的大街小巷。共享单车火爆了投资市场,被一轮轮地资本看好,各大风投公司纷纷为共享单车买单,短短两年左右的时间,摩拜单车的估值已经达到了 20 亿美元,ofo 更达到了 30 亿美元。为什么共享单车可以这般地受到资本的青睐,它的商业模式到底是怎么样的呢?

ofo 是最早成立的共享单车公司,2014 年由来自北大的 5 位"90 后"创始人创立。2015 年 6 月,ofo 共享计划推出,在北大成功推出 2000 辆共享单车,12 月,ofo 日订单接近 2 万单。金沙江创投合伙人罗斌到北京大学办事,看到路上很多辆小黄车。他意识到这是一家

[①] 摘自 http://www.sohu.com/a/208017834_99995951。

值得投资的公司,它抓住了学生的刚需,并且是高频次的。于是便有了 2016 年春节后的 A 轮融资。

摩拜单车则是一开始便有资本的身影。拥有 10 年汽车记者背景的创始人胡玮炜原本只是一个普通白领,2014 年的一天,一个在奔驰中国设计中心工作的朋友告诉她,未来的个性出行工具会有一波革新潮流;蔚来汽车的董事长李斌问她,有没有想过做共享出行项目;后来她又与极客公园创始人张鹏进行过探讨。胡玮炜一开始就有这些投资人的支持,并邀请到从优步离职的王晓峰担任摩拜的 CEO。

共享单车之所以发展如此迅速,各种共享单车如雨后春笋一样出现在诸多城市街头,是因为这个商业模式几乎完美地回答了下列五大核心问题:

(1) 准备提供的产品(或者服务)解决了什么需求?换而言之,你的目标用户群体是谁?刚需,还是改善性的?高频需求,还是低频?

(2) 这个需求的市场是否足够大?

(3) 你的模式会动谁的奶酪?换句话说,你的潜在对手是谁?潜在对手能量有多大?潜在对手会不会反扑?这决定了你创业的阻力,也决定了你最终能走多远。

(4) 你的模式是否不容易被复制或抄袭?

(5) 最核心最重要的是,怎么赚到钱?你的利润来源点在哪?稳不稳定?别人为什么会买单?成本和风险如何控制?

首先,短距离出行是绝对的刚需。特别是日渐拥挤的大城市的出行高峰期,一直都是城市交通的巨大痛点,公交、地铁、出租都无法解决。以摩拜单车为代表的共享单车便在互联网时代应运而生。共享单车充分利用互联网的便利性,不用停车桩,不用办卡,二维码扫一扫就能开锁,通过 APP,让用户可以查看附近的车辆,提前预约,不用的时候停在任意合法非机动车停车点即可,半小时收费一元,用车成本低到可以忽略,几乎彻底、完美地解决了城市"最后一千米"的困扰,极大地方便了用户,解决了短距离出行与高峰期的问题。因此,几乎任何一个上班族都可以作为共享单车的潜在目标用户。共享单车不仅目标用户群体庞大,而且几乎不存在直接竞争对手,即使存在城市公共自行车等竞争对手,但这些竞争对手大多没有形成一个统一组织,势力较小,很难全面大规模地阻止共享单车的推广和发展,也就是说创业的阻力很小。

任何一个项目,最重要的便是盈利模式。共享单车的盈利模式可以说是一种比较成功的商业模式,它通过分时租赁来部分变现,通过收取押金来回收资金,实现现金流并进行扩张。假如有 1 亿用户使用单车,每个用户使用 1 小时,那么便是 1 亿元的收入,这便是分时租赁的方式,但这并不是共享单车的主要盈利方式。在使用共享单车之前你必须将你的电话号码、真实姓名、身份证号都发送过去,同时还得交纳 299 元的押金,企业一开始便拿到了许多互联网企业梦寐以求的信息,同时还让用户掏了钱包,这不仅解决了盈利的问题,同时还得到了珍贵的用户数据,为自己的大数据之路奠定了基础。

押金是共享单车商业模式的重要一环:

(1) 可以退,所以多数人不会抵制缴纳这笔钱;

(2) 可以退,但公司不会自动退,多数人也不会主动要求退,因为下次用车还得缴,其结果就是大量资金沉淀在公司;

(3) 押金不能动用,不能用作租赁车费的支持,这笔钱只会增加,永远不会减少;

(4) 由于1份押金对应1个注册用户,而非1辆车,这意味着投放1辆车能锁定远超过1个用户。摩拜目前是1辆车锁定8人,等于投放1辆车获得2392元的"存款"。从这个意义上,摩拜投放的每辆单车都类似一个移动储蓄所。假设投放1000万辆车,每辆车锁定8人,每人300元押金,沉淀资金总额将达240亿,然后可以利用这240亿进行其他资本投资来获取更大收益。这种商业模式不去着眼解决盈利,而是解决现金流,不出售硬件,而通过收取押金来弥补现金流,减少了一般互联网企业为培育用户而通过海量补贴产生的现金支出,这是相当高明的一步。

因此在创业的时候,我们必须思考:
(1) 我们的产品与服务,解决了用户什么问题;
(2) 我们的目标市场是否足够大;
(3) 我们的潜在竞争对手有多少;
(4) 我们的模式是否很容易被复制,很容易被抄袭;
(5) 最重要的一点,我们是怎么样来赚钱的,我们的盈利模式是怎么样的。

只有思考好这几点内容,我们才能打动和吸引资本,在创业的路上越走越远。

7.1 商业模式概述

著名管理学大师彼得·德鲁克在《德鲁克日志》中提到:"当今企业之间的竞争,不是产品之间的竞争,而是商业模式之间的竞争。"[68]在激烈的市场竞争中,越来越多的企业高层管理者们清醒地认识到:每个强大的公司背后都有一套行之有效且独具特色的商业模式,这正是这些公司在市场竞争中取得优势地位的关键。一种好的商业模式很可能成为企业在激烈的市场竞争中克敌制胜、基业长青的法宝。如以物流、数据库建设以及为顾客创造价值为核心的沃尔玛模式,以低库存成本、不断聆听消费者的意见和直接销售为核心的戴尔模式,不仅为企业带来丰厚的利润回报,而且奠定了企业在市场竞争中的优势地位。

2005年,经济学人智库(Economist Intelligence Unit)的一项调查显示,超过50%的高管认为,对于企业的成功而言,商业模式创新比产品和服务创新显得更为重要。[69]

1. 商业模式的内涵

深入研究、构建和创新商业模式,首先必须准确界定商业模式的本质内涵。正确理解和把握商业模式的科学内涵是企业找到适合自身特点商业模式的关键,也是提高企业核心竞争力和可持续发展能力的前提和基础。

商业模式(business model)也译为商务模式、经营模式或业务模式。目前,关于商业模式的界定还没有形成一个统一的概念,学者们分别从不同方面提出了自己的看法,其中比较有代表性的有:

迈克尔·莫里斯(Michael Morris)等通过对30多个商业模式定义中的关键词进行汇总分析,得出商业模式的定义可分为三类,即经济类、运营类、战略类。

经济类定义将商业模式看作是企业的经济模式,是指"如何赚钱"的利润产生逻辑,相关变量包括收益来源、定价方法、成本结构和利润等。例如,斯图尔特(Stewart)等认为,商业模式是企业能够获得并保持其收益流的逻辑陈述。[70]拉帕(Rappa)则认为商业模式的最根本内涵是企业为了自我维持,赚取利润而经营商业的方法,进而清楚地说明企业如何在价值链(价值系统)上进行定位,获取利润。[71]

运营类定义关注企业内部流程及基本构造问题,相关变量包括产品或服务交付方式、管理流程、资源流、知识管理等,重点在于解释企业通过何种内部流程和基本构造设计来创造价值。例如,蒂默尔斯(Timmers)将商业模式定义为表示产品、服务和信息流的架构,内容包含对不同商业参与主体(business actors)及其作用、潜在利益和获利来源的描述。[72]马哈德万(Mahadevan)认为,商业模式是企业与商业伙伴及买方之间价值流(value stream)、收入流(revenue stream)和物流(logistic stream)的特定组合。[73]罗珉认为,商业模式是一个组织在明确外部假设条件、内部资源和能力的前提下,用于整合组织本身、顾客、供应链伙伴、员工、股东或利益相关者来获取超额利润的一种战略创新意图、可实现的结构体系以及制度安排的集合。[74]

战略类定义关注企业的战略、市场定位、组织边界、竞争优势及其可持续性,相关变量包括价值创造、差异化、愿景和网络等。例如,韦尔(Weill)等把商业模式定义为对企业的顾客、合作伙伴与供货商间关系与角色的描述,目的在于辨认主要产品、信息和资金的流向以及参与主体能获得的主要利益。[75]迪博松·托贝(Dubosson-Torbay)等认为,商业模式是对企业及其合作伙伴为获得可持续的收入流,创造目标顾客群体架构、营销、传递价值和关系资本的描述。[76]魏江等把商业模式定义为一个描述客户价值主张、价值创造和价值获取等活动连接的架构,该架构涵盖了企业为满足客户价值主张而创造价值,最终获取价值的概念化模式。[69]

国内研究学者原磊在莫里斯的分类观点基础上,增加了整合类研究视角。他认为,商业模式不应当仅仅是对企业经济模式和运营结构的简单描述,也不应该是企业不同战略的简单加和,而是要超越这些孤立和片面的描述,从整体上和经济逻辑、运营结构与战略方向三者之间的协同关系上说明企业商业系统运行的本质[77]。例如,莫里斯等在考察众多商业模式定义的基础上,给商业模式下了一个整合定义:商业模式是一种简单的陈述,旨在说明企业如何对战略方向、运营结构和经济逻辑等方面一系列具有内部关联性的变量进行定位和整合,以便在特定的市场上建立竞争优势。[77]原磊认为,商业模式是一种描述企业如何通过对经济逻辑、运营结构和战略方向等具有内部关联性的变量进行定位和整合的概念性工具,说明了企业如何通过对价值主张、价值网络、价值维护和价值实现四个方面的因素进行设计,在创造顾客价值的基础上,为股东及伙伴等其他利益相关者创造价值。[78]同时,他进一步指出各类定义的递进趋势,认为目前国外商业模式的定义总体上是从经济向运营、战略和整合递进的。[77]

翁君奕认为商业模式由客户界面、内部构造和伙伴界面组成,每个界面都包含了4大基本要素,即价值对象、价值内容、价值提交、价值回收(表7.1)。[79]

表 7.1 核心界面的要素分类

要素	客户界面	内部构造	伙伴界面
价值对象	市场细分 目标市场选择 市场定位 其他	企业使命 利益相关者理念 其他	分拆 购并 外包 供应商选择 其他
价值内容	产品本身的质量和性能 价格 服务 体验 接触距离 其他	客户价值 伙伴价值 薪酬 其他	建立供应合作关系 整合供应商 为供应商提供指导 利用供应商创新 发展全球供应基地 战略联盟 行业标准 其他
价值提交	销售渠道 品牌设计 营销传播 广告促销	治理结构 资本结构 决策和领导方式 业绩评价和监督体系	质量控制 采购管理
价值提交	销售 售后服务 客户关系管理 其他	组织结构 产品或服务组合 工艺流程 业务流程 质量管理 信息管理 知识管理 价值链管理 企业边界设定与调整 其他	物流管理 合作伙伴关系管理 其他
价值回收	收费方式 应收款管理 其他	股利分配 股东价值管理 其他	付款方式 应付款管理 其他

2. 商业模式的本质

价值的创造和实现是企业活动的核心,也是企业商业模式的核心。商业模式本质上是企业的价值创造和价值实现的平衡过程,而价值创造和价值实现离不开顾客、伙伴和社会等影响因素。每个企业努力构建符合自身特点的价值网络(图7.1),从而把它打造成企业有价值、稀缺、不可模仿和不可替代的资源,不断创造出可持续的竞争优势。因此我们应当从客户价值、伙伴价值、企业价值和社会价值四个视角来研究企业的商业模式。另外,从层次上看,客户价值、伙伴价值、企业价值和社会价值四者处在价值网络中的不同层次。客户价值是前提,只有实现客户价值,企业才能生存和发展;伙伴价值是支撑,没有合作伙伴的支持和帮助,企业将寸步难行;企业价值是目标,企业实现利润,才有动机和能力持续发展;社会价值是保证,企业也是社会中的一员,应该承担相应社会责任,才能实现长远发展。

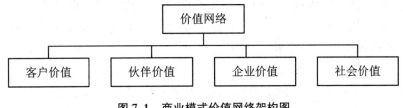

图 7.1　商业模式价值网络架构图

3. 商业模式的特点

虽然各种理论对商业模式的定义还无法达成共识,但对于成功商业模式特点的认识较为一致。普遍认为,成功的商业模式具有如下共同特点:

1) 差异性与难以模仿性

成功的商业模式具有明显的差异性和难以模仿性。每个企业因环境、资源、定位、产品或服务、目标群体等因素存在差异性,造成其商业模式存在差异性。成功的企业往往善于根据环境、资源、自身特点等因素来构建符合自身发展要求又与竞争对手保持距离的商业模式。这让竞争对手难以在短时间内复制、模仿和超越,从而能够帮助企业形成独特的、难以为竞争对手所模仿的竞争能力。

戴尔的直销模式重新定义了顾客对速度及成本价值的衡量方式,创造了阻碍竞争对手模仿的障碍。同样,美国西南航空的商业模式所选择的特定服务航线和目标顾客,也使得对手只能模仿其中的某一个环节而无法模仿全部。

2) 前瞻性

商业模式的前瞻性要求企业决策者在构建商业模式时要把眼光放得长远,要有敏锐的洞察力和预见性,提前谋划,赢得主动,这一点对于创业者至关重要。很多富有激情的创业者以为只要把产品或服务做好就可以创业成功,并没有认真考虑和设计符合自身定位和特点的商业模式,当碰到相应问题、处处碰壁、企业发展陷入停滞时,方才发现商业模式的重要性,这在无形中浪费了大量宝贵的资源和时间。因此,企业决策者特别是初创者应该高度重视商业模式,认真筹划做好前期工作,未雨绸缪,不能等到出现问题才想起要构建商业模式。

3) 有效性

商业模式的有效性要求商业模式中价值创造和价值回收这两大环节能够实现高效运转和平衡。一方面,能够较好地识别并满足客户需求,做到客户满意,不断挖掘并提升客户的价值。另一方面,能够提高自身、合作伙伴和社会的价值,创造良好的经济社会效益。同时,能够有效地平衡企业、客户、合作伙伴、竞争者和社会之间的关系,既要关注客户,又要企业盈利,还要比竞争对手更好地满足市场需求。

4) 系统性

商业模式是一个由多种环节和因素构成的系统工程。在这个系统中各个因素相互联系、相互影响、相互作用,共同形成一个统一的有机整体。戴尔的直销模式之所以成功,其重要原因之一是戴尔具有低于4天的存货周转期,这种高周转率直接带来了低资金占用率和低成本效益,使得戴尔的产品价格低,具有竞争对手不可比拟的优势。戴尔的低库存、高周转率正是来自于其核心生态系统内采购、产品设计、订货和存货管理、制造商及服务支持等一系列生态链中相关活动的整体联动所产生的协同作用,这是其核心竞争力所在。

5) 动态适应性

商业模式是一个动态的概念。也就是说,商业模式不是一成不变的,它可以随着企业的发展而发生变化。当企业的资源、行业地位等发生变化时,商业模式可以进行更新和调整。好的商业模式必须始终保持必要的灵活性和应变能力,企业具有动态匹配的商业模式才能获得成功。为了保持竞争性,企业需要不断开发和调整其商业模式以适应企业的新发展和新要求。

4. 构建商业模式的意义

(1) 构建商业模式有助于企业全面、系统地思考价值创造与价值回收的问题,为企业家系统地思考本企业的经营问题提供了一种有效的战略分析工具。

商业模式不仅审视企业自身内部环境,还着眼处理企业与外部环境之间的关系,侧重于描绘企业的价值创造、传递和回收方式。商业模式不仅有助于企业明确自己与其他企业之间的分工和联系,还有助于企业从中识别和确定关键的资源和流程。因此,企业不仅可以通过商业模式来界定自己的业务或经营边界,而且还能把价值创造与价值回收机制进行高效平衡,从而明确自身的核心优势,从更加宏观的视角来观察和发现自己的优势和劣势,更容易发现自身存在的战略问题。

(2) 构建商业模式有助于提高企业的核心竞争力,增强企业可持续发展能力。

企业要想实现可持续发展,提高核心竞争力是关键。核心竞争力是一个企业长期获得竞争优势的能力,是企业所特有、能够经得起时间考验、具有一定排他性并且是竞争对手难以模仿的模式或能力。企业通过核心竞争力来支持自身的竞争优势,再通过竞争优势来确保自身的可持续发展。商业模式最重要的价值就是将企业内部资源、能力和外部环境同时纳入企业持续、健康成长的框架。企业要想在竞争中战胜竞争对手,就必须建立具有差异性、创造性的商业模式,从而提高企业核心竞争力。商业模式通过构建具有差异性和难以模仿的流程、模式和机制提高企业抵御风险的能力,增强企业应对未来竞争和挑战的能力,从而增强企业可持续发展能力。

(3) 构建商业模式有助于提高创业成功率。

创业者往往过于注重产品技术研发,而忽略了商业模式的重要性。大多数创业者一旦发现创业机会,就迫不及待地去进行产品技术研发,结果常以失败而告终。其实,创业失败的原因并不是创业者工作不努力或机会不好,而是创业者没有认真思考如何构建自己的商业模式,没能把握好创业机会的内在经济逻辑。创业者一味地注意价值创造因素,重视满足顾客需求和解决实际问题,但却忽视了同样重要的价值回收,忽视了可行性分析和获取收益,这已成为许多企业失败的主要原因。初创企业利用商业模式可以更加全面地对创业活动进行思考,能有效避免匆忙创业造成的失误,从而提高创业成功率。

7.2 商业模式的构成要素

研究学者们所界定的商业模式内涵存在差异,因此商业模式的组成要素及其结构也表现出多样性,表 7.2 将列举一些具有代表性的观点。

表 7.2 商业模式构成体系[77]

研究学者	构成要素	数量	范围
Horowitz(1996)	价格、产品、分销、组织特征、技术	5	普遍
Viscio 等(1996)	全球核心、管制、业务单位、服务、连接	5	普遍
Timmers(1998)	产品/服务/信息流结构、参与主体利益、收入来源	3	电子
Markides(1999)	产品创新、顾客关系、基础设施管理、财务	4	普遍
Donath(1999)	顾客理解、市场战术、公司管理、内部网络化能力、外部网络化能力	5	电子
Chesbroug 等(2000)	价值主张、目标市场、内部价值链结构、成本结构和利润模式、价值网络、竞争战略	6	普遍
Gordijn 等(2001)	参与主体、价值目标、价值端口、价值创造、价值界面、价值交换、目标顾客	7	电子
Linder 等(2001)	定价模式、收入模式、渠道模式、商业流程模式、基于互联网的商业关系、组织形式、价值主张	8	普遍
Hamel(2000)	核心战略、战略资源、价值网、顾客界面	4	普遍
Petrovic 等(2001)	价值模式、资源模式、生产模式、顾客关系模式、收入模式、资产模式、市场模式	7	电子
Dubosson Torbay 等(2001)	产品、顾客关系、伙伴基础与网络、财务	4	电子
Afuah 等(2001)	顾客、价值、范围、价格、收入、相关行为、实施能力、持续力	8	电子
Weill 等(2001)	战略目标、价值主张、收入来源、成功因素、渠道、核心能力、目标顾客、IT 技术设施	8	电子
Applegate(2001)	概念、能力、价值	3	普遍

续表

研究学者	构成要素	数量	范围
Amit 等(2001)	交易内容、交易结构、交易治理	3	电子
Alt 等(2001)	使命、结构、流程、收入、法律义务、技术	6	电子
Rayport 等(2001)	价值流、市场空间提供物、资源系统、财务模式	4	电子
Betz(2002)	资源、销售、利润、资产	4	普遍
Stähler(2002)	价值主张、产品/服务、价值体系、收入模式	4	普遍
Forzi 等(2002)	产品设计、收入模式、产出模式、市场模式、财务模式、网络和信息模式	6	普遍
Gartner(2003)	市场提供物、能力、核心技术投资、概要	4	电子
Osterwalder 等(2005)	价值主张、目标顾客、分销渠道、顾客关系、价值结构、核心能力、伙伴网络、成本结构、收入模式	9	普遍
翁君奕(2004)	价值对象、价值内容、价值提交、价值回收	4	普遍
原磊(2007)	价值主张、价值网络、价值维护、价值实现	4	普遍
魏炜(2009)	定位、业务系统、关键资源能力、盈利模式、自由现金流结构与企业价值	5	普遍
罗珉(2009)	价值主张、核心战略、资源配置、组织设计、价值网络、产品与服务设计、经营收入机制、盈利潜力	8	普遍

7.3 商业模式的构建工具——商业模式画布

商业模式画布是一种常用的商业模式分析和构建工具。该工具由 9 个商业模式模块组成：客户细分、价值主张、渠道通路、客户关系、收入来源、核心资源、关键业务、重要合作和成本结构，以便进行可视化的描述和分析。这 9 个商业模式模块组成了构建商业模式的便捷工具。这个工具类似于画家的画布，其中预设了 9 个空格，创业者可以在上面画上相关模块，来描述现有的商业模式或设计新的商业模式(图 7.2)。

1. 客户细分

1) 客户细分的概念

客户细分是指企业或机构所服务的一个或多个客户分类群体。客户是任何商业模式的核心。没有(可获益的)客户，就没有企业的长治久安。为了更好地满足客户需求，企业可以把客户分成不同的细分市场，每个细分市场中的客户具有共同的需求、共同的行为和其他共同的属性。企业必须决定服务哪些细分市场，忽略掉哪些细分市场。一旦决定了所要服务的客户群,企业就可以凭借对特定客户群体需求的深刻理解,仔细设计相应的商业模式。客户群可以按照不同的标准来划分,例如,可以按照不同的提供物(产品或服务)、不同的分销渠道、不同类型的关系、不同的盈利能力(收益性)和客户对产品和服务的不同方面付费等进行分类。

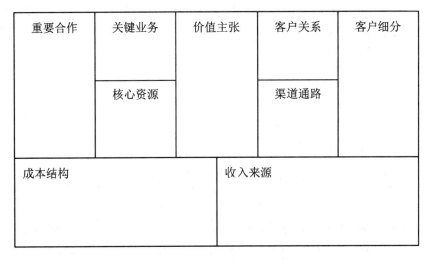

图 7.2　商业模式画布

2) 客户细分的类型

(1) 大众市场。

聚焦于大众市场的商业模式在不同的客户细分之间没有多大区别。价值主张、渠道通路和客户关系全都聚焦于一个大范围的客户群组,在这个群组中,客户具有大致相同的需求和问题,这类商业模式经常能在消费类电子行业中找到。

(2) 利基市场。

以利基市场为目标的商业模式迎合特定的客户细分群体。价值主张、渠道通路和客户关系都针对某一利基市场的需求特点定制。这样的商业模式常常可以在供应商—采购商的关系中找到。例如,很多汽车零部件厂商严重依赖于主要汽车生产工厂的采购。

(3) 区隔化市场。

有些商业模式在略有不同的客户需求及困扰的市场细分群体间会有所区别。例如,瑞士信贷的银行零售业务在拥有超过 100 000 美元资产的客户群体与拥有超过 500 000 美元资产的群体之间的市场区隔就有所不同。这些客户细分有很多相似之处,但又有不同的需求和困扰。这样的客户细分群体影响了瑞士信贷商业模式的其他构造块,诸如价值主张、渠道通路、客户关系和收入来源。瑞士微型精密系统公司专门提供外包微型机械设计和生产解决方案业务,服务于三个不同的客户细分群体——钟表行业、医疗行业和工业自动化行业,它为这些行业所提供的价值主张略有不同。

(4) 多元化市场。

具有多元化客户商业模式的企业可以服务于两个具有不同需求和困扰的客户细分群体。例如,2006 年,亚马逊决定通过销售云计算服务使其零售业务多样化,即在线存储空间业务与按需服务器使用业务。因此亚马逊开始以完全不同的价值主张迎合完全不同的客户细分群体——网站公司。这个策略可以实施的根本原因是亚马逊强大的 IT 基础设施能被零售业务运营和新的云计算服务所共享,实现经营的多样化。

(5) 多边平台或多边市场。

有些企业服务于两个或更多的相互依存的客户细分群体。例如,信用卡公司需要大范围的信用卡用户,同时也需要大范围可以受理那些信用卡的商家。同样,企业提供的免费报纸需要大范围的读者,以便吸引广告。另一方面,它还需要广告商为其产品及分销提供资金。这需要双边细分群体才能让这个商业模式运转起来。

2. 价值主张

1) 价值主张的概念

价值主张模块用来描绘为特定客户细分群体创造价值的系列产品和服务。价值主张是客户转向一个公司而非另一个公司的原因,它解决了客户困扰或者满足了客户需求。每个价值主张都包含可选的系列产品或服务,以迎合特定客户细分群体的需求。在这个意义上,价值主张是公司提供给客户的受益集合或者系列。有些价值主张可能是创新的,并表现为一个全新的或"破坏性"的提供物(产品或服务),而另一些可能与现存市场提供物(产品或服务)类似,只是增加了功能和特性。

2) 价值主张的内容

价值主张通过满足细分群体需求的独特组合来创造价值。价值可以是定量的(如价格、服务速度)或定性的(如设计、客户体验)。下面这些要素有助于为客户创造价值。

(1) 新颖。

有些价值主张满足客户从未感受和体验过的全新需求,以前从来没有类似的产品或服务。这通常与技术有关,例如,移动电话围绕移动通信开创了一个全新的行业。

(2) 性能。

改善产品和服务性能是一个传统意义上创造价值的普遍方法。个人计算机行业依赖于这个传统的因素,不断向市场推出更强劲的机型。但性能的改善似乎也有局限,例如,近几年更快速的计算机、更大的磁盘存储空间和更好的图形显示功能都未能在用户需求方面促成对应的增长。

(3) 定制化。

定制产品和服务通过满足个别客户或客户细分群体的特定需求来创造价值。近几年来,大规模的定制客户参与制作的概念显得尤为重要。这个方法有序地定制产品和服务,同时还可以利用规模经济优势。

(4) 设计。

设计是一个重要但又很难衡量的要素。产品可以因为优秀的设计脱颖而出。在时尚和消费类电子产品中,设计是价值主张中一个特别重要的部分。

(5) 品牌/身份地位。

客户可以通过使用某一特定品牌而呈现价值。例如,劳力士手表象征着财富。

(6) 价格。

以更低的价格提供同样品质的价值是满足价格敏感客户细分群体的通常做法,但是低价主张对于商业模式的其余部分有更重要的含义。经济航空公司,诸如西南航空公司、易捷航空公司、瑞安航空公司都设计了全新的商业模式,以便使低价航空旅行成为可能。另一个基于价格的价值主张例子是印度塔塔集团设计制造的 Nano 新型汽车。它以令人惊叹的低价使印度全民都买得起汽车。如今,免费产品和服务开始越来越多地渗透到各行各业。

(7) 成本削减。

帮助客户削减成本是创造价值的重要方法。例如,salesforce.com 公司销售在线的客户关系管理系统(CRM)应用,这项服务减少了购买者的开销,免除了用户自行购买、安装和管理 CRM 软件的麻烦。

(8) 风险抑制。

当客户购买产品和服务的时候,帮助客户抑制风险也可以创造客户价值。对于二手汽车买家来说,为期一年的服务担保规避了在购买后发生故障而需要修理的风险。

(9) 可达性。

把产品和服务提供给以前接触不到的客户是另一个创造价值的方法。这既可能是商业模式创新的结果,也可能是新技术的结果,或者兼而有之。例如,奈特捷航空公司以普及私人飞机拥有权概念而著称。通过应用创新的商业模式,奈特捷航空向私人及企业提供私人飞机的权限。在此之前这项服务对绝大部分客户来说都很难支付得起。同样,基金是通过提升可达性来创造价值的另一个例子。这种创新的金融产品使那些有一定经济能力的人建立多元化的投资组合成为可能。

(10) 便利性/可用性。

使事情更方便或易于使用可以创造客观的价值。苹果公司的 iPad 和 iTunes 为用户提供了在搜索、购买、下载和收听数字音乐方面前所未有的便捷体验。现在,苹果已经主导了市场。

3. 渠道通路

1) 渠道通路的定义

渠道通路模块用来描绘公司是如何沟通、接触其客户细分群体而传递其价值主张的,沟通、分销和销售渠道构成了公司与客户的接口界面。渠道通路是客户接触点,它在客户体验中扮演着重要角色。

2) 渠道通路的功能

渠道通路主要具有如下几个方面的功能:
(1) 提升公司产品和服务在客户中的认知;
(2) 帮助客户评估公司价值主张;
(3) 协助客户购买特定产品和服务;
(4) 向客户传递价值主张;

(5) 提供售后客户支持。

渠道依次具有认知、评估、购买、传递、售后五个不同的阶段,每个渠道都能经历部分或全部阶段。我们可以区分直销渠道和非直销渠道,也可以区分自有渠道和合作伙伴渠道。

在把价值主张推向市场期间,找准接触客户的正确渠道组合是至关重要的。企业组织可以选择通过其自有渠道、合作伙伴渠道或两者的混合来接触客户。自有渠道可以是直销的,例如内部销售团队或网站,也可以是间接的,例如团体组织拥有或运营的零售商店渠道。合作伙伴渠道是间接的,同时在很大范围上可供选择,例如分销批发、零售或者合作伙伴的网站。

虽然合作伙伴渠道利润较低,但企业可以凭借合作伙伴的强项,扩展企业接触客户的范围和收益。自有渠道和部分直销渠道有更高的利润,但是其建立和运营的成本都很高。渠道管理的诀窍是在不同类型渠道之间找到适当的平衡点,整合它们来创造令人满意的客户体验,同时使收入最大化。

4. 客户关系

1) 客户关系的概念

客户关系模块用来描绘公司与特定客户细分群体建立的关系类型。企业应该与每个客户细分群体建立关系。客户关系可以被以下几个动机所驱动:客户获取、客户维系、提升销售额(追加销售)。

例如,早期移动网络运营商的客户关系由积极的客户获取策略所驱动,包括免费移动电话等。当市场饱和后,运营商转而聚焦于客户保留以及提升来自单客户的平均收入。

商业模式所要求的客户关系深刻地影响着全面的客户体验。

2) 客户关系的类型

(1) 个人助理。

这种关系类型基于人与人之间的互动。在销售过程中或售后阶段,客户可以与客户代表交流并获取帮助。在销售地点,可以通过呼叫中心、电子邮件或其他销售方式等个人助理手段来进行。

(2) 专用个人助理。

这种关系类型为单一客户安排专门的客户代表。它是层次最深、最亲密的关系类型,通常需要较长时间来建立。例如,私人银行服务会指派银行经理向高净值个人客户提供服务。在其他商业领域也能看到类似的关系类型,关键客户经理与重要客户保持着私人联系。

(3) 自主服务。

在这种关系类型中,公司与客户之间不存在直接的关系,而是为客户提供自主服务所需要的所有条件。

(4) 自动化服务。

这种关系类型整合了更加精细的自动化过程,用于实现客户自助服务。例如,客户可以通过在线档案来制订个性化服务。自动化服务可以识别不同客户及其特点,并提供与客户订单或交易相关的信息。最佳情况下,良好的自动化服务可以模拟个人助理服务的体验(例如推荐图书或电影)。

(5) 社区。

目前各公司正越来越多地利用用户社区与客户/潜在客户建立更为深入的联系,并促进社区成员之间的互动。许多公司都建立了在线社区,让其用户交流知识和经验,解决彼此的问题。社区还可以帮助公司更好地理解客户需求。

(6) 共同创作。

许多公司超越了与客户之间传统的客户—供应商关系,而倾向于和客户共同创造价值。亚马逊书店就邀请顾客来撰写书评,从而为其他图书爱好者提供价值。有的公司还鼓励客户参与到全新产品和创新产品的设计过程中来。还有一些公司,例如 YouTube,请用户来创作视频供其他用户观看。

5. 收入来源

1) 收入来源的概念

收入来源模块用来描绘公司从每个客户群体中获取的现金收入(需要从创收中扣除成本)。如果说客户是商业模式的心脏,那么收入来源就是动脉。

企业必须问自己,什么样的价值能够让各客户细分群体真正愿意付款。只有回答了这个问题,企业才能在各客户细分群体上发掘一个或多个收入来源。每个收入来源的定价机制可能不同,如固定标价、谈判议价、拍卖定价、数量定价或收益管理定价等。

一个商业模式可以包含两种不同类型的收入来源:

(1) 通过客户一次性支付获得的交易收入。

(2) 客户为获得价值主张与售后服务而持续支付的费用。

2) 收入来源的方式

(1) 资产销售。

最为人熟知的收入来源方式是销售实体产品的所有权。如亚马逊在线销售图书、音乐、消费类电子产品和其他产品。菲亚特销售汽车,客户购买之后可以任意驾驶、转售甚至破坏。

(2) 使用收费。

这种收入来源于特定的服务收费。客户使用的服务越多,付费越多。电信运营商可以按照客户通话时长来计费。旅馆可以按照客户入住天数来计费。快递公司可以按照运送地点的距离来计费。

(3) 订阅收费。

这种收入来源于销售重复使用的服务。一家健身房可以按月或按年以会员制订阅方式来销售健身设备的使用权。魔兽世界——一款大型多人在线角色扮演游戏——允许用户使用按月订阅的付费方式。

(4) 租赁收费。

这种收入来源于针对某个特定资产在固定时间内的暂时性排他使用权的授权。对于出借方而言,租赁收费可以带来经常性收入。而租用方或承租方可以仅支付限时租期内的费用,而无须承担购买所有权的全部费用。如 zipcar.com 提供了一个很好的例子。该公司可以让客户在北美各大城市按小时租车。zipcar.com 的服务导致许多消费者决定租赁汽车而不再购买汽车。

(5) 授权收费。

这种收入来源于将受保护的知识产权授权给客户使用,并换取授权费用。授权方式可以让版权持有者不必将产品制造出来或者将服务商业化,仅靠知识产权本身即可产生收入。授权方式在媒体行业非常普遍,内容所有者保留版权,但是可以将使用权销售给第三方。在技术行业,专利持有人授权其他公司使用专利技术,并收取授权费作为回报。

(6) 经纪收费。

这种收入来源于为了双方或多方之间的利益所提供的中介服务而收取的佣金。例如,信用卡提供商作为信用卡商户和顾客的中间人,从每笔销售交易中抽取一定比例的金额作为佣金。同样,股票经纪人和房地产经纪人通过成功匹配卖家和买家来赚取佣金。

(7) 广告收费。

这种收入来源于为特定的产品、服务或品牌提供广告宣传服务。传统意义上,媒体行业和会展行业均以此作为主要收入来源。近几年,其他行业包括软件和服务行业也开始逐渐向广告收入倾斜。

每种收入来源都可能有不同的定价机制,定价机制的选择就产生的收入而言会有很大的差异。定价机制主要有两种形式:固定定价和动态定价。

6. 核心资源

1) 核心资源的概念

核心资源用来描绘让商业模式有效运转所必需的最重要因素。每个商业模式都需要核心资源,这些资源使得企业组织能够创造和提供价值主张、接触市场、与客户细分群体建立关系并赚取收入。不同的商业模式所需要的核心资源有所不同。例如,微芯片制造商需要资本集约型的生产设施,而芯片设计商则需要更加关注人力资源。

核心资源可以是实体资产、金融资产、知识资产或人力资源。核心资源既可以是自有的,也可以是公司租借的或从重要伙伴那里获得的。

2) 核心资源的分类

(1) 实体资产。

实体资产包括诸如生产设施、不动产、汽车、机器、系统、销售网点和分销网络等。沃尔玛和亚马逊等零售企业的核心资产就是实体资产,且均为资本集约型资产。沃尔玛拥有庞大的全球店面网络和与之配套的物流基础设施。亚马逊拥有大规模的 IT 系统、仓库和物流体系。

(2) 知识资产。

知识资产包括品牌、专有知识、专利和版权、合作关系和客户数据库,这类资产日益成为强健商业模式中的重要组成部分。知识资产的开发很难,但成功建立后可以带来巨大价值。

快速消费品企业例如耐克和索尼主要依靠品牌作为其核心资源。微软和SAP依赖多年开发所获得的软件和相关的知识产权,宽带移动设备芯片设计商和供应商是围绕芯片设计专利来构建其商业模式的,这些核心资源为公司带来了大量的授权收入。

(3) 人力资源。

任何一家企业都需要人力资源,但是在某些商业模式中,人力资源更加重要。在知识密集产业和创意产业中人力资源是至关重要的。例如,制药企业诺华(Navartis)公司在很大程度上依赖于人力资源,其商业模式基于一批经验丰富的科学家和一支强大娴熟的销售队伍。

(4) 金融资产。

有些商业模式需要金融资源或财务担保,例如现金、信贷额度或用来雇佣关键雇员的股票期权池。电信设备制造商爱立信提供了一个在商业模式中利用金融资产的案例。爱立信可以选择从银行和资本市场筹资,然后使用其中一部分为其客户提供卖方融资服务,以确保是爱立信而不是竞争对手赢得订单。

7. 关键业务

1) 关键业务的概念

关键业务模块用来描绘为了确保其商业模式可行,企业必须做的最重要的事情。任何商业模式都需要多种关键业务活动。这些业务活动是企业为了成功运营所必须实施的。如同核心资源一样,关键业务也是创造和提供价值主张、接触市场、维系客户关系并获取收入的基础。关键业务也会因商业模式的不同而有所区别。例如对于微软等软件制造商而言,其关键业务包括软件开发。对于戴尔等电脑制造商来说,其关键业务包括供应链管理。

2) 关键业务的内容

(1) 制造产品。

这类业务活动涉及生产一定数量和一定质量的产品,与设计、制造及发送产品有关。制造产品这一业务活动是企业商业模式的核心。

(2) 问题解决。

这类业务指的是为个别客户的问题提供新的解决方案。例如,咨询公司、医院和其他服务机构的关键业务是使问题得到解决。它们的商业模式需要知识管理和持续培训等业务。

(3) 平台/网络。

以平台为核心资源的商业模式,其关键业务是与平台或网络相关的。网络服务、交易平台、软件甚至品牌都可以看成是平台。eBay的商业模式决定了公司需要持续地发展和维护其平台eBay.com网站。而维萨(Visa)的商业模式需要为商业客户、消费者和银行服务的Visa信用卡交易平台提供相关的业务活动。微软的商业模式则是要求管理其他厂商软件与其Windows操作系统平台之间的接口。此类商业模式的关键业务与平台管理、服务提供和平台推广相关。

8. 重要合作

1) 重要合作的概念

重要合作模块用来描述让商业模式有效运作所需的供应商与合作伙伴网络。企业会基于多种原因打造合作关系,合作关系日益成为许多商业模式的基石。很多公司通过创建联盟来优化其商业模式、降低风险或获取资源。

2) 重要合作的类型

我们可以把合作关系分为以下四种类型:
(1) 在非竞争者之间的战略联盟关系。
(2) 在竞争者之间的战略合作关系。
(3) 为开发新业务而构建的合资关系。
(4) 为确保可靠供应的购买方—供应商关系。

3) 重要合作的动机

(1) 商业模式的优化和规模经济的运用。

伙伴关系或购买方—供应商关系的最基本形式是设计用来优化资源和业务配置的。公司拥有所有资源或自己执行每项业务活动是不合逻辑的。优化的伙伴关系和规模经济的伙伴关系通常会降低成本,往往会涉及业务外包或基础设施共享。

(2) 风险和不确定性的降低。

伙伴关系可以帮助减少以不确定性为特征的竞争环境的风险。竞争对手在某一领域形成了战略联盟而在另一个领域展开竞争的现象很常见。例如,蓝光——一种光盘格式,由一个世界领先的消费类电子、个人电脑和媒体生产商所构成的团体联合开发。该合作团体将蓝光技术推向市场,但个体成员间又在竞相销售自己的蓝光产品。

(3) 特定资源和业务的获取。

很少有企业拥有所有的资源或执行所有商业模式所要求的业务活动。相反,它们依靠其他企业提供特定资源或执行某些业务活动来扩展自身能力。这种伙伴关系可以根据需要,主动获取知识、许可或接触客户。例如,移动电话商可以为它的手机获得一套操作系统授权而不用自己开发。保险公司可以选择依靠独立经纪人销售其保险,而不是发展自己的销售队伍。

9. 成本结构

1) 成本结构的概念

成本结构模块用来描绘运营一个商业模式所引发的所有成本。这个模块描绘了在特定的商业模式运作下所引发的最重要的成本。创建和提供价值、维系客户关系以及产生收入都会引发成本。这些成本在确定关键资源、关键业务与重要合作后可以相对容易地计算出来。然而,有的航空公司是完全围绕低成本结构来构建其商业模式的。

2) 成本结构的类型

(1) 成本驱动。

成本驱动的商业模式侧重于在每个地方都尽可能地降低成本。这种做法的目的是创造和维持最经济的成本结构,为此企业往往采用低价的价值主张,最大限度地实行自动化和广泛的业务外包。廉价航空公司,如西南航空、易捷航空和瑞安航空公司就是以成本驱动商业模式为特征的。

(2) 价值驱动。

有些公司不太关注特定商业模式设计对成本的影响,而是专注于创造价值。增值型的价值主张和高度个性化服务通常是以价值驱动型商业模式为特征的。豪华酒店的设施及其独到的服务都属于这一类。

3) 成本结构的特点

(1) 固定成本(fixed costs)。

不受产品或服务的产出业务量影响而保持不变的成本,例如薪金、租金、实体制造设施。有些企业,比如那些制造业的公司,是以高比例固定成本为特征的。

(2) 可变成本(variable costs)。

随着商品或服务产出业务量的变化而按比例变化的成本。有些业务,如音乐节,是以高比例可变成本为特征的。

(3) 规模经济(economies of scale)。

企业享有产量扩充所带来的成本优势。例如,规模较大的公司从更低的大宗购买费用中受益。随着产量的提升,这个因素和其他因素一起,可以引发平均单位成本下降。

(4) 范围经济(economies of scope)。

企业享有较大经营范围而具有的成本优势。例如,在大型企业,同样的营销活动或渠道通路可支持多种产品。

7.4 商业模式的类型

1. 非绑定式商业模式

约翰·哈格尔(John Hagel)和马克·辛格(Marc Singer)提出了"非绑定式公司"的概念,他们认为企业是由具有不同经济驱动因素、竞争驱动因素和文化驱动因素等完全不同类型的业务组成的,可分为客户关系型业务、产品创新型业务、基础设施型业务。企业应该专注于以下三种信条之一:卓越经营、产品领先或亲近客户。哈格尔和辛格认为,客户关系型业务的职责是寻找和获取客户并为他们建立关系,产品创新型业务的职责是开发新的和有吸引力的产品和服务,而基础设施型业务的职责是构建和管理平台,以支持大量重复性的工作。哈格尔和辛格认为企业应该将这三种业务分离,并聚焦于这三种业务类型之一。因为每一种业务类型都是由不同因素所驱动的,在同一个组织中,这些业务类型可能彼此之间冲突,或产生不利的权衡妥协。

表 7.3 非绑定式商业模式

驱动因素 \ 业务类型	产品创新型	客户关系型	基础设施型
经济因素	更早地进入市场可以保证索要溢价价格,并获取巨大的市场份额;速度是关键	获取客户的高昂成本决定了必须获取大规模的客户份额;范围经济是关键	高昂的固定成本决定了通过大规模生产达到单位成本降低的必要性;规模是关键
竞争因素	针对人才而竞争;进入门槛低;许多小公司繁荣兴旺	针对范围而竞争;快速巩固;寡头占领市场	针对规模而竞争;快速巩固,寡头占领市场
文化因素	以员工为中心;鼓励人才创新	高度面向服务;客户至上心态	关注成本;统一标准;可预测和有效性

例如移动通信企业已经将其业务拆分了。以前,传统的电信运营商之间的竞争围绕着网络质量,但是现在它们更强调与竞争者共享网络,或将网络运营全部外包给设备制造商。因为它们意识到自己的核心资产不再是网络,而是它们的品牌及客户关系。

2. 长尾式商业模式

长尾概念由克里斯·安德森(Chris Anderson)提出,这个概念描述了媒体行业从面向大量用户销售少数拳头产品到销售庞大数量的利基产品的转变,而每种利基产品都只产生小额销售量。安德森描述了很多非经常销售的产品所产生的销售总额等于甚至超过由拳头产品所产生的收入。

长尾式商业模式的核心是多样少量:它们关注于为利基市场提供大量产品,每种产品相对而言卖得都少。利基产品的销售总额可以与凭借少量畅销产品产生绝大多数销售额的传统模式相媲美。长尾模式需要低库存成本和强大的平台,并使得利基产品对兴趣买家来说更容易获得。

安德森认为有三个经济触发因素在媒体行业引发了这种现象:

(1) 生产工具的大众化:不断降低的技术成本使得个人可以接触到在几年前还昂贵得吓人的工具。如果有兴趣,任何人现在都可以录制唱片、拍摄小电影或者设计简单的软件。

(2) 分销渠道的大众化:互联网使得数字化的内容成为商品,且能以极低的库存、沟通成本和交易费用为利基产品开拓新市场。

(3) 连接供需双方的搜索成本不断下降：销售利基内容真正的挑战是找到感兴趣的潜在买家。现在强大的搜索和推荐引擎、用户评分和兴趣社区，已经让这些容易得多了。安德森的研究主要集中在媒体行业上。例如，他展示了在线视频租赁公司 Netflix 是如何转向发放大量利基影片授权的。虽然每部利基影片被租赁的次数相对很少，但来自 Netflix 的大量利基影片的累计收入却可以与大片电影的租赁收入匹敌。

与此同时，安德森也证明了长尾理论在媒体行业以外的其他行业也同样有效。在线拍卖网站 eBay 就是基于数量庞大的拍卖者交易小额非热点商品而成功的。

3. 多边平台式商业模式

多边平台被经济学家称为多边市场，是一个重要的商业现象。这种现象已经存在了很长时间，但是随着信息技术的发展，这种平台得以迅速兴起。多边平台是将两个或者更多有明显区别但又相互依赖的客户群体集合在一起的平台。它们作为连接这些客户群体的中介来创造价值。例如，信用卡连接了商家和持卡人；计算机操作系统连接了硬件生产商、应用开发商和用户；报纸连接了读者和广告主；家用视频游戏机连接了游戏开发商和游戏玩家。这里的关键是多边平台必须能同时吸引和服务所有的客户群体并以此来创造价值。

也就是说，多边平台将两个或者更多有明显区别但又相互依赖的客户群体集合在一起。只有相关客户群体同时存在的时候，这样的平台才具有价值。多边平台通过促进各方客户群体之间的互动来创造价值。

多边平台的运营商最主要的成本是运营费用，但是他们经常会通过为一个群体提供低价甚至免费的服务来吸引这个群体，并依靠这个群体来吸引与之相对的另一个群体。多边平台的运营商所面临的困难是选择哪个群体，以及以什么价格来吸引他们。

多边平台的运营商必须要问自己几个关键问题：我们能否为平台各边吸引到足够数量的客户？哪边（客户）对价格更加敏感？能够通过补贴吸引价格敏感一边的用户吗？平台另一边是否可以产生充足的收入来支付这些补贴？

4. 免费式商业模式

在免费式商业模式中，至少有一个庞大的客户细分群体可以享受持续的免费服务。免费服务可以来自多种模式。通过该商业模式的其他部分或其他客户细分群体，给非付费客户细分群体提供财务支持。免费式商业模式又可以分为三种类型：

1）免费增收商业模式：基础免费，增值收费

免费增收主要代表了基于网络的商业模式，混合了免费的基础服务和收费的增值服务。免费增收模式中有大量基础用户受益于没有任何附加条件的免费产品或服务。大部分免费用户永远不会变成付费客户；只有一小部分，通常不超过所有用户的10%的用户会订阅收费的增值服务。这一小部分付费用户群体所支付的费用将用来补贴免费用户。只有在服务额外免费用户的边际成本极低的时候这种模式才成为可能。例如，360安全卫士可以看成这个模式的集大成者。360安全卫士在中国有2.4亿用户，其中只要有1%的人需要付费服

务,企业所获取的收益就能够完全地支持其整体的经营战略,因为该企业可以拥有240万的付费消费者。

在免费增收模式中,关键的指标是为单位用户提供免费服务的成本和免费用户变成付费用户的转化率。

2) 诱钓模式

诱钓(bait & hook)指的是通过廉价的、有吸引力的甚至是免费的初始产品或服务来促进相关产品或服务未来的重复购买。

这种模式也被称为"亏损特价品"(loss leader)或者"剃刀与刀片"(razor & blades)模式。"亏损特价品"指的是最初补贴甚至亏本提供商品,目的是使客户购买后续的产生利润的产品或服务。移动通信行业提供了一个使用免费产品的诱钓模式的好案例。现在,移动网络运营商提供绑定订阅服务的免费手机已经是标准的做法了。运营商起初赔钱免费赠送手机,但他们很容易通过后续按月服务费弥补损失。运营商以免费产品提供瞬间愉悦,随后产生经常性收入。

这种模式在商界很流行,并已被应用在许多行业,包括免费刀架所带来的刀片销售以及免费打印机带来的墨盒销售。

3) 三方市场

经济学家把这种模式称为"双边市场":由第三方付费来参与前两方之间的免费商品交换。三方市场的一个典型例子就是电视媒体:电视媒体负责向观众免费播放新闻、娱乐节目以及广告,而广告发布商向电视媒体支付广告费,广告产生了较好的效应可以扩大自己的产品或者服务的销量,最终弥补了广告费;媒体运营商用广告费收入来弥补运营成本并获得利润。观众虽然免费收看了电视节目,但是只要观众中有极小的一部分人在观看广告后购买了广告发布商的产品,那么广告发布商就能获取广告效用的回报。

5. 开放式商业模式

开放式商业模式可以用于那些通过与外部伙伴系统性合作来创造和捕捉价值的企业。这种模式可以是"由外到内",将外部的创意引入到公司内部,也可以是"由内到外",将企业内部闲置的创意和资产提供给外部伙伴。

开放式商业模式要求企业为了最大化商业价值,打破组织的界限,整合企业利益相关者的所有知识和资源(创意、技术等),企业内部的产品、技术、知识和智力资产可以通过授权、合资或拆分的方式向外部伙伴开放并变现,从而增强企业的价值创造和利益。

 案例分析

苹果 iPod/iTunes 商业模式

2001年,苹果发布了其标志性的便携式媒体播放器 iPod。这款播放器需要与 iTunes 软件结合,这样用户可以将音乐和其他内容从 iPod 同步到电脑中。同时,iTunes 软件还提供了与苹果在线商店的无缝连接,用户可以从这个商店里购买和下载所需要的内容。

这种设备、软件和在线商店的完美有效结合很快颠覆了音乐产业,并给苹果带来了市场的主导地位。然而苹果不是第一家推出便携式媒体播放器的公司。竞争对手如帝盟多媒体公司(Diamond Multimedia)的 Rio 品牌便携式媒体播放器曾经在市场上同样成功,直到它们被苹果超越。

苹果公司是如何实现这种超越的呢?它完美地构建了一个更优秀的商业模式。一方面,苹果通过其特殊设计的 iPod 设备、iTunes 软件和 iTunes 在线商店的结合,为用户提供了无缝的音乐体验。苹果的价值主张就是让用户轻松地搜索、购买和享受数字音乐。另一方面,为了使这种价值主张成为可能,苹果公司不得不与所有大型唱片公司谈判,来建立世界上最大的在线音乐库。

关键点在哪里?苹果通过销售 iPod 赚取了大量与其音乐相关的收入,同时利用 iPod 设备与在线商店的整合,有效地把竞争对手挡在了门外。

请结合材料,画出苹果 iPod/iTunes 的商业模式画布。

思考题

(1) 请谈谈滴滴出行刚刚进入市场时采用的是哪一种商业模式。

(2) 试分析球赛直播网站平台是如何盈利的。它们的商业模式是什么?

第 8 章　打造创业团队

学习目标

- 了解领导与管理的区别和联系
- 了解影响力的本质和分类
- 了解团队与群体的区别
- 了解打工者与追随者的区别
- 了解菲德勒权变领导理论、赫塞和布兰查德的情境领导理论、路径-目标领导理论
- 了解领导者必备的 8 种素质
- 了解团队领导的作用
- 掌握团队领导的准则和领导风格
- 了解优秀团队成员的素质
- 掌握打造高效团队需要考虑的因素
- 掌握团队建设的五大障碍
- 理解糟糕团队的原因
- 理解并掌握以价值观为本的人本管理
- 理解并掌握企业文化陀螺
- 理解并掌握韦尔奇用人原则
- 理解并掌握善于授权的注意事项
- 掌握团队成员建立良好关系的策略
- 掌握四种奖励技巧和批评技巧

重点难点

- 团队领导的准则和领导风格
- 打造高效团队需要考虑的因素
- 以价值观为本的人本管理
- 企业文化陀螺
- 韦尔奇用人原则
- 四种奖励技巧和批评技巧

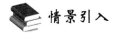 情景引入

三个和尚的故事

从前有一座山,山上有座小庙,有一天庙里来了个小和尚。他每天挑水、念经、敲木鱼,给菩萨案桌上的水瓶添水,夜里不让老鼠来偷东西,生活过得安稳自在。

不久,庙里又来了个瘦和尚。他一来就喝掉半缸水。小和尚叫他去挑水,瘦和尚最初去挑水了,但是后来看到小和尚在庙里清闲自在,心想一个人去挑水太吃亏了,便要小和尚和他一起去抬水。两个人只能抬一只桶,而且水桶必须放在担子的中央,两人才心安理得。这样总算还有水喝。

后来,又来了个胖和尚。他也想喝水,但缸里没水。小和尚和瘦和尚叫他自己去挑,胖和尚挑来一担水,立刻独自喝光了。从此谁也不挑水,三个和尚就没水喝。大家各念各的经,各敲各的木鱼,到最后干脆把菩萨面前的净水瓶里面的水抢着喝干了,也没人添水,花草枯萎了。

夜里老鼠出来偷东西,谁也不管。结果老鼠猖獗,打翻烛台,燃起大火。三个和尚这才一起奋力救火,大火扑灭了,他们也觉醒了。从此三个和尚齐心协力,水自然就更多。

华盛顿合作规律说的是一个人敷衍了事,两个人互相推诿,三个人则永无成事之日,多少有点类似于我们"三个和尚"的故事。人与人的合作不是人力的简单相加,而是要复杂和微妙得多。团队协作中出现内耗的现象被称为邦尼人力定律。

在当今中国乃至全世界,创业越来越成为经济发展中的强劲推动力。无论是政府、企业界还是学术界,对创业现象都表示出越来越强烈的兴趣与关注。大量研究表明,在创业实践中大多数创业企业是由两人或两人以上的创业团队共同创立并拥有的,创业活动越来越多的是基于一个创业团队而并非一个单独的创业个体。团队创业的绩效要优于个体独自创业,由团队所创建的新创企业的平均成功率要高于个人创建的企业。[80] 新创企业中成长显著的企业大多由创业团队创建。

因为团队创业有利于分散创业风险,另一方面通过创业团队成员之间的技能、能力、资源等互补可以提高企业抵御风险的能力,降低新企业失败的风险。更为重要的是,团队创业能够形成更强的资源整合能力,并且同时从多个融资渠道获得创业资金。

可见,初创企业的成功与创业团队存在非常强的联系,打造高效的创业团队是创业成功的关键因素。本章将系统地介绍创业团队的相关概念和理论知识,以及如何打造高效团队和常用的团队管理工具与策略。

8.1 相关概念与理论概述

在学习创业团队相关知识之前,首先需要对创业团队涉及的相关概念及理论进行充分

理解和掌握。

1. 领导与管理

很多人会把领导与管理这两个概念混淆,认为领导就是管理,领导者就是管理者。其实这两个概念存在很大的区别,不能混淆。对于初创企业来说,由于事业刚刚起步,人员较少,企业相关管理制度和机制还处在磨合期,这时对创业者来说,他们既是组织的领导者,又是管理者,但随着企业不断发展壮大,领导职能慢慢地就会从管理中分离出来。下面将介绍管理者和领导者的区别,如表 8.1 所示。

表 8.1 管理者和领导者

管理者	领导者
拥有下属	有跟随者
管理行为	管理思想
发号施令	给出方针
被动做事	主动做事
岗位权力	个人权力
控制	放权
依赖控制	依赖沟通

一般情况下,如果一个占据领导岗位的人单纯使用职位权力对下属"管、卡、压",那么这个人就是管理者。如果一个人利用自己的影响力来影响下属,以理服人并获得下属的认同、理解和主动追随,那么他就是领导者。

领导和管理的主要区别与联系有[81]:

(1) 产生方式及作用不同。

管理者是被上级任命的,他们拥有合法的职位权力或者说法定权力,其影响力主要来源于所处职位的权力影响力;而领导者既可以是上级任命的,也可以是在自下而上的群体自发推举中产生的,其影响力往往来源于其非权力影响力,例如自身的专业知识能力、品格作风、榜样行为、个性性格等。

并非所有的领导者都是管理者,即使没有被授予职位,没有职位权力,但同样可以对他人施加影响,获得他人的认同和追随;同样并非所有的管理者都是领导者,仅仅依靠组织提供的正式权力并不能够保证实施有效的领导。那些非正式任命的领导者,他们的影响力来自于正式组织以外,非权力影响力与权力影响力相比一样重要,甚至更为重要。

领导者与管理者的作用也不同:领导者引领变革,管理者维持秩序。或者说,领导者是"掌舵",而管理者是"划桨";领导者是做正确的事,而管理者是正确地做事。

(2) 动机及做事方式不同。

管理者重视流程,喜欢按部就班,而领导者喜欢主动探索和创新,即使存在风险;管理者喜欢管理人的行为,而领导者关心的是理想和信念;管理者重视短期结果,而领导者更多地考虑长远的未来。

(3) 工作过程不同。

管理者的工作程序是：① 制订计划和提出预算；② 组织安排和人员的配备；③ 控制局面和解决问题。

领导者的工作程序是：① 确定方向；② 争取人们支持；③ 调动和激发人们的积极性。

(4) 领导和管理的联系。

管理和领导两者都非常重要，不可或缺。成功的领导者应该同时具备管理和领导的特点。在日常生活中，管理和领导有时不可分割，对于初创企业更为明显，创业者往往既是组织的领导者也是组织的管理者，同时履行两种职责。

一般而言，一个人在组织中的职位越高，其领导职能就相对较多；相反其在组织中的职位越低，则主要承担管理职责（图 8.1）。

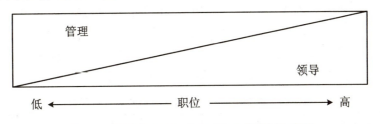

图 8.1　不同职位层级领导和管理的比例示意图

2. 影响力

在组织中，每个人都有影响力，但是不同人的影响力大小却各不相同。创业者的领导力和管理能力本质上就是其影响下属或追随者心理和行为的能力。组织中创业者的领导力和管理能力越强，说明其影响下属或追随者心理和行为的能力越强。

(1) 影响力的定义：影响力是一个人在与他人交往中影响和改变他人的心理和行为的能力。

(2) 影响力的本质：人的趋利避害本性。

(3) 影响力的社会心理依据：

研究表明，社会个体中存在着对领导者的特殊心理需要，这种特殊的心理需要构成了实现领导者影响力的社会心理基础，这也是领导者的影响力能够发挥作用的重要条件。领导者影响力的社会心理基础我们可以分为：

① 对特定群体的归属心理。

根据马斯洛需求层次理论，人有群体归属的需要，在群体中人能够找到安全感。人害怕被排斥和孤立，渴望能够找到接纳自己的群体，并从中得到安全感，从而消除恐惧。

② 对杰出人物等崇拜心理。

心理学家研究表明，人们对杰出人物和英雄有着天然的崇拜心理，人们会自发地拥戴杰出人物和英雄，并对他们充满信心和崇拜。

③ 对行为表率的模仿心理。

模仿是人的一种本能，人从出生开始就具备这样的心理和行为能力。模仿也是一种学习，通过模仿能够使自己快速适应环境，获得本领，提升能力。对行为表率的模仿也是表达自己的认同，期望自己也能够成为榜样和表率。

④ 对权威的遵从心理。

对权威的遵从也是人的一种基本心理倾向。遵从包括对人的遵从和对规范的遵从。遵从既可以是自发的,发自内心的认同,从而去遵从,也可以是被动的,因为害怕和恐惧而去遵从。

(4) 影响力的分类。

影响力可以分为权力性影响力和非权力性影响力。

权力性影响力又称强制性影响力,一般是上级赋予个人的职务、地位和权力所形成的影响力,带有法定性、强制性和不可抗拒性。

非权力性影响力又称自然影响力,它不同于权力性影响力,没有强制性和法定性。非权力性影响力的基础不是个人的法定职位,而是个人的品德、才能、学识、作风、性格和情感等。非权力性影响力的产生基础比权力性影响力要广泛得多。非权力性影响力虽没有权力性影响力具有的强制性和法定性特征,但实际上有时它能够发挥权力性影响力所不能发挥的作用。权力性影响力和非权力性影响力的区别如表8.2所示。

表8.2 权力性影响力和非权力性影响力的区别

影响力类型	行 为 表 现		
权力影响力	以权制人	以力压人	以利诱人
非权力影响力	以德服人	以理服人	以情感人

权力性影响力是"权"的体现,它的核心是"权",属于硬件影响力,非权力性影响力是领导者的行为和素养的体现,它的核心是"威",是软件影响力。

另外,权力性影响力和非权力性影响力相互联系,相互影响。领导者影响力是权力性影响力和非权力性影响力的有机统一。非权力性影响力制约着权力性影响力,如果只有权力性影响力而没有非权力性影响力,则权力性影响力将难以发挥最大功效,效果将大打折扣。权力性影响力也会对非权力性影响力产生一定影响,一般而言,拥有权力性影响力会进一步增强非权力性影响力。

3. 团队与群体

团队与群体也是两个容易混淆的概念。所有的团队均是群体,但并非所有的群体都是团队。

群体是为了实现某个特定的目标,两个或者两个以上相互作用、相互依赖的个体的组合。群体可以分为正式群体和非正式群体。

团队是为同一目标而共同合作、技能互补、共同承担责任的两个以上成员组成的一种组织形式。团队是由一群有共同目标、优势互补的个体组成,他们为了共同目标而采取配合的行动,彼此承诺与负责。团队的构成要素包括能力要素和关系要素。

团队与群体的区别主要有:

(1) 团队特别强调共同的使命感和集体责任心,而群体则不一定具有共同的使命感和集体责任心;

(2) 团队成员具有共同的目标和任务,而群体成员的独立性稍高一些;

(3) 团队更加强调整体利益和协同效应,而群体较为突出个人利益和个人主义;
(4) 团队成员参与决策,共同承担领导责任,而群体有一个坚强领导者;
(5) 团队的凝聚力、忠诚度和战斗力要高于群体,群体则相对松散,凝聚力、忠诚度和战斗力相比团队要弱;
(6) 团队强调每个成员都是平等的,不允许个人英雄主义和单打独斗,而群体则允许存在个人英雄主义;
(7) 团队更加强调信息共享,而群体则不然。

对于创业者来说,需要努力打造高效团队而不是构建群体,不断提升团队的凝聚力和战斗力,从而保证创业活动能够顺利开展,实现梦想。

4. 打工者与追随者

组织的领导者和管理者需要区分打工者与追随者这两个概念,这将有助于团队管理,提升组织绩效。对于创业者来说,对企业的理解需要发生改变。传统意义上,企业被定义为各种生产要素的所有者为了追求自身利益,通过契约方式而组成的经济组织,或者创办人通过工商注册创建的以追求盈利为目的的经济组织。上述定义并没有错误,但对于创业者来说,更需要把企业定义为价值观认同的人聚集并且实现各方价值的平台。每个创业团队成员都拥有一个大家认同并愿意自觉遵守的共同价值观,拥有一个共同的理想和抱负,这让大家走在了一起去创业,去实现梦想。

任何组织都存在核心价值观和目标,人们之所以来到这个组织工作,是想借助组织的力量实现个人价值和理想,但个人价值和理想的实现是以实现组织的价值和目标为前提的。在重新定义企业概念之后,"打工者"这个概念正在消失,来到这个组织的人应该是"追随者",而不是"打工者"。

"打工者"与"追随者"的特点主要有:
(1) 打工者特点:被动、无奈、为钱而动、不负责任、不投入、没有激情、令人不放心、短期、为别人做事。
(2) 追随者特点:主动、心甘情愿、为愿景而动、负责任、投入、充满激情、令人放心、长期、为自己做事。

5. 菲德勒权变领导理论

组织中领导者的领导风格和模式不是一成不变的,而是应该随着环境因素的变化而进行动态的调整,具有适应性和有效性。

菲德勒的权变领导模型(contingency leadership model)就是分析领导模式和领导情境关系的理论模型。该模型认为最佳的领导风格是由工作情境决定的。

领导模式是一类持久的行为,领导应当理解自身的领导模式,并在与自身模式相匹配的情境下工作。菲德勒权变领导模型表明,并不存在着一种绝对的最好的领导形态,企业领导者必须具有适应力,自行适应变化的情境。

1) 领导模式

菲德勒把领导者的领导模式分为任务导向和关系导向两种。他认为,领导者在不同的范围之内应采取相应的领导模式。采用关系导向的领导者更加关心员工的状况,他们必须建立相互的信任和尊重,关注员工的诉求。而任务导向的领导者则主要关心任务和工作的完成情况。

菲德勒用最不情愿共事者(LPC)测量表来测量领导者的领导模式。

菲德勒的 LPC 测量表:

快乐——8 7 6 5 4 3 2 1——不快乐
友善——8 7 6 5 4 3 2 1——不友善
拒绝——1 2 3 4 5 6 7 8——接纳
有益——8 7 6 5 4 3 2 1——无益
不热情——1 2 3 4 5 6 7 8——热情
紧张——1 2 3 4 5 6 7 8——轻松
疏远——1 2 3 4 5 6 7 8——亲密
冷漠——1 2 3 4 5 6 7 8——热心
合作——8 7 6 5 4 3 2 1——不合作
助人——8 7 6 5 4 3 2 1——敌意
无聊——1 2 3 4 5 6 7 8——有趣
好争——1 2 3 4 5 6 7 8——融洽
自信——8 7 6 5 4 3 2 1——犹豫
高效——8 7 6 5 4 3 2 1——低效
郁闷——1 2 3 4 5 6 7 8——开朗
开放——8 7 6 5 4 3 2 1——防备

菲德勒相信,在 LPC 问卷的回答基础上,可以判断出领导者最基本的领导风格。在 16 组形容词中,每组词汇都要按从 1(最消极)到 8(最积极)的等级,对这个你最不喜欢的同事进行评估,给出 1—8 分的分值。通过 LPC 表,一个领导者描述出他最不情愿共事者的特点,通过让领导者指出他最难与之一起工作的人的特征,可以确定这个领导者的 LPC 分值。因此,LPC 表描述的是领导者对妨碍目标完成者的情感反应。如果领导者采用褒义的词汇来描述他心目中的最不情愿共事者,也就是 LPC 分值较高的领导者,他就是一个关系导向的领导者。这种领导者关心人,对他人的感受和诉求十分敏感。相反如果一个领导者采用贬义的词汇来描述他心目中的最不情愿共事者,也就是 LPC 分值较低的领导者,他就是一个任务导向的领导者。也就是说,他会总看到他人的缺点,而且重视任务的完成胜过重视员工。还有一类领导者的 LPC 分值处在中等位置,这类领导者的风格被菲德勒称为"社会中立"。

按照 LPC 问卷的调查,16 组词汇的得分相加取平均值:

如果得分在 1.2—2.2 之间,领导人为任务导向型;

如果得分在 4.1—5.7 之间,领导人为关系导向型(因为所评价的对象是最不喜欢的同事,所以在实际操作中没有出现 5.7 以上的高分);

如果得分在 2.3—4.0 之间，领导人处于中间状态。

2) 领导情境

菲德勒把影响领导者领导风格的领导情境归纳为三个因素：上下级关系、职位权力和任务结构。

(1) 上下级关系（leader-member relations）。上下级关系是指下属对一位领导者的信任爱戴和拥护程度，以及领导者对下属的关心、爱护程度。这一点对履行领导职能是很重要的，低质量的关系对领导者开展领导工作是十分不利的。

(2) 职位权力（position power）。职位权力指的是与领导者职位相关联的正式职权和从上级和整个组织各个方面所得到的支持程度。职位权力是领导者对下属所拥有的正式权力。职位权力越大则控制的资源、奖惩权限就越大，越有利于领导者开展工作，相反领导者职位权力越小，对领导者就越是一种不利的领导情境。

(3) 任务结构（task structure）。任务结构是指工作任务的明确程度和有关人员对工作任务的职责明确程度。当工作任务本身十分明确，组织成员对工作任务的职责明确时，领导者对工作过程易于控制，整个组织完成工作任务的方向就更加明确。因此高度结构化的任务对领导者有利，反之对领导者不利。

这三个因素相互组合便形成了 8 种不同的领导情境（图 8.2）。

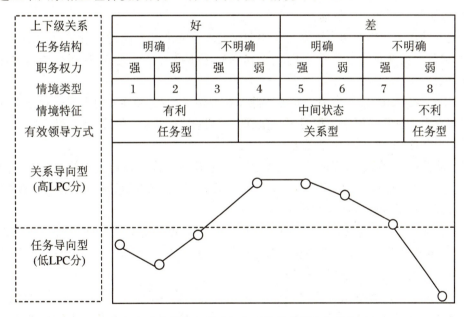

图 8.2　菲德勒领导模式与领导情境变量之间的关系

可见，在领导情境十分有利或十分不利情况下，任务导向领导模式更有效。在领导情境适中时，关系导向领导更有效。领导者应该根据不同的领导情境，使自己的领导模式能够与之相匹配，从而最大限度地提高领导效能，提升组织绩效。

另外，领导情境也是可以施加影响和控制的，从而使领导情境与领导者的领导模式相匹配、相适应。

因此，提高领导的有效性实际上有两条途径：

(1) 领导者可以改变领导模式以适应领导情境；
(2) 改变领导情境以适应领导者。

6. 赫塞和布兰查德的情境领导理论

情境领导理论（situational leadership theory，SLT）是由赫塞（Paul Hersey）和布兰查德（Ken Blanchard）在领导方格理论的基础上提出的，他们认为下属的"成熟度"对领导者的领导方式起重要作用。所以，对不同"成熟度"的员工采取的领导方式有所不同。

基本假设与逻辑结构：

(1) 领导的效能取决于下属接纳领导者的程度。

(2) 领导者所处的情境是随着下属的工作能力和意愿水平而变化的。

(3) 领导者应对下属的特征给予更多的关注和重视，根据下属的具体特征确定适宜的领导风格。

所谓下属的"成熟度"（readiness）是指下属对自己的行为承担责任的能力和愿望的大小。它取决于两个要素：工作成熟度和心理成熟度。工作成熟度包括一个人的知识、经验和技能，工作成熟度高的人拥有足够的知识、能力和经验完成他们的工作任务而不需要他人的指导。心理成熟度指的是一个人做某事的意愿和动机。心理成熟度高的个体不需要太多的外部激励，他们靠内部动机激励。

情境领导理论使用的两个维度与菲德勒权变理论的维度相同：任务行为和关系行为，但是，赫塞和布兰查德向前迈进了一步，他们认为每个维度有高低之分，从而组合成四种不同的领导风格：

(1) 命令式（telling）。表现为高工作低关系型领导方式，领导者对下属进行分工并具体指点下属应当干什么、如何干、何时干，它强调直接指挥。在这一阶段，下属缺乏接受和承担任务的能力和愿望，既不能胜任又缺乏自觉性。

(2) 说服式（selling）。表现为高工作高关系型领导方式。领导者既给下属以一定的指导，又注意保护和鼓励下属的积极性。在这一阶段，下属愿意承担任务，但缺乏足够的能力，有积极性但没有完成任务所需的技能。

(3) 参与式（participating）。表现为低工作高关系型领导方式。领导者与下属共同参与决策，领导者着重给下属以支持和内部的协调沟通。在这一阶段，下属具有完成领导者所交给任务的能力，但没有足够的积极性。

(4) 授权式（delegating）。表现为低工作低关系型领导方式。领导者几乎不加指点，由下属自己独立地开展工作，完成任务。在这一阶段，下属能够而且愿意去做领导者要他们做的事。

根据下属成熟度和组织所面临的环境，领导生命周期理论认为，随着下属从不成熟走向成熟，领导者不仅要减少对活动的控制，而且也要减少对下属的帮助。当下属成熟度不高时，领导者要给予明确的指导和严格的控制，当下属成熟度较高时，领导者只要给出明确的目标和工作要求，由下属自我控制和完成任务。

赫塞和布兰查德将下属的成熟度划分为由低到高的四种类型（或阶段）：

第一阶段：下属缺乏执行某项任务的技能和能力，不胜任工作；同时，他们又不情愿去执行任务,缺乏自信心和积极性,即"没能力,没意愿"。

第二阶段:下属目前还缺乏完成工作任务所需的技能和能力,但他们愿意执行必要的工作任务,具有积极性,即"没能力,有意愿"。

第三阶段:下属有较高的工作技能和较强的工作能力,但他们却不愿意干领导希望他们做的工作,即"有能力,没意愿"。

第四阶段:下属既有能力又有很高的工作意愿。

随着下属成熟水平的不断提高,领导者可以减少对下属活动的控制,而且还可以减少关系行为:

(1) 当员工在第一阶段时,领导者要采取"命令式"领导风格,明确引导并指示员工;

(2) 当员工在第二阶段时,领导者要采取"说服式"领导风格,解释工作,提高员工能力和技能,从而帮助其快速掌握工作要点;

(3) 当员工在第三阶段时,领导者要采取"参与式"领导风格,激励并帮助员工解决问题;

(4) 当员工到了第四阶段时,领导者则要采取"授权式"领导风格,将工作交付给员工,领导者只需做监控和考察的工作。

7. 路径-目标领导理论

路径-目标理论(图8.3)是领导权变理论的一种,由多伦多大学的组织行为学教授罗伯特·豪斯(Robert House)提出。

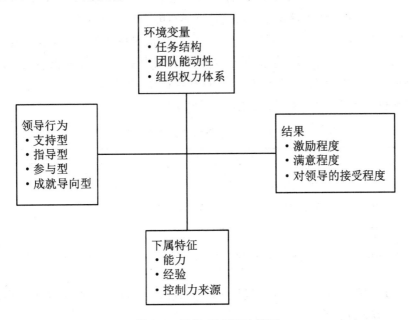

图 8.3 路径-目标理论模型

该理论认为,领导者的工作是帮助下属达到他们的目标,并提供必要的指导和支持,以确保各自的目标与群体或组织的总体目标相一致。"路径-目标"的概念来自于这种信念,即有效领导者通过明确指出实现工作目标的途径来帮助下属,并为下属清理各项障碍和危险,从而使下属的履行更为容易。

该理论认为领导者的基本任务就是发挥下属的作用,要发挥下属的作用,就得帮助下属设定目标、把握目标的价值,支持并帮助下属实现目标,在实现目标的过程中提高下属的能力,使下属得到满足。

豪斯认为,领导人的职能具体表现为六个方面:① 唤起员工对成果的需要和期望;② 对完成工作目标的员工增加报酬,兑现承诺;③ 通过教育、培训、指导,提高员工实现目标的能力;④ 帮助员工寻找达成目标的路径;⑤ 排除员工前进路径上的障碍;⑥ 增加员工获得个人满足感的机会,这种满足又以工作绩效为基础。

为此,豪斯确定了四种领导行为:

(1) 指导型领导(directive leadership):领导者对下属需要完成的任务进行说明,包括对他们有什么希望,如何完成任务,完成任务的时间限制等。指导型领导者能为下属制订出明确的工作标准,并将规章制度向下属讲得清清楚楚。

(2) 支持型领导(supportive leadership):领导者对下属的态度是友好的、可接近的,他们关注下属的福利和需要,平等地对待下属,尊重下属的地位,能够对下属表现出充分的关心和理解,在部下有需要时能够真诚帮助。

(3) 参与型领导(participative leadership):领导者邀请下属一起参与决策。参与型领导者能同下属一同进行工作探讨,征求他们的想法和意见,将他们的建议融入到团体或组织将要执行的那些决策中去。

(4) 成就导向型领导(achievement-oriented leadership):领导者鼓励下属将工作做到尽量高的水平。这种领导者为下属制订的工作标准很高,寻求工作的不断改进。除了对下属期望很高外,成就导向型领导者还非常信任下属有能力制订并完成具有挑战性的目标。

路径-目标理论包括两个环境因素:第一,组织中成员的个性特点,包括能力、技能、需求、动机等;第二,工作环境因素,包括任务结构、正式权力系统(领导者权力大小以及公司规章制度限制员工活动的范围)和工作团队自身(教育程度、融洽程度)。

四种领导行为与环境因素的匹配关系如表8.3所示。

表8.3 路径-目标理论领导行为

领导行为	行为特征	适用情境
指导型	明确期望及工作程序	任务不清晰
支持型	创造和谐团队氛围,平等对待下属	重复性任务
参与型	征求下属意见,鼓励集体讨论	非重复性任务
成就导向型	设定高目标,鼓励实现最佳水平	不清晰、非重复性任务

如果下属是教条的和权力主义的,任务是不明确的,组织的规章和程序是不清晰的,那么,指导型领导方式最适合。

对于结构层次清晰、令人不满意或者是令人感到灰心的工作,领导者应该使用支持型方式。当下属从事于机械重复性和没有挑战性的工作时,支持型方式能够为下属提供工作本身所缺少的"营养"。

当任务不明确时,参与型领导效果最佳,因为参与活动可以澄清达到目标的路径,帮助下属懂得通过什么路径实现什么目标。另外,如果下属具有独立性,具有强烈的控制欲,参与型领导方式也具有积极影响,因为这种下属喜欢参与决策和工作建构。

如果组织要求下属履行模棱两可的任务,成就导向型领导方式效果最好。在这种情境中,激发挑战性和设置高标准,能够提高下属对自己有能力达到目标的自信心。事实上,成就导向型领导可以帮助下属感到他们的努力将会收获有效的成果。

8.2 打造高效团队

比尔·盖茨说过:"大成功依靠团队,而个人只能取得小成功。"团队能够完成个人所不能完成的任务。创业者需要打造一支高效能的创业团队来支撑初创企业的发展,创业团队效能的高低决定了公司效率的高低。因此打造高效团队对创业者来说至关重要。

1. 团队领导者与团队成员

打造高效团队,首先必须对团队中领导者与成员的素养、领导的作用、领导准则和风格有清醒的认识和把握。

1) 领导者必备的 8 种素质

要成为团队领导者并不是一件容易的事情,应该具备 8 种必备素质(图 8.4)。

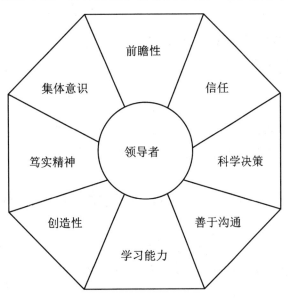

图 8.4 领导者必备的 8 种素质

2) 团队领导的作用

团队领导者在团队中的作用主要体现在:

(1) 帮助构建组织核心价值观、愿景和目标。
(2) 建立并维护同外界环境之间的良好关系,争取外界的理解、认同和帮助。
(3) 发现并构建团队的核心竞争力。
(4) 激励团队成员,提高团队的凝聚力和战斗力。
(5) 发现并满足团队成员的需要,促进其成长与发展。
(6) 建立组织制度与行为规范。
(7) 重视知识获取、转移、学习、共享、创造、协调、应用与保护等。
(8) 建立良好的团队沟通渠道,增进团队认同,化解团队冲突。
(9) 提高决策能力,善于授权和用人。

3) 团队领导的准则

准则或行为准则是人们行为所遵循的标准原则。团队领导需要遵守以下准则:
(1) 保持团队的核心价值观、愿景、目标和行为不偏离。
(2) 分工明确,责任清晰,确保权、责、利对等统一。
(3) 工作绩效与人情关怀相统一。
(4) 言行一致,以身作则。
(5) 人岗匹配(能力与工作相匹配)。
(6) 注重时间管理。
(7) 激励并帮助团队成员成长与发展。
(8) 注重效率与公平相统一。
(9) 终身学习,持续提升。
(10) 简化工作与程序,提高效率,降低沟通成本。
(11) 大胆除弊,勇于创新。

4) 领导风格

领导风格是指领导者的行为方式和风格。不同的领导者在影响别人时,会采用不同的行为模式。领导风格是在长期的个人经历、领导实践中逐步形成的,并在领导实践中自觉或不自觉地稳定起作用。

情商大师丹尼尔·戈尔曼(Daniel Goleman)提出的 6 种领导风格,分别为:
(1) 专制型领导者。

专制型领导者以自己为中心,单独做决策,工作内容、资源的分配及组合也由自己决定。领导者往往要求下属员工立即服从,快速行动,而且不折不扣地依从。
(2) 权威型领导者。

权威型领导者强调组织的远景和目标,号召员工为之奋斗。他们强调最终的目标,但是不会回答如何实现这一目标,而是给员工充分施展自己才华的机会。最合适的运用时机是当变革需要新的远景目标时,此时对工作氛围的总体影响是积极的。
(3) 关系型领导者。

关系型领导者以人为中心,领导者十分关注员工的需求是否得到满足,他们会努力搞好与同事和下属员工的关系,并总是毫无例外地运用漂亮的词汇对员工进行赞扬,以期在组织中营造一种"乡村俱乐部式"的和谐氛围。相反,他们对工作业绩和成果的关注不够。最合适的运用时机是恢复团队凝聚力时,或在充满压力的环境中激励员工时。

(4) 民主型领导者。

民主型领导方式的核心在于通过组织成员共同参与而达成一致。在这种领导风格下,领导者将下属视为与己平等的人,给予他们足够的尊重,善于倾听别人的意见;重要决策主要由组织成员集体讨论、共同决定,领导者主要采取鼓励与协助的态度,并要求下属员工积极参与决策;即使是由领导者单独决策,他也会把别人的意见考虑进去。通过集体讨论,领导者使团队成员对工作和任务有更全面、更深刻的认识,并就此提出更为切实可行的计划和方案。

(5) 带头型领导者。

带头型领导者事必躬亲,期望通过自己的示范效应带动组织中其他成员改善绩效,他们往往会追求完美,树立极高的绩效标准并且会带头做出榜样。带头型领导者在工作时总是强迫自己又快又好,而且以自己的标准要求周围的每一个人,要求他们的表现都像自己一样。

(6) 教练型领导者。

教练型领导者通过积极培养和发展人才来增强组织能力。他们会帮助下属员工确定自己的优点、缺点、职业方向,并且将这些与员工的个人志向和职业发展联系起来,同时为员工的长期学习和发展积极创造机会和环境。教练型领导往往比较擅长为下属员工分配工作和任务,并将他们的工作和学习有效地结合起来。

5) 优秀团队成员的素质

一个高效的团队离不开优秀的团队成员。团队成员是组织的细胞,优秀的团队成员将会造就伟大的团队。要打造高效的团队就要不断提升团队成员的素质。优秀的团队成员素质如表8.4所示。

表8.4 优秀团队成员的素质

序号	素质	要点
1	适应性	能够快速融入环境,进入工作节奏,具有良好的学习能力和习惯
2	合作性	善于合作,乐于助人,善于分享,富有团队精神
3	忠诚性	认同公司核心价值观和目标,执着专注,忠诚可靠
4	沟通性	开放,融入集体,善于交流,不封闭
5	热情	做事情主动,充满激情,热情负责,乐观
6	自律	约束自己的思想、情绪、行为
7	时间观念	守时,合理安排时间,控制进度
8	诚信	不撒谎,不做假,为人正直,兑现承诺
9	创新精神	不循规蹈矩,敢于质疑,富有批判精神,喜欢新事物
10	集体意识	不个人英雄主义,讲大局,不损害集体利益

2. 打造高效团队需要考虑的因素

打造高效创业团队需要考虑以下因素：

1) 团队的规模

要合理控制团队人员数量，把团队人数控制在一定规模范围内。人数太多就很难形成凝聚力、忠诚度和相互信赖感，同时也加大了组织管理的难度，容易人浮于事，提高了用人成本。相反，人数太少又容易造成工作负荷过大，员工不满意的情绪上涨，忠诚度和工作绩效也会下降。

2) 成员的能力

一个健康的组织生态需要不同类型的专业人才，例如技术型人才、决策技能的人才、人际关系技能的人才等，这样才能形成技能互补、结构合理的组织生态。

3) 对共同目标的承诺

高效团队有一个大家认同并愿意为之奋斗的目标和远景，并且这个目标是有价值的、具体的、可操作的、可衡量的。对共同目标的承诺能够为团队成员指明方向，提供动力，增强团队的凝聚力和战斗力。

4) 组织管理和制度建设

高效团队需要加强顶层设计和制度建设，避免个人情绪和喜好过多干扰正常组织管理工作。要优化组织层级和管理幅度设计，构建科学、合理、高效的组织管理制度和流程。

5) 适当的绩效评估和奖惩体系

打造高效团队要善于激励员工，提高员工的积极性和活力，激发成员的创造力。要建立公平、透明、高效的绩效评估和奖惩体系，强化团队整体绩效考核，增强集体荣誉感和归属感。

6) 培养相互信任精神

通过加强沟通和了解，进一步增强团队成员之间的信任，形成彼此信任、相互协助、团结友爱的良好氛围，增强组织的凝聚力和战斗力。

3. 团队建设的五大障碍

1) 缺乏信任

信任是高效团队的核心，没有信任，团队工作几乎不可能完成。缺乏信任的表现有：相互隐藏自己的缺点和错误;不愿寻求帮助及提供建设性的反馈;不愿提供职责范围外的帮助;不愿意进一步讨论便匆忙下结论;不愿相互学习技能和经验;不愿浪费时间和精力调整自己的行为;害怕见面,不愿意在一起度过时光。

信任是可以建立起来的,克服信任障碍的途径如下:(1)阐述个人经历。诸如有几个兄弟姐妹,少年时代遇到的挑战和爱好,第一份工作是什么,最坏的工作是什么。大家可以相互讲述生活中经历的事情,了解每个人的工作背景。彼此缺乏信任,一般是由于相互之间不了解,只需要一些简单的交流,就可以建立和谐的信任关系。(2)进行团队发展讨论。每个人都需要阐述自己对团队的贡献,为了团队的发展,每个人要提出需要改善哪些领域。通过这类活动,团队会得到一些积极或消极的建议,同时团队中会出现一些紧张气氛,但这有助于建立团队成员之间的信任。(3)开展团队活动。可以通过一些经典的团体活动,如拔河比赛、登山等来增进大家的相互了解。(4)团队领导在建立信任过程中的角色。首先讲述自己的缺点,其次要使人们相信不会因为有缺点而受到惩罚。领导者在讲述缺点的过程中,要表现出真诚,而不是舞台表演。

2) 害怕团队冲突

大部分人认为冲突对组织有害,特别越到高层,人们越是花时间和精力来避免冲突,害怕冲突会伤感情。其实,冲突是必要的,建设性的冲突有助于人们迅速发现和解决问题,而不应为了避免冲突而将问题束之高阁。

害怕冲突的原因有:害怕进行人身攻击,害怕了解全部成员的观点和思想,害怕进行冲突管理,忽视对团队成功不利的因素。

克服冲突障碍的方法:要区分建设性冲突和非建设性冲突,使人们认识到冲突是正常的,必要的冲突可以保持组织的活力。在这个过程中,团队领导者要注意在激发建设性冲突时,保护团队成员不受伤害。

3) 缺乏承诺

缺乏承诺主要表现在:团队的方向不明确,害怕失败,缺乏信心;多次议而不决;团队成员之间相互猜忌。

克服缺乏承诺障碍的方法有:

(1) 传递一致的信息,使员工明确任务。

(2) 规定明确的截止日期。在制定决策时要明确截止日期,对严格遵守的人进行表扬。

(3) 如果决策结果不如意,领导不要过于紧张,一定要针对最坏的情况进行分析,使大家认识到最坏的情况莫过于此,消除大家的恐惧心理。

(4) 坚决执行既定的方针,并且使大家乐于工作。

4) 缺乏责任感

团队建设过程中,要强调团队成员的责任感,即对组织负责就是对自己负责。在团队中相互鼓励和帮助,尊重对方的付出,对他人的付出表示感激。

团队成员缺乏责任感的表现有:对比自己优秀的人不满,鼓励平庸,不能按时完成任务,对领导的依赖过大。

克服缺乏责任感障碍的方法有:(1) 明确责任。使绩效标准明确,谁做什么,在什么时候,都要清晰,避免责任不清。(2) 简单地、经常地回顾进程。要在一起交流工作的进展情况,确定是在朝目标前进。(3) 奖励团队。改变奖励个人的方法为奖励团队的方法,可以增加团队凝聚力和团队成员的责任感。(4) 领导者的角色。领导者要创造一个适合团队成员工作的文化氛围,鼓励承担责任,要避免成员为了保持一团和气而不发表自己的意见。

5) 不关注结果

高效团队一定高度关注组织绩效和工作结果。不关注结果会导致团队成员看不到希望,缺乏信心,造成组织涣散,缺乏凝聚力。

4. 糟糕团队的原因

糟糕团队的原因往往归纳为以下几个方面:(1) 领导不力。领导者不能有效制订科学决策和用人,不能激励团队成员朝着共同的目标而努力奋斗。(2) 团队成员之间缺乏信任。成员之间缺乏信任往往会导致团队成员之间相互猜忌,不愿配合和分享,加剧组织内耗。(3) 目标不明确。组织目标不明确会导致团队成员对未来的发展方向和可能实现的结果失去信心,从而迷失方向。(4) 责任分工混乱。责任分工没有梳理清晰,而导致工作推诿扯皮,分工混乱,缺乏责任感。(5) 沟通不畅。沟通不畅会导致团队成员之间隔阂加剧,不能有效进行合作和协同,导致沟通成本提高,组织的凝聚力和战斗力下降。

8.3 团 队 管 理

加强团队管理有助于实现团队整体绩效的提升,对于初创企业尤为重要。

1. 以价值观为本的人本管理

以价值观为本的人本管理的核心是价值观管理,团队的成功来自于组织成员统一的价值观念。优秀团队管理必须对成员的价值观进行塑造,对于组织的重要成员,统一价值观念的塑造尤为重要,对新成员的培训主要在于改造其价值观。当组织的价值观念已被成员接受时,外部约束已不再重要,只有那些认可组织价值观念的员工才可以被提升。

张瑞敏说:"虽然管理者们会对各种论述企业管理方法的书籍发生兴趣,但是真正能够成为管理工具、发挥作用的却是企业的价值观。"

实践表明,持有同组织相容价值观的员工,效率和满意度都高;持有同组织不相容的价值观是员工慌乱、冲突、低效率的根源。

以价值为本的人本管理能导致:

① 下属对领导者,对集体的远景规划以及对集体有着高度一致和强烈的认同;

② 实现集体及领导的愿景已成为追随者内在意识的一部分;

③ 激发追随者为实现集体愿景的工作热情;
④ 追随者自觉地在本职工作以外为集体作出重大自我牺牲和额外付出。

1) 以人为本

要明确"以人为本"究竟以谁为本。以人为本是以认同企业的核心价值观,能力又符合企业要求的人为本。

2) 人本管理

人本管理是"以价值观为本"+"管理的人性化"。

人本管理的核心是对人的价值观进行管理,并从根本上尊重和关爱每个员工,倾听员工的诉求,帮助员工解决困难。在日常管理活动中,体谅员工,注重人性关怀。

3) 企业文化陀螺

企业价值观是企业文化形成的基础,企业核心价值观是对领导价值观的延伸。企业文化融入到企业长期发展的经营战略方针之中,渗透在企业经营和管理的每一个环节,并随着企业的成长不断延续和更新,最终通过产品和服务在市场上形成自己独特的核心竞争力。

企业文化可以看做一个动态运转的"文化陀螺"(图8.5),企业的核心价值观是企业文化的核心支柱。以价值观为本的企业"文化陀螺"主要有:

(1) 核心价值观(理念层),支持企业存在的核心力量应当是企业的核心价值观;
(2) 制度层,企业的规章制度;
(3) 行为层,员工的行为;
(4) 器物层,条幅、海报、宣传展品、实物等;
(5) 企业家精神,它是推动"文化陀螺"运转的动力。

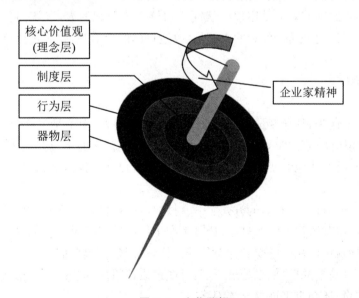

图 8.5　文化陀螺

2. 韦尔奇用人原则

美国通用电气公司原总裁杰克·韦尔奇认为,挑选最好的人才是领导者最重要的职责。他说:"领导者的工作,就是每天把全世界各地最优秀的人才延揽过来。他们必须热爱自己的员工,拥抱自己的员工,激励自己的员工。"为此他在价值观为本的管理理论基础上创造了韦尔奇用人原则(图 8.6)。

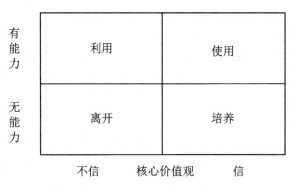

图 8.6 韦尔奇用人原则

杰克·韦尔奇根据有无能力和是否信公司价值观两个维度,划分出四种类型的人:
(1) 认同公司的价值观,又有能力,业绩显著。这种人重点培养与任用。
(2) 认同公司的价值观,但是能力不足。这种人可以培养,换个岗位试试。
(3) 不认同公司的价值观,又没有业绩,这种人只有离开。
(4) 不认同公司的价值观,但很有业绩,这种人比较麻烦,对待的办法是利用、改造,但是不能破坏公司的价值观,否则请他离开。

韦尔奇的用人原则实际上是用那些认同公司核心价值观的人,以认同公司核心价值观的人为本。那些不认同公司价值观的人,要么改造自己的价值观,要么选择离开。

3. 善于授权

现代领导理论认为,领导者最主要的职能是决策和用人,而不是事必躬亲。"大事小事亲手干,整天忙得团团转"的领导者,一方面丢掉了自己应该做的更重要的事情,另一方面则挫伤了下属的积极性,使他们变得没有主见、不负责任,也无法提高能力。可以说,这样的领导是一名失败的领导。

授权是企业培养员工最有力的方式之一。授权可以提供员工学习和成长的机会。授权的正确使用,还可以刺激员工的上进心,让员工在工作中获得满足。当你将一项重要的工作托付给他人时,他就可以从中感受到你对他的信任,从而建立起自信。

授权不是一件简单的事,如果处理不当,可能最后还得由你自己来收拾残局。这不仅没有给你减少工作量,还会带来许多麻烦困扰。

善于授权的领导者需要注意以下事项:
(1) 尊重与信任。

成功的领导者了解团队成员的能力,相信团队成员的潜力,能够鉴别其优势和劣势,充分尊重与信任下属。有时候,领导者用人只给职不给权,事无巨细都由自己定调、拍板,实际上是对下属的不尊重、不信任。这样,不仅使下属左右为难,失去独立负责的责任心,还会严重挫伤他们的积极性,使其难以尽职尽力,到头来工作搞不好的责任还得由领导者自己来承担。

(2) 自信。

授权是领导者对自己能力的自信。

(3) 培训。

在员工当前的能力和潜力之间通过培训来实现平衡。

(4) 清楚界限。

清楚权力的哪些部分应该下放,哪些部分应该仍然掌握在自己手里。

(5) 提供信息。

领导者要帮助团队成员获取必要的决策信息。

(6) 关注进度。

授权不是完全不管不问,而是不乱加干涉。领导者需要掌握下属的工作进度等情况,从而保证工作目标的顺利实现。

4. 团队成员建立良好关系的策略

团队成员之间建立良好的人际关系可以增强团队的凝聚力和战斗力,激发团队成员的工作热情和创造性,提升组织绩效。良好关系的团队成员关系可以通过以下途径建立:

(1) 帮助他人。要想获得他人的帮助,先给予别人帮助。

(2) 接受共同的价值观。持有共同价值观的人才能同行。

(3) 培养共同的兴趣爱好。共同的兴趣爱好会使大家在一起的时间充满共同话题和乐趣。

(4) 顺畅地沟通。在人际交往的过程中,沟通是基础。沟通顺畅,关系才会融洽。

(5) 欣赏他人。要学会欣赏和赞美对方。人性中最深切的禀性是被人赏识的渴望。在人际关系方面,每一个人都渴望得到别人的欣赏和赞扬。

5. 奖励与批评

领导者的奖惩就一个指挥棒。一个特定的行为如果得到奖励,就会增加其发生的概率;如果受到惩罚,这样的行为就会少发生或不发生。人性的特点之一是趋利避害,追求快乐,躲避痛苦。奖励会给人带来快乐,因此人们去追求它;惩罚会给人带来痛苦,因此人们去躲避它。

领导者使用的奖惩行为实质上是一种领导者和下属之间的社会交换过程。奖惩实质上是在下属和领导者之间达成一个协议,双方认为公平就可以形成一个有形或无形的合同,履行合同就实现了社会交换。

奖励的作用:第一,可以吸引和保留优秀人才;第二,可以开发员工潜在能力;第三,可以创造出良好的竞争环境。

1) 四种类型员工的奖励技巧

在现实工作中,企业员工可以分为指挥型、关系型、智力型和蜜蜂型。针对不同类型的员工,领导者应该分析其特点,采取不同的奖励技巧,这样才能取得良好的奖励效果。

(1) 针对指挥型员工的奖励技巧。

① 支持他们的目标,赞赏他们的效率;

② 领导者要在能力上胜过他们,让他们佩服;

③ 帮助他们融通人际关系;

④ 让他们在工作中注意弥补不足之处,而不是经常指责他们;

⑤ 避免让效率低和优柔寡断的人与他们合作;

⑥ 容忍他们不请自来的帮忙;

⑦ 巧妙地安排他们的工作,使他觉得是在自主的工作;

⑧ 别试图告诉他们怎么做;

⑨ 当他们抱怨别人不能干时,询问倾听他们的想法。

(2) 针对关系型员工的奖励技巧。

① 让他们感受到你对他们的尊重;

② 与他们谈话时,注意沟通技巧;

③ 给他们安全感;

④ 给他们机会,充分与他人分享感受;

⑤ 别让他们感受到拒绝,他们会因此而不安;

⑥ 把关系视为团队利益,将受到他们的欢迎;

⑦ 安排工作时,强调工作的重要性,指出不完成工作对别人的影响,他们会因此而努力拼搏。

(3) 针对智力型员工的奖励技巧。

① 肯定他们的思考能力,对他们的分析表示感兴趣;

② 提醒他们完成工作目标即可,别过于追求完美;

③ 避免直接批评他们,而是给他们一个思路,让他们认为是自己发现了错误;

④ 不要用突袭的方式打扰他们,他们不喜欢惊奇;

⑤ 必须掌握和他们一样多的事实和数据;

⑥ 别指望说服他们,除非他们的想法和你一样;

⑦ 赞美他们的一些发现,他们通过努力思考得到的结论并不希望别人泼冷水。

(4) 针对蜜蜂型员工的奖励技巧。

① 支持他们的工作,因为他们小心谨慎,一定不会出大错;

② 给他们相当的报酬,奖励他们的勤勉,保持管理的规范性;

③ 多给他们出主意、想办法。

2) 批评的技巧

在对员工进行批评时,需要注意以下原则:

① 批评时要注重对人的培养；
② 批评时态度要诚恳；
③ 批评要适度，注重事实，掌握分寸；
④ 既要"批"也要"评"，而且要以"评"为主，以"批"为辅；
⑤ 在批评人的时候先要稳定情绪、控制情绪；
⑥ 批评时要注意场合和范围；
⑦ 批评要与赞扬相结合；
⑧ 批评的时候一定要注意对事不对人，做到客观公正；
⑨ 批评的方式不是一成不变的，而是因人而异的。

案例分析

孙悟空头上的"紧箍咒"

孙悟空在刚进入取经团队的时候，猴性十足，不服唐僧管教，并且经常违反佛教规范。于是观音菩萨就在他的头上套了一个紧箍，一旦孙悟空做出违反佛教规范的事情，唐僧就会念紧箍咒，让孙悟空疼痛难忍，逐渐地孙悟空慢慢适应了这种佛教规则，不再闯祸。直到有一天取得真经，功德圆满，封为佛，孙悟空一摸头上，紧箍消失了。

分析上述材料，结合本章所学知识回答下列问题：
(1) 孙悟空头上的"紧箍"是什么？
(2) 为什么孙悟空头上的"紧箍"会消失？

思考题

(1) 本章论述的"以人为本"和科学发展观中的"以人为本"有哪些区别和联系？具体说明这两个"人"分别指的是什么。
(2) 谈谈打造高效团队需要考虑的因素。

第 9 章 管理人员如何读懂财务报表

 学习目标

- 了解资产负债表、利润表、现金流量表及所有者权益变动表分别从哪些角度反映企业经营状况
- 熟悉重点会计科目反映的企业经营内容
- 掌握资产负债表的结构及各科目反映的企业经营情况
- 掌握利润表的结构及各科目反映的企业经营情况
- 掌握现金流量表的结构及各科目反映的企业经营情况

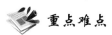 重点难点

- 资产负债表相关重点科目的质量分析
- 利润表结构反映的企业利润质量分析
- 现金流量表质量分析
- 资产负债表的结构及资产负债和所有者权益之间的关系
- 现金流量表的结构及质量分析

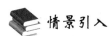 情景引入

2001年,刘姝威在《金融内参》上发文《应立即停止对蓝田股份发放贷款》,对蓝田股份偿债能力、收入结构、资产结构和现金流量等财务数据进行综合分析。其中,偿债能力分析揭示:蓝田股份的流动比率为 0.77,速动比率是 0.35,均小于 1,也就是说,它在一年内难以偿还流动债务;而蓝田的净营运资金是 -1.27 亿元,这意味着它在一年中有 1.27 亿元的短期债务无法偿还。收入结构分析揭示:水产品收入位于"A07 渔业"上市公司的同业最高水平,高于同业平均值 3 倍。作为海洋渔业生产企业,华龙集团以应收款回收期 7 天(相当于给予客户 7 天赊销期)的销售方式,只销售价值相当于蓝田股份水产品收入 5%的水产品;中水渔业以应收款回收期 187 天(相当于给予客户 187 天赊销期,比蓝田股份"钱货两清"销售方式更优惠、对客户更有吸引力)的销售方式,只销售价值相当于蓝田股份水产品收入 26%的水产品。资产结构分析揭示:流动资产占资产百分比位于"A07 渔业"上市公司的同业最低水平,低于同业平均值的 1/3;而存货占流动资产百分比位于"A07 渔业"上市公司的同业最高水平,高于同业平均值约 3 倍。固定资产占资产百分比位于"A07 渔业"上市公司的同

业最高水平,高于同业平均值1倍多。产品占存货百分比位于"A07渔业"上市公司的同业最高水平,高于同业平均值1倍。因此综合分析认为:偿还短期债务的能力是最低的,2000年蓝田股份的农副水产品收入12.7亿元的数据是虚假的,并且产品和固定资产的数据也是虚假的。

很多经理人每天忙着开拓业务、处理员工问题,但是在忙碌之中,却忘了注意公司的长远发展问题,以至于最后问题已经严重到病入膏肓,才猛然醒悟。本章内容学完以后,读者将获得基本的财务报表分析能力。

9.1 财务分析概述

1. 财务报表的概念和内容

1) 财务报表的概念

财务报表是指反映一个企业在某一特定时期的财务状况、某一会计期间内的经营成果和现金流量等会计信息的文件。

2) 财务报表的内容

(1) 资产负债表。

资产负债表反映某一个特定日期企业的财务状况。特定日期可以是月末、季末、年末,资产负债表中显示的企业财务状况数据均为时点数据,因此资产负债表是静态报表,财务状况是指企业的资产分布结构以及企业的资本来源结构。

管理者可以通过阅读企业资产负债表了解企业目前拥有的资源情况以及支持这些资源的资金来源,特别应注意需要付息还本的债务资金规模及流动性,掌握企业的财务风险。

资产负债表反映一个企业的"家底",即企业的实力。

(2) 利润表。

利润表反映某一特定会计期间企业的经营成果。特定的会计期间可以是一个月、一个季度、一年,利润表中显示的企业经营成果均为时期数据,因此利润表是动态报表,经营成果是指企业进行经营活动所产生的经济效益,主要通过净利润及其构成来表示。

管理者通过阅读企业的利润表及时掌握企业某一期间获取的收入以及由此产生的成本费用,并评价企业的经营业绩。创业企业在创业初期净利润往往是负数,进入成长期净利润开始逐年为0,在成熟期净利润持续上升。

利润表反映一个企业的"面子",即企业的盈利能力。

(3) 现金流量表。

现金流量表反映某一特定会计期间企业的现金流入流出情况。特定的会计期间可以是一个月、一个季度、一年,现金流量表中显示的数据均为时期数据,因此现金流量表是动态报表,现金流量表中的现金为现金及现金等价物。

管理者通过阅读现金流量表可以掌握企业资产负债表中货币资金项目变动的原因,及时了解当期经营情况给企业带来的现金流入情况,并及时调整适合企业当期的投融资政策。

现金流量表反映一个企业的"日子",即企业真实的现金流入流出情况。

2. 财务报表的作用

1) 投资者作出投资决策的依据

创业企业在初期的资金来源以股权投资为主,财务报表则是投资者了解企业的一个重要渠道。如投资者通过连续几期利润表中营业收入了解企业业务发展速度及前景,通过净利润来掌握企业为股东创造收益的能力,通过资产负债表来判断企业的经营风险和财务风险。

2) 债权人评价作出信贷决策的依据

创业企业经历了几期发展后进入成长期,开始有部分债务筹资,银行或者其他的债权人对企业是否作出信贷决策的重要依据之一是财务报表。债权人希望通过阅读分析企业财务报表来了解企业资产质量、企业利润质量、企业信用质量等,从而评价企业的偿债能力。

3) 管理者诊断经营信息的依据

作为企业的管理者,在企业规模很小的时候能清楚地盘点企业资产负债状况。但创业企业运营进入成长期以后,资产规模逐渐庞大,资产结构也更为复杂,这时候则需要通过阅读财务报表来掌握企业的资产规模及结构、利润规模及结构、现金流入和流出情况。

3. 财务报表的生成过程

1) 取得或填制会计凭证

会计人员根据企业各部门经济业务的性质和类别,取得或自制原始凭证,如采购业务需提供采购单、验收单、付款单和采购合同等填制采购业务的付款凭证、收款凭证、转账凭证或记账凭证。

2) 登记账簿

期末会计人员根据填制的记账凭证依次登记总分类账、明细分类账、现金日记账和银行存款日记账。

3) 编制财务报表

检查已填制好的各项账簿,在确保账证相符、账账相符的前提下,根据填制好的各项账户期末余额或发生额编制财务报表。

9.2 资产负债表的解读

1. 资产负债表概述

资产负债表是反映企业某个特定时点财务状况的报表，常常被看作企业某一特定时期资产资本结构的一张"快照"。有人认为资产负债表是企业某个特定时点的"体检报告"，描述了企业特定时点的"家底"。资产负债表通过专业的会计语言较为明晰地反映企业特定时点所掌控的资源、负担的债务及股东的账面财富等信息，帮助报表使用者评价企业的财务状况。资产负债表的作用主要有：

1) 掌握企业当前资产和资本结构

在资产负债表上，列示各类资产及具体资产项目，如流动资产占总资产的比重、非流动资产占总资产的比重、总负债占总资产的比重、流动负债占总负债的比重、非流动负债占总负债的比重。通过阅读资产负债表，可以了解企业资产资本结构状况并评价企业资产结构分布是否合理，是否符合企业的战略定位。一家传统制造企业的非流动资产占总资产比重一定高于流动资产占总资产比重，一家金融服务企业的流动资产占总资产的比重一定超过50%。

2) 评价企业偿债能力和流动性风险

通过测算总负债占总资产的比重，可以了解企业的偿债能力以及继续举债的能力，比较流动资产与流动负债的规模则可以评价企业短期是否存在流动性风险。管理者可以通过阅读资产负债表评价企业的营运、资本管理政策的合理性，短期资本和短期资产是否相匹配，长期资本和长期资产是否相匹配等。

3) 解读企业经营信息

管理者除了通过资产负债表中的数字来了解企业的资产资本结构外，更应了解企业不同资产项目数字之间的关系所揭示的企业经营信息。如管理者可以通过阅读应收账款、应收票据和预收账款的期末余额及三者借方余额占营业收入比例了解企业与下游客户之间的竞争关系，管理者可以通过阅读应付账款、应付票据和预付账款三者贷方余额了解企业与上游供应商之间的竞争关系。

2. 认识资产负债表重要项目

公司资产负债表参见表9.1。

表 9.1 资产负债表

2016年12月31日

编制单位:A公司　　　　　　　　　　　　　　　　　　　　　　　　　　　　　　　　单位:元

资产	2016年12月31日	2015年12月31日	负债和所有者权益	2016年12月31日	2015年12月31日
流动资产			流动负债		
货币资金	95 613 130 731.47	88 819 798 560.53	短期借款	10 701 081 645.32	6 276 660 136.03
交易性金融资产	0	0	交易性金融负债	0	0
衍生金融资产	250 848 418.63	0	应付票据	9 127 336 849.68	7 427 635 753.74
应收票据	29 963 355 478.45	14 879 805 537.96	应付账款	29 541 466 861.10	24 794 268 372.47
应收账款	2 960 534 651.37	2 879 212 111.93	预收款项	10 021 885 515.93	7 619 598 042.86
预付款项	1 814 945 790.78	847 929 149.71	应付手续费及佣金	0	0
应收利息	1 045 542 563.43	1 109 776 449.77	应付职工薪酬	1 702 949 427.06	1 697 282 605.51
应收股利	0	0	应交税费	3 126 302 754.29	2 977 801 480.55
其他应收款	244 984 154.67	254 016 643.00	应付利息	41 781 977.25	48 386 709.75
买入返售金融资产	0	1 000 000 000.00	应付股利	87 732 811.56	707 913.60
存货	9 024 905 239.41	9 473 942 712.51	其他应付款	2 222 613 974.82	2 607 601 936.21
划分为持有待售的资产	0	0	预提费用	0	0
一年内到期的非流动资产	0	0	一年内的递延收益	0	0
待摊费用	0	0	应付短期债券	0	0
待处理流动资产损益	0	0	一年内到期的非流动负债	0	0
其他流动资产	1 992 536 503.43	1 684 833 479.54	其他流动负债	59 758 848 571.94	55 007 851 867.48
流动资产合计	142 910 783 531.64	120 949 314 644.95	流动负债合计	126 876 279 738.73	112 625 180 977.76

续表

资产	2016年12月31日	2015年12月31日	负债和所有者权益	2016年12月31日	2015年12月31日
非流动资产			非流动负债		
发放贷款及垫款	4 737 184 235.79	7 872 619 001.46	长期借款	0	0
可供出售金融资产	1 384 303 560.40	2 704 719 177.56	应付债券	0	0
持有至到期投资	0	0	长期应付款	0	0
长期应收款	0	0	长期应付职工薪酬	117 732 064.00	127 518 492.00
长期股权投资	103 913 171.51	95 459 187.55	专项应付款	0	0
投资性房地产	597 736 633.95	491 540 849.66	预计非流动负债	0	0
固定资产净额	17 681 655 478.06	15 431 813 077.20	递延所得税负债	280 009 411.36	244 136 559.35
在建工程	581 543 756.84	2 044 837 830.02	长期递延收益	172 081 044.75	134 571 708.03
工程物资	0	0	其他非流动负债	0	0
固定资产清理	36 949 646.14	22 010 122.57	非流动负债合计	569 822 520.11	506 226 759.38
生产性生物资产	0	0	负债合计	127 446 102 258.84	113 131 407 737.14
公益性生物资产	0	0	所有者权益		
油气资产	0	0	实收资本(或股本)	6 015 730 878.00	6 015 730 878.00
无形资产	3 355 276 284.72	2 656 143 811.74	资本公积	183 400 626.71	185 950 626.71
开发支出	0	0	减:库存股	0	0
商誉	0	0	其他综合收益	-177 172 013.61	-124 928 526.03
长期待摊费用	1 051 286.89	8 182 375.95	专项储备	0	0
递延所得税资产	9 667 717 152.15	8 764 376 136.27	盈余公积	3 499 671 556.59	3 499 671 556.59

续表

资产	2016年12月31日	2015年12月31日	负债和所有者权益	2016年12月31日	2015年12月31日
其他非流动资产	1 311 590 311.26	657 000 100.13	一般风险准备	267 370 640.37	207 764 066.72
非流动资产合计	39 458 921 517.71	40 748 701 670.11	未分配利润	44 074 949 590.07	37 737 187 489.78
			归属于母公司股东权益合计	53 863 951 278.13	47 521 376 091.77
			少数股东权益	1 059 651 512.38	1 045 232 486.15
			所有者权益（或股东权益）合计	54 923 602 790.51	48 566 608 577.92
资产总计	182 369 705 049.35	161 698 016 315.06	负债和所有者权益（或股东权益）总计	182 369 705 049.35	161 698 016 315.06

1) 资产项目

(1) 货币资金。

这是企业生产经营过程中以货币形态保持的那部分资产。货币资金被普遍接受,因此流通性最强。资产负债表中的货币资金包括库存现金、银行存款、其他货币资金等项目。一般情况下企业货币资金占总资产的比例越高,说明企业的现金越充沛,及时支付能力越强,在这个"现金为王"的时代,企业拥有充裕的货币资金是资产质量好的特征,更是盈利质量好的标志。管理者保持企业货币资金绝对金额充足性的同时应关注两个问题:第一,货币资金的"自由度",即企业在银行获得应付票据的同时应向银行支付一定的保证金,这部分资金不能自由支配;第二,过多的货币资金会产生过高的机会成本,即企业会丧失运用现金于短期投资获取的收益。A公司2016年末货币资金规模达到956.13亿元,总资产规模1823.7亿元,货币资金占总资产的52.43%,说明A公司资金足够充裕。

(2) 应收账款。

这是企业因赊销商品、半成品、原材料或提供劳务等形成的商业债权。企业销售类业务结算方式有预收、现(金)收款和应收账款三种方式或三者的结合,一般零售业以现收款结算为主,工业企业以应收账款方式为主,部分企业会有少量预收结算,对于企业来说预收质量最高,现金质量其次,应收账款质量最差。应收账款收入占总营业收入比重越大,应收账款回款期越长,越说明企业在整个产业链中相对于客户处于弱势地位。如四川长虹对APEX的巨额应收账款无法收回,占用企业大量资金,增加了资金成本,最终以坏账处理。这部分应收账款无法贡献于主营业务收入的现金流。

(3) 预付账款。

这是企业按照采购合同的约定,提前支付给供货单位的货款而形成的商业债权。一般情况预付账款会随着供货合同的执行转化成存货,因此预付账款期末余额不会太高。预付账款期末余额太高意味着企业上游供应商的垄断地位或者企业存在非正常的关联方贷款。

(4) 存货。

存货是企业在正常生产经营过程中持有以供生产经营使用的原材料或以备出售的产成品和半成品。管理者通过阅读存货的明细判断存货的质量,在原材料价格上涨期间企业存货以原材料为主说明存货质量较好,产成品占存货比例高可能预示着企业存货周转速度慢,存货管理水平有待改进。

(5) 其他应收款。

其他应收款是除了应收账款、应收票据、预付账款、应收股利、应收利息以外的各项应收和暂付款项。其他应收款既然为"其他"应收的款项,就与企业的经营业务无关联,不应该成为债权的"主角",其所占流动资产的比例不应太高。企业拥有大额其他应收款往往预示着企业资金被不明原因地占用,往往为企业向其控股股东及其他关联人提供借款。

(6) 交易性金融资产。

这是企业有多余闲置资金的时候在公开金融市场上购入的并打算在短期内出售的具有现时价格和未来估价的金融工具的总称。企业购买交易性金融资产投资的目的为赚取金融资产买卖差价。创业公司在创业早期应将其资金投入经营性业务,少投资或者不投资交易性金融资产。另外管理者应关注企业财务人员是否误将"可供出售金融资产""持有至到期投资""长期股权投资"等非流动金融资产记入"交易性金融资产"而高估企业的流动比率。

(7) 固定资产。

固定资产是指企业为生产商品、提供劳务而持有的使用寿命在1个会计年度以上且金额较大的有形资产。固定资产的价值通过累计折旧的方式逐年分摊记入每期的费用来影响企业未来利润,每年末固定资产原值减去当年计提的累计折旧为固定资产净值。管理者应结合收入的变动趋势判断固定资产采购和处置决策的恰当性,当企业近年来收入呈较大规模上升时,产能应得到提高,企业应增加固定资产规模,但当企业收入近年来保持不变或小幅度增长时,企业进行大规模的固定资产采购则会造成企业的产能过剩,导致资源的浪费。

(8) 在建工程。

在建工程是指企业进行的固定资产的新建工程、改扩建工程、大修理工程,即企业期末未完成的工程。企业将资金投入固定资产的建设即将流动资金变成长期沉淀资金,流动性下降的代价应为收益性上升,收益性上升则要求在建工程尽快转化成固定资产,为企业带来效益,因此管理者应关注工程工期长短及在建工程科目是否长期有大规模期末余额,长期大规模的在建工程导致企业总资产流动性低、收益性低。

(9) 无形资产。

无形资产是指企业拥有或控制的没有实物形态并可用货币计量的非货币资产,包括专利权、非专利技术、商标权、著作权和土地使用权等。管理者应阅读无形资产的明细,了解无形资产的结构,关注企业所拥有无形资产的市场价值及其未来能为企业带来的收益,关注无形资产累计摊销计提的准确性。创业企业更应关注其所拥有的无形资产的市场前景,如科大讯飞、百度、阿里巴巴等企业都是因创造了具有市场前景的无形资产才获得如今行业巨头的地位。

(10) 长期股权投资。

这是指企业持有的对其子公司、合营公司和联营公司的权益性投资及企业对被投资单位不具有控制、共同控制或重大影响,并且在活跃市场中没有报价、公允价值不能可靠计量的权益性投资。创业企业为了理顺上下游供销渠道、实现横向联合增加市场占有率、多元化增强抗风险能力,可能会持有部分其他企业股份。管理者要评估所投资企业对其自身核心竞争力的提升能力并关注长期股权投资的变现性。

2) 负债项目

(1) 短期借款。

短期借款是反映企业借入尚未归还的一年期及以下的借款。企业短期借款主要用于生产经营活动的资金垫支。管理者应关注货币资金与短期借款的关系,如果企业货币资金充足,远远大于短期借款,企业应减少短期借款规模,降低财务费用开支;如果货币资金短缺远远小于短期借款规模,企业应警惕流动性风险,提高自身创造现金的能力。

(2) 应付账款。

应付账款是反映企业购买原材料、商品、固定资产和接受劳务供应等而应支付给供应单位的款项。一般企业在采购中对供应商款项有预付、现付和应付三种支付方式或三者的结合方式。对于企业来说在采购业务中能以应付账款方式支付,说明企业在整个供应链上下游中有较好的信誉,企业可以"免费"占用供应商的资金。

(3) 预收账款。

预收账款反映企业按销售合同规定未发出商品或提供劳务时向购买方预收的销货订单中的保证金、押金及预收的货款等，并在合同约定的时间向购买方发出商品或提供劳务。由于作为流动负债的预收账款对应的企业义务无须向购买方支付货币，不对企业形成偿债压力，因此预收账款的规模夸大了资产负债率所表达的企业负债水平。如万科（000002）2016年末资产负债率为80.54%，预收账款占总资产的比例为33.06%，其他负债占总资产的比例为47.48%，在万科房产完工并达到合格验收条件时只需要向购房者交付房产即可"偿还预收账款"，因此万科的偿债能力并没有资产负债率所表现的那么差。

(4) 其他应付款。

其他应付款是企业除了应付账款、应付票据、预收账款、应付股利、应付利息以外的企业应付和暂收其他单位或个人的款项，如应付包装物租金、存入保证金等。其他应付款既然为"其他"就不应该成为流动负债的"主角"，其他应付款规模过大或其占流动负债比例过高可能是因为企业取得其关联方的借款，管理者应关注关联方借款所产生的利息费用是否超出正常金融借款利息。

(5) 长期借款。

长期借款是企业向银行或其他金融机构借入的尚未归还的期限在一年以上的各期借款。一般来说，创业企业创办初期较难获得长期借款，成熟企业在拥有较大规模抵押资产和可预见的未来前景的条件下较易获得银行长期借款。

(6) 长期应付款。

长期应付款是企业除长期借款、应付债券以外的各种长期应付款项。创业企业常见的长期应付款主要有应付融资租入的固定资产和以分期付款方式购入的固定资产。

(7) 递延收益。

递延收益是政府给予创业企业的政府补贴款。如政府拨给创业企业的中小企业发展专项资金、产业振兴和技术改造资金、生产设备技术改造资金、工业技术改造补贴资金、战略新兴产业资金等。一般企业收到补贴款需要在以后时期分期计入"营业外收入"，当期则应将收到的补贴款计入负债"递延收益"科目。

3) 所有者权益

(1) 实收资本或股本。

这是企业收到投资者按照合同协议约定或相关规定投入构成的注册资本。管理者通过阅读实收资本明细中各股东出资比例了解企业股本结构。如B公司注册资本300万元，甲出资180万元，乙出资120万元，则甲乙持股比例为3∶2，即甲在企业经营决策中占据绝对的话语权，如果企业获得利润100万元，甲分60万元，乙分40万元。

(2) 资本公积。

这是企业投资者投入资本超过注册资本的部分，包括资本溢价和其他资本公积。资本溢价主要指创业公司发展到一定阶段后企业业务相对成熟，在进一步扩张阶段吸收新的投资者及其新增资本。新进投资者此时投资将面临的风险小于原始股东投资企业时所面临的风险，因此新进投资者拥有原始股东相同单位比例股份应投入更多的资金，超过其持有股份部分资金计入资本公积，属于全体股东共有股份。其他资本公司主要核算股东捐赠、可供出售金融资本增值等科目。如上例中甲乙共投资 300 万元的公司经营 3 年后,经营风险下降,公司准备吸收投资资本以扩大规模,丙如果想取得乙一样的股份需投入 150 万元,多余的 30 万元计入资本公积,该公司的股权结构如下:

甲:实际投入 180 万元,持股比例 = 180/420 = 42.86%;

乙:实际投入 120 万元,持股比例 = 120/420 = 28.57%;

丙:实际投入 150 万元,其中注册资本为 120 万元,持股比例 = 120/420 = 28.57%,丙支付的超过其注册资本部分的 30 万元作为资本溢价,为所有股东共同持有的股份。

(3) 盈余公积。

一个企业交纳所得税后的利润属于其所有者,所有者可将企业净利润的一部分作为股利支付给股东,分配股利后剩下的净利润作为留存利润留在企业。盈余公积金包括法定盈余公积金和任意盈余公积金,企业应按照净利润的 10% 计提法定盈余公积金,直到盈余公积金达到注册资本的 50%。

(4) 未分配利润。

未分配利润是指企业实现的净利润中留下的不做任何分配的利润,多用于以后年度向投资者分红。盈余公积和未分配利润都为企业自身经营成果的积累,管理者可以通过比较盈余公积和未分配利润之和占所有者权益的比重了解企业净资产中依靠企业自身努力经营所创造的成果。

3. 资产负债表的格式

1) 从资产负债表看企业投资结构

企业资产的左半部分反映了企业资源的分布状况,根据资产的变现性可将资产分为流动资产和非流动资产。管理者通过阅读流动资产和非流动资产占总资产的比例来了解行业特征(图 9.1)。

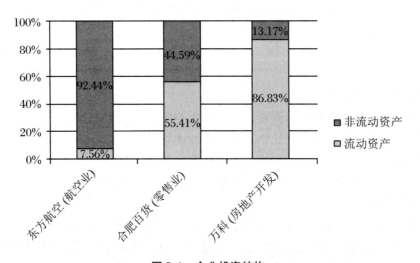

图 9.1 企业投资结构

数据来源:新浪财经各上市公司 2016 年年报

管理者还可以进一步阅读资产负债表中各项目占比,了解企业资金的投入情况,如图 9.1 中万科 86.83% 的流动资产中,存货占总资产的 56.26%;东方航空 92.44% 的非流动资产中,固定资产占 71.76%。资产负债表的资产结构体现了企业的行业战略定位,房地产开发企业主营业务为开发房产(存货)以供出售,因而有大量存货期末余额;航空企业应购置大量客机以供航班飞行使用,因而固定资产占总资产比例较高;但如果一家房地产企业持有大规模的长期股权投资或者航空公司持有大规模的可供出售金融资产,说明这个企业的经营已经偏离了其主营业务,其战略定位发生了变化。

2) 从资产负债表看企业融资结构

资产负债表的右边反映企业的资金来源,根据资金的权利属性可分为负债和所有者权益,根据负债的变现性可将负债分为流动负债和非流动负债,其中非流动负债和所有者权益都属于长期资本,流动负债属于短期资本(图 9.2)。

管理者通过资产负债表右边流动负债、非流动负债和所有者权益占总资产的比重来了解企业融资结构。管理者在了解企业的融资结构过程中应重点分析企业的资产资本匹配程度,即长期资本对应非流动资产,短期资本对应流动资产。图 9.2 中东方航空长期资本占总资产比例为 76.15%,非流动资产为 92.44%,意味着东方航空有 16.29% 的非流动资产的资金来源为流动负债。在企业核心能力较强且每期经营活动净现金流量为正数的情况下,企业可以用部分流动负债配置长期资产以提高其资产收益性。

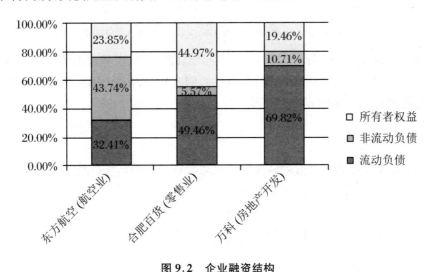

图 9.2 企业融资结构

数据来源:新浪财经各上市公司 2016 年年报

4. 资产负债表相关指标

1) 资产负债率

资产负债率是指企业的负债总额除以资产总额的百分比,也就是负债总额与资产总额的比例关系。其计算公式如下:

$$资产负债率 = \frac{负债总额}{资产总额} \times 100\% \tag{9.1}$$

$$A公司资产负债率 = \frac{127\,446\,102\,258.84}{182\,369\,705\,049.35} = 69.88\% \tag{9.2}$$

该比率衡量企业每1元资产中由负债贡献的资产比率。一般情况下潜在债权人或者潜在投资人阅读企业财务报表时会首先了解企业的资产负债率,如果这个比率太高,读者会初步得出企业长期偿债能力以及继续负债能力差的结论。但作为企业管理者应该知道资产负债率里的负债既包括流动负债也包括非流动负债,流动负债包括无及时偿还义务的项目,如预收账款,包括可以长期占用的沉淀负债,如合作期较长的应付账款、合作期较长的短期借款以及长期借款,还包括控股股东及关联人拆入的其他应付款等,这些都会降低企业实际偿债风险。例如,A公司预收账款、应付账款和其他应付款形成的负债占总负债的32.8%,实际上降低了A公司的偿债风险。

2) 权益乘数

权益乘数是指企业的资产总额除以股东权益的比率。其计算公式如下:

$$权益乘数 = \frac{资产总额}{股东权益} \tag{9.3}$$

该比率衡量投资人每投资1元钱实际拥有的企业资产规模,该比率越大说明投资者可以获得更高的杠杆收益。

$$A公司权益乘数 = \frac{182\,369\,705\,049.35}{54\,923\,602\,790.51} = 3.32 \tag{9.4}$$

说明A公司每投入1元钱实际可以拥有3.32元的资产,可以借债权人的钱创造属于自己的收益,但从债权人借入的资金是需要支付利息的,因此如果这项比率太高或企业的固定资本成本支出太高,企业存在较高的财务风险。

3) 流动比率

流动比率是指企业的流动资产总额除以流动负债总额的比率。其计算公式如下:

$$流动比率 = \frac{流动资产}{流动负债} \tag{9.5}$$

$$A公司流动比率 = \frac{142\,910\,783\,531.64}{126\,876\,279\,738.73} = 1.13 \tag{9.6}$$

流动比率反映企业的流动性风险,对于短期债权人来说该比率越高其债权越安全,但流动资产主要有货币资金、应收账款和应收票据、预付账款、交易性金融资产、存货,上述流动资产中变现性最差的为存货,如果企业有大规模积压的存货,这项比率的数值就会失去意义。

4) 速动比率

速动比率是指企业的速动资产总额除以流动负债总额的比率。其计算公式如下:

$$速动比率 = \frac{速动资产}{流动负债} = \frac{流动资产 - 存货}{流动负债} \tag{9.7}$$

$$A公司速动比率 = \frac{142\,910\,783\,531.64 - 9\,024\,905\,239.41}{126\,876\,279\,738.73} = 1.06 \tag{9.8}$$

速动比率为流动比率的改进项,即剔除存货这项变现性差的流动资产后的流动资产与流动负债的比率,但除了存货外,管理者还应关注企业的应收账款的质量,如果企业的应收账款规模大且客户信用不高,坏账可能性大,速动比率也不能衡量企业的流动性风险。管理者应进一步改进以上公式,如用货币资金除以流动负债,经营性活动净现金流量除以流动负债,更能体现企业的实际支付能力。

9.3 利润表的解读

1. 利润表的概述

很多企业人士经常说:"利润是创造出来的,不是编报出来的。"这句话描述的企业利润表是对企业特定会计期间经营成果的核算与总结,反映企业的经营情况,因此管理者阅读企业的利润表最重要的目的是了解并分析企业的经营情况(表9.2)。利润表的作用有以下几个方面。

1) 帮助使用者了解企业利润的结构

利润表反映特定时期企业的经营成果,管理者通过阅读利润表及其相关附注可以了解企业利润的形成过程,了解企业利润的主要盈利点和主要成本耗费点,了解企业利润的构成,找出影响利润的重要因素。

2) 有利于使用者预测企业未来经营成果

管理者通过阅读企业利润表分析企业的产品盈利水平,通过与同行业毛利率水平进行比较,了解企业产品的核心竞争力及其在整个产业链中的地位,并通过分析企业主要产品核心竞争力的持续时间来预测企业未来的经营成果。

3) 有助于使用者判断企业发展速度的合理性

管理者通过阅读企业不同时期的利润表中收入的增长速度进行测算,并将其与同行业发展速度进行对比,将其与企业资产规模增长速度进行对比,判断企业自身发展速度的合理性。

表 9.2 A公司利润表

报表日期	2016年12月31日	2015年12月31日
单位	元	元
一、营业总收入	55 931 900 959.00	50 976 036 006.00
营业收入	55 931 900 959.00	50 976 036 006.00

续表

报表日期	2016年12月31日	2015年12月31日
二、营业总成本	45 577 126 474.00	44 165 166 621.00
营业成本	37 769 958 978.00	36 887 855 177.00
营业税金及附加	672 450 031.00	425 261 228.00
销售费用	3 276 413 657.00	3 105 093 847.00
管理费用	3 143 599 769.00	3 177 596 052.00
财务费用	336 856 697.00	569 500 729.00
资产减值损失	377 847 342.00	−140 412.00
公允价值变动收益	6 393 050.00	−25 263 611.00
投资收益	399 088 488.00	1 880 902 104.00
其中：对联营企业和合营企业的投资收益	—	−38 179 175.00
汇兑收益	—	—
三、营业利润	10 760 256 023.00	8 666 507 878.00
加：营业外收入	981 198 301.00	1 444 486 568.00
减：营业外支出	88 248 335.00	71 597 611.00
其中：非流动资产处置损失	6 928 827.00	10 406 801.00
四、利润总额	11 653 205 989.00	10 039 396 835.00
减：所得税费用	2 702 563 365.00	2 411 445 159.00
五、净利润	8 950 642 624.00	7 627 951 676.00
归属于母公司所有者的净利润	8 529 916 783.00	7 516 385 018.00
少数股东损益	420 725 841.00	111 566 658.00
六、每股收益		
基本每股收益(元/股)	1.61	1.42
稀释每股收益(元/股)	1.61	1.42
七、其他综合收益	−124 317 611.00	209 870 761.00
八、综合收益总额	8 826 325 013.00	7 837 822 437.00
归属于母公司所有者的综合收益总额	8 395 733 290.00	7 722 143 613.00
归属于少数股东的综合收益总额	430 591 723.00	115 678 824.00

2. 认识利润表相关重要项目

1) 营业收入

营业收入是指企业销售商品或提供劳务时应该向客户收取的款项,包括主营业务收入和其他业务收入,通常企业销售商品、提供劳务等主要营业活动形成的收入作为主营业务收入,企业销售原材料,出租固定资产、无形资产等其他营业活动形成的收入作为企业的其他业务收入。

一般企业的主营业务收入占营业收入的比例较高。管理者应阅读企业的收入产品结构,了解占企业营业收入比例最高的产品是否具有良好的市场前景。

2) 营业成本

营业成本是指与营业收入相关的、已经确定了归属期和归属对象的成本。在工业制造业里生产成本表现为已销售产品的生产成本,包括原材料采购成本、直接人工成本及间接成本等加工费用,在商品流通企业里,营业成本表现为已销商品的进货成本。

3) 销售费用

销售费用是指企业在某个指定的会计期间销售产品、自制半成品和提供劳务等过程中发生的各项费用,包括由企业负担的广告费、销售人员工资、运输费、装卸费、包装费等。管理者在控制企业销售费用的过程中,应关注销售费用中可能影响企业长期销售能力并为其改善和发展做出贡献的费用支出规模,如广告费、销售人员工资等支出不能过度压缩。

4) 管理费用

管理费用是指企业行政管理部门为组织和管理经营活动而发生的各项费用,包括行政管理部门发生的折旧费、业务招待费、诉讼费、研究费、管理人员工资、职工教育经费、水电费、办公费等。管理者在控制企业管理费用的过程中,应关注管理费用中对企业长远发展有利的费用支出规模,如研究费、管理人员工资和职工教育经费等支出不能过度压缩。

5) 财务费用

财务费用是指企业为筹集生产经营所需资金发生的筹资费,包括利息费用、银行相关手续费、银行借款担保费、票据承兑费。管理者应重点关注财务费用中利息支出的占比及其与银行借款的比率,分析企业的融资环境和融资成本,进一步优化企业融资方案。

6) 资产减值损失

根据会计核算谨慎性原则,企业的资产市场价值下降应通过"资产减值损失"科目来核算,如企业的应收账款预计难以回收、库存商品的市场价格低于账面价值、固定资产的市场价格低于账面价值等。资产减值损失规模过大预示着企业资产管理质量较低,如应收账款跌价预示着企业信用管理政策过于宽松,存货跌价计提较多说明企业存货管理政策较差等,因此管理者应动态关注该科目的规模及变化，及时调整企业资产管理政策。

7) 投资收益

企业的投资收益主要来自于短期金融资产的处置及持有期间的股利收益、权益法核算的长期股权投资持有期间的投资收益、成本法核算的长期股权投资的股利收益。管理者应关注投资收益中由权益法核算的长期股权投资持有期间账面价值上升带来的投资收益，这部分投资收益属于不能收回现金的泡沫收益并形成泡沫资产，长期股权投资账面价值短期上升，未来极有可能跌价形成不良资产。

8) 营业外收入

营业外收入是指企业正常经营业务以外取得的收入，一般包括固定资产出售净收益、政府补助、捐赠收益和盘盈收益。

9) 营业外支出

营业外支出是指企业在正常经营业务以外发生的支出，包括存货的盘亏、毁损、报废损失、坏账损失和固定资产处置净损失。

管理者应关注营业外收入减去营业外支出后的营业外收益占利润总额的比例，如果企业营业外收益占利润总额比例过高，说明企业利润不可持续。

10) 净利润

净利润是指企业利润总额扣除所得税费用后的利润。净利润的报告关系到公司的价值，对于上市公司来说，净利润及净利润除以股数后的每股收益是社会公众和利益相关者观察和评价企业的一项重要指标。

3. 分析利润结构

1) 毛利润

毛利是营业收入减去营业成本后的剩余额。其计算公式为：

$$毛利润 = 营业收入 - 营业成本 \tag{9.9}$$

$$\begin{aligned} A公司毛利润 &= 55\,931\,900\,959.00 - 37\,769\,958\,978.00 \\ &= 18\,161\,941\,981.00 \end{aligned} \tag{9.10}$$

企业的毛利规模大小是决定其净利润大小的根本因素，管理者关注企业的毛利主要是关心产品的生产成本或服务成本的控制水平。

2) 核心利润

核心利润是反映企业自身经营活动所带来的利润。其计算公式为：

核心利润 = 毛利润 − 营业税金及附加 − 销售费用 − 管理费用 − 财务费用　　(9.11)
A 公司核心利润 = 18 161 941 981.00 − 672 450 031.00 − 3 276 413 657.00
　　　　　　　　− 3 143 599 769.00 − 336 856 697.00
　　　　　　　　= 10 732 621 827.00　　(9.12)

核心利润考察企业自身经营的盈利能力，一个企业核心利润占利润总额比例越高，说明企业自身经营能力越强。

3) 营业利润

营业利润既包含经营活动所获取的核心利润，也包含对外投资活动所获取的投资收益。其计算公式为：

营业利润 = 核心利润 + 投资收益 + 公允价值变动损益 − 资产减值损失　　(9.13)
A 公司营业利润 = 10 732 621 827.00 + 399 088 488.00
　　　　　　　　+ 6 393 050.00 − 377 847 342.00
　　　　　　　　= 10 760 256 023.00　　(9.14)

随着资本市场的逐步完善，在投资活动中获取收益或承担亏损已经成为正常企业经营活动不可分割的一部分，企业正常资产管理过程中会出现跌价损失，这都与企业管理层经营管理活动有关。

4) 利润总额

利润总额是在营业利润的基础上加上营业外收益所得。其计算公式为：

利润总额 = 营业利润 + 营业外收入 − 营业外支出　　(9.15)
A 公司利润总额 = 10 760 256 023.00 + 981 198 301.00 − 88 248 335.00
　　　　　　　　= 11 653 205 989.00　　(9.16)

5) 净利润

净利润是利润总额扣除所得税费用后的净额。其计算公式为：

净利润 = 利润总额 − 所得税费用　　(9.17)
A 公司净利润 = 11 653 205 989.00 − 2 702 563 365.00
　　　　　　　= 8 950 642 624.00　　(9.18)

综合上述内容可以得出，企业利润总额由三个部分构成：一是经营活动所创造的核心利润，二是投资活动所创造的投资收益和公允价值损益及资产减值损失，三是营业外收益。以上三项利润构成中，核心利润是企业生存和发展的根本；投资收益等投资活动创造的收益具有不确定性，企业难以提高其规模，但该部分规模可以反映企业投资管理水平；营业外收益对于企业来说是"天上掉馅饼"，不可过度依赖该部分收益。因此正常企业利润总额的构成比例应该是核心利润占利润总额的比例最高，其次是投资活动产生的收益占的比例，最后是营业外收益占的比例。

4. 利润表相关财务指标

1) 毛利率

毛利率核算企业的毛利占营业收入的比例。其计算公式为：

$$毛利率 = \frac{营业收入 - 营业成本}{营业收入} \tag{9.19}$$

$$A公司毛利率 = \frac{55\,931\,900\,959.00 - 37\,769\,958\,978.00}{55\,931\,900\,959.00}$$

$$= 32.47\% \tag{9.20}$$

到底什么样的毛利率才是合适的、企业可以接受的数额，需要有参照水平，如行业毛利率的均值、最大值、最小值和本企业的历史毛利率数额。如上例中2016年A公司所处行业的均值为25.1%，说明A公司在同行业中盈利能力处于优秀水平，盈利能力较强。企业在一定时期毛利率高可能有以下几个原因：第一，企业所从事的产品经营活动具有垄断地位，在这种情况下，管理者应关注企业所拥有的垄断地位会保持多久；第二，企业所从事的产品经营活动由于行业周期性波动而出现暂时的走高，在这种情况下，管理者应关注企业所从事行业的周期性变化规律；第三，企业所从事的产品经营活动由于各种原因具有较强的核心竞争力，在这种情况下，管理者应关注企业如何长期保持其核心竞争力。

2) 净利率

销售净利率，简称净利率，是企业净利润与营业收入的比值，衡量企业综合盈利水平。其计算公式为：

$$净利率 = \frac{净利润}{营业收入} \tag{9.21}$$

$$A公司净利率 = \frac{8\,950\,642\,624.00}{55\,931\,900\,959.00}$$

$$= 16.00\% \tag{9.22}$$

净利率虽然能揭示企业在某一特定时期的获利水平，但净利润中包含了难以控制的投资收益和无法控制的营业外收益，同时还包括企业不同资本结构带来的筹资成本的因素，因此净利率难以反映获利的稳定性和持久性。因此管理者注重净利率的同时应结合毛利率对企业的盈利能力做综合分析。

3) 总资产报酬率

总资产报酬率反映企业某一特定时期既定资产组创造的利润占资产组规模的比值。其计算公式为：

$$总资产报酬率 = \frac{息税前利润}{平均资产总额}$$

$$= \frac{净利润 + 所得税费用 + 财务费用}{平均资产总额} \quad (9.23)$$

$$A 公司的总资产报酬率 = \frac{8\,950\,642\,624.00 + 2\,702\,563\,365.00 + 336\,856\,697.00}{\frac{182\,369\,705\,049.35 + 161\,698\,016\,315.06}{2}}$$

$$= 6.97\% \quad (9.24)$$

这项比率反映不考虑资本结构（利息费用）和纳税因素，只考虑企业特定时期拥有的特定经营资源，管理者运用该组资源创造利润的水平。这个指标衡量管理者经营管理资产的能力。

4) 股东权益报酬率

这个比率也称为净资产报酬率，反映股东投入产出水平的指标。其计算公式为：

$$股东权益报酬率 = \frac{净利润}{平均股东权益} \quad (9.25)$$

$$A 公司股东权益报酬率 = \frac{8\,950\,642\,624.00}{\frac{54\,923\,602\,790.51 + 48\,566\,608\,577.92}{2}}$$

$$= 17.30\% \quad (9.26)$$

企业财务管理的最终目标是股东利益最大化，企业一切生产经营活动的目的都是为投资者创造利润，因此企业的投资者及潜在投资者最为关注这项指标，另外管理层应将这个指标与企业的贷款利率比较，如果这项指标高于贷款利率，说明企业很好地利用财务杠杆，为股东创造了更多价值，如果这项指标低于贷款利率，说明企业承担了较高的财务风险。

9.4 现金流量表的解读

1. 现金流量表概述

现金流量表反映企业在特定会计期间现金及现金等价物的流入和流出情况（表9.3）。这里的现金和现金等价物包括库存现金、银行活期存款和定期存款、银行本票存款、汇票存款、信用证保证金存款、信用卡存款等形式的货币资金。在这个"现金为王"的时代，现金是企业流动性最强的资产，企业销售商品、购买原材料、购买固定资产等经营活动及购买长期股权投资等投资活动和筹资活动都离不开现金，对企业来说现金就如同人体的"血液"，人体血液循环系统功能下降或者衰退，对个体生命都有致命危害，企业现金流如果不能正常运转，企业将遭遇破产倒闭的风险。现金流量表的作用主要有以下几个方面。

1) 揭示企业当前的偿债能力和支付能力

在当前的信用经济环境下,企业投资者、债权人和管理者在阅读企业财务报表时,最关心的信息就是企业的现金流情况。企业的投资者根据企业的现金流量信息判断企业当前是否能够及时足额支付股利;债权人根据现金流量情况分析判断企业是否能够及时足额偿还利息并据此预期企业的经营前景,判断企业是否能够及时足额偿还债权本金;企业的管理者通过阅读现金流量表掌握当前的现金情况,进而合理地安排企业资金,以提高财务的灵活性和应变能力。

2) 对利润表进行补充说明

企业利润表的编制采用"权责发生制",即企业利润表中的营业收入和营业成本按照其发生时间应计入当期,但在信用经济下企业及其利益相关者可能会让收入的实现时间和货币资金的实现时间产生差额,除此之外还有些成本费用,如资产减值损失和公允价值变动损益,只影响利润表但没有现金的流入和流出。因此管理者如果仅阅读企业的利润表,就仅能看到本期的经营成果,却无法了解到企业经营成果所创造的现金流入情况。

3) 有助于管理者预测企业未来的现金流量

现金流量表反映企业过去一段时间的现金流入和流出的情况。管理者通过阅读和分析企业以往连续几个时期的现金流量表,利用可靠而相关的历史现金流量信息来预测企业未来现金流量的金额、时间和确定程度,以便作出相关管理决策。

表 9.3　A 公司现金流量表

报表日期	2016 年 12 月 31 日	2015 年 12 月 31 日
单位	元	元
一、经营活动产生的现金流量		
销售商品、提供劳务收到的现金	69 383 366 196.00	64 665 931 474.00
收到的税费返还	316 142 370.00	314 813 053.00
收到的其他与经营活动有关的现金	666 399 610.00	1 091 927 285.00
经营活动现金流入小计	70 365 908 176.00	66 072 671 812.00
购买商品、接受劳务支付的现金	44 418 969 408.00	43 703 159 647.00
支付给职工以及为职工支付的现金	4 147 175 684.00	3 989 480 762.00
支付的各项税费	7 827 868 283.00	7 368 859 920.00
支付的其他与经营活动有关的现金	775 142 610.00	1 102 997 426.00
经营活动现金流出小计	57 169 155 985.00	56 164 497 755.00
经营活动产生的现金流量净额	13 196 752 191.00	9 908 174 057.00
二、投资活动产生的现金流量		
收回投资所收到的现金	16 045 166 789.00	17 732 781 655.00

续表

报表日期	2016年12月31日	2015年12月31日
取得投资收益所收到的现金	23 937 466.00	38 584 341.00
处置固定资产、无形资产和其他长期资产所收回的现金净额	159 365 829.00	139 530 553.00
处置子公司及其他营业单位收到的现金净额	—	—
收到的其他与投资活动有关的现金	637 332 182.00	1 014 737 605.00
投资活动现金流入小计	16 865 802 266.00	18 925 634 154.00
购建固定资产、无形资产和其他长期资产所支付的现金	4 981 495 348.00	5 167 383 546.00
投资所支付的现金	15 000 000 000.00	22 396 072 886.00
取得子公司及其他营业单位支付的现金净额	1 328 469 248.00	3 564 426 595.00
支付的其他与投资活动有关的现金	108 084 855.00	517 017 860.00
投资活动现金流出小计	21 418 049 451.00	31 644 900 887.00
投资活动产生的现金流量净额	−4 552 247 185.00	−12 719 266 733.00
三、筹资活动产生的现金流量		
吸收投资收到的现金	65 063 370.00	368 562 013.00
其中:子公司吸收少数股东投资收到的现金	65 063 370.00	368 562 013.00
取得借款收到的现金	5 704 874 893.00	2 899 610 690.00
发行债券收到的现金	—	—
收到其他与筹资活动有关的现金		
筹资活动现金流入小计	5 769 938 263.00	3 268 172 703.00
偿还债务支付的现金	9 243 267 543.00	3 670 050 418.00
分配股利、利润或偿付利息所支付的现金	3 564 634 832.00	4 881 798 029.00
其中:子公司支付给少数股东的股利、利润	279 253 000.00	472 995 599.00
支付其他与筹资活动有关的现金	112 986 038.00	76 901 827.00
筹资活动现金流出小计	12 920 888 413.00	8 663 497 174.00
筹资活动产生的现金流量净额	−7 150 950 150.00	−5 395 324 471.00
四、汇率变动对现金及现金等价物的影响	20 977 476.00	−20 669 988.00
五、现金及现金等价物净增加额	1 514 532 332.00	−8 227 087 135.00

2. 现金流量表重要项目

1) 经营活动现金流量

经营活动是企业为获取收入和盈利而必须进行的经济活动,企业经营活动现金流量按照现金流的方向分为经营活动现金流入量和经营活动现金流出量。

(1) 经营活动现金流入量。

销售商品、提供劳务收到的现金为企业经营活动主要现金流入项目,主要来自企业营业收入的现金回收。税费返还为企业收到的政府税收返还。收到的其他与经营活动有关的现金主要核算企业收到的除以上现金流入外的现金流入。

(2) 经营活动现金流出量。

购买商品、接受劳务支付的现金主要核算企业购买生产经营所需的原材料、半成品及购买劳务而产生的现金流出。支付给职工以及为职工支付的现金主要核算企业发放给员工工资所产生的现金流出,对应企业整个会计期间累计计提的应付职工薪酬科目。支付的各项税费核算企业的税收负担。支付的其他与经营活动有关的现金核算除以上支出外的经营活动现金流出量,一般与企业的营业外支出相对应。

2) 投资活动现金流量

投资活动现金流量反映企业长期资产的构建和处置活动所产生的现金流量,根据现金流量的方向分为投资活动现金流入量和投资活动现金流出量。

(1) 投资活动现金流入量。

收回投资所收到的现金反映企业出售、转让或到期收回除现金等价物以外的交易性金融资产、持有至到期投资、可供出售金融资产、长期股权投资等而收到的现金。取得投资收益所收到的现金反映企业投资金融资产所获得的投资收益产生的现金流入。处置固定资产、无形资产和其他长期资产所收回的现金净额反映企业出售固定资产、无形资产等生产性长期资产所产生的现金流入。处置子公司及其他营业单位收到的现金净额核算企业处置子公司所产生的现金流入量,可将其与成本法核算的长期股权投资科目的减少额对应分析。

(2) 投资活动现金流出量。

购建固定资产、无形资产和其他长期资产所支付的现金反映企业购买固定资产、无形资产等生产性长期资产所产生的现金流出量。投资所支付的现金反映企业购买交易性金融资产、持有至到期投资、可供出售金融资产、长期股权投资(不包括取得子公司支付的现金)以及支付佣金、手续费等交易费用所产生的现金流出量。取得子公司及其他营业单位支付的现金净额反映企业购买子公司所产生的现金流出,可将其与成本法核算的长期股权投资增加额对应分析。

3) 筹资活动现金流量

筹资活动现金流量反映企业权益资本及债务资本的规模和构成导致的现金流量变化情况。根据现金流量的方向分为筹资活动现金流入量和筹资活动现金流出量。

(1) 筹资活动现金流入量。

吸收投资收到的现金反映企业收到投资者投入的现金,包括以发行股票、债券等方式筹集的资金实际收到款项净额。取得借款收到的现金反映企业向银行或相关金融机构或企业所借入的长期借款、短期借款所产生的现金流入量。收到其他与筹资活动有关的现金反映除以上两项筹资活动现金流入量外收到的其他与筹资活动有关的现金流入,如接受现金捐赠等。

(2) 筹资活动现金流出量。

偿还债务支付的现金反映企业偿还借款和债券所产生的现金流出量。分配股利、利润或偿付利息所支付的现金反映企业实际支付的现金股利以及支付给其他投资单位的利润。支付其他与筹资活动有关的现金反映企业筹资费用所支付的现金、融资租赁所支付的现金、减少注册资本所支付的现金。

3. 现金流量表质量分析

1) 经营活动现金流量质量分析

(1) 充足性分析。

经营活动现金流量的充足性是指企业拥有正的且规模较大的经营活动现金流量,满足企业日常经营的资金需求及企业扩张的资金需求。经营活动产生的现金流入量是企业持续获得资金的一个基本途径,连续获得正的较为稳定的经营活动现金流量是企业可持续发展的一个重要标志,因此该指标也是管理者及外部利益相关者最应关注的一项重要财务指标。经验数据显示,经营活动现金流量在绝对量上不仅应大于零,还应大于经营活动所获取的成果(核心利润);在存货周转速度达到2次以上时,经营活动净现金流量应为核心利润的1.2倍以上。

(2) 合理性分析。

经营活动现金流量的合理性分析主要从经营活动现金流入量的顺畅性和经营活动现金流出量的恰当性这两个角度进行分析。第一,经营活动现金流入量的顺畅性主要从"销售商品、提供劳务收到的现金"与营业收入减去资产负债表中应交增值税销项税额、应收账款、应收票据和预收账款等科目期末余额与期初余额的增量之间的规模大小进行分析与判断。第二,经营活动现金流出量的恰当性应从"购买商品、接受劳务支付的现金"与营业成本加上应付账款、应付票据、预付账款和存货等科目期末余额与期初余额增量之间的规模大小进行分析与判断。

(3) 稳定性分析。

企业的经营活动现金流入量应主要由"销售商品、提供劳务收到的现金"组成,如果一个企业连续几期的经营活动现金流入量中"其他经营活动流入的现金"占较高比例,可能预示着这家企业经营活动现金流量不可持续,说明企业的核心竞争力较差或主营业务变现能力差。

2) 投资活动现金流量质量分析

(1) 战略吻合性分析。

企业投资活动主要有三个投资方向：购买固定资产、无形资产等提升企业经营活动水平，对其他公司进行权益性投资或债权性投资实现对外扩张，利用闲置资金进行短期金融投资获取投资收益。管理者可以进行以下分析：第一，如果"购建固定资产、无形资产和其他长期资产支付的现金"大于"处置固定资产、无形资产和其他长期资产收到的现金"，表明企业意图扩大生产经营规模，进一步扩大市场占有率和夯实主业，反之则意味着企业在收缩原有的经营战线。第二，如果"投资所支付的现金"大于"收回投资所收到的现金"，表明企业正在通过对外投资的方式发展壮大，反之则意味着企业收缩对外投资的规模。第三，如果企业同时存在大规模的"收回投资收到的现金"和"购建固定资产、无形资产和其他长期资产支付的现金"，表明企业正从"投资主导型"企业转换成"经营主导型"企业，反之如果企业同时存在大规模的"处置固定资产、无形资产和其他长期资产收到的现金"和"投资所支付的现金"，则意味着企业从"经营主导型"企业转换成"投资主导型"企业。

(2) 盈利性分析。

企业进行投资的目的主要是盈利，管理者应通过投资活动现金流量对投资盈利性进行分析。对于增加的固定资产和无形资产应关注增加的固定资产所带来的增量核心利润规模；对于增加的对外投资则可通过关注投资活动现金流量里"取得投资收益收到的现金"项目进行判断和分析。

3) 筹资活动现金流量质量分析

(1) 适应性分析。

一个欣欣向荣的企业一方面拥有较稳定的现金流量，另一方面基于持续发展的需求会持续进行资产的更新或扩建，一般来说正常企业的经营活动现金流量净额应为正数，投资活动现金流量净额应为负数，但二者之和可能正负相间。当企业经营活动和投资活动产生的现金流量和为正数，即资金充裕时，企业应偿还借款，筹资活动现金流量为负数；当企业经营活动和投资活动产生的现金流量和为负数，即资金匮乏时，企业应筹集资金，筹资活动现金流量为正数。

(2) 恰当性分析。

企业筹资活动会产生相应的资金成本，管理者应关注企业是否存在过度融资或资金被实际控制人及关联方无效占用，并进一步分析企业筹集的资金是符合企业未来的战略发展规划还是用于弥补现金短缺，从而判断企业筹资活动的合理性。

4. 现金流量表相关财务指标

1) 现金与负债总额比率

现金与负债总额比率是指经营活动现金净流量与平均总负债额之比。其计算公式为：

$$现金与负债总额比率 = \frac{经营活动净现金流量}{平均总负债} \qquad (9.27)$$

该比率反映了企业所能够承担债务规模的大小,该比率越高,企业所能承担的债务规模越大;该比率越低,企业所能承担的债务规模越小。

$$A公司现金与负债总额比率 = \frac{13\ 196\ 752\ 191.00}{\frac{127\ 446\ 102\ 258.84 + 113\ 131\ 407\ 737.14}{2}}$$

$$= 10.97\% \tag{9.28}$$

2) 全部资产现金回收比率

全部资产现金回收比率是指经营活动现金净流量与平均总资产的比率。其计算公式为:

$$全部资产现金回收比率 = \frac{经营活动现金净流量}{平均总资产} \tag{9.29}$$

该比率反映了全部整体资产创造现金的能力,与同行业平均数值相比,该数值越大,表明企业整体资产质量越好;该数值越小,表明企业整体资产质量越差。

$$A公司全部资产现金回收比率 = \frac{13\ 196\ 752\ 191.00}{\frac{182\ 369\ 705\ 049.35 + 161\ 698\ 016\ 315.06}{2}}$$

$$= 7.67\% \tag{9.30}$$

3) 收入现金比率

收入现金比率是指一定时期经营活动产生的现金净流入与营业收入的比率。其计算公式为:

$$收入现金比率 = \frac{经营活动现金流入}{营业收入} \tag{9.31}$$

该比率反映了企业从每1元营业收入中实现的现金净收入,从另一个角度分析,也体现了企业对应收款项回收的效率。该比率越大,表明企业的收益质量越高,企业应收款项回收的效率越高。

$$A公司收入现金比率 = \frac{13\ 196\ 752\ 191.00}{55\ 931\ 900\ 959.00}$$

$$= 23.59\% \tag{9.32}$$

思考题

(1) 如何对资产进行质量分析?
(2) 如何对利润进行质量分析?
(3) 如何对现金流量进行质量分析?
(4) 请上网搜集一家公司的财务报表并运用本章所学知识进行解读。

第 10 章 创 业 融 资

学习目标

- 了解创业融资相关理论
- 掌握创业融资渠道以及各种融资渠道的特点和适用范围
- 了解风险投资对创业企业的重要作用
- 熟悉创业企业获得风险投资资本的融资过程
- 掌握创业融资规模测算方法及不同融资测算方法的适用条件

重点难点

- 不同融资渠道的特征及适用范围
- 创业企业获得风险投资资本的过程
- 回归分析法和因素分析法的测算过程及应用

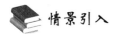情景引入

阿里巴巴融资史

第一阶段,自我融资。

1999年,马云和他的创业团队集资50万元成立阿里巴巴。阿里巴巴成立初期,公司小到不能再小,18个创业者往往是身兼数职。

第二阶段,天使投资。

阿里巴巴有一定名气后很快也面临着资金瓶颈,这时以高盛为主的一批投资银行向阿里巴巴投资了500万美元。

第三阶段,风险投资。

1999年秋,日本软银总裁孙正义决定给阿里巴巴投资3 000万美元,最终马云确定了2 000万美元的软银投资,从而得以度过寒冬。2004年2月17日,马云在北京宣布,阿里巴巴再获软银和富达等风险投资8 200万美元的巨额战略投资。这笔投资是当时国内互联网金额最大的一笔私募投资,阿里巴巴超过eBay成为国内第一电商平台。2005年8月,雅虎、软银再向阿里巴巴投资数亿美元。之后,阿里巴巴创办淘宝网,创办支付宝,收购雅虎中国,创办阿里软件。2011年向美国银湖、俄罗斯DST、新加坡淡马锡以及中国云峰基金等融

资20亿美元。

第四阶段,上市。

2014年9月19日,全球最大的B2B公司阿里巴巴在纽约证券交易所正式挂牌上市,股票交易代码为"BABA",融资规模达到250.3亿美元,正式成为全球有史以来最大规模的IPO。

当创业者有了创业灵感,组建好创业团队后,正式筹谋创业企业运作的第一件事就是获取"钱",缺乏启动资金是创业企业面临的主要困难之一。通过本章的学习,读者将了解并掌握企业融资的渠道和方式。

10.1 创业融资概述

资金如同企业的血液,企业的血液不足或者血液循环不畅会导致企业的生命难以延续。要创业并将企业做大做强,资金是企业生存和发展最重要的推动力,离开了资金谈创业如同建"空中楼阁"。对于大多数年轻创业者来说,虽然为其提出的创意的应用价值感到激动万分,但在企业创业之初,如何筹集资金,有哪些渠道可以筹集资金应成为创业者最需要关注的工作之一。

1. 企业融资定义

广义的融资也叫金融,是指货币资金的融通,企事业单位或个体通过各种方式到金融市场上筹集或贷放资金的行为。

狭义的融资是指一个企业在创立和发展的过程中,根据经营活动、投资活动和资本结构调整等需要,通过科学的资金使用量预测和决策,采用一定的方式,通过特定的渠道向企业的投资者和债权人筹集资金、组织资金供应的活动。

2. 创业企业的融资形式

创业企业通过不同的融资渠道、采用不同的融资方式筹集资金,因其权属、期限、来源和机制的不同形成不同的融资形式。对于创业企业来说不同类型的资金组合成特定的融资模式,企业的全部资金来源通常可分为股权融资和债权融资、长期资本和短期资本、内源融资和外源融资、直接融资和间接融资等类型。

1) 按融资权属分类

一个企业的全部资本按其权属可分为权益资本和债权资本,在企业的资产负债表上分别表示为所有者权益和负债这两项,这两种权属的资本对应的融资形式则可分为股权融资和债权融资。

(1) 股权融资。

股权也称股东权益,企业的股东权益包括股本(或实收资本)、资本公积、盈余公积、未分配利润。股东权益有以下几个特征:第一,股权持有者有权参与企业的经营管理和利润分配,并对企业的债务承担责任,因此很多创业企业的创始人为保证对企业的控制权,在引入股权投资者决策时应较为慎重。2008年,于刚、刘峻岭创立1号店;2011年5月,平安将1号店20%股权作价6500万美元出售给沃尔玛;2015年7月,沃尔玛对两位创始人就地解职,全资控股1号店。第二,创业企业对权益资本依法享有永久使用权,企业股权所有者在企业存续期间不得以任何方式抽回其投入的资金,只能向他人转让其股权,因此股权资本也被视为"永久性资本"。

(2) 债权融资。

债权资本即借入资本,是企业依法取得并如约使用和偿还的资本,债权资本对应的融资方式则为债权融资,企业的债权融资方式一般包括银行借款、应付票据、应付债券、短期融资券等。债权资本有以下特征:第一,债权融资体现企业与其债权人的关系;第二,债权人有权按约要求债务人如期还本付息,固定本息偿还义务给企业带来一定的财务风险;第三,企业借入的资金利息支出作为财务费用在企业所得税前列支,为企业带来避税效应。

2) 按融资期限分类

企业的资本可以根据其使用期限的不同分为长期资本和短期资本两种类型,不同期限的资本对企业形成不同程度的偿债压力,企业应在正确认识这两类资本的内容和特征基础上,合理安排两者所占总资本的规模。

(1) 长期资本。

长期资本是指企业使用期限在一年以上的资本。企业资产负债表的所有者权益和非流动负债都属于长期资本。一般来说企业的长期发展需要配置一定规模的长期资本,用于购置长期资产,如固定资产、无形资产和长期股权投资等,长期资本占总资本比例越高,企业财务风险越低。

(2) 短期资本。

短期资本是指企业使用期限在一年以内的资本。企业资产负债表的流动负债属于短期资本。一般来说企业的流动负债用于购置流动资产,流动负债规模超过流动资产,企业流动性风险较大;企业流动负债规模小于流动资产,企业资产收益较差。

3) 按融资来源分类

根据企业资金是否来源于企业内部,可将企业的资金划分为内部资金和外部资金,内部资金取得较为容易且无筹集成本,外部资金存在较高筹集成本且外部资金的取得较为被动,企业应根据其特定经营情况确定内部资金和外部资金的比例。

(1) 内源融资。

内源融资是企业依靠其内部积累进行的融资,主要由折旧基金和留存收益构成。企业内源融资具有自主性、低成本性和抗风险性等特点,是企业资金最重要的来源,企业内源资金数量的多少取决于企业创造利润的数量和企业的利润留存政策。对于创业企业来说,内源融资是其最重要也是最为可靠的资金融通方式。

(2) 外源融资。

外源融资是指企业通过外部融资渠道吸收其他经济体的资金,转化为自己的投资。当企业的资产扩张速度快于企业创造并留存于企业的利润速度时,企业内部资金无法满足企业生产经营的需要。企业存在资金缺口时则应该向外部资金所有者融资。外源融资包括对外吸收股权投资、取得借款、发行债券等,外源融资的规模和种类取决于特定时期金融市场的发达程度及市场资金供给情况。

4) 按融资机制分类

根据企业融资是否借助金融中介机构的交易活动,可将企业资金划分为直接融资和间接融资。

(1) 直接融资。

直接融资是指企业不经过金融中介机构的交易活动,直接获取资金供给者对其提供的资金,最常见的直接融资主要包括发行股票、发行债券或者直接向其他经济体协商借款等。直接融资的资金供求双方直接转移资金,资金使用方对资金供给方提供财务报表及其他经营信息,接受资金供给方监督,向资金供给方提供抵押物、质押物等保证资金供给方资金的安全。

(2) 间接融资。

间接融资是指资金使用方与资金供给方不直接发生联系,而是以中介金融机构作为纽带,两者分别与中介金融机构发生联系。资金供给方通过存放资金于银行、购买信托产品、保险产品等方式将资金通过银行、信托机构、保险公司等金融机构提供给资金使用者。创业企业作为资金使用者可以通过银行、信托机构、保险公司等金融机构获得资金。

3. 企业生命周期理论及融资策略

企业生命周期是指企业的发展与成长的动态轨迹,包括初创期、成长期、成熟期、衰退期等几个发展阶段。创业企业应根据不同发展阶段的经营特点及发展需要采用不同的融资策略。

1) 初创期融资

创业企业在初创期规模较小,这一阶段主要战略路径为研究与开发新产品,提高产品质量,企业自身资产规模小,缺乏抵押物,市场处于培育阶段,经营管理经验不足,经营风险高,因此这个阶段的企业较难取得公开的债权资本。初创期的企业又极为缺乏资金,比较适合引入权益资本,一般都是创业者个人积蓄入股、创业者私人借款、天使投资或企业留存大部分自身利润,企业债权资本较少,利息支出较少,企业财务风险较低,这一阶段以私募股权融资为主要融资方式。

2) 成长期融资

随着企业创业的推进,企业产品逐渐被市场认可,营业收入规模快速增长,创业企业进入成长期。成长期企业的竞争战略为进一步拓展市场,增加市场份额和扩大销售量。这一时期企业的产品相对初创期成熟,但企业需要开拓市场份额,扩张产能,固定资产投资支出较多,现金支出仍然比较大,经营风险还是较高,企业融资应以公募股权融资为主,辅以一定的债权融资。比如引入多轮战略投资者的股权融资、发行股票进行上市融资以及进行一定规模的银行中长期借款等。

3) 成熟期融资

创业企业产品在占领了较大市场份额且增长稳定后进入成熟期,营业收入的增长速度与宏观经济增长速度基本一致。这个阶段的企业战略重点是保持市场份额和提高效率,现金支出较少,企业现金流较为充沛,经营风险大大降低。企业凭其较大的资产规模和较好的信用可以借入更多的银行短期借款、延期支付货款占用供应商资金、发行债券等,并开始回馈股东,向其股东分配更多的股利。

4) 衰退期融资

进入衰退期的企业往往销售额下降,利润空间越来越小,企业无须继续注入资金去挽回市场,而是最大限度地通过转让、变卖设备或厂房以收回原始投资,另一方面企业应开发新产品和新市场。

4. 负债融资

1) 经营性负债融资

经营性负债融资也称自发性融资或自动生成资金,是指企业随着销售额的增长而同比例增加的流动负债,主要包括应付账款、应付票据、其他应付款、预收账款等。

(1) 应付账款。

应付账款产生于企业向其供应商赊购商品或劳务后的延迟付款,随着企业经营活动的进行而自发产生。平等的经济体之间的交易应为即时付款,企业延迟付款实际上可以看作供应商提供商品或劳务后已收到企业款项,但借给企业"免费"使用一段时间,因此应付账款可以看作企业向其供应商进行负债融资。延期付款的规模越大,时间越长,企业从赊购活动中借入的资金量越大,使用期限越长,这两者取决于企业与其供应商之间的相对竞争地位,一般企业相对于其供应商较有竞争优势则应付账款的规模较大,账期较长。

(2) 应付票据。

应付票据的产生过程类似于应付账款的产生过程,主要包括商业承兑汇票和银行承兑汇票两种,与应付账款不同之处在于企业须将其所欠货款以票据的形式确定下来。企业对供应商开具的商业承兑汇票无须缴纳保证金,与应付账款类似,相当于供应商对企业借款;企业对供应商开具的银行承兑汇票一般应在承兑银行存入一定金额保证金,票据面额与保证金之间的差额相当于银行借给企业的资金。如甲公司向其供应商开具 200 万的 A 银行承兑的银行承兑汇票,A 银行要求甲公司存入 100 万元保证金,供应商能被银行保证到期按 200 万元提现,因此这笔交易活动中,相当于银行借给甲公司 100 万元。

(3) 其他应付款。

其他应付款产生于企业经营活动之外的所有应付和暂收其他单位和个人的款项。如暂收其他单位的款项可以视为其他单位借给企业的资金,最常见的有企业的实际控制人或关联方通过其他应付款有偿或无偿对企业拆借资金。

(4) 预收账款。

预收账款产生于企业对其客户销售商品或提供劳务时客户预先付款或预先支付定金,预收账款随着企业经营活动的进行而自发产生。平等经济体之间的交易应为即时付款,企业客户提前付款实际上可以看作企业在交付商品或提供劳务前免费向客户预先借入资金。预付账款的规模越大,预付的时间越长,企业实际占用其客户的资金越多,这取决于企业与其客户的相对竞争地位,一般企业相对其客户较有优势则可获取较长时间、较大规模的预收账款。

(5) 应计费用。

企业自发产生的经营性负债除了以上商业信用以外,还包括企业正常生产经营过程中产生的应当支付但当期尚未支付的费用,如应付职工薪酬、应交税费、应付利息、应付股利等。企业在生产经营过程中,根据相关费用结算制度,先产生相关费用,过一段时间再进行支付。如应付职工薪酬,企业每月底进行工资核算,在每月最后一天员工提供的劳务应该得到补偿,但大部分企业选择在次月进行支付,实际上相当于每月最后一天企业将工资支付给员工,但员工暂时将这笔钱借给企业,如果次月10日发放工资则相当于员工将其工资借给企业使用10天。以此类推,应交税费可以视为税务局借款给企业,应付利息可以视为债权人借款给企业,应付股利可以视为股东借款给企业。

2) 金融性负债融资

企业除了在生产经营过程中自发产生经营负债外,会因临时性、季节性等原因存在资金短缺。企业为解决资金临时出现的周转困难而向银行取得的短期临时借款称为金融性负债融资,属于企业主动融资。与自发性的经营性负债不同的是,金融性负债一般都是有息借款,即存在资金成本。金融性负债主要包括银行贷款、民间借款、债券借款等。

(1) 银行贷款。

银行贷款是指银行以贷款的形式向企业提供的融资。通常企业只需要向银行提供企业自身的财务报表、审计报表、抵押物及企业经营相关证明文件即可申请贷款。在企业与银行签订贷款合同时,银行为保证企业具有还款能力,通常会对企业的资金使用作出一定的约束,如保证一定流动比率,不得变卖固定资产,不得使用银行贷款进行风险投资等。对于企业来说银行贷款属于"锦上添花"而不是"雪中送炭",当企业经营状况出现恶化的迹象时,银行通常会要求偿还贷款或变卖抵押物。因此,银行贷款无法解决企业所有的资金问题。

(2) 民间借款。

银行贷款不能惠及所有企业,更不能惠及企业的所有资金需求,民间借款弥补了部分无法取得银行贷款但有着生存发展需求的企业的资金需求。企业进行民间借款通常以私下协议方式与私人或非金融机构拟定融资金额、融资利率、期限等条件。相比银行贷款,民间借款的程序较为简单,民间贷款方承担较大的风险,因此民间借贷利率较高,借款者应关注借款利率是否超过同期银行贷款利率的四倍,是否形成高利贷。

(3) 债券借款。

企业债券是指企业按照法定程序发行的,约定在一定期限内还本付息的债务凭证,它代表债券持有人与企业的一种债权债务关系,债券持有人是债权人,发行债券的企业是债务人。债券的特点有:第一,相对于银行贷款来说,债券融资是资金供给者直接将资金提供给资金需求者,属于直接融资,无融资中介运营费用,因此发行债券的成本低于银行贷款成本。第二,债券融资一般是长期的,企业可以根据投资项目的资金使用需求来确定债券的期限,债券持有人不能提前要求偿还债券本金,但可以在二级市场转让债券收回投资。

3) 其他短期融资

(1) 应收账款融资。

在现代商业信用时代,应收账款成为企业最重要的资产之一,可以作为抵押品进行融资或直接转售进行融资,应收账款融资主要分为应收账款抵押贷款和应收账款转售。

应收账款抵押贷款:创业企业可以将其应收账款作为贷款担保品,向银行取得贷款,一般银行等金融机构会决定哪些应收账款符合贷款的要求可以作为抵押品,企业可以取得应收账款价值60%—80%的借款,借款比例取决于企业的信用和银行的信贷政策。贷款人对应收账款抵押贷款具有完全的追索权,当应收账款的欠款人不按时还款时,应收账款的坏账损失由应收账款持有人(借款人)承担,银行不承担任何信用风险。

应收账款转售:也称应收账款保理融资,是指企业出售应收账款给银行,并通知应收账款欠款人直接还款给银行,如果应收账款欠款人不还款,则银行承担应收账款相应的信用风险,因此银行在发放应收账款融资贷款时应充分评估应收账款欠款人的资信。

(2) 存货融资。

存货融资是指借款企业以存货作为抵押品,向银行等金融机构取得借款的一种短期融资方式。工业企业以原材料和产品作为担保,发放贷款的银行等金融机构对借款企业的存货有索偿权,但存货仍在借款企业内,借款企业可自行、随时出售存货,贷款机构很难对其担保品实施控制,因此贷款机构一般按照不高于存货账面价值50%发放贷款,利率也会超过基准利率。

(3) 知识产权融资。

知识产权融资是指企业或个人以合法拥有的专利权、商标权、著作权中的财产权经独立的第三方资产评估公司评估后作为质押物,向银行申请融资。对处于创办前期且有一定核心知识产权的创业公司来说,知识产权融资实为一种成本低且较易获得的资本,且知识产权融资是近年来各地高新开发区热衷的高新科技企业扶持政策,如2017年成都高新区以"智产"撬动"资本",知识产权质押及标准增信融资工作取得突出成效,助力企业累计获得资金超过15亿元,因此创业企业应挖掘自身拥有的技术资源并关注政策发展趋势,开拓企业融资渠道。

(4) 项目融资。

项目融资是指企业对需要大规模资金的项目进行的融资活动。企业承诺以未来项目收益作为借款的还款来源,而且将项目资产作为抵押品,银行等贷款机构一般不考虑项目主体的资信。项目融资适合能产生稳定现金流的发电厂、道路、桥梁等基础设施建设项目。

10.2 风险投资

张朝阳对"搜狐"的评价是:几乎走完了从借助风险投资启动到日益发展成熟的全部过程。阿里巴巴从1999年创办到2014年赴美国纽约证券交易所上市,共获得软银、雅虎和高盛等风险投资11.12亿美元的支持。德丰杰对百度上市前的两轮风险资金支持加速了百度的发展。处于成长期的企业由其高经营风险决定了难以获得债权资本且难以登陆传统的股权市场,因此,风险投资实为创业企业较重要的资金来源。

1. 风险投资概述

风险投资(venture capital)也叫"创业投资",简称VC。广义的风险投资泛指一切具有高风险、高潜在收益的投资;狭义的风险投资是指对以高新技术为基础,生产与经营技术密集型产品的企业的投资。根据美国全美风险投资协会的定义,风险投资是由职业金融家投入到新兴的、迅速发展的、具有巨大竞争潜力的企业中的一种权益资本。

1) 风险投资的基本要素

风险资本、风险投资者、投资对象、投资期限、投资目的和投资方式等六要素构成了风险投资系统。

(1) 风险资本。

风险资本是指由专业投资人提供给快速成长并且具有很大升值潜力的新兴公司的一种资本。风险资本通过购买股权、提供贷款或既购买股权又提供贷款的方式进入这些企业。风险资本的来源因时因国而异。美国风险资本主要来源于机构投资者,目前各类机构投资者提供约70%—80%的资金,其中养老基金是最重要的资金来源,占46%左右,其次是国外基金(占14%)和大公司(占11%),再次是银行(占10%)和保险公司(占9%)。与美国不同,欧洲国家的风险资本主要来源于银行、保险公司和年金,分别占全部风险资本的31%、14%和13%,其中,银行是欧洲风险资本最主要的来源,而个人和家庭资金只占到2%。在日本,风险资本主要来源于金融机构和大公司资金,分别占36%和37%,其次是国外资金和证券公司资金,各占10%,而个人与家庭资金也只占到7%。按投资方式分,风险资本分为直接投资资金和担保资金两类。前者以购买股权的方式进入被投资企业,多为私人资本;后者以提供融资担保的方式对被投资企业进行扶助,多为政府资金。2016年,中国风险资本总量达到8277.1亿元,较2015年增加1623.8亿元,增幅为24.4%,占GDP比重达到1.11%,较2015年提高0.15%;披露投资金额达到505.5亿元,较2015年增加8.6%。中国的风险投资主要由国外资本、政府财政资金、大公司产业资金、机构投资资金和个人投资资金构成。

(2) 风险投资者。

风险投资者是指风险资本的提供者,主要包括风险资本家、风险投资公司、产业附属投资公司、天使投资人。风险资本家主要是指向其他企业投资的企业家个人。风险投资公司大部分通过风险投资基金来进行投资,这些基金一般以有限合伙制为组织形式。产业附属投资公司主要是指一些非金融实业公司所属的独立的风险投资机构,这类风险资本代表其母公司的意愿将资金投入一些特定行业。天使投资人是一类特殊的风险投资人,这类风险资本通常投资于非常年轻的公司以帮助这些公司迅速启动。在风险投资领域,"天使投资人"这个词指的是企业家的第一批投资人,这些投资人在公司产品和业务成型之前就把资金投入进来,相对于普通的风险投资者,天使投资人更为看重创业团队的能力素质及人品。

(3) 投资对象。

风险投资的产业领域主要是高新技术产业,毕马威于2018年1月发布的风险投资趋势全球季度报告《风投脉搏》显示,2017年,风险投资在中国的投资金额创下400亿美元的历史新高。投资者追寻人工智能(AI)、汽车技术和企业服务公司的商机所进行的多个大型交易,推动了积极的投资气氛。

(4) 投资期限。

风险投资人帮助企业成长,但他们最终寻求渠道将投资撤出,以实现增值。风险资本从投入被投资企业起到撤出投资为止所间隔的时间就称为风险投资的投资期限。作为股权投资的一种,风险投资的期限一般较长。其中,创业期风险投资通常在7—10年内进入成熟期,而后续投资大多只有几年的期限。

(5) 投资目的。

风险投资虽然是一种股权投资,但投资的目的并不是为了获得企业的所有权,不是为了控股,更不是为了经营企业,而是通过投资和提供增值服务把投资企业做大,然后通过公开上市(IPO)、兼并收购或其他方式退出,在产权流动中实现投资回报。

(6) 投资方式。

从投资性质看,风险投资的方式有三种:一是直接投资;二是提供贷款或贷款担保;三是提供一部分贷款或担保资金,同时投入一部分风险资本,购买被投资企业的股权。但不管是哪种投资方式,风险投资人一般都附带提供增值服务。风险投资还有两种不同的进入方式:第一种是将风险资本分期分批投入被投资企业,这种情况比较常见,既可以降低投资风险,又有利于加速资金周转;第二种是一次性投入,这种方式不常见,一般风险资本家和天使投资人可能采取这种方式,一次性投入后,很难也不愿提供后续资金支持。

2) 风险投资的投资特点

风险投资主要选择未公开上市的有高增长潜力的中小企业,尤其是创新性强的高科技企业,以战略投资者的身份入股高新技术企业,提供创业企业运营所需资金的同时提供专业化的经营管理,帮助企业成长并实现投资回报的目的。风险投资与普通的股权投资相比有其自身的特点,具体概括如下。

(1) 高风险。

风险投资的高风险性是由其投资对象所决定的。传统股权投资的对象为处于经营风险较小的成熟期的企业,而风险投资的对象是处于种子期或成长期的企业,投资者看重的是投资对象的潜在技术能力和市场潜力,创业企业在种子期和成长期通常缺乏长远成熟的考虑,经不起市场考验,因此风险投资者面临较大的投资无法取得合理收益的风险。

(2) 高收益。

投资者对于所投资项目的高风险性会进行相应的评估,风险背后对应的收益是风险投资机构投资的主要动因。一般来说,投资处于种子期的创业企业要求投资回报率在40%左右,投资处于成长期的创业企业要求投资回报率在30%左右,投资上市前的创业企业要求回报率在20%左右,远远高于上市后企业股票平均5%的回报率。

(3) 投向高新技术创业企业。

传统的资本密集型行业和劳动密集型行业因其成熟的工艺流程、成熟的产品、稳定的市场和规模化的固定资产持有量,能吸引传统的银行资本和成熟的股权资本。高新技术创业企业由于其风险大、收益高等特征成为风险投资追捧的热点。据数据统计,2007年到2016年,投资高新技术企业(项目)数占风险投资企业的投资项目总数的比例平均为55.52%,投资高新技术企业(项目)金额占累计投资金额的比例平均为43.04%。

(4) 回收期长。

风险投资一般在风险企业种子期或成长期开始投入企业,风险投资家通过参与投资企业的经营与管理,经历成长期和成熟期,实现投资企业资本增值后将企业股份变现,以实现投资本金和收益的回收。风险投资从注资到风险企业到风险企业IPO上市后退出,一般要经历短则3—5年,长则8—10年的时间,在投资期间还需要对投资企业不断地增资扩股,因此风险投资回收期较长。

(5) 专业性。

传统企业获得银行贷款仅取得资金支持,银行不参与企业经营管理;风险投资家在向高新技术企业投资的同时,也参与企业项目的经营管理。风险投资者一旦将资金投入风险企业,作为风险企业的战略投资者,风险投资家与风险企业结成了一种风险共担、利益共享的利益共同体,这也从客观上要求风险投资家参与风险企业全过程的管理。因此风险投资团队一般需要掌握风险企业相关的科技知识、现代金融和管理知识,还应对投资企业的行业和市场有独特的判断。风险投资家不仅是投资者也是经营者,参与企业长期或短期发展规划、企业目标的测定、企业营销方案的制订,还要参与企业资本运营过程。

3) 风险投资的资金来源

风险投资的基本运行机制是"融资—投资—退出",因此风险投资首先应解决融资问题。融资的来源主要是政府财政资金,机构投资者主要包括证券公司、投资公司、养老基金、福利基金、保险公司、集团财务公司或富有的个人。

2. 风险投资的运行过程

1) 创业企业引入风险投资的条件

企业获得风险投资,需要具备一些基本条件,这些条件是创业企业获得资本家青睐的必要条件。

(1) 符合风险投资者要求的项目。

创业企业获得风险投资资金的一个基本条件就是需要创业者提供一份内容完整的商业计划书。一份完整的商业计划书至少应包括以下几个方面内容:

① 公司介绍。介绍公司的成立时间、主营业务、性质、所有者构成、各阶段发展目标、经营战略、盈利水平和市场地位等信息。

② 产品介绍。介绍产品或服务的顾客群或潜在顾客群、技术壁垒、新产品和服务的功能和价值，比如新产品突破旧产品的哪些功能，新产品开发过程中会面临怎样的技术挑战，如何保证产品研发成功。

③ 行业与市场。创业企业属于哪个行业？新产品具体的目标客户在哪里？现有市场规模和潜在市场规模有多大？市场上最大竞争者是谁？替代品有哪些？

④ 公司商业模式。创业企业能给客户带来什么价值？给客户带来价值之后怎么赚钱？有什么资源和能力能同时带来客户价值和公司盈利？

⑤ 管理团队。创业者和主要管理人员的背景、学历、经验和分工，以及管理团队已经取得的成绩。

⑥ 机会和风险。机会主要指企业产品所在市场存在什么样的机会有利于企业的发展和项目的成功。风险是指企业存在的技术风险、市场风险和管理风险。指出企业面临的相关风险如何阻碍企业的发展及企业如何应对相关风险。

⑦ 资金需求。创业企业应根据其独特的商业模式和市场空间进行科学合理的财务指标测算，通过资金预算明确新项目所需要的资金数量和时间。说明资金需求的依据和各部分资金的具体用途，指出企业在获得投资后的盈利能力和企业拥有的其他资金来源。

⑧ 其他优势条件。如创业企业享有的税收优惠政策、国家及相关政府或地区的相关资金支持政策等。

(2) 风险投资者青睐的创业者。

风险投资者除了关注创业者的创新项目，更应关注创业者的个人素质，一般来说创业者要具有以下特征才容易受到风险投资家的青睐。

① 出色的个人条件。在风险投资者尤其是天使投资家眼里，创业者的个人素质比投资项目更重要，一般风险投资者在挑选投资对象时，除了关注创业者手中的技术外，更会关注创业者的市场嗅觉、创新能力、应变决策能力、诚信程度和敬业精神等。

② 集中于高科技领域。高科技企业是风险投资者投资的重点领域，创业者在高科技领域有较长时间的工作经历，是提高风险投资家对其注资可能性的一个重要筹码。

③ 卓越的管理团队。创业成功的企业里面，一般至少有3个人的创业团队，而且创业团队的知识结构和工作经验应该互补。一个很好的优势互补的团队对于创业成功有着很大的作用。如阿里巴巴的创业团队中创新意识强的马云担任首席执行官，拥有耶鲁大学博士学位的蔡崇信担任首席财务官，密歇根大学计算机专业毕业的吴炯担任首席技术官，在GE工作十几年的关明生担任首席人力官。

(3) 吸引风险投资的行业。

对于风险投资而言，只有那些技术潜力大，具有广阔市场前景的行业符合其高收益的投资目的。总体来说，O2O、教育、制造、物流、旅游、社交、互联网金融、电商、手游等细分领域均有投资机构涉足。

2) 创业企业获得投资的过程

(1) 熟悉融资过程。

在进入融资程序之前,首先要了解风险投资家对产业的偏好,特别是要了解他们对一个投资项目的详细评审过程。要学会从他们的角度来客观地分析企业。很多创业者出身于技术人员,很看重自己的技术,对自己一手创立的企业有很深的感情。其实投资者看重的不是技术,而是由技术、市场、管理团队等资源配置起来而产生的盈利模式。投资者要的是回报,不是技术或企业。

(2) 发现企业的价值。

通过对企业技术资料的收集,详细的市场调查和管理团队的组合,认真分析从产品到市场、从人员到管理、从现金流到财务状况、从无形资产到有形资产等方面的优势和劣势。把优势的部分充分地体现出来,对劣势的部分创造条件加以弥补。要注意增加公司的无形资产,实事求是地把企业的价值挖掘出来。

(3) 写好商业计划书。

应该说商业计划书是获得创业投资的敲门砖。商业计划书的重要性首先在于它使创业投资家快速了解项目的概要,评估项目的投资价值,并作为尽职调查与谈判的基础性文件;其次,它作为创业蓝图和行动指南,是企业发展的里程碑。

编制商业计划书的理念:首先是为客户创造价值,因为没有客户价值就没有销售,也就没有利润;其次是为投资家提供回报;最后是作为指导企业运行的发展策略。站在投资家的立场上,一份好的商业计划书应该包括:详细的市场规模和市场份额分析;清晰明了的商业模式介绍;集技术、管理、市场等方面人才的团队构建;良好的现金流质量和实事求是的财务计划。

(4) 推销你的企业。

下一步就要与风险投资家接触。你可以通过各种途径包括上网、参加会议、直接上门等方式寻找创业资本,但最有效的方式还是通过有影响的人士推荐。这种推荐使投资者与创业者迅速建立信用关系,消除很多不必要的猜疑、顾虑,特别是道德风险方面的担忧。要认真做好第一次见面的准备,以及之后锲而不舍的跟踪,并根据投资家的要求不断修改商业计划书的内容。

(5) 价值评估与尽职调查。

随着接触的深入,如果投资者对该项目产生了兴趣,准备做进一步的考察,他将与创业企业签署一份投资意向书;接下来的工作就是对创业企业的价值评估与尽职调查。通常创业者与投资家对创业企业进行价值评估时着眼点是不一样的。一方面,创业者总是希望能尽可能提高企业的评估价值;而另一方面,只有当期望收益能够补偿预期风险时,投资家才会接受这一估价。所以,创业家要实事求是地看待自己的企业,配合投资家做好尽职调查,努力消除信息不对称的问题。

(6) 交易谈判与协议签订。

最后,双方还将就投资金额、投资方式、投资回报的实现、投资后的管理和权益保证、企业的股权结构和管理结构等问题进行细致而又艰苦的谈判。如达成一致,将签订正式的投资协议。在这一过程中,创业企业要摆正自己的位置,充分考虑投资家的利益,并在具体的实施中给予足够的保证。要清楚,吸引创业投资的不仅是资金,还有投资后的增值服务。

3) 风险投资的退出机制

风险投资投入的是股权资本,风险投资的目的不是为了实际控制企业,而是为了获得投资收益,以退出的方式获取盈利。风险投资的退出方式有以下五种:公开发行股票上市(IPO)、收购、回购、清算和其他(表10.1)。

(1) 公开发行股票上市。

股份上市是创业资本退出的理想方式。通过股份上市退出创业企业是创业资本采用的主要退出方式,也是收益最高的退出方式。例如,日本软银投资阿里巴巴的投资回报率达到1 000倍。但是创业企业在正规股票市场(主板市场)上市通常比较困难。这是因为主板市场的上市标准较高,监管严格,创业企业一般是中小型高科技企业,在连续经营历史、净资产、利润额等方面均难以达到要求。因此创业板市场就应运产生了,创新型企业在创业板上市是风险投资家最重要的退出方式。

(2) 收购。

收购是指创业者和风险投资家将其持有的创业企业股份出售给其他公司。对于风险投资家而言,收购的退出方式可以获得现金,具有较大的吸引力。但对于创业者来说,将自己一手创办的企业出售意味着自己获得投资收益的同时也失去对企业的经营控制权。

(3) 回购。

部分风险投资家在入资控股企业的时候会选择签订股权回购协议,在投资协议所约定的回购条件触发的情况下,投资者有要求公司或创始人对投资者所持有的公司股权以投资协议所约定的价格回购的权利。风险投资机构所投资的项目最终能够上市或被并购一般只是其投资公司的一小部分,对于那些有收入和利润但是不能上市或者被并购的项目,回购条款给风险投资机构提供了一个非常好的退出渠道。

(4) 清算。

在硅谷,风险资本所投资的创业企业有着一个不太精确的经验定律,即所谓风险投资收益的"大拇指法则"。它是指每十个风险资本所投资的创业公司中,平均会有三个企业垮台,三个企业会成长为一两千万美元的小公司并停滞在那里,最终被收购,另外三个企业会上市并会有不错的市值,其中的一个则会成为耀眼的企业新星,并被称作"大拇指"。这个法则意味着风险投资机构有30%的风险资本会通过清算的方式退出所投资企业。

(5) 其他。

除以上传统的四种风险资本退出方式以外,风险资本还有少量的其他退出方式,如三板股权市场转让、借壳上市、海外上市等。

表10.1 2007—2016年中国创业投资退出方式

风险投资退出方式(%)	2007年	2008年	2009年	2010年	2011年	2012年	2013年	2014年	2015年	2016年
上市	24.2	22.7	25.3	29.8	29.4	29.4	24.3	20.8	15.5	15.5
收购	29	23.2	33	28.6	30	18.9	26.3	36	31	31
回购	27.4	34.8	35.3	32.8	32.3	45	44.8	36	37.5	37.5
清算	5.6	9.2	6.3	6.9	3.2	6.7	4.6	4.8	6.5	6.5
其他	13.7	10.1						2.4	9.5	9.5

数据来源:《中国科技统计年鉴2017》

10.3 创业融资测算

1. 创业融资资金需求测算的作用

1) 有利于确定筹资数额

资金是企业运营的血液,是创业企业开展经营和各项具体事务的基本保障。在市场经济下,资金作为一种"商品"有一定的标价,即资金的占用需要付出代价。对于创业企业来说,如果筹集的资金超出其使用需求,将产生较多的资金成本,表现为财务费用;如果筹集的资金少于其使用需求,则会因满足不了创业企业的资金使用需求而减缓甚至扼杀企业的发展进程。因此,进行科学合理的创业融资资金需求测算有利于企业确定合理的筹资数额,为创业企业的发展提供有力的保障。

2) 有利于合理降低融资成本

不同融资方式的融资成本不相同,如长期融资成本高于短期融资成本,股权融资成本高于债权融资成本,因此企业选择不同的融资方式组合将形成不同的资本结构,形成不同的资金成本。创业企业通过科学合理的融资测算,在确定特定时期融资规模的前提下,可以通过科学的资本结构规划,寻找一种资金成本最低的资本结构,从而实现企业价值最大化的财务管理目标。

2. 创业融资资金需求测算步骤及方法

1) 创业融资资金需求测算步骤

对于创业企业来说,想要较为精确地测算融资需求,确定合适的筹资金额和资本结构是重要前提之一。尽管不同企业的融资资金需求测算步骤各有特点,但大多数创业企业资金需求测算可以分为以下几个基本步骤:

(1) 确定预测目的,编制工作计划,组织相关人员,建立测算责任制,对测算相关工作进行分工,确保测算工作顺利开展。

(2) 收集测算相关数据,力求相关性和完整性以提高测算准确性。与销售部门、投资部门及相关职能部门做好相关沟通工作,取得预算所需的相关收入以及与收入相匹配的各项资产和费用的规模。对于必需的外部资料,可通过间接方法测算形成,如付费购买相关行业协会和调查机构出售的数据、自行组织设计抽样调查并进行相关比例测算等。

(3) 选择合适的方法进行融资测算。创业融资规模需求量的预测方法包括定性预测法和定量预测法两大类,创业者应根据企业的性质和特定的发展阶段选择合适的资金需求量预测方法。一般来说,新兴行业企业可参考的同行业较少且自身没有历史数据,可较多采用定性预测方法,而对于有一定经营经验或有典型同行业企业数据可参考的企业,可运用一定的数学模型和基础数据采用定量预测方法。

(4) 分析调整,用于决策。创业者基于同行业或历史数据做出的融资测算是以当年稳定的经营政策和财务政策为前提的,但市场环境千变万化,还应对初步预测结果进行相关风险分析,选择几个影响融资测算准确性的最关键因素并对其一定程度地左右浮动作为最终决策依据。

2) 创业融资资金测算方法

创业融资资金需求测算的方法很多,有粗略估计的定性预测方法,具体包括专家会议法和德尔菲法;有通过数据模型测算的定量预测方法,具体包括因素分析法、回归分析法和营业收入比例法。

(1) 专家会议法。

该方法主要是由创业行业相关的从业者或学者等有较丰富知识和经验的人员组成专家小组进行座谈讨论,互相启发、集思广益,最终对创业企业在特定时期的融资需求做出测算结果。这种方法的优点是:① 能快速形成意见。② 意见由相关专家得出,较为科学。它的缺点是:① 小组成员容易屈服于其他专家意见而不能坚持自己的判断。② 小组内较有权威的专家会为了保持自己的权威而不修改其不正确的意见,影响测算结果的正确性。

(2) 德尔菲法。

在德尔菲法的实施过程中,始终有两方面的人在活动,一方面是测算的组织者,另一方面是被选出来的专家。首先应注意的是德尔菲法中的调查表与通常的调查表有所不同,德尔菲法中的调查表除了有通常调查表向被调查者提出问题并要求回答的内容外,还兼有向被调查者提供信息的责任,是专家们交流思想的工具。德尔菲法的工作流程大致可以分为四个步骤,在每一步中,组织者与专家都有各自不同的任务。

第一步,开放式的首轮调研。由组织者发给专家的第一张调查表是开放式的,不带任何限制,只提出预测问题,请专家围绕预测问题提出预测事件。如果限制太多,就会漏掉一些重要事件。

第二步,评价式的第二轮调研。专家对第二张调查表所列的每个事件做出评价。例如,说明事件发生的时间、争论问题和事件发生的理由。统计出专家预测的中位数和上下四分点。

第三步,重审式的第三轮调研。发放第三张调查表,请专家重审争论。对上下四分点外的对立意见提出一个评价。给出自己新的评价(尤其是在上下四分点外的专家,应重述自己的理由)。如果修正自己的观点,也应叙述改变的理由。组织者回收专家们的新评论和新争论,与第二步类似地统计出中位数和上下四分点。组织者汇总整理专家调查表,归并同类事件,排除次要事件,用准确术语提出一个预测事件一览表,并以此作为第二步的调查表发给专家。组织者统计处理第二步专家意见,整理出第三张调查表。第三张调查表包括事件、事件发生的中位数和上下四分点,以及事件发生时间在四分点外侧的理由。总结专家观点,形成第四张调查表,重点在于争论双方的意见。

第四步,复核式的第四轮调研。发放第四张调查表,专家再次评价和权衡,提出新的预测。是否要求做出新的论证与评价取决于组织者的要求。汇总专家们的意见,形成结论。

(3) 因素分析法。

因素分析法又称分析调整法,是以有关资本项目上年度的实际平均需要量为基础,根据预测年度的经营业务和加速资本周转的要求,进行分析调整,来预测资本需要量的一种方法。

因素分析法的基本模型是:

资金需要额 =（上年度资金实际平均占用额 - 不合理平均占用额）
$$\times (1 + 预测年度销售增减百分比) \times (1 + 预测期资金周转速度变动率) \quad (10.1)$$

因素分析法特点有:① 在运用因素分析法时,应当对决定资金需要额的众多因素进行充分的分析研究,确定各种因素与资金需要额之间的关系,以提高预测的质量。② 因素分析法限于企业经营业务资金需要的预测,当企业存在新的投资项目时,应根据新投资项目的具体情况单独预测其资金需要额。③ 运用因素分析法测算企业全部资金的需要额,只是对资金需要额的一个基本估计。在进行筹资预算时,还需要采用其他预测方法对资金需要额作出具体的预测。

(4) 回归分析法。

回归分析法是假定资本需要量与营业业务量(如销售数量、销售收入)之间存在线性关系并建立数学模型,然后根据历史有关资料,用回归直线方程确定参数预测资本需要量。其预测模型为

$$Y = a + bX \quad (10.2)$$

式中:Y 表示资本需要总额;a 表示不变资本总额;b 表示单位业务量所需要的可变资本额;X 表示经营业务量。

不变资本 a 指在一定的营业规模内不随业务量变动的资本,主要包括为维持营业而需要的最低数额的现金、原材料的保险储备、必要的成品或商品储备以及固定资产占用的资金。

可变资本 b 指随营业业务量变动而同比例变动的资本,一般包括在最低储备以外现金、存货、应收账款等所占用的资本。

例题 10.1 东方公司 2004—2008 年的产销数量和资本需要总额如表 10.2 所示。假定该公司 2009 年的预计产销数量是 82 000 件。试预测该公司 2009 年的资本需要总额。

表 10.2

年份	产销量 X(万件)	资本需要总额 Y(万元)
2004	1.8	280
2005	4.5	480
2006	7.7	610
2007	9.2	730
2008	6.8	600

第一步,计算整理有关数据。根据表 10.2 的资料,计算整理出如表 10.3 所示的数据。

表 10.3

年度	产销量 X	资本需要总额 Y	XY	X^2
2004	1.8	280	504	3.24
2005	4.5	480	2160	20.25
2006	7.7	610	4697	59.29
2007	9.2	730	6716	84.64
2008	6.8	600	4080	46.24
$n=5$	$\sum X=30$	$\sum Y=2700$	$\sum XY=18157$	$\sum X^2=213.66$

计算不变资本总额和单位业务量所需要的可变资本额。将表 10.3 的数据代入下列联立方程组：

$$\sum Y = na + b\sum X \\ \sum XY = a\sum X + b\sum X^2 \tag{10.3}$$

则有

$$a = 191.16 \\ b = 58.14 \tag{10.4}$$

$$Y = 191.16 + 58.14X = 191.16 + 58.14 \times 8.2 = 667.91(万元)$$

回归分析法特点：

① 资本需要总额与营业业务量之间的线性关系应符合历史实际情况，预期未来这种关系将保持下去。

② 确定 a,b 两个参数的数值，应利用预测年度前连续若干年的历史资料，一般要有 3 年以上的资料，才能取得比较可靠的参数。

③ 应当考虑价格等因素的变动情况。在预期原材料、设备的价格和人工成本发生变动时，应相应调整有关预测参数，以取得比较准确的预测结果。

(5) 营业收入比例法。

营业收入比例法是根据营业业务与资产负债表和利润表项目之间的比例关系，预测各项目资本需要额的方法。

① 编制预计利润表，预测留用利润。

主要步骤：

第一步：收集基年实际利润表资料，计算确定利润表各项目与销售额的百分比。

第二步：取得预测年度的营业收入预计数，计算预测年度预计利润表各项目的预计数，并编制预测年度预计利润表。

第三步：利用预测年度税后利润预计数和预定的留存比例，测算留存利润的数额。

② 编制预计资产负债表，预测外部筹资额。

敏感项目：与营业收入保持基本不变比例关系的项目。

敏感资产项目：一般包括现金、应收账款、存货等与经营业务相关的项目。

敏感负债项目：一般包括应付账款、应付费用等与经营业务相关的项目。

应收票据、固定资产、长期投资、递延资产、短期借款、应付票据、长期负债和投入资本、留存利润等项目规模与企业特定时期的战略定位有关,与经营业务规模无关,不宜列为敏感项目。

主要步骤:

第一步,取得基年的资产负债表资料,并计算敏感项目与营业收入的比例。

第二步,计算预测年度的敏感项目金额。

第三步,确定预测年度的留存利润增加额及资产负债表中的留存利润累计额。

③ 按预测模型预测外部筹资额。

$$需要追加的外部筹资额 = \Delta S \times \sum \frac{RA}{S} - \Delta S \times \sum \frac{RL}{S} - \Delta RE \quad (10.5)$$

例题 10.2 某公司 2017 年实际利润表(简化)如表 10.4 所示,企业所得税税率为 25%,该企业 2018 年预计营业收入为 50 000 万元,税后利润的留存比例为 40%。试编制该企业 2018 年预计利润表,并预测留存利润。某公司 2017 年实际营业收入为 40 000 万元,资产负债表如表 10.5 所示。2018 年预计营业收入为 50 000 万元。试编制该企业 2018 年的预测资产负债表(简化),并预测对外筹资额。

表 10.4 利润表

项目	2017年实际数	占营业收入的比例(%)	2018年预计数
营业收入	40 000	100	50 000
减:营业成本	25 000	62.5	31 250
营业税金及附加	4 500	11.25	5 625
销售费用	1 900	4.75	2 375
管理费用	1 500	3.75	1 875
财务费用	600	1.5	750
营业利润	6 500	16.25	8 125
加:投资收益	550		550
营业外收入	50		50
减:营业外支出	100		100
利润总额	7 000		8 750
减:所得税	1 750		2 187.5
税后净利	5 250		6 562.5

2018 年预计留存利润总额为 6 562.5×40% = 2 625(万元)。

表 10.5 资产负债表

项目	2017年实际数	占营业收入的比例(%)	2018年预计数
现金	20 000	50	25 000
应收账款	1 000	2.5	1 250

续表

项目	2017年实际数	占营业收入的比例(%)	2018年预计数
存货	86 000	215	107 500
固定资产	15 000		15 000
其他长期资产	2 000		2 000
资产合计	124 000	267.5	150 750
短期借款	5 000		5 000
应付票据	13 000		13 000
应付账款	24 000	60	30 000
长期借款	35 000		35 000
负债合计	77 000		83 000
实收资本	11 000		11 000
资本公积	23 000		23 000
盈余公积	7 000		7 000
未分配利润	6 000		8 625
所有者权益合计	47 000		49 625
追加外部投资额			18 125
负债及所有者权益总额	124 000		150 750

备注：未分配利润2018年底比2017年底高2 625万元，来自于净利润中的留存利润。

根据敏感性资产与收入的比例及2018年收入额可以得出：

$$\text{资产增量} = \Delta S \times \sum \frac{RA}{S} = 10\,000 \times (50\% + 2.5\% + 215\%) = 26\,750(\text{万元}) \quad (10.6)$$

$$\text{负债增量} = \Delta S \times \sum \frac{RL}{S} = 10\,000 \times 60\% = 6\,000(\text{万元}) \quad (10.7)$$

$$\text{所有者权益增量} = \Delta RE = 2\,625(\text{万元}) \quad (10.8)$$

$$\text{需要追加的外部筹资额} = \Delta S \times \sum \frac{RA}{S} - \Delta S \times \sum \frac{RL}{S} - \Delta RE$$
$$= 26\,750 - 6\,000 - 2\,625 = 18\,125(\text{万元}) \quad (10.9)$$

3. 创业融资资金需求特点分析

融资一般是创业企业发展过程中一直存在的事务，企业创业过程中针对特定时期的发展需要进行多轮融资，且处于不同发展阶段的创业企业有不同的融资需求。下面对处于种子期、成长期和成熟期三个不同阶段的企业融资需求应分别采用的融资测算方法进行探讨。

(1) 种子期是指企业仅有较成熟的创意，处在技术不成熟、市场调研不充分的阶段。该阶段企业还未正式营业，产品还未接受市场的验证，创业失败的可能性较大，所需要的资金量不大,创业融资需求较低。主要资金用途为企业开办费、技术研发费、市场调研费等,既无历史数据可供参考也较难获得同行业相关数据,因此采用专家会议法或德尔菲法进行融资测算。

(2) 成长期的企业已经进行试运营,企业购置设备、正式投入生产并有一定规模的产品销售活动。相对于种子期的企业,成长期的企业融资需求较大,这一阶段创业企业筹集的资金主要用于销售渠道的扩张、人才储备、固定资产投资和生产运营。成长期的企业的产品已拥有一部分较为稳定的客户群,管理者已掌握一定的生产运营经验,拥有一定的历史数据,因此可采用专家会议法、德尔菲法或者营业收入比例法进行融资测算。

(3) 成熟期的企业销售额迅速扩大,产品潜力逐渐显现,管理队伍已经成型,企业的生产、销售、服务已具备成功的把握。在这一阶段,企业往往希望组建自己的销售队伍,扩大生产线,增强其研究发展的后劲,以进一步开拓市场,拓展其生产能力或服务能力。企业实现规模效益的需要带来了外部资本的大量需求。在这一阶段,对资金的需求主要体现在企业的规模营运资金、扩大固定资产投资、扩大流动资金垫支、增大营销费用等。因此,这一阶段创业企业的资金需求测算主要围绕新增需求展开。成熟期的企业拥有较为丰富的经营经验,可采用因素分析法、回归分析法和营业收入比例法进行融资测算。

综上所述,在创业企业不同的发展阶段,其经营特点不同,伴随着的经营风险不同,资金需求的特点不同,适合创业者融资测算的方法也不同。一般而言,随着创新企业生命周期的演进,从种子期到成长期再到成熟期,资金需求量越来越大,而风险则相对越来越小。

思考题

(1) 经营性负债融资和金融性负债融资的区别是什么?
(2) 风险投资的特点是什么?
(3) 风险投资和普通的股权投资的区别是什么?
(4) 如何理解企业生命周期理论对创业企业融资的作用?

第4篇　实　务　篇

> 不能等别人为你铺好路,而是自己去走,去出错,而后创造一条自己的路。
>
> ——(美)罗伯特

第 11 章　创建新企业

 学习目标

- 了解与认识企业的基本属性
- 了解企业的法定组织形式
- 掌握一般企业创建的基本流程

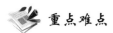 重点难点

- 不同组织形式的企业联系与区别
- 一般企业创建的基本流程

 情景引入

法庭为什么关闭 Napster 公司？

1999 年 5 月，大学生芬尼和帕克共同创立了 Napster 公司，不久该网站就成为互联网最热门的站点之一。使用 Napster 公司的软件，互联网用户可以获得存储于其他网络用户电脑中的 MP3 格式音乐文件。尽管 Napster 公司自身并不提供歌曲库，但是它向用户提供搜索引擎，列出其他用户电脑中的歌曲名字和计算机地址，使音乐文件可以对等交换，因而用户可以免费获取那些有版权的歌曲。高峰时期 Napster 公司每月曾为 5 000 多万用户分享超过 30 亿首歌曲。由于 Napster 公司的用户持续增加，引起唱片行业的关注。

很明显，虽然人们每天获得上百万首歌曲，唱片行业却没有从中得到任何收益。1999 年 12 月，世界上最大的几家唱片公司在美国唱片行业联合会带领下向法庭起诉 Napster 公司。2001 年 2 月 12 日，联邦法庭宣布唱片行业胜诉，这天被 Napster 公司的拥护者称为"音乐死亡日"。

以开发允许用户自制光盘的软件而知名的 Roxio 公司在 2002 年 11 月以 500 万美元购买了 Napster 的名称和商标，并以 Napster 的名义开通了合法的音乐下载网站，但 Roxio 公司指出，服务不再基于 Napster 原来著名的文件交换技术。2004 年，在新东家 Roxio 公司的领导下，Napster 在英国开展了付费下载服务，同各个唱片公司包括百代（EMI）集团、PLC 公司和唯旺迪（Vivendi）环球音乐集团等达成了合法使用协议。该项服务增长迅速，已达到 70 多万首歌曲，最初的订阅费为每月 9.95 美元。

芬尼和帕克共同创立的 Napster 公司成为互联网最热门的站点之一，为什么却被其他几家唱片公司起诉，最后被法院关闭？

11.1 企业概述

1. 企业基本属性概述

伴随着改革开放的不断深入以及经济发展水平的不断提高，企业在我国经济社会发展中的作用愈发重要。企业是国民经济的重要组成部分，也是创业者选择创业的一种直接途径，因此了解企业的相关概念、分类以及掌握企业的组织方式与经营方式，将是创业者的一门必修课程。

1) 企业的含义与分类

企业不是从来就有的社会现象，它是伴随商品经济发展到一定程度，以机器大工业生产代替了传统手工业作坊后逐步产生的。企业从产生到现在，经历了不同阶段的发展与完善，组织形式与经营方式等不断展现新的特点。关于企业的概念主要代表性观点有如下几种：

美国 D.格林沃尔德在他主编的《现代经济词典》中，将企业解释为为美国普查局使用的一种统计概念，包括设在一定地点，拥有一个或一个以上雇员的工厂、商店或办事机构。

在中国社会科学院经济研究所主编的《现代经济词典》中，企业又称为"厂商"，是从事商品生产、流通和服务性活动的经济组织。

结合国内外学术界对于企业的定义，我们可以将企业定义为：从事生产、流通等经济活动，为满足社会需要并获取盈利，进行自主经营，实行独立核算，具有法人资格的基本经济单位。

这一概念具有以下几点含义：

（1）企业是一个经济组织。企业并不是人类社会产生之初的自然产物，而是伴随着商品经济的发展而建立并随着生产力发展而逐渐完善的产物，其主要功能是从事与商品经济相关的生产、物流等经济活动。

（2）企业具有独立法人资格，并实现自负盈亏、独立核算。

（3）企业拥有自己的名称、机构、办公场所。

2) 企业的一般特征

不同类型的企业经营方式、组织机构等都有自己的特点，但也同时具有企业所有的一般性特征。

（1）经济性。

即盈利性。经济学中将人假设为理性人，理性人的全部行为具有经济性。企业作为经济组织当然具有经济性，以谋求利润作为企业一切行为的出发点，在社会生产中始终追求经济效益最大化。企业作为市场经济的主体,通过出售商品或服务获取利润,同时满足社会需要。企业所得为企业开发更好的产品提供了经济来源,同时也是企业持续发展经营的重要保障与来源。如若没有盈利,企业必将走向衰亡。

(2) 竞争性。

市场经济具有竞争性特点。企业作为市场经营主体,需要面对同行业不同生产主体的竞争与追赶,同时也需要不断提升产品或服务的核心竞争力,从而实现盈利,使得自己不被市场竞争所淘汰。

(3) 独立自主性。

在法律允许范围内,企业自主组织生产,其合法生产经营活动不受他人制约与影响,同时作为法人也必须为其所从事的生产经营活动承担全部责任。企业的独立自主性突出表现为企业自负盈亏、独立核算、财务自由。

(4) 社会性。

企业作为社会组织,具备社会生产活动参与者的一般性特征,其社会性主要体现在企业提供的商品或服务必须直接参与社会流通或消费,其全部行为是社会化大生产中不可分割的子系统。同时,作为社会或者国家的一部分,社会整体发展水平也直接影响企业的发展,国富民强的社会环境将更加有利于企业的快速健康发展。

3) 企业类型

研究不同类型的企业有助于我们更好地实现管理针对性与管理多样化。根据不同的分类标准,可以将企业划分成不同类型。

(1) 根据资产归属划分,可以分为公有制企业与非公有制企业。其中,公有制企业主要包括国有企业与集体企业,国有企业指的是生产资料归全民所有或所得利润为全民所有,集体企业所得利润为部分劳动者所有。非公有制企业主要包括私营企业以及混合所有制企业。私营企业主要是指所得利润为私人全部占有的企业,混合所有制企业主要是指公有制资本与非公有制资本合资组成的企业。

(2) 根据行业划分,主要有工业企业、农业企业、运输企业、商业企业、物资企业、金融企业、建筑安装企业、邮电企业、旅游企业、互联网企业等。伴随着社会经济发展的需要,会不断涌现出新兴行业与企业,如 3D 打印企业、机器人公司等。

(3) 根据企业所使用主要资源划分,有劳动密集型企业、技术密集型企业、资本密集型企业、知识密集型企业、第三产业密集型企业。特别是目前发展比较迅猛的第三产业当中的企业如酒店、超市、生活服务企业等,在经济社会发展中发挥着越来越重要的作用。

(4) 根据企业规模划分,有大型企业、中型企业、小型企业。这三类企业类型的划分主要是依据企业的生产能力、资本与资产数量、员工数量、利润水平等。2003 年,国家统计局与财政部等中央部门联合颁布了《中小企业标准暂行规定》,明确了我国大中小企业的划分方法,依据的标准有三个:职工人数、销售额和资产规模。

(5) 根据企业财产组织形式划分,有独资企业、合伙企业、公司企业。独资制也称单一业主制,是历史上最早出现的企业制度形式,是最传统、最简单的企业形式,一般为小型企业。合伙企业是指出资创办人(即合伙人)为两人以上,企业的财产归合伙人共同所有,由合伙人统一管理和使用,合伙人都有表决权,不以出资额为限,经营积累的财产归合伙人共同所有。公司企业是由两个以上出资者组建,能够独立享有民事权利,承担民事责任的以盈利为目的的经济组织。公司制是企业发展的高级形式。我国目前公司的组织形式主要为有限责任公司、股份有限公司。

2. 选择合适企业模式的创业技巧

在创业之初熟悉并了解不同组织形式企业的特点及属性,对于创业者选择合适的企业模式有着非常重要的帮助。恰当的企业形式对于企业初期发展有着很大的促进作用。在创业之初,第一个重要选择就是寻找一个适合自己的企业模式。对一个创业者来说,一个真正好的模式应该易于操作而且能把现有的资源进行有效整合,在此基础上才能实现真正的创新。

那么如何在创业初期选择一个更适合自己的企业类型呢？主要可以从以下几个方面进行考虑。

1) 税收考虑

不同的企业组织形式所适用的税收政策是不同的,而且税收政策对企业的影响是长期的,也是非常重大的。特别是对于仍处在孵化期的创业企业而言,更优惠的税收政策对于企业起步与健康发展无疑是一项重大福利。因此,创业者在选择合适的企业模式时,应比较不同组织形式的税率和征收方法,其中私营有限责任公司要双重征税,而私营独资企业和私营合伙企业就可以避免双重征税的问题。

2) 承担责任

有些组织形式能够给创业者提供一定程度的保护,如公司制企业的有限责任原则就是对创业者个人财产的有效保护。选择组织形式时要权衡各种形式赋予创业者的法律和经济责任,将责任控制在其愿意承担的范围内。私营独资企业的无限责任以及私营合伙企业的无限连带责任会给创业者的个人和家庭财产带来风险。特别是对于创业初期的企业而言,创业者对承担的风险与责任必须要有很好的权衡和考量。

3) 适合行业

选择何种企业方式和创业者要进入的行业有很大关系。私营独资企业比较适合于零星分散的小规模经营,在个体农业、建筑手工业、零售商业、服务行业和自由职业中所占比例较大。一些行业的创业者必须要有合作精神,要建立起合作团队,这就需要考虑私营合伙企业,如创办律师事务所、顾问公司、培训机构等,如果没有合伙人,很难开展业务。而对资金、技术依赖性强的行业也不适合单干。有限责任公司适用的行业范围更广,可以考虑贸易、电子、化工等行业。

4) 初创和未来的资本需求

不同的企业形式在组建时的资本需求是不同的,创业者应根据自己的资金情况选择。同时,不同形式的融资能力也不相同,在需要追加投资时的难易程度也是不相同的。私营独资企业的初创成本要求最低,但未来的融资能力也最差；公司制企业的初始投资大,但能募集到的资本也更多。

5) 管理能力

创业者要评估自己的管理能力,如果自己不擅长管理,就应该选择那些能够将多种人才纳入企业内部的组织形式。私营独资企业基本上全部依赖于创业者的个人能力,私营合伙企业的合伙人就可以实现优势互补,而公司制企业中的经营权和所有权分离,则可以让专业的管理者来经营企业。

6) 可控性

在不同的企业形式下,创业者对企业的控制权是不一样的,有的权力高度集中而有的就相当分散。创业者要权衡他愿意放弃的控制权和想要获取的他人的帮助。在私营独资企业中,创业者一人拥有经营决策权;私营合伙企业中,每个合伙人都可以参与企业的管理;而在公司中,每个股东都有权力干预企业的经营。

11.2 企业法定组织形式

企业是经济社会发展到一定阶段的产物。在市场经济条件下,企业是法律和经济上独立的经济实体,任何一个企业都要依法建立。每个创业者在创建企业时,都面临企业法定组织形式选择的问题。目前我国的企业法定组织形式主要有三种:个人独资企业、合伙企业以及公司制企业。

1. 个人独资企业

1) 概念

个人独资企业又称个人业主制企业,是指依法在我国境内设立,由一个自然人投资,财产为投资人个人所有,投资人以其个人财产对企业债务承担无限责任的经营实体。[①]

2) 特点

(1) 建立与解散程序简单。
(2) 经营管理灵活自由。企业主可以完全根据个人意志确定经营策略,进行管理决策。
(3) 企业主对企业的债务负无限责任。当企业的资产不足以清偿债务时,业主以其个人财产偿付企业债务。这有利于保护债权人利益,但不适宜风险大的行业。
(4) 规模有限。独资企业有限的经营所得,企业主有限的个人财产、工作精力和管理水平等都制约着企业经营规模的扩大。

---

① 参见《中华人民共和国个人独资企业法》。

(5) 存在缺乏可靠性。独资企业的存续完全取决于企业主个人的得失安危,企业的寿命有限。在现代经济社会中,独资企业仍然发挥着重要作用。

3) 设立条件

申请设立时需提交的文件:
(1) 投资人签署的个人独资企业设立申请书;
(2) 投资人身份证明;
(3) 企业住所证明;
(4) 国家工商行政管理总局规定提交的其他文件。

从事法律、行政法规规定须报经有关部门审批的业务的,应当提交有关部门的批准文件。
委托代理人申请设立登记的,应当提交投资人的委托书和代理人的身份证明或者资格证明。

申请变更时需提交的文件:
(1) 投资人签署的变更登记申请书;
(2) 国家工商行政管理总局规定提交的其他文件。

从事法律、行政法规规定须报经有关部门审批的业务的,应当提交有关部门的批准文件。
委托代理人申请变更登记的,应当提交投资人的委托书和代理人的身份证明或者资格证明。

① 变更名称的,还应提交《公司名称变更通知书》。
② 变更住所的,应当在迁入新住所前申请变更登记,并提交新住所使用证明(房屋产权证或者关于产权的证明或说明)。变更住所跨登记机关辖区的,应当在迁入新住所前向迁入地登记机关申请变更登记,迁入地登记机关受理的,由原登记机关将登记档案移送迁入地登记机关。
③ 变更投资人的,应当提供新负责人的照片(一寸2张)、身份证明、履历表。
④ 变更经营范围的,涉及法律、行政法规规定必须报经审批的项目的,应当在取得国家有关部门批准之后申请变更登记。
⑤ 变更经营期限的,应提交相关材料。以年为单位的经营期限的起止时间的确定,应当将终止时间提前1日标注。

个人独资企业投资人对本企业的财产依法享有所有权,其有关权利可以依法进行转让或继承。个人独资企业解散时,企业财产不足以清偿债务的,投资人应当以其个人的其他财产予以清偿。

2. 合伙企业

1) 概念

合伙企业,是指自然人、法人和其他组织依照法律在我国境内设立的普通合伙企业和有限合伙企业。①

---

① 参见《中华人民共和国合伙企业法》。

普通合伙企业由普通合伙人组成，合伙人对合伙企业债务承担无限连带责任。其中，国有独资公司、国有企业、上市公司以及公益性的事业单位、社会团体不得成为普通合伙人。有限合伙企业由普通合伙人和有限合伙人组成，普通合伙人对合伙企业债务承担无限连带责任，有限合伙人以其认缴的出资额为限对合伙企业债务承担责任。

2) 设立条件

（1）有两个以上合伙人，并且是依法承担无限责任者；
（2）有书面合伙协议；
（3）有各合伙人实际缴付的出资；
（4）有合伙企业的名称；
（5）有经营场所和从事合伙经营的必要条件。

除合伙协议另有约定外，合伙人向合伙人以外的人转让其在合伙企业中的全部或者部分财产份额时，须经其他合伙人一致同意。合伙人之间转让在合伙企业中的全部或者部分财产份额时，应当通知其他合伙人。合伙人向合伙人以外的人转让其在合伙企业中的财产份额的，在同等条件下，其他合伙人有优先购买权，但是合伙协议另有约定的除外。

合伙企业债务关系主要表现为：合伙企业对其债务应先以其全部财产进行清偿。合伙企业不能清偿到期债务的，合伙人承担无限连带责任。

3. 公司制企业

公司制企业是以盈利为目的，由股东出资形成，拥有独立的财产，享有法人财产权，独立从事生产经营活动，依法享有民事权利，承担民事责任，并以其全部财产对公司的债务承担责任的企业法人。① 根据《公司法》规定，我国的公司分为有限责任公司和股份有限公司。

1) 有限责任公司

安徽中烟工业有限责任公司简介

安徽中烟工业有限责任公司隶属国家烟草专卖局（中国烟草总公司），是中央驻皖大型国有企业。2003年4月，安徽烟草率先实现工商分设，成立全行业首家省级中烟工业公司。2006年5月，完成与所属卷烟工业企业的联合重组，实现了从行政管理机构向生产经营实体的转变。2011年6月，按照现代企业制度的要求，顺利完成了公司更名改制，建立了公司法人治理结构。目前，公司年卷烟产销规模265.6万箱，总资产297亿元，劳动用

---

① 参考《中华人民共和国公司法》。

工总量万余人,下辖蚌埠、芜湖、合肥、阜阳、滁州五家非法人资格的卷烟厂和技术中心、营销中心、制造中心、采购中心及所属多元化经营企业。

(1) 概念。

指依据公司法由全体股东共同出资设立的,每个股东以其出资额为限对公司承担责任,公司以其全部资产对公司债务承担责任的企业法人。

(2) 设立条件。

① 股东符合法定人数;

② 有符合公司章程规定的全体股东认缴的出资额;

③ 股东共同制订公司章程;

④ 有公司名称,建立符合有限责任公司要求的组织机构;

⑤ 有公司住所。

(3) 特征。

① 有限责任公司股东的人数有一定的限制,必须是 50 人以下;

② 股东以各自的出资额为限对公司承担有限财产责任;

③ 有限责任公司不公开募集资本;

④ 公司的规模可大可小,适应性强;

⑤ 公司的设立程序简单,组织机构灵活。

2) 股份有限公司

 案例

万科企业股份有限公司简介

万科企业股份有限公司成立于1984年,1988年进入房地产行业,经过三十余年的发展,已成为国内领先的城市配套服务商,公司业务聚焦全国经济最具活力的三大经济圈及中西部重点城市。2016年,公司首次跻身《财富》"世界500强",位列榜单第356位。2017年再度上榜,位列榜单第307位。

公司定位于城市配套服务商,坚持"为普通人盖好房子,盖有人用的房子",坚持与城市同步发展、与客户同步发展的两条主线。公司核心业务包括住宅开发和物业服务。近年来,在巩固核心业务优势的基础上,围绕城市配套服务商的定位,积极拓展业务版图,进入商业开发和运营、物流仓储、冰雪度假、集中式长租公寓、养老、教育、"轨道+物业"等领域,同时积极参与混合所有制改革。

2017年,深圳地铁集团成为公司基石股东,表示将支持公司混合所有制结构和事业合伙人机制,支持公司城市配套服务商战略,支持公司稳定健康发展。未来公司和深圳地铁集团将充分发挥各自优势,共同推进实施"轨道+物业"发展战略,全面提升城市配套服务能力,助推城市经济发展。

(1) 概念。

是指依法成立的,其全部资本分成等额股份,通过发行股票筹集公司资本,股东以其所持股份为限对公司承担责任,公司以其全部资产对公司债务承担责任的企业法人。

(2) 特征。

① 公司发起人有人数限制,为2—200人;

② 公司资本分成等额单位,称之为股份;

③ 股份以股票形式发行;

④ 股份有限公司一般规模较大,是典型的合资公司,在设立程序上也比较复杂。

(3) 设立的条件。

① 发起人符合法定人数;

② 发起人认购和募集的股本达到法定资本最低限额;

③ 股份发行、筹办事项符合法律规定;

④ 发起人制订公司章程,采用募集方式设立的应经创立大会通过;

⑤ 有公司名称,建立符合股份有限公司要求的组织机构;

⑥ 有公司住所。

这四种企业形式的简明对比如表11.1所示。

表11.1 四种企业形式的简明对比

企业类型	注册业主数量	成立条件	经营特征	利润分配与债务情况
个人独资企业	一个人	投资人为一个自然人;有合法的企业名称;有投资人申报的出资;有固定的生产经营场所和必要的生产经营条件;有必要的从业人员	财产为投资人个人所有,业主既是投资者,又是经营管理者	利润归个人所有;投资人以其个人资产对企业债务承担无限责任
合伙企业	两个人及以上	有两个以上合伙人。合伙人为自然人的,应当具有完全民事行为能力;有书面合伙协议;有合伙人认缴或者实际缴付的出资;有合伙企业的名称和生产经营场所	依照合伙协议,共同出资,合伙经营,共享收益,共担风险	合伙人按照合伙协议分配利润,并共同对企业债务承担无限连带责任
有限责任公司	2—50人	股东符合法定人数;有符合公司章程规定的全体股东认缴的出资额;股东共同制订公司章程;有公司名称,建立符合有限责任公司要求的组织机构;有公司住所	公司设立股东会、董事会和监事会,并由董事会聘请职业经理管理公司,经营业务	股东按出资比例分配利润,并以出资额为限承担有限责任

续表

企业类型	注册业主数量	成立条件	经营特征	利润分配与债务情况
股份有限公司	2—200人	发起人符合法定人数;发起人认购和募集的股本达到法定资本最低限额;股份发行、筹办事项符合法律规定;发起人制订公司章程,采用募集方式设立的经创立大会通过;有公司名称,建立符合股份有限公司要求的组织机构;有公司住所	企业成员入股,一般实行全员入股;建立资本金制度;职工既是参与人,又是劳动者	股东按出资比例分配利润,并以出资额为限承担责任

11.3 创建新企业的主要流程及实务

根据我国目前企业相关法律规定以及行政管理相关部门规章制度的要求,创业者在建立新的企业时,需要按照行政部门的管理规定到相应层级工商行政部门办理相关手续。

1. 企业注册注意事项及要求

1) 企业名称

企业名称对一个企业将来的发展是至关重要的,因为它不仅关系到企业在行业内的影响力,还关系到企业所经营的产品投放市场后,消费者对该企业的认可度。一般而言,公司名称主要有以下三种组织形式:① ××市+字号+行业特点+组织形式;② 字号+××市+行业特点+组织形式;③ 字号+行业特点+××市+组织形式。

关于企业字号,需要注意以下方面:① 避免存在误导意义的名称;② 拒绝具有消极意义的名称;③ 尽量避免使用字母和数字;④ 字号部分的数字不宜过多;⑤ 部分字词应易读易写,便于记忆;⑥ 字号应该适合消费者的口味;⑦ 企业名称中不应包含另一个公司或者企业名称;⑧ 企业名称不得侵害其他企业的名称权;⑨ 不得含有法律法规明文禁止的内容;⑩ 不要使用已吊销或者注销不到3年的企业名称;⑪ 不得使用与其他企业变更名称未满1年的原名称相同的名称;⑫ 经商标权人许可,商标可以作为字号申请企业名称。

2) 注册资金

我国从2014年3月1日开始取消了注册资本实缴制,而实施注册资金认缴制,即企业的注册资金不再要求实到资金,也不用验资,而是采取了认缴制。何为认缴制呢?即你认多少注册资金就是多少,与以往不同,实到一定比例的注册资金也不再需要出具验资报告。但少数存在一定风险的行业依然要求实到注册资金,比如劳务派遣公司要求实到注册资金至少200万元人民币,人力资源服务公司要求实到注册资金至少10万元人民币。

企业在注册时注册资金多少合适呢？一是要看自己对于公司以后的规划,二是要考虑公司业务开展的需要。例如,一家公司的注册资金定为500万元人民币,那么公司在20年内,公司的账面流水达到500万元就行了,若是达不到,还可申请延期20年。如果一家公司的注册资金为50万元,谈了一个60万元或者100万元的单子,准备签合同时,客户一看公司的营业执照,注册资金才50万元,肯定会犹豫。因为有限责任公司就意味着公司承担有限责任,超过注册资金外的赔偿是不用支付的,可以直接申请破产。若是后期涉及赔偿问题,超过50万元的部分就不用赔偿,因此也很容易导致一些大客户不敢轻易与该企业签订合同,从而影响企业发展。同时,注册资金还与印花税有关,当公司注销时,需要交纳注册资金的万分之五作为印花税,因此注册资本的多少需要企业根据实际需要权衡填报。

3）经营范围

经营范围是指国家允许企业法人生产和经营的商品类别、品种及服务项目,反映企业法人业务活动的内容和生产经营方向,是企业法人业务活动范围的法律界限,体现企业法人民事权利和行为能力的核心内容。《民法通则》规定:"企业法人应当在核准登记的经营范围内从事经营。"这就从法律上规定了企业法人经营活动的范围。有些经营范围是需要前置审批的,即先拿到相关许可证才能注册公司,比如经营范围里如果包含预包装食品的销售,就需要先办理食品流通许可证。

4）全体股东身份信息与出资比例

需要确定公司法定代表人是谁,股东有哪些,每个股东占股各多少。还要确定一名企业监事（作为企业紧急联系人,不承担任何责任与义务）,法定代表人不能当监事。目前各地区在注册企业核名批准后,需要法定代表人本人到工商局签字确认,以防止不法分子从事不法行为。

5）注册办公地址

注册办公地址即企业的住所,企业以其主要办事机构所在地为住所。《公司法》规定住宅一律不可以用于商业注册公司,商住两用房用于注册公司时需要看房产证上面的规划用途:如果是商业或者办公,则此地址可以用来注册公司；如果规划用途是住宅,则此地址同样不能用来注册公司。

部分企业在委托代理公司办理注册时,一般代理公司都可以提供虚拟地址注册,虽然并不是所有的虚拟地址都是真实可用的,但虚拟地址一般情况下是提供包年检服务的,而且需要提供房产证复印件、租房协议、租房发票等材料。

6）组织形式的选择

企业组织形式有个人独资企业、合伙企业和公司制企业三种。我国公司的组织形式只有两种:有限责任公司和股份有限公司。公司一般都是注册为有限责任公司,若是预备以后上市,或者股东比较多,可考虑注册为股份有限公司。

7) 企业章程

企业章程是指企业依法制订的规定企业名称、住所、经营范围、经营管理制度等重大事项的基本文件,也是企业必备的规定企业组织及活动基本规则的书面文件。章程是企业设立的最主要条件和最重要的文件,是确定企业权利、义务关系的基本法律文件,是企业对外进行经营交往的基本法律依据,是企业的自治规范,因此企业章程的制订尤为重要。目前在我国注册企业时,工商行政管理部门可以提供相应的企业章程模板以供参考,申请人可以根据企业具体情况作相应修改。

2. 企业注册流程

企业注册登记开办流程如图 11.1 所示。

1) 企业名称的预先核准

企业名称在选取时除了不允许在同行业内重复,还应该符合行政部门一些特殊要求与规定,因此企业在选取公司名称时需要预先核准。具体而言,新建企业申请人到工商局去领取一张《企业名称(字号)预先核准申请表》,填写准备选取的公司名称,由工商局上网检索是否有重名,如果没有重名,就会核发一张《企业名称(字号)预先核准通知书》,其中涉及前置审批的,申请人在领取《企业名称(字号)预先核准通知书》后到审批部门办理相应的审批手续,取得批准文件或许可证书。一般建议准备多个名称备选,以 5—10 个为好,防止重名不予通过的现象发生。

企业在申请核名时,主要根据所申请企业所在地址进行申请,如以市级冠名的公司在区工商局核名,以省级冠名的公司在区工商局初步核名后,再由区级部门报省级部门核准。其中,企业经营范围涉及特殊行业如汽车销售、房地产开发等的,需要报专业分局核准。

2) 递交相关材料

企业申请名称预先核准通过后,到相应的工商行政管理部门领取相关表格,并按照规定正确填写。以安徽省为例,预建的企业需要提交的材料有:(1) 法定代表人签署的企业设立登记申请书,主要有:法定代表人信息,董事、监事、经理信息,公司股东出资信息,财务负责人信息,联络员信息;(2) 全体股东签署的指定代理人证明及身份证复印件;(3) 公司章程;(4) 关于选举执行董事、监事的股东决议/股东决定;(5) 企业名称预先核准通知书;(6) 房屋租赁协议;(7) 其他法律法规规定的需要提供的资质原件及复印件。

申请人向登记机关提交以上设立登记所需的申请材料后,领取收件凭据。登记机关在收件后 5 日内作出是否准予登记的决定,需要对申请文件、材料核实的,应当在受理之日起 15 日内作出是否准予登记的决定。

3) 营业执照、组织机构代码证和税务登记证申办程序

自 2015 年 10 月 1 日起,我国开始实施营业执照、组织机构代码证和税务登记证三证合一,简化了此前三个证需要到三个不同部门办理的手续,同时将以前的三个证件代码统一编

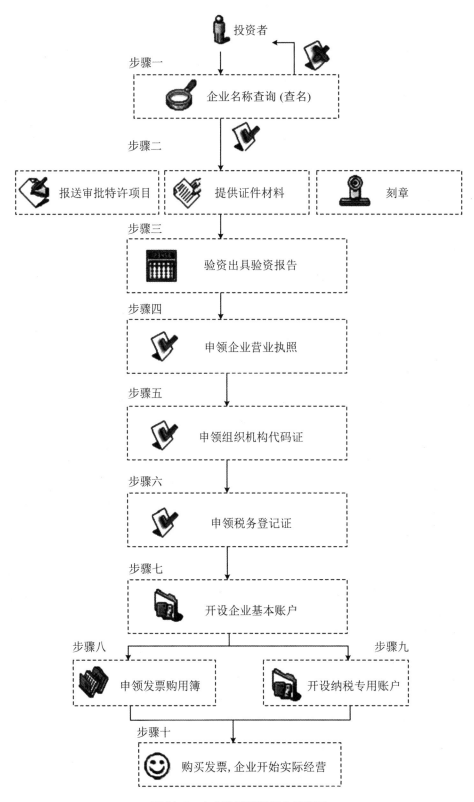

图 11.1 企业注册登记开办流程图

制为社会信用代码编码。因此,申请人在提交相关材料审核通过后,可以凭《登记决定通知书》到发照窗口领取"三证合一"的《企业法人营业执照》。营业执照会对公司的名称、类型、社会信用代码编码、住所、法定代表人、注册资本、成立日期、营业期限、经营范围、登记机关等信息进行明确显示。

4) 企业印章刻制的有关规定

企业印章主要包括公章、财务章、合同章、发票章、法人代表人名章等。从2017年6月1日起,公安机关取消对公章准刻的审核,改由公章刻制经营单位向公安机关办理所承刻公章的备案手续。也就是说,申请人可直接携带公章刻制申请材料就近选择一家公章刻制经营单位(持有公安机关颁发的特种行业许可证)办理,并现场领取,不再需要网上排队等候公安机关审核。

企业刻制印章需提交的备案材料有:《工商营业执照》;法定代表人本人办理的,须持法定代表人身份证原件;法定代表人委托他人办理的,须持法定代表人的委托书、身份证复印件和承办人的身份证原件。

企业刻制印章的流程现如今已经进一步简化,主要流程与规范有:① 申请人根据所需刻制印章的不同情形,准备备案所必需的材料,至各公章刻制经营单位办理;② 资料齐全的,公章刻制经营单位将用章单位提供的资料通过印章业治安管理信息系统上传,印章业治安管理信息系统自动生成防伪编码,并回传至公章刻制经营单位;③ 公章刻制经营单位在刻制印章时需将系统生成的防伪编码与章面内容按照国家行业标准规范和各种印章的管理规定制作;④ 公章刻制经营单位制作完成交付印章后,及时将用章单位、印章刻制申请人、印模等信息材料通过印章业治安管理信息系统报送至公安机关备案;⑤ 公安机关接到刻制公章备案材料后,对备案材料进行审核,对不符合备案要求或者备案材料不齐全的,退回公章刻制经营单位并在系统中说明原因,或者要求补齐材料;⑥ 公章刻制经营单位建立《制作印章登记簿》备查。

5) 银行账户开设的基本程序

公司注册成立后开立公司基本账户,法定代表人可以在对比不同银行开户费、管理费、开户速度的快慢、网点的便利程度等因素基础上开立公司基本账户。待与预开户银行预约成功后,带上营业执照正本(三证合一)、法定代表人身份证、股东身份证、经办人身份证、公司印章(公章、财务章、法定代表人章)前往银行柜台办理,如法定代表人不能到场的需要法定代表人出具委托代理人证明文件。待填好相关表格、盖好系列印章、签好相应署名后,就要缴纳开户所需的费用,缴费完毕就可以离开了。接下来银行会有工作人员到实际办公地核实,核实的时候需要法定代表人在场和法定代表人身份证原件,等核实好,一般2周时间开户就可以办理成功。

11.4 企业命名与选址

1. 企业的命名

1) 企业名称的基本构成

根据《企业名称登记管理规定》，企业名称应当由行政区划名称、字号、行业或者经营特点、组织形式这四项基本要素构成。

(1) 行政区划名称。

企业名称中的行政区划名称是指县以上行政区划的名称，不包括乡、镇和其他地域名称。

在不会造成误认的情况下，企业名称冠以行政区划名称时可以省略"省""市""县"等字。

企业名称所冠行政区划名称应该是企业所在地县以上行政区划名称，而不是非企业所在地行政区划名称。各类"经济技术开发区""保税区""新技术开发区""工业园区"等名称不能作为行政区划名称使用。但是，在企业名称已冠有县以上行政区划名称的前提下，可以在行政区划名称后缀以经有关部门批准的"经济技术开发区"等名称。

除符合特殊规定可不冠以行政区划名称的企业外，企业名称都应当冠以所在地行政区划名称，即行政区划名称应置于企业名称前面，如行政区划名称在整个名称的中间，则不视为行政区划名称，此类名称也应按照不冠以行政区划名称的企业名称进行登记管理，须经国家工商行政管理局核准。符合下列条件的企业，经国家工商行政管理局核准，其名称可不冠以行政区划名称：

① 全国性公司；
② 国务院或国务院授权的机关批准的大型进出口企业；
③ 国务院或国务院授权的机关批准的大型企业集团；
④ 历史悠久、字号驰名的企业；
⑤ 外商投资企业；
⑥ 国家工商行政管理局规定的其他企业。

(2) 字号。

字号是一个企业区别于其他企业的重要标志。字号应由两个以上的汉字组成。

企业如有正当理由可以使用本地或异地地名作字号，但不得使用县以上行政区划名称作字号。外商投资企业的中文名称中不得使用外文字母、汉语拼音，国内企业也不得以外文字母、字词作字号。企业字号一般不得使用行业字词。

(3) 行业或者经营特点。

企业应根据自己的经营范围或经营方式确定名称中的行业或者经营特点字词。该字词应具体反映企业生产、经营、服务的范围、方式或特点，不能单独使用"发展""开发"等字词；

使用"实业"字样的,应有三个以上的下属生产、科技型企业。企业确定名称中的行业或经营特点字词,可以依照国家行业分类标准的划分类别使用一个具体的行业名称,也可以使用概括性字词。

企业经营业务跨国民经济行业分类大类的,可以选择一个大类名称或使用概括性字词在名称中表述企业所从事的行业,也可以在名称中不反映企业所从事的行业。

外国投资者若是具有驰名商号的公司,在中国注册资本1000万美元以上的独资经营企业,其名称中可以不标明行业或经营特点。

(4) 组织形式。

企业应当根据自己的组织结构或责任形式,在企业名称中标明组织形式。目前我国企业使用的组织形式大体有两类:公司类的"有限责任公司"和"股份有限公司";一般企业类的"中心""厂""店""馆""所""社"等。

具备法人条件的企业,如需在其名称中的组织形式前使用"总"字,必须下设三个以上与该企业名称中组织形式相同的直属分支机构。依照《公司法》设立的有限责任公司、股份有限公司,无论是否设有分公司,均不得使用"总"字。

2) 企业命名的规范要求

(1) 企业法人必须使用独立的企业名称,不得在企业名称中包含另一个法人名称,包括不得包含另一个企业法人名称。

《企业名称登记管理规定》明确规定,企业名称不得含有:国际组织名称,国家(地区)名称,政党、宗教名称,国家机关、党政机关、军队机关、事业单位、社会团体名称,军队番号或代号。

企业法人是依法设立,以营利为目的,以自己的名义从事生产经营活动,独立享有民事权利和独立承担民事责任的经济组织。独立承担民事责任是企业法人最本质的特征。而企业法人的名称权是企业法人人身权的重要组成部分,是企业法人享有其他民事权利、承担民事责任的前提和基础。如果企业法人的名称包含其他企业法人或其他法人组织的名称,则容易引起社会公众对企业法人行为责任的误认,引发经济纠纷或在经济纠纷中混淆权利、义务主体,使问题复杂化。

根据《出版管理条例》的规定,出版社应当依法领取企业法人营业执照。目前,各大学设立的出版社,其名称一般为"××大学出版社",这也是世界各国的做法。由于我国的大学属事业单位法人,"××大学出版社"的企业法人名称就包含了事业单位法人名称。考虑到大学出版社的特殊情况,《企业名称登记管理实施办法》第六条规定"企业法人名称中不得含有其他法人的名称,国家工商行政管理局另有规定的除外"。该条款中"国家工商行政管理局另有规定的除外",主要就是针对像大学出版社这类特殊企业名称的。对"××大学出版社"等企业名称,国家工商行政管理局认为应按国际通行做法准予使用。

(2) 企业名称中不得含有另一个企业名称。

企业名称中既不得含有另一个具有法人资格的企业名称,也不得含有另一个不具有法人资格的企业名称,如合伙企业、个人独资企业等。1997年,第八届全国人大常务委员会通过并公布了《中华人民共和国合伙企业法》,1999年,第九届全国人大常务委员会审议通过并公布了《中华人民共和国个人独资企业法》。这两部法律的颁布实施,使我国又增加了新的企业类型。对合伙企业或个人独资企业能否作为其他类型企业的投资人,法律没有作出禁止性的规定。合伙企业或个人独资企业虽然不具有企业法人资格,但作为一个独立的经济组织,可以以自己的名义从事经营活动,可以依法享有法律、行政法规规定的权利,而由投资人承担无限责任。合伙企业或个人独资企业投资设立其他企业,新设立的企业名称中不得含有合伙企业或个人独资企业的名称。合伙企业或个人独资企业设立的分支机构应当冠以该合伙企业或个人独资企业的名称。

根据企业名称规范要求,申请的企业名称中不得使用其他企业名称。然而例如"广州××集团公司",名称中含有"××集团公司"企业名称。这是由于登记机关未实现联网查询,地方工商行政管理局不知道由国家工商行政管理局核准的不冠以行政区划的企业名称。如果核准登记了上述类型的企业名称,不发生名称争议,则相安无事。如果发生名称争议,根据注册在先的原则,对企业名称中含有其他企业名称的,应予以纠正。

(3) 企业名称应当使用符合国家规范的汉字,民族自治地区的企业名称可以同时使用本地区通用的民族文字。企业名称不得含有外国文字、汉语拼音字母、阿拉伯数字。

规范汉字是指经过整理简化并由国家以《简化字总表》与《通用规范汉字表》的形式,正式发布的简化字与传承字。2013年6月5日,国务院发出关于公布《通用规范汉字表》的通知,明确了规范汉字的标准。

使用符合国家规范的汉字,是指按现行规范标准使用汉字,不得使用已被取代的繁体字和未被批准采用的简化字,以及标准以外的字。

一个政府使用何种文字作为官方文字体现着一个国家的主权。各级工商行政管理部门依法对企业实行登记注册和对企业名称实行登记管理的行为是国家主权的具体体现。因此,企业名称应当使用汉字,不得含有外国文字。

外国企业进入中国市场应该使用中国规范汉字。许多外国企业十分重视将其外文名称翻译成一个有汉语意义的名字,如可口可乐公司、奔驰汽车公司等。有的外国公司为统一中文译名做出了巨大努力,如飞利浦公司对中国市场上混乱的"菲利普""飞力浦"等译名进行了更正。

外文名称是中文名称的译文,企业根据自己对外经营活动的需要进行翻译使用,在英语地区翻译成英语,在日语地区翻译成日语等,只要译名符合国际通用翻译原则,与中文名称一致即可。

汉语拼音字母本身不是汉字,仅仅是汉语学习的一种工具,在企业名称中不得使用。

企业名称中有下列情况的,不视为使用数字:
① 地名中含有数字的,如"四川"等;
② 固定词中含有数字的,如"四通"等;
③ 使用序数词的,如"第一"等。

(4) 企业名称不得含有有损国家利益或社会公共利益、违背社会公共道德、不符合民族和宗教习俗的内容。

企业是社会经济生活的重要单元,维护国家整体利益和社会公共利益,遵守社会公共道德,不仅是每个公民的义务,也是每一个企业的应尽义务。

企业名称也是一种社会文化元素,它出现在各种社会传播媒介中,折射出企业投资人的文化层次和志趣倾向,从一个侧面反映出社会文化的健康度。因此,企业在确定名称时应符合整个社会精神文明的要求，企业登记主管机关亦应反对使用格调低下的企业名称。

我国是一个多民族国家，各个民族有着不同的生活习惯和宗教信仰，尊重各民族的生活习惯和宗教信仰、维护民族团结和宗教信仰自由是我国的一贯政策。因此，企业名称不得含有不符合民族生活和宗教习俗的内容，特别是在少数民族地区设立的企业，申请和核准企业名称时应注意当地各民族的生活和宗教习俗，回避当地民族和宗教的禁忌。

(5) 企业名称不得含有违反公平竞争原则、可能使公众误认、可能损害他人利益的内容。

企业依法享有名称权，企业在申请、使用企业名称时，同样不得侵害其他企业的名称权。特别是通过企业名称实施不正当竞争的行为应当禁止。如企业名称造成公众的误认并对他人的营业场所、商品或工商业活动造成混乱；或企业名称含有损害他人的营业场所、商品或工商业活动的商誉性质的虚假说法；或企业名称含有会使公众对商品的性质、制造方法、特点、用途和数量产生误解的表示和说法等。无论上述情况出现在申请名称登记注册时，在企业名称登记注册后，还是在企业名称的使用过程中，企业均有义务予以调整。

(6) 企业名称不得含有法律或行政法规禁止的内容。

企业名称不仅应符合《企业名称登记管理规定》的有关规定，同时也应符合其他国家法律或行政法规的规定。

例如经济组织法对企业的组织形式做出的规定。《中华人民共和国公司法》规定，"依照本法设立的公司名称必须使用'有限责任公司'或'股份有限公司'字词"，因此自1994年7月1日以后，凡设立公司必须称"有限责任公司"或"股份有限公司"而不能单独称"公司"。目前，我国仍有许多企业单独称"公司"，都是在公司法实施前设立的。在当时的情况下，对公司这一经济组织无特别的单项法规来约束，这些公司都有一个根据国家的统一安排逐步依照公司法进行规范的过程，它们的名称将规范为有限责任公司、股份有限公司，或者改为其他组织形式的名称。

又如一些单项行业性法规往往对行业有禁止、限制或需经严格审批的明确规定。国务院曾明确指示不得开办讨债公司，公司名称亦不得申请使用"讨债"字词；国务院明文规定在我国禁止开办金融期货企业，期货经纪公司不得从事国际期货经纪业务，因此企业名称不得申请使用"金融期货""国际期货"等字词。

(7) 企业名称是企业权利和义务的载体，企业的债权、债务均体现在企业名称下。

由于企业变更名称后在一定的时间内不可能让社会公众或企业客户周知，企业办理注销登记或被吊销营业执照后在一定时间内其债权和债务不可能全部清结，在此期间如一个新的企业使用与上述企业完全相同的名称，虽不构成重名，但却易引起公众和上述企业特定客户的误认。因此，企业申请登记注册的名称不得与其他企业变更名称未满一年的原名称相同，或者与注销登记或被吊销营业执照未满三年的企业的名称相同。

3) 企业命名的方法与艺术

一个好的企业名称是一个企业拥有的永久性精神财富。一个企业只要其名称、商标已经登记注册，就拥有了对该名称、商标的独家使用权。好的名称能够时刻唤起人们美好的联想。

企业命名原则

(1) 注重寓意、音律和广告效应；
(2) 注重人和，起名时致力挖掘企业名称的文化底蕴；
(3) 注重地利，起名时致力拓展企业名称的历史潜能；
(4) 注重天时，起名时致力开发企业名称的时代内涵；
(5) 应强化标志性和识别功能，避免雷同；
(6) 应加强企业命名与品牌、商标的统一性；
(7) 应避免无特征的企业名称，要突显名称的"个性"；
(8) 兼顾传统习俗与文化。

企业命名技巧

(1) 企业名称应简短明快。名字字数少，笔画少，便于消费者记忆，同时还能引起大众的遐想，寓意更加丰富。名称字数的多少对认知程度是有一定影响的。字数越少认知程度越高，越具有传播力。如"南货"店的"南货"两字，当铺中的"当"字等都以简短的语言概括了其经营的内容与特性，好懂好记。

(2) 企业名称应符合企业理念、服务宗旨，这样有助于企业形象的塑造。如蓝岛大厦的"蓝岛"两字，真有如蓝色海洋中的一座岛屿，为人们提供了一方憩息之地，向消费者展示了良好的企业形象。

(3) 企业名称应具备自己的独特性。具有个性的企业名称可避免与其他企业名称雷同，并可加深大众对企业的印象。如北辰集团的"北辰"，天地快件的"天地"，联想集团的"联想"等名称，都具有独特个性，使人印象深刻。

(4) 企业名称应具备不同凡响的气魄，具有冲击力，给人以震撼。如四通集团的"四通"，取自英文 stone 音译，意为石头，象征着如坚石一般不断向高新技术的尖端冲击。

(5) 企业名称要响亮，易于上口。如"麦当劳"三字，响亮而又具有节奏感，极具传播力。如果名称比较拗口，节奏感不强，就不利于传播，从而很难得到大众的认可。

(6) 企业名称要富于吉祥色彩。例如，金利来远东有限公司的"金利来"原来叫"金狮"，因考虑到金狮用某些地方的方言表达时，有"金输"的谐音，寓意不太好，因而将"金狮(gold lion)"改为"金利来"，寓意给人们带来滚滚财源。试想，这样的企业谁不喜欢与之交往呢？

(7) 企业名称的选择要富有时代感。富于时代感的名称具有鲜明性，并能迅速为大众所接受。

(8) 企业名称要考虑世界各地的通用性。如可口可乐公司在 20 世纪 20 年代制订中国市场策略时，决定将该公司的名称"coca cola"直译过来，运用在饮料的包装上，当印有这些汉字的瓶装饮料出现在市场上时，极少有人问津。原来翻译过来的汉字按字面理解是"蜡制的母马"或"紧咬蜡制品的蝌蚪"的意思。试想这样名称的企业生产的饮料有谁会想买呢？因而可口可乐公司重新设计名称，瓶上所注汉字改为"可口可乐"。

常见的命名方法

(1) 寓意起名法。

寓意起名法主要关注企业名称寓意，大多运用寓意美好的字词，如祥、康、福、泰、恒、兴、庆、和、富、德、隆等。如北京"全聚德"烤鸭、上海"老凤祥"银楼都是运用这些吉祥美好的字词命名的。也有一些在长期使用过程中逐渐形成的行业习惯，例如药店多用"仁"和"堂"命名,像"同仁堂""怀仁堂"等。

(2) 别名俗语命名法。

有很多企业在长期的经营过程中,虽然没有正式明确的商标和品牌标识,但是拥有较高的社会影响力,潜移默化地形成了自己的"品牌"。这些"品牌"多是别名俗语,但是由于影响力广泛,具备了很好的品牌作用,于是经营者干脆以此为名。如天津"狗不理"包子,陕西"老孙家"牛羊肉泡馍,陕西"平娃"烤肉,江苏"大娘水饺"等。

这些别名俗语贴近生活,亲切自然,传播速度快,范围广,社会影响力大,生命力强,具有很多名称不能企及的效果。

(3) 音韵命名法。

音韵命名法主要是从音韵的角度来进行策划。这种方法会根据发音的好坏来评判公司名称的好坏,而不太考虑其他方面的因素。最著名的代表就是"coca cola"。"coca cola"是cock(公鸡)和cold(冷)这两个单词各自变换一个字母,k和d都变成a。"coca cola"的本身并没有什么含义,但是它的字母结构很有意思。不仅好拼好念,更容易记忆,一遍就能记住这个名字。"coca cola"的最大特点就是不注重含义,只注重发音响亮,易读易记。因此,这种极富个性和创造性的名字几乎遍及世界各个角落。

(4) 人名地名命名法。

还有很多公司会根据人名或者地名来进行公司命名。由于人名和地名往往具有特殊的含义,以人名和地名命名的公司或企业名称虽然看上去比较朴素,但是响亮大方,寓意也十分丰富。

这类公司或产品名称也有很多。根据地名命名的有"长江集团""青岛啤酒""燕京啤酒""汾酒""茅台";根据人名命名的有"王麻子"剪刀、"张恒春"制药、"王致和"系列调味品等。

(5) 功能命名法。

很多公司会根据公司或产品特点来对公司或产品进行命名。这种命名方法直接明了,让人一眼就能了解公司或产品的功能和特点。比如"感冒通""肠炎宁""脉动",这些名字简单明确,易读易记,容易打造优秀品牌。

(6) 原料命名法。

原料命名法就是用产品的原料来命名。这是一种特殊的命名方法,优点是个性鲜明,容易引人注目。这样命名的公司或产品也不在少数,最著名的就是"五粮液"了。"五粮液"是中国著名白酒品牌,是由高粱、玉米、小麦、大米、糯米五种粮食酿制而成的,故而名为"五粮液"。

(7) 商标命名法。

商标命名法就是根据商标来命名原来的企业名称。这类命名法多是由于商标的知名度和社会影响力大大超越企业本身。为了企业有更好的发展,用商标名称逐步取代原有的公司名称。例如,"乐百氏"是中国饮料企业十强,但是"乐百氏"原本只是一个商标名称而并非公司名称,大部分人并不了解"乐百氏"的生产厂家。"乐百氏"的产家原来是今日集团,作为企业名称的"今日"知道的人寥寥无几,而"乐百氏"几乎是家喻户晓。1999年,"今日"集团更名为"乐百氏"集团。商标命名法一般都是由于企业的某个品牌的影响力大大超越了企业本身,为了扩大企业影响力,因而以商标冠名企业。

4)《企业名称登记管理规定》

《企业名称登记管理规定》于1991年5月6日经国务院批准,1991年7月22日国家工商行政管理局令第7号公布,2012年11月9日根据中华人民共和国国务院令第628号《国务院关于修改和废止部分行政法规的决定》修订。该《规定》共34条,自1991年9月1日起施行。

2. 企业选址

创业者在做出创业选择,并已确定创业项目后,接下来最重要的事情就是选择经营产地了。无论创业者选择哪种企业,以及选择什么样的创业项目,企业地点都是影响创业能否成功的一个重要因素,特别是对于餐饮业、零食业而言更是如此。

1) 企业选址的重要性

经营产地对于创业的成败有着相当的重要性,主要原因有以下几个方面。

(1) 企业竞争力的内容具有复杂性和多层次性,一家新创企业的持续竞争力必然受到该地区商业环境质量的强烈影响。无论企业经营产地是购置的还是租赁的,当企业外部环境发生较大程度改变时,企业不能像人一样自由移动,地址的选择具有长期性和稳定性。因此,企业在选址时需要做更长期与更深入的打算与安排,不能仓促或随意决定。

(2) 企业税率、社区文化等商务环境因素也深刻地影响着新创企业。对于大学生创业而言,政府政策性税收优惠将是一项持续扶持企业发展的重要措施。特别是对于一些需要一定时间孵化的企业,良好的政策支持以及商务环境将持续影响它们的发展。

(3) 从深层次上看,选址对于创业成功的重要性还在于区域竞争优势的独特性和集聚性等效应。特别是对一些高科技企业,它们对于商圈、人才聚集程度、区域创新氛围等都有着很高的要求。良好的人才与技术集聚效应对于企业特别是新创企业有着很重要支持与帮助作用。

2) 企业选址的影响因素

对于大学生创业而言,企业选址都会经历一个或多个阶段。特别是对一些小微企业,影响其选址的主要因素有政策因素、经济因素、技术因素以及自然因素等。

(1) 政策因素。

主要是指当地政府对大学生创业的政策支持。企业经营要与当地的发展方向相一致,而不能背道而驰。目前全国绝大部分城市都出台了不同力度的大学生创业政策,如各种孵化园、创客园、众创空间等,这些园区能够为大学生创新创业提供一定程度的政策优惠,如免一定年限房租、减免税收等,这些都是能够影响大学生企业选址的重要因素。

(2) 经济因素。

这是指需要具体考虑的市场和商圈等因素。市场因素具体而言就是顾客的需求量和购买力,特别是对于一些零食行业、服务行业以及需要顾客亲自体验的行业,是否能与顾客相连接以及周围顾客是否有足够的购买力都是非常重要的。商圈因素主要是指特定人群形成的消费集群,如车站附近是人流量比较大的集散地,比较适合经营餐饮、食品以及生活用品等。再如大型商业区则是居民消费、休闲、娱乐的场所,除了建立各类各样的门店以外,采用专卖的形式可以提升自己的消费档次,同时也是吸引客户的一种有效手段。

(3) 技术因素。

对于一些技术研发以及对技术依赖程度比较高的企业而言,大学生在创业选址时靠近技术研发中心,一方面可以形成同行业之间的人才集聚效应,另一方面也能够为企业自身提供良好的竞争氛围。

(4) 自然因素。

主要是指地质状况、可利用的水资源状况、气候变化等。对于绝大部分大学生创业者而言,除了需要考虑较多的社会因素外,部分自然因素也是需要考虑的,如从事地质测绘行业以及水资源与环境保护等行业,再如部分企业对于气候依赖性比较强等,在企业选址初期都需要考虑自然因素。

3) 创业选址的步骤

(1) 市场信息的收集和研究。

市场信息的收集和研究即商圈调查,这是进行选址考虑的第一步,也是非常关键的步骤,涉及后期诸多方面的考量。

首先,创业者应考虑从二手资料中收集信息,例如商贸杂志、图书馆、政府机构、大学或专门的咨询机构。

其次,创业者还应亲自收集信息,获取第一手资料,主要通过观察、访谈、聚点小组、试验及问卷等。

最后,要对收集到的各方面信息进行汇总、整理。可以对这些数据进行交叉制表分析。

(2) 多个选点的评价。

经过前一阶段的信息收集以及研究后,创业者对于企业选址应该有了一个大概的了解,并且掌握至少两处以上的备选地址。后期进一步的分析还应借助于科学的分析方法进行定性或定量研究。目前最常用的分析方法有量本利分析法、综合评价法、运输模型法、重心法、引力模型法等。

不同的定性分析方式在具体操作上可能有一些不同之处,但是基本的思路大体相同,主要可以从以下流程进行考量:

① 根据创业项目选择符合创业性质的区域,如商业街、写字楼或社区等;
② 分析显性或潜在的顾客流量;
③ 分析交通地理条件;
④ 分析具体税收、租住房政策;
⑤ 竞争对手数量分析等。

(3) 确定最终地点。

创业者依已经汇总整理的市场信息,根据其所要进入的行业特点及自己企业的特征,借助以上一种或几种方法进行评估,最终完成选址决策,从而迈出创业至关重要的一步。

思考题

（1）创建新企业需要了解哪些法律法规？它们对新企业有哪些影响？
（2）熟悉创办企业的一般步骤和注册企业的流程。
（3）新企业注册选址应该考虑哪些因素？具体有哪些步骤？
（4）收集10个企业名称及其简单资料，并对这些企业进行分类。

第 12 章　创业计划书

**学习目标**

- 了解创业计划书的含义、作用和意义
- 了解创业计划书的总体框架
- 学习创业计划书撰写的详细内容

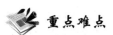**重点难点**

- 熟练掌握创业计划书的撰写要点,并能够撰写一份优秀的创业计划书

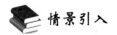**情景引入**

万兽之王[82]

　　一只狮子遇到一只老虎,当它们在池塘边饮水的时候,老虎说:"告诉我你为什么像个傻瓜一样不停地吼叫。""那不是傻。"狮子说,它的眼睛闪动着,"它们叫我万兽之王,因为我做广告(吼叫就是我的广告)。"一只野兔听到它们的谈话,飞快地跑回家,它想试试狮子的方式,但是它的吼叫只不过是几声叽叽的声音。一只狐狸来做调查……它在森林里饱餐一顿后,得出的格言是:当你做商业计划的时候,首先得保证自己有真正值得宣传的东西。

12.1　创业计划书的含义和作用

1. 创业计划书的含义

　　创业计划书是一份全方位描述企业发展的文件,是企业经营者素质的体现,是企业拥有良好融资能力、实现跨越式发展的重要条件之一。商业计划书是企业或项目单位为了招商融资或其他发展目标,在对项目调研、分析以及搜集整理有关资料的基础上,按照一定的格式和内容要求,向读者(投资商及其他相关人员)全面展示企业或项目当前状况及未来发展

潜力的书面材料。

创业是为了创造价值,创业是为后续的商业服务的,创业计划书可以认为就是商业计划书。

创业计划书是一份全方位的商业计划,是由创业者准备的书面计划或者计划摘要,是创业者在初创企业成立之前就某一项具有市场前景的新产品或服务,向潜在投资者、风险投资公司、合作伙伴等游说以取得合作支持或风险投资的可行性商业报告,它分析和描述创办一个新企业时所有的内部和外部要素,其目的是为了通过计划的撰写对企业进行自我评估,对创业前景有更加清晰的认识,并且通过计划书获得投资家的风险资本。

创业计划书的特点有以下三项:

(1) 时效性。

由于企业外部的经济社会环境并非一成不变,创业企业也在不断发展,因而创业条件会随着内、外部条件的变化而改变。因此,在制订创业计划书时,应根据不同发展阶段的实际情况进行调整,使创业计划总能够保持领先于创业现状。

(2) 可行性。

创业计划书的内容有两个方面:一是企业追求的目标;二是为了实现这个目标的行动规划。行动和目标越一致,创业计划的可行性越高,创业成功的概率就越大,得到投资者认可的概率也就越高。

(3) 概括性。

从创业项目的选择、确立到创业企业的真正成立并持续发展是一个漫长的过程,是无法在纸上呈现并向投资者展示的。此时,就需要一份具有可操作性的行动指南。创业计划书对创业者整个经营设想的总结和概括发挥着举足轻重的作用。

2. 创业计划书的作用

布鲁斯·R.巴林杰在其《创业计划书——从创意到方案》一书中指出,撰写创业计划书有内部和外部两大主要原因(图 12.1)[83]。创业计划书对于创业者、投资者和创业企业员工都有重要的意义(图 12.2)。

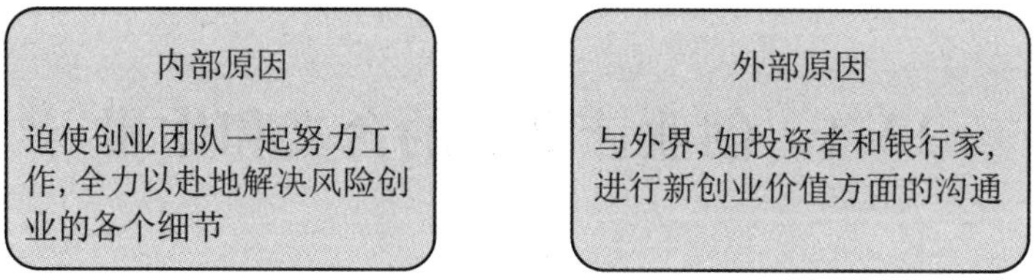

内部原因	外部原因
迫使创业团队一起努力工作,全力以赴地解决风险创业的各个细节	与外界,如投资者和银行家,进行新创业价值方面的沟通

图 12.1 撰写创业计划书的两大主要原因

1) 对创业者的作用

(1) 指导工作,整合资源。

创业计划书是创业全过程的纲领性文件,是创业实践的战略设计和现实指导,因此,创业计划书对于创业实践具有非常重要的指导作用。

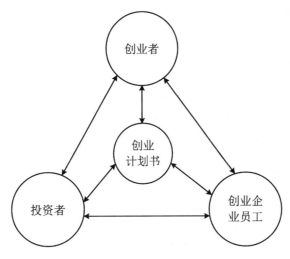

图 12.2

在创业过程中,各种生产要素是分散的,各种信息是凌乱的,各种工作是互补衔接的。通过编写创业计划书,梳理思路,进行调研,完善信息,找到各程序之间的衔接点,最终把各种资源有序地整合起来、调动起来,围绕着创造和形成商业利润,进行最佳要素的组合。这种整合能把各种分散的资源聚拢起来,形成一种增量资源,得到明显的经济效益。

(2) 吸引人才,凝聚人心,有效管理。

一份完美的创业计划书可以吸引创业人才进入,吸引新股东加盟,还可以增强创业者的自信,使创业者明显感到企业更容易控制、对经营更有把握。因为创业计划提供了企业的全部现状和未来发展方向,也为企业提供了良好的效益评价体系和管理监控指标。创业计划书使得创业者在创业实践中有章可循。

创业计划书通过描绘新创企业的发展前景和成长潜力,使管理层和员工对企业及个人的未来充满信心,并明确要从事什么项目和活动,从而使大家了解将要充当什么角色,完成什么工作,以及自己是否胜任这些工作。因此,创业计划书对于创业者吸引所需要的人力资源、凝聚人心具有重要作用。

(3) 对外宣传,获得融资。

创业计划书作为一份全方位的项目计划,它对即将展开的创业项目进行可行性分析,也在向风险投资商、银行、客户和供应商宣传拟建的企业及其经营方式,包括企业的产品、营销、市场和人员、制度、管理等各个方面。在一定程度上也是拟建企业对外进行宣传的"文案"。

资金是企业的血液,是创业的要素,是创业企业获得快速发展和崛起的前提。创业企业要获得风险投资的支持,其中一个重要途径就是从审验创业计划书开始。一份完美的创业计划书不但会增强创业者自己的信心,也会增强风险投资家、合作伙伴、员工、供应商、分销商对创业者的信心。而这些信心正是企业走向创业成功的基础。因此,写好创业计划书对于获得风险投资的支持具有不可替代的作用。

(4) 熟知环境,避免纠纷。

创业计划书的制订需要进行环境分析,环境分析可以帮助创业者了解行业环境,了解竞争状况,明确自己所处的位置,识别出外部的风险和机会,揭示出自己盲目乐观和自我欺骗的地方,从而做出更理性客观的判断。此外,创业计划书制订的过程也是各方权责利益明晰的过程,可以避免后续权责利益方面的争论与纠纷。

2) 对投资者的作用

投资者是资金的拥有者,投资者投资项目的目的在于获取投资带来的收益。投资者对于投资项目的选择是十分谨慎且苛刻的,由于时间和精力有限,他们不可能一一身体力行地考察潜在投资项目,因此一份理想的创业计划书是他们做出投资决策的关键依据。

3) 对创业企业员工的作用

创业计划书还是企业今后的奋斗目标。对于任何企业来说,无论未来多么美妙,目标多么诱人,最终都要通过企业的全体成员来实现,只有创业计划被企业员工理解和认同,其描绘的目标才能实现。可见,良好的创业计划书还具有增强企业的凝聚力和向心力的作用。

12.2 创业计划书的总体框架和撰写步骤

1. 创业计划书的写作要求

创业计划书基于具体的产品、技术、概念产品和服务,着眼于特定的市场定位、营销、管理、财务等方面,描述公司的创业机会,阐述创立公司的理念、把握这一机会的进程和所需资源。

创业计划书应具有完整性,条理清晰、重点突出、力求简洁,相关数据科学、真实、准确,对于一个非技术背景的人士应清晰易懂。具体内容体系有:

1) 创业机会描述

要求:清晰的产业背景和市场竞争环境;市场机会和有效的市场需求;所面对的目标顾客(群)等。

2) 创业项目概述

要求:准确定义所提供的产品、技术、概念产品和服务,针对解决的问题如何满足市场需求;本项目所具有的独创性、领先性;实现产业化的途径等。

3) 公司战略

要求:公司的商业模式、发展战略等。结合竞争优势确立分阶段目标,公司的研发方向和产品线扩张策略,主要的合作伙伴与竞争对手等。

4) 市场描述

要求:在市场调查的基础上,分析面对的市场现状、发展趋势和潜力、竞争状况,包括竞争分析、目标市场定位、市场容量估算、市场份额的预计、趋势预测等。提供的数据真实有效,分析方法科学合理。

5) 营销策略

要求:根据本项目的特点,制订合适的市场营销策略,包括定义产品、技术、概念产品或服务,制订恰当的价格、渠道、推广策略等,确保顺利进入市场并保持和提高市场占有率。

6) 融资与财务

要求:股本结构和规模、资金来源与运用;盈利模式、盈利能力分析;风险资金退出策略(方式、时间)等。

7) 关键风险和问题

要求:客观阐述本项目面临的技术、市场、财务等关键风险和问题,提出合理可行的规避计划。

8) 管理团队

要求:介绍管理团队各成员与管理公司有关的教育和工作背景,成员的分工和互补,公司的组织构架以及领导层成员,创业顾问和主要投资人及其持股情况。

9) 经营管理

要求:介绍生产工艺/服务流程,原材料的供应情况,设备购置和改建,人员配备,生产周期,产品/服务质量控制与管理等。力求描述准确、合理,具有可操作性。

2. 创业计划书的内容框架

1) 创业计划书的基本格式

创业计划书通常包括封面、保密要求、目录、计划摘要、正文和附录几个部分。

(1) 封面。

封面的设计要有审美观和艺术性,一个好的封面会使阅读者产生最初的好感,形成良好的第一印象(图 12.3)。

(2) 计划摘要。

计划摘要是对整个创业计划书的高度概括,目的在于用最简练的语言将计划书的核心、要点、特色展现出来,吸引阅读者仔细读完全部文本。

(3) 目录。

目录列出主要的章节、附录和对应页码,目的是便于查找计划书的内容。

图 12.3　创业计划书封面

（4）正文。

正文是创业计划书的主体部分，介绍公司基本情况、经营管理团队、商机及产品介绍、环境分析、综合分析、企业战略、营销策划、营销组合、生产运作、经营管理、财务管理、风险控制等投资者所关心的问题。要求数据资料丰富，使人信服，又能突出重点，实事求是。

（5）附录。

附录是对正文中涉及的相关数据、资料的补充。

2) 创业计划书的撰写要点

一般来说，在创业计划书中应该包括创业的种类、资金规划及基金来源、资金总额的分配比例、阶段目标、财务预估、行销策略、可能风险评估、创业的动机、股东名册、预定员工人数等内容，如表 12.1 所示。

表 12.1　创业计划书的内容框架

构成		内容	作用
封面		创业计划书名称、组织名称、核心人员、撰写时间、计划书适用时间段等	计划书名片
计划摘要		创业计划书主要内容概述	计划书精髓
目录		创业计划书提纲	结构框架
前言		创业的背景、目的、方法、意义等的说明	背景与过程
正文	商机及产品介绍	顾客需求、市场规模、产品（包括服务）定义、产品功能、技术含量、产品创新、顾客价值、竞争优势	展示商机及把握商机的载体
	环境分析	宏观环境、行业与市场环境、企业内部环境、竞争环境	适应创业环境

续表

构成		内容	作用
正文	综合分析	关键成功要素和SWOT综合分析	环境分析的结论
	企业战略	企业使命、发展战略、竞争战略、核心竞争力	企业发展整体方略
	营销策划	STP战略、品牌策划、营销重点	营销的整体部署
	营销组合	产品策略、价格策略、渠道策略及促销策略	营销的具体策略
	生产运作	产品研发、原料供应、生产技术和流程、生产条件要求及其现状	生产水平和能力
	经营管理	业务流程、组织结构、人力资源管理、创业团队展示	企业内部运行方式
	财务管理	经营业绩预测、财务报表及其分析、融资（额度、对象、方式、回报、退出）、投资（资金使用、监管）	公司资金资源运作方式
	风险管理	风险预测、风险分析、风险防范	预测和防范风险
项目启动计划		人员安排、资金设备计划、时间计划、地点选择	创业启动安排
附件		数据资料、问卷样本及其他背景材料	提高可信度

(1) 计划摘要。

计划摘要列在创业计划书的最前面，它是浓缩了的创业计划书。计划摘要涵盖了创业计划的要点，要求一目了然，以便读者能在最短的时间内评审计划并做出判断。

计划摘要一般要包括公司介绍、主要产品和业务范围、市场概貌、营销策略、销售计划、生产管理计划、管理者及其组织、财务计划、资金需求状况等。

在介绍企业时，首先要说明创办新企业的思路，新思想的形成过程以及企业的目标和发展战略。其次，要交代企业现状、过去和经营范围。在这一部分中，要对企业以往的情况做客观的评述，不回避失误。中肯的分析往往更能赢得信任，从而使人更容易认同企业的创业计划书。最后，还要介绍一下创业者自己的背景、经历、经验和特长等。企业家的素质对企业的成绩往往起关键性的作用。在这里，创业者应尽量突出自己的优点并展示自己强烈的进取精神，以给投资者留下一个好印象。

在计划摘要中，创业者还必须回答下列问题：

① 企业所处的行业，企业经营的性质和范围。
② 企业主要产品的内容。
③ 企业的市场在哪里，谁是企业的顾客，他们有哪些需求？
④ 企业的合伙人、投资人是谁？
⑤ 企业的竞争对手是谁，竞争对手对企业的发展有何影响？

摘要尽量简明、生动，特别要详细说明自身企业的不同之处以及企业获取成功的市场因素。如果创业者了解他所做的事情，摘要仅需两页纸就足够了。如果创业者不了解自己正在做什么,摘要就可能要写二十页纸以上。因此,有些投资家就依照摘要的长短来"把麦粒从谷壳中挑出来"。

(2) 行业分析。

在行业分析中,应该正确评价所选行业的基本特点、竞争状况以及未来的发展趋势等。关于行业分析的典型问题有:

① 该行业发展程度如何?现在的发展动态如何?
② 创新和技术进步在该行业扮演着一个怎样的角色?
③ 该行业的总销售额有多少?总收入为多少?发展趋势怎样?
④ 价格趋向如何?
⑤ 经济发展对该行业的影响程度如何?政府是如何影响该行业的?
⑥ 是什么因素决定着它的发展?
⑦ 竞争的本质是什么?你将采取什么样的战略?
⑧ 进入该行业的障碍是什么?你将如何克服?该行业典型的回报率有多少?

(3) 产品(服务)介绍。

在进行投资项目评估时,投资人最关心的问题之一就是风险企业的产品、技术或服务能否以及在多大程度上解决现实生活中的问题,或者风险企业的产品(服务)能否帮助顾客节约开支、增加收入。因此,产品介绍是创业计划书中必不可少的一项内容。通常,产品介绍应包括以下内容:产品的概念、性能及特性;主要产品介绍;产品的市场竞争力;产品的研究和开发过程;发展新产品的计划和成本分析;产品的市场前景预测;产品的品牌和专利。

在产品(服务)介绍部分,创业者要对产品(服务)做出详细的说明,说明要准确,也要通俗易懂,使不是专业人员的投资者也能明白。一般地,产品介绍都要附上产品原型、照片或其他介绍,产品介绍必须要回答以下问题:

① 顾客希望企业的产品能解决什么问题,顾客能从企业的产品中获得什么好处。
② 企业的产品与竞争对手的产品相比有哪些优缺点,顾客为什么会选择企业的产品。
③ 企业为自己的产品采取了何种保护措施,拥有哪些专利、许可证,或与已申请专利的厂家达成了哪些协议。
④ 为什么企业的产品定价可以使企业产生足够的利润,为什么用户会大批量地购买企业的产品。
⑤ 企业采用何种方式去改进产品的质量、性能,对发展新产品有哪些计划等。

产品(服务)介绍的内容比较具体,因而写起来相对容易。虽然夸赞自己的产品是推销所必需的,但应该注意,企业所做的每一项承诺都要努力去兑现。要牢记,创业者和投资家所建立的是一种长期合作的伙伴关系。如果企业不能兑现承诺,不能偿还债务,企业的信誉必然要受到极大的损害。

(4) 团队及组织结构。

有了产品之后,创业者要做的就是组织一支有能力的管理队伍。创业团队很重要,团队管理更重要,企业管理的好坏直接决定了企业经营风险的大小。而高素质的管理人员和良好的组织结构则是管理好企业的重要保证。因此,风险投资家会特别注重对管理队伍的评估。

企业的管理人员应该是互补型的,而且要具有团队精神。一个企业必须要具备负责产品设计与开发、市场营销、生产作业管理、企业理财等方面的专门人才。在创业计划书中,必须要对主要管理人员加以阐明,介绍他们所具有的能力,在本企业中的职务和责任,以及过去的详细经历及背景。此外,在这部分创业计划书中,还应对公司结构做一简要介绍,包括:公司的组织机构图;各部门的功能与责任;各部门的负责人及主要成员;公司的报酬体系;公司的股东名单及其股权、比例和特权;公司的董事会成员;各位董事的背景资料。

 案例

苹果、谷歌和脸书(Facebook)如何分配股权[①]

苹果:起始阶段的股权比例是乔布斯和沃兹尼亚克各 45%,韦恩 10%。苹果电脑是沃兹尼亚克开发的,但乔布斯和沃兹尼亚克股份一样(沃兹尼亚克的父亲对此非常不满)。因为乔布斯不仅是个营销天才,而且拥有领导力,对公司未来意志坚定、激情四射。而沃兹尼亚克生性内敛,习惯于一个人工作,并且只愿意兼职为新公司工作,乔布斯和他的朋友、家人百般劝说才同意全职。至于韦恩,他拥有 10% 是因为其他两人在运营公司方面完全是新手,需要他的经验。由于厌恶风险,韦恩很快就退股了,他一直声称自己从未后悔过。

谷歌:佩吉和布林一人一半。谷歌的两位创始人同样在公司开张不久就揭不开锅了,他们想筹集 5 万美元,但是 SUN 公司的创始人之一、硅谷风险投资人贝托尔斯海姆给他俩开了张 10 万美元的支票。自 20 世纪末以来,天使投资人所占的股份一般不低于 10%,也不会超过 20%。谷歌从天使到 A 轮的时间差不多是一年。硅谷著名风投公司 KPCB 和红杉资本各注入 125 万美元,分别获得 10% 股份。年后的 2004 年,也就是公司创立 6 年后,谷歌上市,近 2000 名员工获得配股。

脸书:扎克伯格 65%,萨维林 30%,莫斯科维茨 5%。脸书是扎克伯格开发的,他又是个意志坚定的领导者,因此占据 65% 的股份,萨维林懂得怎样把产品变成钱,莫斯科维茨则在增加用户上贡献卓著。脸书的天使投资人是彼得·泰尔,他注资 50 万美元,后来获得 10% 股份。脸书不到一年就拿到了 A 轮融资——阿克塞尔公司投资 1270 万美元,公司估值 1 亿美元。7 年后的 2012 年,脸书上市,此时公司 8 岁。

(5) 市场预测。

当企业要开发一种新产品或向新市场扩展时,首先就要进行市场预测。如果预测的结果并不乐观,或者预测的可信度让人怀疑,那么投资者就要承担更大的风险,这对多数风险投资家来说都是不可接受的。首先,要对需求进行预测:市场是否存在对这种产品的需求?需求程度是否可以给企业带来所期望的利益?新的市场规模有多大?需求发展的未来趋向及其状态如何?影响需求都有哪些因素?其次,市场预测还要包括对市场竞争情况——企业所面对的竞争格局的分析:市场中主要的竞争者有哪些?是否存在有利于本企业产品的市场空当?本企业预计的市场占有率是多少?本企业进入市场会引起竞争者怎样的反应,这些反应对企业会有什么影响?等等。

---

① 摘自:http://www.cyzone.cn/a/20140408/256220.html。

在创业计划书中,市场预测应包括以下内容:市场现状综述;竞争厂商概览;目标顾客和目标市场;本企业产品的市场地位;市场区格和特征等。风险企业对市场的预测应建立在严密、科学的市场调查基础上。风险企业所面对的市场本来就有变幻不定、难以捉摸的特点。因此,风险企业应尽量扩大收集信息的范围,重视对环境的预测和采用科学的预测手段和方法。创业者应牢记的是,市场预测不是凭空想象出来的,对市场错误的认识是企业经营失败的最主要原因之一。

(6) 营销策略。

营销是企业经营中最富挑战性的环节,影响营销策略的主要因素有:

① 消费者的特点;

② 产品的特性;

③ 企业自身的状况;

④ 市场环境方面的因素,特别是营销成本和营销效益因素。

(7) 制造计划。

创业计划书中的生产制造计划应包括以下内容:产品制造和技术设备现状;新产品投产计划;技术提升和设备更新的要求;质量控制和质量改进计划。

在寻求资金的过程中,为了增大企业在投资前的评估价值,创业者应尽量使生产制造计划更加详细、可行。一般地,生产制造计划应回答以下问题:企业生产制造所需的厂房、设备情况如何;怎样保证新产品在进入规模生产时的稳定性和可行性;设备的引进和安装情况,谁是供应商;生产线的设计与产品组装是怎样的;供货者的前置期和资源的需求量;生产周期标准的制订以及生产作业计划的编制;物料需求计划及其保证措施;质量控制的方法是怎样的;相关的其他问题。

(8) 财务规划。

财务规划需要花费较多的精力来做具体分析,其中就包括现金流量表、资产负债表以及损益表的编制。流动资金是企业的生命线,因此企业在初创或扩张时,对流动资金需要有预先周详的计划和进行过程中的严格控制;损益表反映的是企业的盈利状况,它是企业在一段时间运作后的经营结果;资产负债表则反映在某一时刻的企业状况,投资者可以用由资产负债表中的数据得到的比率指标来衡量企业的经营状况以及可能的投资回报率。

财务规划一般要包括以下内容:

① 创业计划书的条件假设;

② 预计的资产负债表,预计的损益表,现金收支分析,资金的来源和使用。

可以这样说,一份创业计划书概括地提出了在筹资过程中创业者要做的事情,而财务规划则是对创业计划书的支持和说明。因此,一份好的财务规划对评估风险企业所需的资金数量,提高风险企业取得资金的可能性是十分关键的。如果财务规划准备得不好,会给投资者以企业管理人员缺乏经验的印象,降低风险企业的评估价值,同时也会增加企业的经营风险。那么如何制订好财务规划呢?这首先要取决于风险企业的远景规划——是为一个新市场创造一个新产品,还是进入一个财务信息较多的已有市场:

① 市场机构和营销渠道的选择;

② 营销队伍和管理;

③ 促销计划和广告策略;

④ 价格决策。

对创业企业来说,由于产品和企业的知名度低,很难进入其他企业已经稳定的销售渠道中去。因此,企业不得不暂时采取高成本低效益的营销战略,如上门推销,打商品广告,向批发商和零售商让利,或交给任何愿意经销的企业销售。对发展企业来说,它一方面可以利用原来的销售渠道,另一方面也可以开发新的销售渠道以适应企业的发展。

着眼于一项新技术或创新产品的创业企业不可能参考现有市场的数据、价格和营销方式。因此,它要自己预测所进入市场的成长速度和可能获得的纯利,并把它的设想、管理队伍和财务模型推销给投资者。而准备进入一个已有市场的风险企业则可以很容易地说明整个市场的规模和改进方式。风险企业可以在获得目标市场的信息的基础上,对企业头一年的销售规模进行规划。

企业的财务规划应保证和创业计划书的假设相一致。事实上,财务规划和企业的生产计划、人力资源计划、营销计划等都是密不可分的。要完成财务规划,必须要明确下列问题:

① 产品在每一个期间的发出量有多大?
② 什么时候开始产品线扩张?
③ 每件产品的生产费用是多少?
④ 每件产品的定价是多少?
⑤ 使用什么分销渠道,所预期的成本和利润是多少?
⑥ 需要雇佣哪几种类型的人?
⑦ 雇佣何时开始,工资预算是多少? 等等。

(9) 风险与风险管理。

创业者对于企业可能的风险及应对措施也需要有较为充分的思考:

① 你的公司在市场、竞争和技术方面都有哪些基本的风险?
② 你准备怎样应对这些风险?
③ 就你看来,你的公司还有一些什么样的附加机会?
④ 在你的资本基础上如何进行扩展?
⑤ 在最好和最坏情形下,你的五年计划表现如何?

如果你的估计不那么准确,应该估计出你的误差范围到底有多大。如果可能的话,对你的关键性参数做最好和最坏的设定。

3. 创业计划书的内容要点

1) 关于商机的描述

商机来源:商机源于某种未被充分满足的需求。

案例

德鲁克提出的机会的7种来源

1. 意外事件

一是意外的成功。没有哪一种来源比意外的成功提供更多的成功创新的机遇。而且,它所提供的创新机遇风险最小,求索的过程也最不艰辛。但是,意外的成功几乎完全受到忽视,更糟糕的是,管理人员往往积极地将其拒之门外。二是意外的失败。与成功不同的是,失败不能被拒绝,而且几乎不可能不受注意。但是它们很少被看作是机遇的征兆。当然,许多失败都是失误,是贪婪、愚昧、盲目追求或是设计或执行不得力的结果。但是,如果经过精心设计、规划并且小心执行后仍然失败,那么这种失败常常反映了隐藏的变化,以及随变化而来的机遇。

2. 不协调

所谓"不协调"(incongruity)是指事物的状态与事物"应该"的状态之间或者事物的状态与人们假想的状态之间的不一致、不合拍。也许我们并不了解其中的原因,事实上,我们经常说不出个所以然来,但是,不协调是创新机遇的一个征兆。引用地质学的术语来说,它表示下面有一个"断层"。这样的断层提供了创新的机遇。它产生了一种不稳定性,四两可拨千斤,稍作努力即可促成经济或社会形态的重构。

3. 程序需要

与意外事件或不协调一样,商机也存在于一个企业、一个产业或一个服务领域的程序之中。程序需要与其他创新来源不同,它并不始于环境中(无论内部还是外部)的某一件事,而是始于需要完成的某项工作。它是以任务为中心,而不是以状况为中心。它的目的是完善一个业已存在的程序,替换薄弱的环节,用新知识重新设计一个旧程序等。

4. 产业和市场结构

产业和市场结构有时可持续很多年,从表面上看非常稳定。实际上,产业和市场结构相当脆弱。受到一点点冲击,它们就会瓦解,而且速度很快。产业和市场结构的变化同样也是一个重要的创新机遇。

5. 人口变化

在所有外部变化中,人口变化被定义为人口规模、年龄结构、人口组合、就业情况、教育情况以及收入的变化等,最为一目了然。它们毫不含混,并且能够得出最可预测的结果。

6. 认知、意义和情绪上的变化

从数学上说,"杯子是半满的"和"杯子是半空的"没有任何区别。但是这两句话的意义在商业上却完全不同,造成的结果也不一样。如果一般的认知从看见杯子是"半满"的改变为看见杯子是"半空"的,那么这里就可能存在着重大的创新机遇。

7. 新知识

基于知识的创新是企业家精神的"超级巨星"。它可以得到关注,获得钱财,它是人们通常所指的创新。当然,并不是所有基于知识的创新都非常重要。有些的确微不足道。但是在创造历史的创新中,基于知识的创新占有很重要的分量。然而,知识并不一定是科技方面的,基于知识的社会创新甚至更重要。

创意来源:灵感往往源自对生活与工作的深度体验。
商业模式:提出令人信服的盈利模式和商业逻辑。
市场估算:提出需求的量化与精算模型。
需求满足:满足需求的方案能够被大范围复制和接受。
首创说明:阐明以往需求未被满足的背景成因(为何其他人没有看见商机或无法满足需求)。

2) 关于产品的描述

能够在极简短篇幅内讲清楚产品或服务的相关问题。
目标市场:产品或服务是针对谁提供的?
产品定义:产品是什么?属于什么品类?
核心产品:产品或服务提供的核心利益是什么?满足哪些需求?
产品描述:产品形体如何?有哪些功能?为顾客提供哪些价值?
产品创新:与市场已有产品或服务有什么差异?
竞争优势:与市场同类产品或替代产品相比有什么优势?
技术含量:产品技术是否先进和成熟?技术含量是否足够高?
产品生产:哪些事自己做?哪些通过外包或策略联盟做?

3) 关于环境分析——企业面临的环境因素(图 12.4)

宏观环境分析:也叫 PEST 分析,即对政治、经济、文化和技术等环境因素的分析,其目的在于发现宏观环境中存在哪些对企业有利和不利的因素,帮助企业善加利用有利因素和设法规避不利因素。
行业环境分析:对行业发展现状及其趋势的分析,目的在于了解行业现状,发现行业机会和威胁。分析工具为波特五力模型。
市场分析:也就是顾客分析,分析顾客是谁、在哪里、有什么需求、有什么特征、其购买力如何、采取何种购买方式等,目的在于以此为依据制订有针对性的营销策略。
竞争分析:分析竞争者是谁、实力如何、有何优势和劣势、其战略意图是什么、对你发起的进攻会如何反应等,目的在于以此为依据制订相应的竞争策略。
企业自身分析:介绍企业的现状,分析企业自身的优势和劣势。目的在于根据分析结果制订相应策略,发挥和提升自身的优势,避免和弥补自身的不足,打造自己的核心竞争力,进而占据较有利的竞争地位。

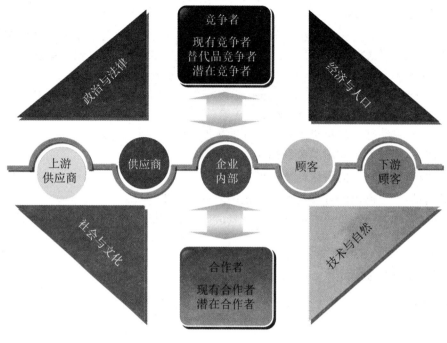

图 12.4

4）关于综合分析

关键成功要素分析：分析企业要想成功所必须具备的关键要素，据此来审视企业是否具备这些要素或具备到何种程度，创业计划书必须提出这些关键成功要素的解决方案。

SWOT 分析：它是在环境分析的基础上对分析结果进行汇总分析的工具，通过对宏观环境、行业和市场的分析发现企业面临的机会和威胁，通过对竞争者和企业自身的对比分析可以发现企业的优势和劣势。该分析是对环境分析的总结和汇总。

5）关于企业战略

战略理念：包括企业的价值观、使命、信念、行为准则或公司宗旨、基本经营方针等。

战略定位：就是确定企业"是什么和干什么"，包括目标顾客定位、业务范围定位、行业定位、价值链定位和市场区域定位。

战略目标：包括市场与商品构成目标、组织构建目标、企业规模以及设备投资目标、业绩目标。

企业发展模式：市场如何逐步扩大？业务发展路径是什么？

企业竞争战略：企业采取何种方式与竞争对手展开竞争？是成本领先战略？还是差异化战略及何种差异化战略？

企业核心竞争力构建：企业是否具备某种优势，这种优势是竞争对手无法短期内模仿，而且对企业获取有利竞争地位起到决定性作用的？如具备什么技术、模式、专利、品牌或可以设置的进入障碍等。企业如何获取和维持这种优势？

6) 关于营销策划

市场细分：根据顾客需求的某些特征或变量对顾客群进行分类。

目标市场：选择你打算进入的细分市场，去满足这些细分市场顾客的需求。

市场定位：根据竞争者现有产品在市场上所处的地位和顾客对产品某些属性的重视程度，塑造出本企业产品与众不同的鲜明个性或形象并传递给目标顾客，使该产品在细分市场上占有强有力的竞争位置。

品牌策划：通过对品牌要素的设计和组合，为你的品牌塑造个性，使其人格化和富有生命力，进而通过适当的手段传播出去，以达到为顾客所广泛认可的目的。

7) 关于营销组合

产品策略：设计你的产品组合（产品种类、花色、规格等）和产品包装（品牌名称、标志、图案、颜色、材料、标签等）。

价格策略：分析成本构成、竞争者价格、消费者购买力，制订你的产品价格组合。

渠道策略：选择你将产品打入市场的渠道方式，制订进入这些渠道的策略和方法，估计进入这些渠道的成本。

促销策略：选择你的广告方式、公关方式、人员推销方式、销售促进手段。

8) 关于生产运作

技术研发：展示你的技术研发能力，规划你的产品研发、工艺研发进程。

原材料供应：分析你的原材料需求，选择供应商，制订原材料供应的保障措施。

生产条件分析：分析生产所必备的条件，检查现有生产条件，制订完善生产条件的策略和计划（生产场所、设备、设施、工具、人员等通过何种方式落实）。

效益分析：估算你的生产能力、产量产值、生产成本等。

9) 关于经营管理

业务流程：你的主要业务流程有哪些？

组织结构：设置你的部门分工协作方式，描述部门的职能及其所扮演的角色，画出公司的整体组织结构图。

人力资源管理：设计各个部门内部的岗位，制订岗位之间分工协作方式，设计人员招聘和配置方式，制订关键绩效考核标准和方式，制订企业拟采取的主要激励手段（员工薪酬、福利、股权、个人发展等制度）。

创业团队展示：主要为人员构成（学历、专业、专长、经历、行业经验、行业认识水平、创业者特质等）。

10) 关于财务管理

经营业绩预测：预测你未来的销售量、销售额、利润、成本及费用支出、融资及投资方向和额度等。

财务报表：在经营预测的基础上编制未来 3—5 年的利润分配表、资产负债表和现金流

量表。

对财务报表进行分析:给出关键财务指标数据,如销售利润率、资产负债率、投资回报率、盈亏平衡点等。

融资说明:选择你准备说服的投资者,说明你融资的额度、融资的方式和条件以及融资后的股权结构,选择投资回报的方式和预计回报的额度,设计投资者退出投资的渠道。

投资说明:说明资金使用的项目、额度预算以及资金使用的控制和监督机制。

11) 关于风险管理

风险识别:分析创业过程中可能出现的风险种类和风险产生的原因。

风险分析:分析各类风险出现的可能性和出现后造成的影响。

风险应对:制订防范分类风险的措施和风险出现后的应对措施。

4. 创业计划书的编写步骤

1) 创业计划书的逻辑体系

(1) 第一阶段:商业计划构想细化,初步提出计划的构想。

(2) 第二阶段:市场调查。与行业内的企业和专业人士进行接触,了解整个行业的市场状况,如产品价格、销售渠道、客户分布以及市场发展变化的趋势等。可以自行进行一些问卷调查,在必要时也可以求助于市场调查公司。

(3) 第三阶段:竞争者调查。确定你的潜在竞争对手并分析本行业的竞争方向。分销问题如何解决?形成战略伙伴的可能性有多大?谁是你的潜在盟友?准备一份一到两页的竞争者调查小结。

(4) 第四阶段:财务分析,包括对公司的价值评估。必须保证所有的可能性都考虑到。量化本公司的收入目标和公司战略,要求详细而精确地考虑实现公司战略和目标所需的资金。

(5) 第五阶段:商业计划书的撰写与修改,根据收集到的信息制订公司未来的发展战略,把相关的信息按照上面的结构进行调整,完成整个商业计划书的写作(图 12.5)。在计划完成以后仍然可以进一步论证计划的可行性,并根据信息的积累和市场的变化不断完善整改。

2) 创业计划书的写作技巧

创业计划书的制作过程其实就是一个创业的模拟过程,来不得半点虚假。如何写创业计划书呢?要根据看计划书的对象而有所不同,是要写给投资者看,还是要拿去银行贷款,根据不同的目的,计划书的重点也会有所不同。就像盖房子之前要画一个蓝图,才知道第一步要做什么,第二步要做什么,或是同步要做些什么。而且环境和条件都会变动,企业经营也不止二三年,有了一份创业计划书,当环境条件变动时,就可以逐项修改,不断地更新。

对于创业计划书,有的人会叫作事业计划书,也有的人叫作创业计划书、营运计划书。

当事业计划书用于创业时,称作创业计划书。而营运计划书通常是以年度来分的,用来展示公司一整年度的计划,像营运要怎样做、新产品叫什么名字、营销管道要用经销还是直销……这些都要详细地记载。编制创业计划书的目的是获得投资和融资,假如资金已经募到、贷款已经借到,等到事业真正要开始时,后面一定要跟着第一年的营运计划书。

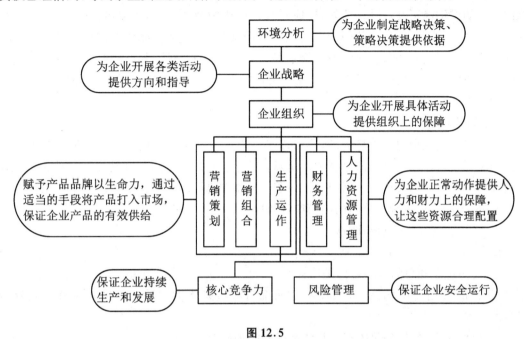

图 12.5

不同的读者对创业计划书关注的侧重点不同,但大家都关注创业计划书的以下六个要点,即 6C[84],有时也称六大要素。

(1) 概念(concept)。

概念是指通过创业计划书别人可以很快知道:企业所销售的是什么?是产品还是服务?有什么功能?能解决什么问题?产品/服务介绍部分的说明要准确,也要通俗易懂,使非专业人员的投资者也能明白。一般地,产品介绍都要附上产品原型或者模型、照片或其他介绍。

(2) 顾客(customers)。

有了产品/服务之后,接下来的问题就是卖给谁。顾客的范围要很明确,如产品的销售对象主要是男性还是女性?是针对高收入群体还是低收入群体?是城市居民还是农村居民?是文化教育水平高的人还是低的人?对于新企业来说,把目标市场界定好了,才能更容易地确定市场规模以及随后的市场目标。

(3) 竞争者(competitors)。

在创业计划书中,创业者应细致分析竞争对手的情况。竞争对手都是谁?他们的产品是如何运作的?竞争对手的产品与本企业的产品相比有哪些相同点和不同点?竞争对手所采用的营销策略是什么?要明确每个竞争者的销售额、毛利润、收入以及市场份额,再讨论本企业相对于每个竞争者所具有的竞争优势,并向投资者展示顾客偏爱本企业的原因,是本企业的产品质量好、送货及时、定位适中、价格合适,还是其他原因。创业计划书要使潜在的投资者相信,本企业不仅是行业中的有力竞争者,将来还会是确定行业标准的领先者。在创业计划书中,创业者还应阐明竞争者给本企业带来的风险以及本企业所采取的策略。

(4) 能力(capabilities)。

创业者的能力体现在计划、组织、控制和指导公司实现目标的行动上。在创业计划书中,必须对主要管理人员加以介绍,阐述他们所具备的能力,他们在本企业中的职务和责任,他们过去的详细经历及背景。此外,还应对公司架构做简要介绍,主要有:公司的组织结构图;各部门的功能和责任;各部门的负责人及主要成员;公司的报酬体系;公司的股东名单,包括认股权、比例和特权;公司的董事会成员;各位董事的背景资料。经验和过去的成功比学位更有说服力,如果你准备把一个特别重要的位置留给一个没有经验的人,你一定要给出充分的理由。

(5) 资本(capital)。

资本可以是现金也可以是资产,还可以是可以换成现金的东西。企业将通过什么渠道获得资金,是从运营中获取、依靠贷款还是发行股票?获取资金后怎样使用?是选择扩张还是选择分红?这一部分还应包括财务的内控和监督机制,采用什么安全措施保证资金的安全?此外,还应当简单叙述公司的内部审计程序。

(6) 永续经营(continuation)。

应包括以下几点内容:

① 公司理念和总的战略目标是什么?

② 你的公司在市场、竞争和技术方面都有哪些基本的风险?你准备怎样应对这些风险?

③ 就你来看,你的公司还有一些什么样的附加机会?

④ 在你的资本基础上如何进行扩展?

⑤ 在最好和最坏的情形下,你的五年计划表现如何?如果你的估计不那么准确,那么应该估计出你的误差范围有多大。如果可能的话,对你的关键参数做最好和最坏的设定。

3) 创业计划书撰写的注意事项

(1) 计划书应该重点突出:

① 摘要部分要提纲挈领;

② 图标胜于文字;

③ 标题重点胜于段落文字;

④ 首尾一致,互相呼应;

⑤ 另准备 10 页以内的缩减版。

(2) 计划书结构要有条理、有逻辑性:

① 环境分析必须为战略决策和策略决策提供依据,防止资料堆砌、充凑篇幅;

② 策略决策应尽可能有数据支撑,而非想当然;

③ 策略决策及职能管理必须以企业战略为导向,防止二者脱节;

④ 团队分工协作必须互相沟通配合,相互之间工作必须配套。

思考题

(1) 创业计划书的内涵和特征是什么?
(2) 撰写创业计划书的一般步骤是怎样的?
(3) 如何全面认识创业计划书的价值?
(4) 创业计划书的撰写过程中要注意哪些问题?

第 13 章　大学生创新创业相关政策法律法规

 学习目标

- 了解大学生创新创业相关政策
- 了解大学生创新创业相关法律法规

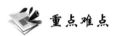 重点难点

- 学会利用大学生创新创业相关政策

当下,为支持和鼓励大学生创新创业,我国相继出台多种政策和措施,但创新创业存在多方面风险,例如知识产权、专利权、行业竞争、财务状况、法律风险等。大学生创业者只有依法从事创业活动,将企业经营中的各项活动纳入法制轨道,才能够有效避免因不懂法而导致的创业风险,从而帮助企业平稳发展。有的大学生创业者往往在吃了苦头之后才知道守法、懂法、用法的重要性。其实防范法律风险的关键在于防患于未然,也就是把危险消灭在萌芽状态。

13.1　大学生创新创业相关政策

创业不是少数人的专利,而是多数人的选择,对于朝气蓬勃的大学生更是如此。在 2015 年首届中国"互联网+"大学生创新创业大赛总决赛举行时,李克强总理曾批示:"大学生是实施创新驱动发展战略和推进大众创业、万众创新的生力军。"2015 年 4 月 21 日和 6 月 10 日,有关扶持大学生创业的内容也两次被列为国务院常务会议议题。①

"持人社部门核发《高校毕业生自主创业证》的高校毕业生在毕业年度内创办个体工商户、个人独资企业的,3 年内按每户每年 8000 元为限额依次扣减其当年实际应缴纳的营业税、城市维护建设税、教育费附加和个人所得税;对符合条件的大学生自主创业的,可在创业地按规定申请创业担保贷款,贷款额度为 10 万元;对个人发放的创业担保贷款,在贷款基础利率基础上上浮 3 个百分点以内的,由财政给予贴息;毕业 2 年以内的高校毕业生从事个体

---

① 摘自 http://www.gov.cn/xinwen/2015—11/18/content_5014052.htm。

经营(除国家限制的行业外)的,自其在工商部门首次注册登记之日起3年内,免收管理类、登记类和证照类等有关行政事业性收费;对大学生创办的小型微利企业新招用毕业年度高校毕业生,签订1年以上劳务合同并交纳社会保险费的,给予1年社会保险补贴;有创业意愿的大学生,可免费获得公共就业和人才服务机构提供的创业指导服务。"

1. 大学生创新创业相关优惠政策

1) 高校生自主创业可以享受的优惠政策

按照《国务院关于进一步做好普通高等学校就业工作的通知》(国发16号)、《国务院办公厅转发人力资源社会保障等部门关于促进以创业带动就业工作指导意见的通知》(国办发111号)等文件的规定,高校毕业生自主创业的税收优惠是:持《就业失业登记证》(注明"自主创业税收政策",或附着《高校毕业生自主创业证》)的高校毕业生在毕业年度内(指毕业所在自然年,即1月1日至12月31日)从事个体经营的,3年内按每户每年8000元为限额依次扣减其当年实际应缴纳的营业税、城市维护建设税、教育费附加和个人所得税。高校毕业生创办的小型微利企业按国家规定享受相关税收支持政策。

2) 高校毕业生自主创业可以享受的小额担保贷款和贴息支持政策

按照《国务院关于进一步做好普通高等学校毕业生就业工作的通知》(国发16号)、《国务院办公厅转发人力资源社会保障等部门关于促进以创业带动就业工作指导意见的通知》(国办发111号)等文件的规定,高校毕业生自主创业的小额担保贷款和贴息支持政策是:对符合条件的高校毕业生自主创业的,可在创业地按规定申请小额担保贷款;从事微利项目的,可享受不超过10万元贷款额度的财政贴息扶持。对合伙经营和组织起来就业的,可根据实际需要适当提高贷款额度。

案例

陈文彬:申请基金开粥店

"我刚从北京加盟店总部学习回来。"电话另一端的陈文彬信心十足,"希望粥店8月10日能够开张。"

陈文彬是福州大学阳光学院工商管理系2005届毕业生。7月8日,他成为福州大学阳光学院第一个获得毕业生创业基金的人。根据他的创业计划,他将在家乡泉州开一家加盟特色粥店。最近他都在筹备开店事宜:选址、装修、职员培训、申请执照……

今年3月,学院出台基金管理办法,原则上每年扶持10个创业项目,每个项目最高可获10万元创业基金的资助,基金不计取利息,毕业生所借款项4年内还清。在今年毕业的学生中有4人向学院提出申请,只有陈文彬的创业项目通过了审核,获得3.5万元的资助。他的创业举动,成为一同走出校门毕业生的亮点。

3) 高校毕业生自主创业可以享受的免收费政策

按照《国务院关于进一步做好普通高等学校毕业生就业工作的通知》(国发16号)、《国务院办公厅转发人力资源社会保障等部门关于促进以创业带动就业工作指导意见的通知》(国办发111号)等文件的规定,高校毕业生自主创业的,免收有关行政事业性收费:毕业2年以内的普通高校毕业生从事个体经营(除国家限制的行业外)的,自其在工商部门首次注册登记之日起3年内,免收管理类、登记类和证照类等有关行政事业性收费。

4) 国家鼓励大学生创业的扶持政策

各地区、各有关部门要进一步落实和完善各项创业扶持政策,改善创业环境,积极引导高校毕业生创业。持《就业失业登记证》(注明"自主创业税收政策"或附着《高校毕业生自主创业证》)的高校毕业生在毕业年度内(指毕业所在自然年,即1月1日至12月31日)从事个体经营的,3年内按每户每年8000元为限额依次扣减其当年实际应缴纳的营业税、城市维护建设税、教育费附加和个人所得税。

发挥小额担保贷款政策促进就业的积极作用,对符合条件的高校毕业生自主创业的,可在创业地按规定申请小额担保贷款;从事微利项目的,可享受不超过10万元贷款额度的财政贴息扶持。对合伙经营和组织起来就业的,可根据实际需要适当提高贷款额度。

进一步改进和完善"小额担保贷款+信用社区建设+创业培训"联动工作机制。有条件的地区要加大财政投入,并积极引入风险投资资金,探索财政资金、风险投资等与大学生创业赛事的对接模式,规范发展民间融资,多渠道加大创业资金投入。要进一步完善和落实行政事业性收费减免等优惠政策,按照法律法规的规定,适当放宽市场准入条件,鼓励高校毕业生创业。

2. 大学生创新创业相关优惠服务

高校毕业生自主创业可以享受的创业服务主要有:

一是享受培训补贴:对高校毕业生在毕业年度内参加创业培训的,根据其获得的创业培训合格证书或就业、创业情况,按规定给予培训补贴。

二是免费创业服务:有创业意愿的高校毕业生可免费获得公共就业和人才服务机构提供的创业指导服务,包括政策咨询、信息服务、项目开发、风险评估、开业指导服务、跟踪扶持等"一条龙"创业服务。各地在充分发挥各类创业孵化基地作用的基础上,因地制宜建设一批大学生创业孵化基地,并给予相关政策扶持。对基地内大学生创业企业要提供培训和指导服务,落实扶持政策,努力提高创业率,延长企业存活期。

各高校要广泛开展创业教育,积极开发创新创业类课程,完善创业教育课程体系,将创业教育课程纳入学分管理。积极推广成熟的创业培训模式,鼓励高校毕业生参加创业培训和实训,提高创业能力。

3. 大学生创新创业相关教育培训

有意愿自主创业的大学生可以参加创业培训和实践,接受普遍的创业教育,以系统学习创办企业的知识,完善、提高企业盈利能力,降低风险,促进创业成功。

目前,许多高校已经开设了创业培训方面的课程和创业实践活动,在校大学生可以选择参加。另外,各地人力资源社会保障部门也开办了创业培训班,离校未就业的高校毕业生可向当地人力资源社会保障部门申请,参加有补贴的培训,以提高创业能力,如"GYB"(产生你的企业想法)、"SYB"(创办你的企业)、"IYB"(改善你的企业)等。

13.2 大学生创新创业相关法律法规

大学生创新创业过程中涉及的法律法规有很多,主要包括公司法、合同法、劳动与社会保障法、知识产权法和民事诉讼法等。

1. 合同法

1) 合同定义

按照《合同法》的定义,合同是平等主体的自然人、法人、其他组织之间设立、变更、终止民事权利义务关系的协议。

通俗地说,合同是当事人就某项事项的权利和义务自愿达成的协议。

2) 合同订立与合同成立

(1) 合同订立与合同成立的含义。

合同订立是动态过程,它是指当事人为设立、变更、终止民事法律关系而进行的法律行为,是合同当事人进行协商,使各方的意思表示趋于一致的过程。合同订立一般包括要约与承诺两个阶段。

合同成立是静态协议,它是指缔约各方经过磋商,最终对合同的主要内容达成一致意见,意味着合同订立过程的完结。静态协议的达成即合同成立。

(2) 合同订立的形式。

① 口头形式:是指当事人之间采用语言对话而非文字表达的方式订立合同。如果法律没有特殊规定、当事人之间没有明确约定,当事人之间均可以采取口头的形式订立合同。

② 书面形式:《合同法》第11条对合同的书面形式作了明确规定,即"书面形式是指合同书、信件和数据电文(包括电报、电传、传真、电子数据交换和电子邮件)等可以有形地表现所载内容的形式"。

下列两种情形,合同应当以书面形式:一是法律、行政法规规定采用书面形式的,应当采用书面形式。二是当事人约定采用书面形式的,应当采用书面形式。

③ 其他形式,是指采用除书面形式、口头形式之外的方式来表现合同内容的形式,如推定形式、默示形式等。

(3) 合同成立的要件。

合同成立的一般要件:① 订约主体为双方或多方当事人;② 须对合同的主要条款达成合意。

合同成立的特殊要件:它是指依照法律规定或当事人特别约定,合同成立应特别具备的条件。如法律规定或当事人约定合同须采取特定形式才能成立时,该特定形式就是合同成立的特殊要件。

(4) 要约与承诺。

《合同法》规定:当事人订立合同,采取要约、承诺方式依次规定,合同的订立必须包括要约和承诺两个阶段。

要约,在贸易实践中又称发盘、发价,是指一方当事人以缔结合同为目的,向相对人所作的意思表示。发出要约的人称为要约人,受领要约的人称为受要约人或者要约相对人。

承诺是受要约人同意要约的意思表示。承诺的法律效力在于,一经承诺,即告成立。

(5) 合同条款。

合同条款既是合同权利义务的载体,又是权利义务的具体内容。《合同法》第 12 条规定:"合同的内容由当事人约定,一般包括以下条款:

① 当事人的名称或者姓名和住所;

② 标的;

③ 数量;

④ 质量;

⑤ 价款或者报酬;

⑥ 履行期限、地点和方式;

⑦ 违约责任;

⑧ 解决争议的方法。"

3) 合同履行与抗辩权

(1) 合同的履行。

《合同法》第 60 条规定:当事人应当按照约定全面履行自己的义务。当事人应当遵守诚实信用原则,根据合同的性质、目的和交易习惯履行通知、协助、保密等义务。

(2) 抗辩权。

在双方合同中,合同当事人都承担义务,往往一方的权利与另一方的义务之间具有相互依存、互为因果的关系。为了保证合同中双方当事人利益关系的公平,法律做出了规定:当事人一方在对方未履行或者不能保证履行时,可以行使不履行的保留性权利,这就是对抗对方当事人要求履行的抗辩权。

4) 合同无效与可撤销

(1) 无效合同。

《合同法》第 52 条规定,有下列情形之一的,合同无效:① 一方以欺诈、胁迫的手段订立合同,损害国家利益;② 恶意串通,损害国家、集体或者第三人利益;③ 以合法形式掩盖非法目的;④ 损害社会公共利益;⑤ 违反法律、行政法规的强制性规定。

(2) 可撤销合同。

可撤销的合同又称可撤销、可变更的合同,是指当事人在订立合同时,因意思表示不真实,法律规定享有撤销权的人通过行使撤销权而使已经生效的合同归于无效的合同。根据我国合同法的规定,可撤销的合同有以下几种类型:① 因重大误解成立的合同;② 显失公平的合同;③ 因欺诈成立的合同;④ 因胁迫成立的合同;⑤ 乘人之危订立的合同。

5) 违约责任

违约责任是违反合同的民事责任的简称,是指合同当事人一方不履行合同义务或履行合同义务不符合合同约定所应承担的民事责任。民法通则第111条、合同法第107条对违约责任均做了概括性规定。

 案例

半路夭折的开店梦想[85]

小金是一名在校大学生,看着别人创业致富,他也跃跃欲试。经过一段时间的市场调查,他决定和同学一起在学校附近开一家饰品店。他和同学一起筹集了2万元的资金,向一位王姓老板租了一间店面。签店面租赁协议的时候,双方约定租期三年,每年租金1万元,先付后用,一年一付。协议签订后小金支付第一年租金。接下来小金他们开始对店面进行装修,为了不影响学业,他们每天晚上开工一直干到凌晨,虽然很辛苦,但想到能实现自己的创业梦想,所有的辛苦都变得微不足道了。

正当小金他们轰轰烈烈准备开业的过程中,一位"不速之客"找到了他们,说自己是店面的房东,要求他们立刻停止装修,并且告诉小金,他们和王老板签订的店面租赁协议是无效的,因为王老板无权将店面转租。这对于小金他们来说,无疑是晴空霹雳,因为和王老板签订协议至今,他们已经支付房租1万元,装修投入5000多元,加上进货花去的钱,大家凑的2万元创业资金已经差不多用光了。这个时候不让他们开业,意味着所有的投入血本无归,要知道这2万元钱可是他们东拼西凑好不容易才筹来的!

✽**案例评析** 根据《中华人民共和国合同法》第224条的规定,未经房东同意,承租人是无权转租房屋的。案例中的王老板作为承租人,擅自转租店面给小金他们的行为是无效的,因此小金他们不能用这个店面开店。现在小金他们只能去找王老板理论,要求王老板赔偿损失,如果王老板不肯赔偿,小金他们还得通过打官司才能尽可能减少自己的损失。

大学生创业仅有热情是远远不够的,还应具备必要的法律意识和法律知识。小金他们如果多学一点法律知识,在和王老板签订店面租赁协议前仔细查看房产证等证件,就不至于陷入如此困境了。

2. 知识产权法

1) 知识产权

(1) 概念。

知识产权是指人们(自然人、法人或其他组织)基于自己的创造性智力劳动成果和工商业标记依法享有的专有权利的统称。

(2) 范围。

1967年7月14日,在斯德哥尔摩签订的《建立世界知识产权组织公约》第2条第8款规定,知识产权适用的范围包括:

① 文学、艺术和科学作品;
② 表演艺术家的演出、录音制品和广播节目;
③ 人类一切活动领域内的发明;
④ 科学发现;
⑤ 工业品外观设计;
⑥ 商标、服务标记、商号名称和标记;
⑦ 禁止不正当竞争;
⑧ 在工业、科学、文学或艺术领域内其他一切来自知识活动的权利。

1992年,国际保护工业协会在东京举办的会议认为知识产权主要涉及"创造型+识别型"的内容。

1993年12月15日,《与贸易有关的知识产权协定》认为知识产权适用的范围包括:

① 著作权及其相关权利(指邻接权);
② 商标权;
③ 地理标记权;
④ 工业品外观设计权;
⑤ 专利权;
⑥ 集成电路布图设计权;
⑦ 对未公开信息的保护权;
⑧ 对限制竞争行为的控制。

从狭义上说,知识产权主要指:

① 著作权(作者权、邻接权)或版权;
② 工业产权:商标权、专利权、制止不正当竞争权。

(3) 特点。

① 无形性(无体性)——这是知识产权不同于物权的一个显著特点,使得所有人与使用人之间关系复杂,增加了侵权的可能。

② 专有性(排他性、绝对性)——知识产权人依法行使知识产权,他人不得干涉;没有经过知识产权人的许可,任何人不得占有、使用,否则构成侵权。法律另有规定的除外,合理使用的不受惩罚。

③ 时间性——核心是鼓励发明创造,保护社会人民利益:历史时间性,历史上发明不受知识产权的保护,后来才受到保护(知识产权的产生);"法定时间"有效性,法律保护有效期满,法律保护则终止。

④ 地域性——没有域外效力,除非在外国申请知识产权并得到保护。只在知识产权取得的国家受到保护。知识产权的无形性及法律的规定导致地域性。

在"双创"的召唤下,大学生创业热潮涌动,但初入商海即遭遇知识产权侵权的也不在少数。众多大学生创业者倾吐心声,知识是大学生创业的核心力量,"知识产权保护要跟上双创脚步"。

2) 知识产权法概述

(1) 概念:知识产权法是调整因确认、保护和利用知识产权过程所发生的各种社会关系的法律规范的总称。狭义上是指著作权法和工业产权法。

(2) 性质:兼具私法性质和公法性质,以私法性质为主要性质。私法性质:调整知识产权人与使用人之间关系;公法性质:调整国家机关与知识产权人申请注册登记知识产权的行为关系。

(3) 特点:① 特别法,针对于商法;② 强制性规范与任意性规范相结合,以强制性规范为主;③ 实体性规范和程序性规范相结合。

(4) 知识产权法体系一般包括以下几种法律制度:著作权法律制度;专利权法律制度;工业版权法律制度;商标权法律制度;商号权法律制度;产地标记权法律制度;商业秘密权法律制度;反不正当竞争权法律制度。

3. 商标法

1) 商标概述

(1) 商标概念:商品的生产者、经营者或者服务的提供者为了标明自己、区别他人,在自己的商品或者服务上使用的可视性标志,即由文字、图形、字母、数字、三维标志和颜色以及上述要素的组合所构成的标志。

(2) 商标特征:① 商标是商品或服务的标志,它依附于商品或服务而存在;② 商标是区别商品来源的标记;③ 任何文字、图形或其组合不与特定的商品或服务相联系,也就不成为商标。

(3) 商标构成要素:① 可感知标志;② 可视觉标志。

(4) 商标功能:① 识别功能;② 品质保证功能;③ 广告及竞争功能。

2) 商标法概述

(1) 商标法的概念:调整在商标注册、使用、管理和保护过程中所发生的各种社会关系的法律规范的总称。

(2) 商标法的基本原则:① 保护商标专用权的原则;② 确保商品和服务质量的原则;③ 保护消费者利益的原则。

3) 商标权的内容

(1) 商标权的概念:商标所有人依法对其注册使用的商标所享有的权利。商标权的内容包括商标专用权、商标续展权、商标转让权、商标许可权和商标诉讼权等。

(2) 商标权的特征:① 独占性,指商标注册人对其注册商标享有独占使用权;② 时效性,指商标专用权具有有效期限,我国商标法规定的商标专用权的有效期为十年;③ 地域性,指商标专用权的保护受地域范围的限制,仅在商标注册国享受法律保护;④ 财产性,商标专用权是一种无形财产权;⑤ 类别性。

(3) 商标权人的义务:① 不得擅自改变注册商标;② 不得自行改变注册商标的注册人名义、地址或者其他注册事项;③ 不得自行转让注册商标;④ 注册商标必须使用,三年未使用的,由商标局责令改正或者依法撤销;⑤ 合法使用商标注册标记。

4) 商标权的使用与转让

(1) 商标权的使用许可。

① 使用许可的概念:注册商标所有人通过订立许可使用合同,许可他人使用其注册商标的法律行为。

② 使用许可的种类。

普通使用许可:商标注册人在约定的期间、地域和以约定的方式,许可他人使用其注册商标,并可以自行使用该注册商标和许可他人使用其注册商标。

排他使用许可:商标注册人在约定的期间、地域和以约定的方式,将该注册商标仅许可一个被许可人使用,商标注册人依约定可以使用该注册商标,但不得另行许可他人使用该注册商标。

独占使用许可:商标注册人在约定的期间、地域和以约定的方式将该注册商标仅许可一个被许可人使用,商标注册人依约定不得使用该注册商标。

③ 使用许可当事人的主要义务。

许可人的主要义务包括:保持注册商标的有效性;不得放弃续展注册;不得申请注销其注册商标;维护被许可人合法的使用权,当第三人侵犯注册商标专用权时,许可人应及时采取有效措施予以制止;监督被许可人使用该注册商标的商品质量。

被许可人的主要义务包括:按合同的约定缴纳商标许可使用费;接受许可人的监督,保证使用许可人注册商标的商品质量,维护商标信誉,并在其商品或包装上注明产地和被许可人的名称;维护商标权人的商标权,如被许可使用的商标被他人侵权,被许可人应协助许可人查明事实;未经许可人授权,不得将商标使用权移转他人。

(2) 商标权的转让。

注册商标转让是商标注册人在注册商标的有效期内,依法定程序,将商标专用权转让给另一方的行为。

5) 商标注册的申请和核准

(1) 商标注册的申请。

商标注册的基本原则:自愿注册原则;申请在先原则;一类商品一个商标一件申请的

原则。

商标注册申请的提出：在我国申请商标注册应当按规定的商品分类表填报使用商标的商品类别和商品名称，在不同类别的商品上申请注册同一商标的也应当按商品分类表提出注册申请。

商标注册优先权。① 国际优先权：商标注册申请人自其商标在外国第一次提出商标注册申请之日起6个月内又在中国就相同商品以同一商标提出商标注册申请的，依照该国同中国签订的协议或者共同参加的国际条约，或者按照相互承认优先权的原则可以享有优先权；② 展览会优先权：商标在中国政府主办的或者承认的国际展览会展出的商品上首次使用的，自该商品展出之日起6个月内该商标的注册申请人也可以享有优先权。

(2) 商标注册的审查和核准。

商标注册申请日的确定：商标注册的申请日期以商标主管机关收到商标注册申请文件的日期为准。

商标注册的审查：① 审查依据：商标法有关商标注册申请必备条件的规定；商标法有关商标注册初步审定标准的规定；实施条例中有关商标注册审定的规定。② 形式审查：审查商标申请人的申请资格和商标申请的程序；审查商标的申请日期编写申请号；根据一件商标一份申请的原则审查是否一份申请书只申报了一件商标；审查商标申请有关文件、商标图样是否送齐和申请注册费用是否缴纳。③ 实质审查：商标是否具备法定的构成要素；商标是否具有显著特征；商标是否违背《商标法》规定的禁用条款；商标是否与他人在同一种商品或类似商品上注册的商标、申请在先的商标、撤销或失效不满一年的注册商标混同；商标是否损害他人现有的在先权利或属于以不正当手段抢先注册他人已经使用并有一定影响的商标的情况；商标同商品结合起来的客观效果如何。

商标注册的核准：注册商标的有效期为10年，自核准注册之日起计算。由商标局对申请注册的商标进行初步审定后，凡符合《商标法》有关规定的予以公告，公告在商标局编印的定期刊物《商标公告》上。

(3) 商标注册的驳回和异议。

商标注册驳回：商标局依照《商标法》有关规定对商标注册申请进行审查后认为不符合法律规定的应当驳回申请。发给商标注册申请人《驳回申请书》写明驳回的理由及请求复审的期限。商标注册申请人不服的可以自收到通知之日起15日内向商标评审委员会申请复审。当事人对商标评审委员会的决定不服的可自收到通知之日起30日内向人民法院起诉。

商标注册异议：对商标局初步审定并公告的商标自公告之日起3个月内任何人均可以提出异议。当事人不服的可自收到通知之日起15日内向商标评审委员会申请复审，由商标评审委员会做出裁定，并书面通知异议人和被异议人。当事人对商标评审委员会的裁定不服的可自收到通知之日起30日内向人民法院起诉。

(4) 注册商标的撤销。

注册商标撤销概述：商标局根据商标注册人违反商标管理法规的行为或商标评审委员会根据争议商标与他人注册在先的商标构成相似的事实，依法撤销该注册商标的法律制度。

撤销注册商标的情形：① 注册商标被依职权撤销：使用了法律禁止使用并禁止注册的标识作为商标而进行注册的；使用了法律禁止注册但不禁止使用的标识作为商标进行注册的；以欺骗手段或者其他不正当手段取得商标注册的；商标专用权人自行改变注册商标，改变注册商标的注册名义、地址或者其他注册事项的;连续3年没有使用注册商标的;商标专用权人使用注册商标,其商品粗制滥造,以次充好,欺骗消费者的。② 注册商标被依申请撤销的情形:a. 申请撤销商标权的事由:采用了不得作为商标使用和注册的标志的;以欺骗手段或者其他不正当手段取得注册的;就相同或者类似商品申请注册的商标是复制、模仿或者翻译他人未在中国注册的驰名商标,容易导致混淆的;未经授权,代理人或代表人以自己的名义将被代理人或者被代表人的商标进行注册的;注册商标中有商品的地理标志,而该商品并非来源于该标志所标示的地区,误导公众的;注册商标损害他人现有的在先权利,以及以不正当手段抢先注册他人已经使用并有一定影响的商标的。b. 申请撤销的期限限制:商标所有人或者利害关系人申请撤销注册商标的,应当自商标注册之日起5年内提出申请,但是对恶意注册的,驰名商标所有人不受5年的限制。

撤销注册商标的影响:① 注册商标被撤销的法律后果:因注册商标争议或注册不当被撤销的,商标权视为自始不存在;注册商标因其他理由被撤销的,商标权自商标局的撤销决定作出之日起终止;商标局、商标评审委员会撤销注册商标,撤销理由仅及于部分指定商品的,撤销在该部分指定商品上使用的商标注册。② 注册商标被撤销的法律救济:对商标局撤销注册商标的决定,当事人不服的,可以自收到通知之日起15日内向商标评审委员会申请复审,由商标评审委员会作出决定,并书面通知申请人。当事人对商标评审委员会的决定不服的,可以自收到通知之日起30日内向人民法院起诉。

6) 商标权的法律保护

(1) 商标权的保护范围。

商标权保护的基本原则:以核准注册的商标为限:注册商标所有人实际使用的商标必须与核准注册的商标相一致;以核定使用的商品为限:注册商标所有人实际使用注册商标的商品与核定使用的商品必须一致。

商标权的保护范围:在同一种商品上使用相同商标;在同一种商品上使用近似商标;在类似商品上使用相同商标;在类似商品上使用近似商标。

(2) 商标侵权行为概述。

商标侵权行为的概念:他人未经注册商标所有人的许可,使用了与该注册商标相同或者近似的标识,并且可能造成消费者在商品或服务来源上的混淆的。

侵权行为的种类:未经注册商标所有人的许可,在同一种商品或者类似商品上使用与其注册相同或者近似商标的;销售明知是假冒他人注册商标的商品的;伪造、擅自制造他人注册商标标识或者销售伪造、擅自制造的商标标识的;给他人的注册商标专用权造成其他损害的。

(3) 注册商标的法律保护。

商标侵权的诉前司法措施:① 诉前临时措施——停止侵权和财产保全:商标注册人或者利害关系人有证据证明他人正在实施或者即将实施侵犯其注册商标专用权的行为,如不及时制止,将会使其合法权益受到难以弥补的损害的,可以在起诉前向人民法院申请采取责令停止有关行为和财产保全的措施。② 诉前证据保全:为制止侵权行为,在证据可能灭失或者以后难以取得的情况下,商标注册人或者利害关系人可以在起诉前向人民法院申请保全证据。人民法院接受申请后,必须在48小时内做出裁定,裁定采取保全措施的,应当立即开始执行。人民法院可以责令申请人提供担保,申请人不提供担保的,驳回申请。申请人在人民法院采取保全措施后15日内不起诉的,人民法院应当解除保全措施。

商标侵权的民事责任:① 诉讼主体:一般为商标权人。② 管辖法院:商标民事纠纷案一审案件,由中级以上人民法院管辖;因侵犯注册商标专用权行为提起的民事诉讼,由侵权行为的实施地、侵权商品的储藏地或者查封扣押地、被告住所地人民法院管辖。③ 诉讼时效:侵犯注册商标专用权的诉讼时效为2年,自商标注册人或者利害关系人知道或者应当知道侵权行为之日起计算;商标注册人或者利害关系人超过2年起诉的,如果侵权行为在起诉时仍在持续,在该注册商标专用权有效期限内,人民法院应当判决被告停止侵权行为,侵权损害赔偿数额应当自权利人向人民法院起诉之日起向前推算2年计算。④ 民事责任:停止侵害;消除影响;收缴和罚款;赔偿损失;损害赔偿的例外(销售不知道是侵犯注册商标专用权的商品,能证明该商品是自己合法取得的并说明提供者的,不承担赔偿责任)。

(4) 驰名商标的保护。

驰名商标的概念:在中国境内为相关公众广为知晓的商标。因此,我国的驰名商标实际包括驰名的注册商标和驰名的未注册商标。

驰名商标的认定。① 认定标准:相关公众对该商标的知晓程度;该商标使用的持续时间;该商标的任何宣传工作的持续时间、程度和地理范围;该商标作为驰名商标受保护的记录;该商标驰名的其他因素。② 认定方式:主动认定,又称事前认定,是在不存在纠纷的情况下,有关部门根据商标所有人的请求,对商标是否驰名进行认定。被动认定,又称事后认定,是在发生商标权纠纷后,有关部门应商标所有人的请求,对其商标是否驰名进行认定。③ 我国对驰名商标的认定:行政认定机关为国家工商行政管理总局;司法认定机关为人民法院。

4. 专利法

1) 专利法概述

大学生创新创业过程中涉及最多是《专利法》,我国最新修订的《专利法》自2009年10月1日起正式实施。

(1) 专利的概念。

"专利"一词从不同的角度叙述,可具有以下几层不同的含义:

首先,从法律意义来说,专利就是专利权的简称,指的是一种法律认定的权利。"专利"一词是指专利权人依法对其发明创造取得的专有权,也就是专利权。

其次,从技术发明来说,专利就是取得了专利权的发明创造,指的是具有独占权的专利技术。根据我国专利法第二条规定,取得专利权的发明创造有发明、实用新型和外观设计三种具体的专利形式。

再次,从其保护的内容来说,专利是指记载着授予专利权的发明创造的说明书及其摘要、权利要求书、表示外观设计的图形或照片等公开的文献。

(2) 专利法。

专利法是一个部门法,是由国家制订的,用以专门调整因确认发明创造的所有权和因发明创造的使用而产生的各种社会关系的法律规范,或者,也可以概括地说,专利法是确认和保护发明人或其权利继承人对其发明享有独占权的法律。

专利法具有以下三个特点:

第一,专利法是国内法。各国的专利法都只能在本国地域内有效。专利法的效力受到国家领土的限制,即无"域外效力"。因而,申请人无论是本国人或外国人,也无论是住在本国或外国,只要在某一个国家申请专利,那么该国的专利法就对该专利适用。

第二,专利法是特别法。特别法与一般法的区别在于:特别法只适用于特定的人物、行为或地区的法律。而一般法对一般的人、一般的事都适用,即没有特定的限制。如民法就是一般法,而专利法则是特别法。特别法与一般法的关系是:在特别法中有规定时,优先适用特别法,在特别法中没有规定时,通常适用一般法。

第三,专利法既是实体法又是行政程序法。对于实体法,要求规定出决定权利和义务的发生、变更、消灭等的必要条件;对于行政程序法,则要求对实现、公告、确认权利和义务的方法、手续和程序等进行规定。

2) 发明人与专利权人

(1) 有权获得专利权的人。

专利权人,是指有权申请并获得了专利权,承担与此相应的义务的自然人或法人。

① 自然人与法人。

自然人和法人是互为对称的,是民事权利的主体。自然人和法人可以成为专利权人。

② 发明人与设计人。

《专利法实施细则》第12条规定:"专利法所称发明人或者设计人,是指对发明创造的实质性特点做出创造性贡献的人。在完成发明创造过程中,只负责组织工作的人、为物质技术条件的利用提供方便的人或者从事其他辅助工作的人,不是发明人或者设计人。"

③ 共同发明人与共同设计人。

共同发明人是指两个或两个以上的人都对同一项发明共同构思,并都做出过创造性贡献的人。此项发明称为共同发明。同样,共同设计人是指两个或两个以上的人都对同一项设计共同构思,并都做出过创造性贡献的人。此项设计称为共同设计。判定是不是共同发明人或共同设计人,最根本在于:

一是要以事实为依据,从选题到方案制订,到创造性思想的提出,到实验的设计,到数据处理的全过程,正确地记录每个人的贡献,依据这些记录客观地确定每个人对成果所做出的贡献;

二是以是否有创造性贡献为标准,尽管参加课题的其他人员都有贡献,但关键要看谁对解决实质性问题做出了创造性的贡献,从而确定哪些人是共同发明人或共同设计人。如果有两个或两个以上的人都有创造性的贡献,那么,他们就是共同发明人或共同设计人。

3) 发明、实用新型、外观设计

(1) 发明。

广义地讲,发明就是人们通过创造性劳动所制造或设计出来的某种前所未有的东西。

发明应具有两个明显的特性:

一是其技术特性,是指利用自然规律在技术应用上的创造和革新,这种创造和革新主要是解决特定技术课题的新的技术方案;

二是其法律特性,发明专利并不是自动产生和自动生效的,它需经过国务院专利行政部门的审查,确认其符合专利法规定的条件,才能取得专利权,并成为专利法保护的对象。

(2) 实用新型。

实用新型是指对产品的形状、构造或者它们的结合所提出的适于实用的新技术方案。这种新的技术方案能够在产业上制造出具有使用价值和实际用途的产品。实用新型的创新水平低于发明。根据这个定义,实用新型具备以下两个特征:一是实用新型必须是一种产品,是一种适于实用的产品;二是实用新型必须是具有一定立体形状和结构或者是两者相结合的物品。

我国专利法把实用新型和发明都视为专利保护的对象,它们都是科学技术上的发明创造,从这个意义上讲,两者的本质是相同的。但两者又有许多的不同,主要有以下四点:

① 实用新型的创造性低于发明。

我国专利法对申请发明专利的要求是,同申请日以前已有技术相比,有突出的实质性特点和显著进步;而对实用新型的要求是,与申请日以前的已有技术相比,有实质性特点和进步。显而易见,发明的创造性程度要高于实用新型。

② 实用新型所包含的范围小于发明。

由于发明是对产品、方法或者其改进所提出的新的技术方案,所以发明可以是产品发明,也可以是方法发明,还可以是改进发明。仅在产品发明中,也可以是定形的产品发明或者是不定形的产品发明。而且,除专利法有特别规定以外,任何发明都可以依法获得专利权。但是,申请实用新型专利的范围则要窄得多,它仅限于产品的形状、构造或其组合有关的创新。

③ 实用新型专利的保护期短于发明。

我国专利法明文规定,对实用新型专利的保护期为 10 年,自申请日起计算。而发明专利的保护期规定为 20 年。相比之下,实用新型的保护期比发明的保护期要短得多。

④ 实用新型专利申请审批的手续比发明简单。

就世界范围来说,对实用新型的法律保护是不一样的。应该说,世界上大多数国家只把发明专利作为专利法保护的对象,授予专利权。而对于实用新型则采用专门的实用新型法来实施保护。同时,也并非多数国家都有保护实用新型的专门法。

我国专利法从我国的实际出发,把实用新型也作为专利法保护的对象,主要是考虑到我国的工业和科技水平,像实用新型这样的小发明数量较多,对这些小发明实施法律保护,有利于调动广大人民群众从事发明创造的积极性,也有利于推动我国科学技术的发展。实践证明,我国把实用新型作为专利法保护的对象,效果基本上是好的。

(3) 外观设计。

我国专利法实施细则中规定,外观设计是指对产品的形状、图案或者其结合以及色彩与形状、图案的结合所作出的富有美感并适合于工业上应用的新设计。根据这一规定,外观设计应当符合以下要求:

① 外观设计是指形状、图案、色彩或者其结合的设计;

② 外观设计必须是对产品的外表所做的设计;

③ 外观设计必须富有美感；
④ 外观设计必须是适合于工业上应用。

(4) 不受专利法保护的智力成果。

① 违反国家法律、社会公德、妨害公众利益的发明创造。

我国规定根本不授予专利权的发明创造主要有以下三种：

一是违反国家法律的发明创造。这种发明创造破坏国家法律秩序。

二是违反社会公德的发明创造。

三是妨碍公共利益的发明创造。这种发明创造给社会治安、公共秩序和人民的生命财产带来重大威胁。

② 不属于专利法保护的智力成果。主要有以下三种：

一是科学发现。是指人们揭示的自然界早已存在，但尚未被人们所认识的客观规律的行为。科学发现不同于技术发明，它是我们通常所说的认识世界，但它并不直接设计或制造出某种前所未有的东西，因此它还不能改造世界，它只是一种正确的认识。

二是智力活动的规则和方法。是指人们进行思维、推理、分析和判断的一种规则和方法，它具有智力和抽象的特点，但它不能设计或制造出新的东西，不受专利法的保护。

三是疾病的诊断和治疗方法。由于疾病的诊断和治疗方法是以人体（也包括动物）为实施对象的，这在我国尚不能受专利保护，所以不在我国专利法保护之列。

③ 暂不受专利法保护的发明创造。

目前，我国暂不授予专利权的发明创造主要有：动物、植物品种发明；用原子核变换方法获得的物质发明（我国对此持慎重态度，同世界大多数国家一样，对于原子核变换方法所获得的物质是不授予专利权的）。

4) 专利权

(1) 专利权的内容。

《专利法》第11条对专利授予的权利作了这样的规定："发明和实用新型专利权被授予后，除本法另有规定的以外，任何单位或者个人未经专利权人许可，都不得实施其专利，即不得为生产经营目的制造、使用、许诺销售、销售、进口其专利产品，或者使用其专利方法以及使用、许诺销售、销售、进口依照该专利方法直接获得的产品。""外观设计专利权被授予后，任何单位或者个人未经专利权人许可，都不得实施其专利，即不得为生产经营目的制造、销售、进口其外观设计专利产品。"据此，专利权的内容可归纳为以下方面：

① 制造权。这是指专利权人有权制造自己的专利产品或者利用自己的专利方法制造产品。这里的"制造产品"是指专利说明书中所述的在实践中被实现了的产品。

② 使用权。使用权包括两个方面：对于产品专利来讲是指使用其产品，即按照规定使该产品得到应用；对于方法专利来讲是指使用其方法，也即为达到方法发明的本来目的，或者为获得方法发明的效果而使用。

③ 销售权。销售权是指专利权人享有依法销售自己的专利产品或者依照专利方法直接获得产品的权利。销售专利产品也是一种受保护的行为，或者说是专利权人一种排他的权利，不管实际销售的产品是由专利权人制造的、是经专利权人许可制造的、还是未经其许可制造的，任何产品只要与发明说明书中所叙述的以及专利权利要求书中所提出的一致，即

为专利产品。销售这种产品都需经过专利权人的许可,否则就构成侵权。法律另有规定的除外。销售与专利产品相似的产品也是受限制的行为,只要该产品的相似已达到受保护的应有程度。

④ 进口权。进口权是专利权人的一种权利,这种权利禁止他人未经其许可进口与专利产品相同的产品。这种产品不管是从哪一个国家运进来的,也不管在国外是否享有专利权,重要的是进口的产品中包含着一项发明,而该发明已在进口国获得了专利权,就属于受保护的范围。

专利权的内容除以上四项外,还会有其他一些权利,如转让专利权的权利、标明专利标记的权利等。

(2) 专利权的期限和终止。

① 专利权的期限,是指专利权受法律保护的有效时间。从理论上讲,专利权期限的长短考虑了两个方面的因素:一是发明人或设计人的利益,保护期限太短,不利于调动发明人发明创造的积极性;二是国家和公众的利益,保护周期太长,不利于实用技术的推广和应用。因此,要同时考虑二者的利益,选择一个适当的保护期。

我国《专利法》第45条规定:"发明专利权的期限为二十年,实用新型专利权和外观设计专利权的期限为十年,均自申请日起计算。"

② 我国专利法专门对专利权设置了终止的规定。依照我国专利法规定,专利权终止的原因大体有以下几种:

一是因保护期届满而终止。专利权具有时间效力,有特定的保护期限,一旦保护期届满,专利权自行终止,这是专利权终止的最普遍的原因。

二是因没有按期缴纳年费而终止。专利法规定,专利权人应按期缴纳年费,这是专利权人的义务,也是其享受维持专利权效力权利的必要条件。专利权人若想在保护期届满前保持其专利权的效力,就必须按期缴纳年费。但是,专利权人对因不可抗拒的事由或其他正当理由逾期缴费而导致丧失专利权的,根据《专利法实施细则》第7条的补救办法,仍然能维护专利权人的合法权益。

三是由专利权人的自动放弃而终止。在一般情况下,专利权人是要竭力维护其专利权的,但在有些情况下,例如由于科学技术的进步,迅速地更新换代,使其拥有的专利已失去存在的实际价值,或者是专利权人无力承担逐渐增加的专利年费等,专利权人要求自动放弃其专利权。应以书面声明放弃其专利权,则专利权即告终止。应指出的是,如果专利权人已将专利权许可他人实施的,那么,在放弃其权利之前须征得受让人的同意。

四是由于专利权人死亡又无继承人而终止。如果专利权人是自然人,当专利权人死亡后又无正当继承人的,该专利权就自行终止。

应说明的是,根据我国专利法的规定,上述专利权的终止行为都应由专利局登记和公告。

(3) 专利权的无效。

设置专利权无效的规定,是为了能及时纠正专利局因某种原因的失误所作出的不符合专利法的决定。

① 宣告专利权无效的理由:不符合授予专利权条件的发明创造;违反合法条件的发明创造;不属于授予专利权的法定项目;由于权利的归属不当;由于专利文件撰写有明显不当。

② 请求宣告专利权无效的法律程序。我国《专利法》第48条规定："自专利局公告授予专利权之日起满六个月后，任何单位或者个人认为该专利权的授予不符合本法有关规定的，都可以请求专利复审委员会宣告该专利权无效。"宣告专利权无效需经过以下程序：

首先，提出专利权无效宣告的请求书。任何单位或者个人请求宣告专利权无效的，应当向专利复审委员会提出请求书，说明理由。

然后，对专利权无效请求进行审查。专利复审委员会对专利权无效宣告请求的审查，大体采取以下几个步骤：一是在专利复审委员会内成立审查小组，一般由三人组成，并将名单通知双方；二是审查小组应转达无效宣告请求人和专利权人之间的陈述意见，如逾期不予答复的，就视为同意对方的意见；三是审查小组在审查过程中，如认为有必要时，对无效宣告请求案审查可以用口头审理形式进行。当事人如无正当理由不出席的，审查小组可以缺席裁决。

最后，宣告审查决定。在审查的基础上，审查小组应代表专利复审委员会宣布审查的结果，如果该专利权确有无效的理由，应当宣告专利权无效；如果该专利权无效的理由存在于一个或几个权利要求的，应当宣告有关的一个或几个权利要求无效；如果专利权无效宣告不能成立，应宣布该专利权仍然有效。对于上述的结果，专利复审委员会应通知请求人和专利权人，并由专利局登记和公告。

由专利复审委员会作出的决定，如果涉及的是实用新型或者外观设计专利权的，那么，专利复审委员会的决定是终局决定，双方不能再向法院起诉；如果涉及发明专利权，请求人或者专利权人对专利复审委员会的决定不服的，可以在收到通知之日起三个月内，向人民法院起诉，由人民法院重新审查。

③ 宣告专利权无效的法律效果。宣告无效的专利权视为自始即不存在。专利权被宣告无效后的有关规定也适用于被撤销的专利权。专利权被撤销的效力与专利权被宣告无效的效力是一样的，因此，其法律效果也是一样的。

（4）专利权的获得。

① 获得专利权的条件。

我国《专利法》规定，获得专利权，必须具备以下几个条件：

一是授予专利权的发明创造必须是符合专利法中所规定的发明、实用新型或者外观设计，这是前提条件，不在《专利法》所界定范围内的发明创造，不能授予专利权。

二是授予专利权的发明、实用新型或者外观设计必须是不违反国家法律、社会公德或者不妨害公共利益的。这是获得专利权的法定条件，《专利法》中有明文规定。

三是授予专利权的发明和实用新型应当具备新颖性、创造性和实用性，授予专利权的外观设计应当具有新颖性、实用性和美感。这就是通常所说的授予专利权的实质性条件，简称为专利性条件。

② 发明、实用新型获得专利权的实质性条件。

我国《专利法》第22条规定："授予专利权的发明和实用新型，应当具备新颖性、创造性和实用性。"这就是说，在我国一项发明或一项实用新型要取得专利权，就必须具备新颖性、创造性和实用性这三个实质性的条件。如果缺少这三个基本条件中的任何一条，就不能获得专利权。

新颖性是发明或实用新型获得专利权的首要条件。所谓新颖性是指申请专利的发明或实用新型是新的、前所未有的、未被公用和公知的。《专利法》规定:"新颖性,是指在申请日以前没有同样的发明或者实用新型在国内外出版物上公开发表过、在国内公开使用过或者以其他方式为公众所知,也没有同样的发明或者实用新型由他人向专利局提出过申请并且记载在申请日以后公布的专利申请文件中。"

创造性是发明或实用新型取得专利权的第二个实质性条件。《专利法》规定:"创造性,是指同申请日以前已有的技术相比,该发明有突出的实质性特点和显著的进步,该实用新型有实质性特点和进步。"可见,判断发明创造性的客观标准是"突出的实质性特点"和"显著的进步";判断实用新型创造性的客观标准是"实质性特点"和"进步"。

实用性是发明或者实用新型取得专利权的第三个实质性条件。所谓实用性是指一项发明或者实用新型能够在工业上或者产业上获得应用的本质特征。这里所说的工业(产业)泛指工业、农业、交通运输业、采掘业、商业、科学技术等各个部门。《专利法》规定:"实用性,是指该发明或者实用新型能够制造或者使用,并且能够产生积极效果。"

可见,实用性具有两个显著的特征:

一是实践性。一项发明或者实用新型,只有在任何一种工业部门能够制造或使用,才有可能具有实用性。

二是积极效果。具有实用性的发明或者实用新型应是先进的产品或技术,具有良好的经济效益和社会效益,即产生积极的效果。

③ 外观设计获得专利权的条件。

首先,新颖性是外观设计获得专利权的基本条件。

其次,世界各国对是否将具有美感作为授予外观设计专利的条件的规定是不同的。我国专利法实施细则规定外观设计应当富有美感。

最后,适于工业应用。

④ 专利的申请。

申请发明、实用新型专利的原则。《专利法》第 31 条规定:"一件发明或者实用新型专利申请应当限于一项发明或者实用新型。"也就是说申请发明、实用新型专利必须坚持一发明(或一实用新型)一专利的原则,即每一项发明或者实用新型只能作一次专利申请,或者说,一件专利申请只限于一项发明或实用新型。在实际生活中,有时两项以上的发明之间有着某种特殊的联系,相互连成一个总的发明构思。对于这种情况,我国专利法也做了例外的规定,即"属于一个总的发明构思的两项以上的发明或者实用新型,可以作为一件申请提出"。这种允许把两项以上的有着某种联系的发明合并到一项申请案中的程序称为合案申请专利。

申请外观设计专利的原则。申请外观设计专利,一般也应遵循一件外观设计一项专利的原则。但是,对于同一类别并且成套出售或使用的产品,也做了例外的规定,两项以上的外观设计允许作为一项申请提出。

(5) 申请日与优先权日。

① 申请日。

申请文件是直接递交的,以国务院专利行政部门收到专利申请文件之日为申请日;如果申请文件是邮寄的,以寄出的邮戳日为申请日。

② 优先权日。

我国专利法分别规定了外国优先权和本国优先权。外国优先权是指申请人自发明或者实用新型在外国第一次提出专利申请之日起十二个月内,或者自外观设计在外国第一次提出专利申请之日起六个月内,又在中国就相同主题提出专利申请的,依照该外国同中国签订的协议或者共同参加的国际条约,或者依照相互承认优先权的原则,可以享有优先权。

本国优先权是指申请人自发明或者实用新型在中国第一次提出专利申请之日起十二个月内(外观设计是六个月内),又向专利局就相同主题提出专利申请的,可以享有优先权。申请人要求优先权的应当在申请的时候提出书面声明,并且在三个月内提交第一次提出的专利申请文件的副本;未提出书面声明或者逾期未提交专利申请文件副本的,视为未要求优先权。

(6) 专利权的保护。

① 侵犯专利权的行为。

我国专利法第 60 条规定:"未经专利权人许可,实施其专利的行为,就是侵犯专利权的行为。"

专利权是一种财产权,但又不同于有形的财产权。作为无形财产权的专利权,它具有非物质性,不易被发现,就是发现了,也不易确定侵犯的范围。那么,如何确认侵犯专利权的行为,认定侵犯专利权应具备哪些条件是一个十分重要的问题。

一是侵犯专利权必须具有侵害行为。侵权人必须具有侵害行为,就发明专利和实用新型专利而言,如果有人制造、使用、销售、进口了某一项产品,它的特征、结构、性能与已获得专利权的某项专利中的权利要求所记载的技术特征一样,这就构成了对该项专利的侵权。由于侵害行为造成了专利权人的损失,这种损失表现为:或者由于侵害行为使专利权人失去了可能得到的物质利益和精神利益,或者由于侵害行为使专利权人现有财产有所减少。显然,侵权人的侵害行为与专利权人的损失,二者有必然的因果关系。

二是侵犯专利权必须是违法的行为。构成侵犯专利权的行为除了具有侵害行为外,这种侵害行为还必须是违法的。有的侵害行为从法律上讲并不视为侵权行为,比如,为了科学研究和实验目的而使用某项专利、善意地使用或者销售某些专利产品等。有些行为,未经专利权人许可,而可能构成对专利权的侵害,但在法律允许之列,即并不违反法律,也不构成侵权行为。比如,根据先用权的使用、按照强制许可或计划许可的实施等,虽然也给专利权人造成了损失,但不属于侵权行为。我们这里所讲的违法的侵害行为,是指侵犯法律赋予专利权人对专利产品的制造权、使用权、销售权和进口权以及专利方法的使用权,所有这些侵权行为,从实质上讲都是违反专利法的。

② 专利权的保护范围。

有形财产权的保护范围是显而易见的,有形财产本身就是其保护的范围。而作为无形财产权的专利权,其保护的范围需要用法律来界定。我国《专利法》第 26 条规定,申请人在提出申请文件中有一份权利要求书,用以说明要求专利保护的范围。第 27 条则要求申请人在申请外观设计专利时提交图片或照片。这就是要求划定专利权的保护范围。

a. 发明和实用新型专利权的保护范围。

我国《专利法》第 56 条规定:"发明或者实用新型专利权的保护范围以其权利要求的内容为准,说明书及附图可以用于解释权利要求。"根据这个规定,在确定专利权保护范围时,应注意以下几点:

一是确定发明或实用新型专利权的保护范围。

对于发明或者实用新型专利权的保护范围,应以权利要求的内容为准,而不以权利要求中的个别文字和个别措词为准。这就是说,权利要求是确定发明或实用新型专利保护的直接依据,而这个依据是由权利要求的整体内容(而不是个别文字)来表达的,凡是在权利要求中没有记载的,不在专利权保护范围之内。这里,说明书和附图在确定专利权的保护范围时只处于从属地位,尽管一项发明的技术构思在说明书和附图中都有反映,但也不能属于专利权的保护范围。

二是确定权利要求的实质性内容。

我国《专利法实施细则》规定权利要求书首先应当说明发明或者实用新型的技术特征,其次应当清楚和简要地表述请求保护的范围。所以,为了清楚地表达权利要求的实质内容,应从一开始就主动地、充分地研究和参考说明书和附图,了解发明或者实用新型的目的、作用和效果,从而准确地确定权利要求的实质内容,用以界定专利权的保护范围。

三是明确权利要求中的技术用语及其含义。

为了搞清楚权利要求中某一技术术语的含义,有时还要参考申请过程中的所有文件,特别是专利权人在文件中曾经认可、承诺、确认或放弃的东西,不得因指控侵权而翻案。为了弄清楚权利要求的实质内容,必要时还应参考申请时的现有技术,如果根据申请时的现有技术,某一技术是当时的未知要素,那么,在权利要求中就不应包括该项技术,即它不是专利权所应保护的范围。

b. 不同类型发明创造的保护范围。

发明可以分为产品发明、方法发明以及用途发明等,实用新型都是有形的产品,也可归入产品发明。这样,产品发明专利、方法发明专利以及用途发明专利各自有不同的保护范围。

第一,产品发明专利的保护范围。

一般地讲,产品发明专利的保护范围是比较明确的、固定的,它应当包括具有同样特征、同样结构和同样性能的产品,而不管产品是用什么方法制造出来的。对产品专利的保护不应局限于说明书中所说明的方法,任何通过其他方法制造的同样产品也属于侵权。产品专利的保护范围在原则上也不受说明书中所说的用途的限制。专利法中所说专利权人有权对专利产品享有制造、使用、销售、进口的独占权中的"使用"应作广义的理解,它包括各种各样的、人们所能够想到的使用方式,也包括在专利申请和审批过程中还不为人们所知晓的用途,这些都应包括在保护范围以内。但专利产品中的一些出人意料的新用途和效果极其显著的新用途对所属技术领域的普通专业人员不是显而易见的,则不在该产品专利的保护范围以内。

第二,方法发明专利的保护范围。

方法发明专利包括制造方法、操作方法以及工艺方法等。方法发明专利的保护范围一般应当包括所有具有相同特征、相同参数和相同效果的方法。在方法的实施过程中所使用的设备、工具、仪器、装置等不应限制方法专利的保护范围。

第三,用途发明专利的保护范围。

由于方法发明中又可以派生出用途发明,用途发明是以已知的产品或者方法作为前提的,所以它的专利保护范围是有局限的,只能保护权利要求书中直接提到的用途,作为用途发明专利的保护范围。

c. 外观设计专利保护的范围与申请专利时指定的使用产品有关,许多实行外观设计注册的国家都有一个使用外观设计的产品分类法,要求申请人声明该外观设计是使用于哪一类的哪几种产品上。一般认为,这种专利权应当限于它所应用的范围内。但也可能有例外的情况。在处理外观设计专利权保护范围时,要作具体分析,慎重决定。

不管哪种模仿,只要在仿制中采用了已获专利的外观设计中具有的新颖性的部分,就属于侵权行为。在判断时,只要把仿制的外观设计与已获得专利权的外观设计整体进行比较,凡是两者只有微小的差别,任何人看后都认为是相近或相似的设计时,即可认为前者侵犯了后者的保护范围。这与仿制品用什么方法制造出来的没有关系。

d. 以下几种情况不属于外观设计专利权的保护范围:

第一,不是为了销售目的而模仿的一项外观设计。

第二,将用于二维产品的外观设计用三维的(立体)产品展示,或者相反的应用。

第三,将一项外观设计的复制品编在一本著作中。

③ 专利权的法律保护。

专利权的法律保护,就是依照专利法保护专利权人的合法权益。或者说,为了恢复与保护专利权人被破坏或侵害的权益,而对侵权人实施强制性的法律措施。

我国《专利法》第57条规定:"未经专利权人许可,实施其专利,即侵犯其专利权,引起纠纷的,由当事人协商解决;不愿协商或者协商不成的,专利权人或者利害关系人可以向人民法院起诉,也可以请求管理专利工作的部门处理。管理专利工作的部门处理时,认定侵权行为成立的,可以责令侵权人立即停止侵权行为,当事人不服的,可以自收到处理通知之日起15日内依照《中华人民共和国行政诉讼法》向人民法院起诉;侵权人期满不起诉又不停止侵权行为的,管理专利工作的部门可以申请人民法院强制执行。进行处理的管理专利工作的部门应当事人的请求,可以就侵犯专利权的赔偿数额进行调解;调解不成的,当事人可以依照《中华人民共和国民事诉讼法》向人民法院起诉。""专利侵权纠纷涉及新产品制造方法的发明专利的,制造同样产品的单位或者个人应当提供其产品制造方法不同于专利方法的证明;涉及实用新型专利的,人民法院或者管理专利工作的部门可以要求专利权人出具由国务院专利行政部门作出的检索报告。"

在现实生活中,侵犯专利权的行为是多种多样的,性质也各不相同,有的是应受到专利行政管理机关行政制裁的行为;有的是应负民事责任的违法行为;有的是触犯刑律的刑事犯罪行为;也有的是兼有上述性质的行为。因此,实施对专利权的法律保护方式也有所不同。

大学生创业门槛可以降低,但是依法经营是必要前提。另外,部分创业大学生存在对相关政策不了解、缺乏法律意识等问题。目前高校的创业教育大部分精力是放在培养大学生突破知识、经验、心态、创新、资金等众多限制因素的能力,而很少关注创业过程中的法律问题。创业作为一种社会实践是可行的,但创业过程中的诸多风险并不会因为大学生的特殊身份而自动"让路"。因此,在创业教育中,应该根据相关就业、创业案例,强化大学生法律保护意识。

思考题

(1) 大学生创新创业政策分为几种类型？
(2) 大学生创新创业政策的功能是什么？
(3) 大学生可以从哪些途径获取创业启动资金？
(4) 大学生创新创业过程中如何加强自身的法律修养？
(5) 大学生创新创业的法律风险主要涉及哪些方面？

第 14 章　大学生创新创业训练计划项目及相关学科竞赛

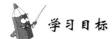

学习目标

- 了解与认识国家大学生创新创业训练计划
- 了解国家大学生创新创业训练计划政策文件
- 了解相关学科创新创业大赛
- 掌握大学生创新创业训练计划项目的申请流程

重点难点

- 大学生创新创业训练计划项目方案策划

14.1　大学生创新创业训练计划项目

1. 大学生创新创业训练计划项目简介

1) 项目起源

《教育部、财政部关于"十二五"期间实施"高等学校本科教学质量与教学改革工程"的意见》(教高〔2011〕6 号)文件指出,实施"本科教学工程"旨在针对高等教育人才培养还不完全适应经济社会发展需要的突出问题,特别是要在高校专业结构不尽合理、办学特色不够鲜明、教师队伍建设与培养培训薄弱、大学生实践能力和创新创业能力不强等关键领域和薄弱环节上,通过一段时间的改革建设,力争取得明显成效,更好地满足经济社会发展对应用型人才、复合型人才和拔尖创新人才的需要。通过整合各类实验实践教学资源,遴选建设一批成效显著、受益面大、影响面宽的实验教学示范中心,重在加强内涵建设、成果共享与示范引领;支持高等学校与科研院所、行业、企业、社会有关部门合作共建,形成一批高等学校共享共用的国家大学生校外实践教育基地。资助大学生开展创新创业训练。

根据《教育部、财政部关于"十二五"期间实施"高等学校本科教学质量与教学改革工程"的意见》(教高〔2011〕6号)的文件精神和总体安排,教育部发布了《关于批准实施"十二五"期间"高等学校本科教学质量与教学改革工程"2012年建设项目的通知》(教高函〔2012〕2号),决定在"十二五"期间实施国家级大学生创新创业训练计划。

2015年6月11日,国务院印发《关于大力推进"大众创业、万众创新"若干政策措施的意见》(国发〔2015〕32号),文件指出,支持大学生创业,深入实施大学生创业引领计划,整合发展高校毕业生就业创业基金;引导和鼓励高校统筹资源,抓紧落实大学生创业指导服务机构、人员、场地、经费等;引导和鼓励成功创业者、知名企业家、天使和创业投资人、专家学者等担任兼职创业导师,提供包括创业方案、创业渠道等创业辅导;建立健全弹性学制管理办法,支持大学生保留学籍休学创业。这进一步推动了创新创业的发展。

2) 计划内容

2012年,首批批准北京大学等109所高校实施16 300个大学生创新创业训练计划项目,每个大学生创新创业训练计划项目支持建设经费1万元。

按照等级划分为部属高校国家级大学生创新创业训练计划项目和地方高校国家级大学生创新创业训练计划项目。

按照计划内容可以划分为创新训练项目、创业训练项目和创业实践项目三类。

创新训练项目是大学生个人或团队在导师指导下,自主完成创新性研究项目设计、研究条件准备和项目实施、研究报告撰写、成果(学术)交流等工作。以创新为目的,以解决本学科及其交叉学科、企业研发及自然界和人类生活中的某一问题为出发点,以知识、技术创新和研究方法创新为主。

创业训练项目是大学生团队在导师指导下,团队中每个学生在项目实施过程中扮演一个或多个具体的角色,进行编制商业计划书、开展可行性研究、模拟企业运行、参加企业实践、撰写创业报告等工作。项目要求有一定的理论和实践意义,选题科学合理,做到思路新颖,具有创新性、探索性和商业前景,立论依据较充分,研究内容和目标明确,团队成员在企业模拟运行中有具体的角色和分工。

创业实践项目是学生团队在学校导师和企业导师共同指导下,采用前期创新训练项目(或创新性实验)的成果,提出一项具有市场前景的创新性产品或者服务,以此为基础开展创业实践活动。可依托创新训练或创业训练项目的研究成果,提出具有市场前景的创新性产品或服务,并以此为基础与相关政府部门或企事业单位开展合作,建立明确的运营实体(主要以注册公司形式),将研究成果予以进一步实施,使之服务于社会。

3) 大学生创新创业训练计划项目经费支持

国家级大学生创新创业训练计划面向中央部委所属高校和地方所属高校。中央部委所属高校直接参加,地方所属高校由地方教育行政部门推荐参加。国家级大学生创新创业训练计划由中央财政、地方财政共同支持,参与高校按照不低于1∶1的比例,自筹经费配套。中央部委所属高校参与国家级大学生创新创业训练计划,由中央财政按照平均一个项目1万元的资助数额予以经费支持。地方所属高校参加国家级大学生创新创业训练计划,由地方财政参照中央财政经费支持标准予以支持。各高校可根据申报项目的具体情况适当增减单个项目资助经费。对中央部委所属高校创业实践项目,每个项目经费不少于10万元,其中,中央财政应资助5万元左右经费。

中央部委所属高校分为A、B、C三组。2012年,中央财政经费支持A组高校各200项,B组高校各150项,C组高校各70项。为保持学生项目的连续性,各高校可以将2012年的部分项目余额用于支持各校2011年已经立项的学生项目。鼓励各参与高校利用自主科研经费或其他自筹经费,增加立项项目。

4) 组织实施

中央部委所属高校直接向教育部提交工作方案,非教育部直属的中央部委所属高校同时报送其所属部委教育司(局)。地方教育行政部门将推荐的地方所属高校的工作方案汇总后,一并提交教育部。教育部组织专家论证,通过论证后即可实施。

各高校制订本校大学生创新创业训练计划学生项目的管理办法。规范项目申请、项目实施、项目变更、项目结题等事项的管理,建立质量监控机制,对项目申报、实施过程中弄虚作假、工作无明显进展的学生要及时终止其项目运行。

各高校在公平、公开、公正的原则下,自行组织项目评审,报教育部备案并对外公布。项目结束后,由学校组织项目验收,并将验收结果报教育部。验收结果中,必需材料为各项目的总结报告,补充材料为论文、设计、专利以及相关支撑材料。教育部将在指定网站公布项目的总结报告。

国家级大学生创新创业训练计划项目面向本科生申报,原则上要求项目负责人在毕业前完成项目。创业实践项目负责人毕业后可根据情况更换负责人,或是在能继续履行项目负责人职责的情况下,以大学生自主创业者的身份继续担任项目负责人。创业实践项目结束时,要按照有关法律法规和政策妥善处理各项事务。

各高校根据本校实际情况,适当安排创新训练项目和创业训练项目的比例,并逐步覆盖本校的各个学科门类。A组和B组高校要设立一定数量的创业实践项目。

中央财政支持国家级大学生创新创业训练计划的资金按照财政部、教育部《"十二五"期间"高等学校本科教学质量和教学改革工程"专项资金管理办法》进行管理。各高校参照制订相应的专项资金管理办法,负责创新创业训练计划项目经费使用的管理。项目经费由承担项目的学生使用,教师不得使用学生项目经费,学校不得截留和挪用,不得提取管理费。

教育部对各高校实施国家级大学生创新创业训练计划进行整体评价。每年组织一次分组评价,根据评价结果,适度增减下一年度的项目数。

2. 大学生创新创业训练计划项目参赛要求

(1) 高度重视大学生创新创业训练计划对推动人才培养模式改革的重要意义。参与高校要成立由主管教学的校领导牵头负责,教务、科研、设备、财务、产业、学工、团委等职能部门参与的校级组织协调机构,制订切实可行的管理办法和配套政策,将大学生创新创业训练计划的日常管理工作纳入本科生教学管理体系。

(2) 大学生创新创业训练计划要进入人才培养方案和教学计划。参与计划高校教学管理部门要从课程建设、学生选课、考试、成果认定、学分认定、灵活学籍管理等方面给予政策支持。要把创新创业训练项目作为选修课程开设,同时要组织建设与创新训练有关的创新思维与创新方法等选修课程,以及与创业训练有关的项目管理、企业管理、风险投资等选修课程。

(3) 要重视大学生创新创业训练计划导师队伍建设。对参与大学生创新创业训练计划的学生实行导师制。参与计划高校要制定相关的激励措施,鼓励校内教师担任大学生创新创业训练计划的导师,积极聘请企业导师指导学生创业训练和实践。

(4) 重视大学生创新创业训练计划实施的条件建设。参与计划高校的示范性实验教学中心、各类开放实验室和各级重点实验室要向参与项目的学生免费提供实验场地和实验仪器设备。参与计划高校的大学科技园要积极承担大学生创新创业训练任务,为参与计划的学生提供技术、场地、政策、管理等支持和创业孵化服务。

(5) 参与计划高校要营造创新创业文化氛围。搭建项目学生交流平台,定期开展交流活动。鼓励表现优秀的学生,支持项目学生参加校内外学术会议,为学生创新创业提供交流经验、展示成果、共享资源的机会。学校还要定期组织项目指导教师之间的交流。

(6) 参与计划的学生如发现本校实施该计划时有违反教育部要求的情况,可以向教育部投诉。投诉的问题要确切,并且署真实姓名。教育部将在调查核实之后予以处理。

3. 大学生创新创业训练计划项目指导

1) 申报流程

申报流程依据《国家级大学生创新创业训练计划项目网络平台报送操作指南》进行。

(1) 网络平台登录信息。

① 各省、自治区、直辖市教育主管部门管理员登录。

各省、自治区、直辖市教育主管部门管理员在浏览器地址栏输入网址 http://gjcxcy.bjtu.edu.cn,点击管理登录(图 14.1)。

点击后,进入页面(图 14.2),选择对应的省、自治区、直辖市,输入密码、验证码,登录网络平台。初次登录平台,账号密码均为各省、自治区、直辖市汉语拼音简写(如:北京市教委 bjsjw,江苏省教育厅 jssjyt)。登录后需完善账号信息和修改默认密码。

② 教育部直属高校登录。

学校工作负责人在浏览器地址栏输入网址 http://gjcxcy.bjtu.edu.cn,点击学校登录(图 14.3)。

点击后,进入页面(图 14.4),输入帐号/学校代码、密码、验证码,登录平台。初次登录平台账号密码均为学校的五位代码。登录后需完善相关信息并修改默认密码。

图 14.1

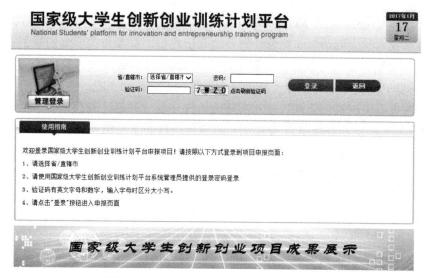

图 14.2

图 14.3

(2) 网络平台报送说明。

① 各省、自治区、直辖市教育主管部门报送。

报送方式一:可通过省、自治区、直辖市大学生创新创业训练计划平台将需要报送的国家级项目数据通过互联网直接推送至国家级大学生创新创业训练计划平台。

以江苏省为例,在江苏省大学生创新创业训练计划平台中点击"数据推送"菜单栏下的"国创项目",出现如图14.5所示页面。

在需要推送的项目前面方框中打钩,然后点击批量推送按钮即可实现网络推送,待跳出推送成功对话框后完成项目数据网络推送。

报送方式二:可由省、自治区、直辖市教育主管部门管理员添加地方高校工作负责人账号,由地方高校工作负责人填报或导入项目汇总表(图14.6)。

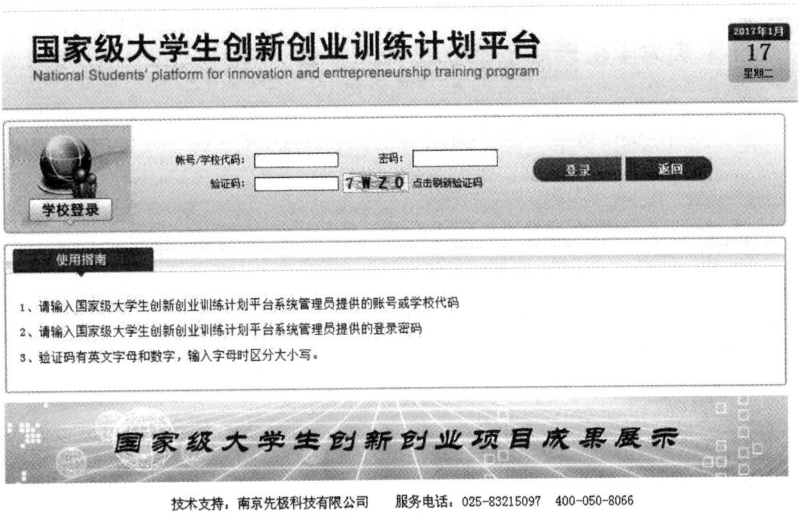

图 14.4

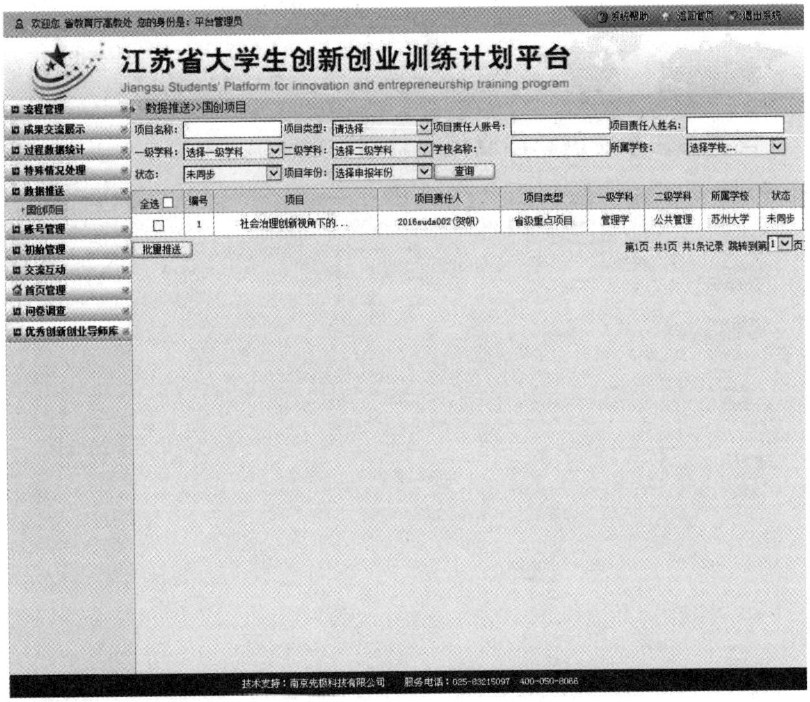

图 14.5

报送方式三:可由省、自治区、直辖市教育主管部门管理员将项目汇总表导入。点击"流程管理"菜单栏下的"项目申报",再点击"项目导入"按钮(图 14.7)。

出现图 14.8 所示页面后,点击下载模板。

在模板中根据字段要求(图 14.9)添加数据并导入系统。

字段说明:

立项年份:4 位(2017)

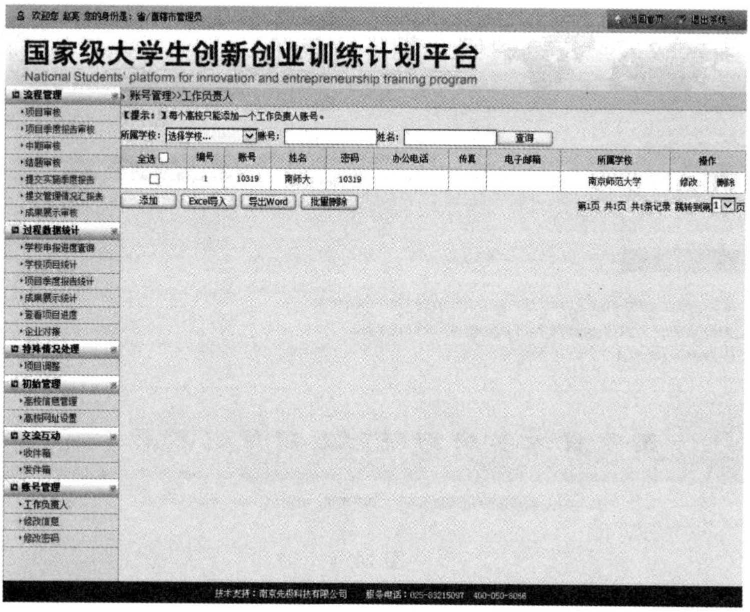

图 14.6

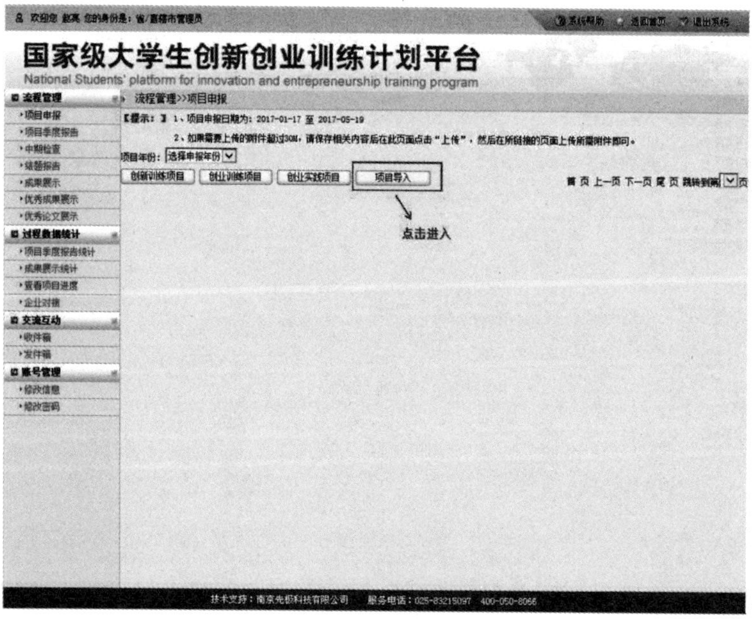

图 14.7

省/直辖市:各省全名(江苏省)
高校代码:5位学校代码(10286)
高校名称:学校中文名称全名(东南大学)
项目编号:年份4位+学校代码5位+流水号3位
项目名称:文本名称
项目类型:(创新训练项目,创业训练项目,创业实践项目)

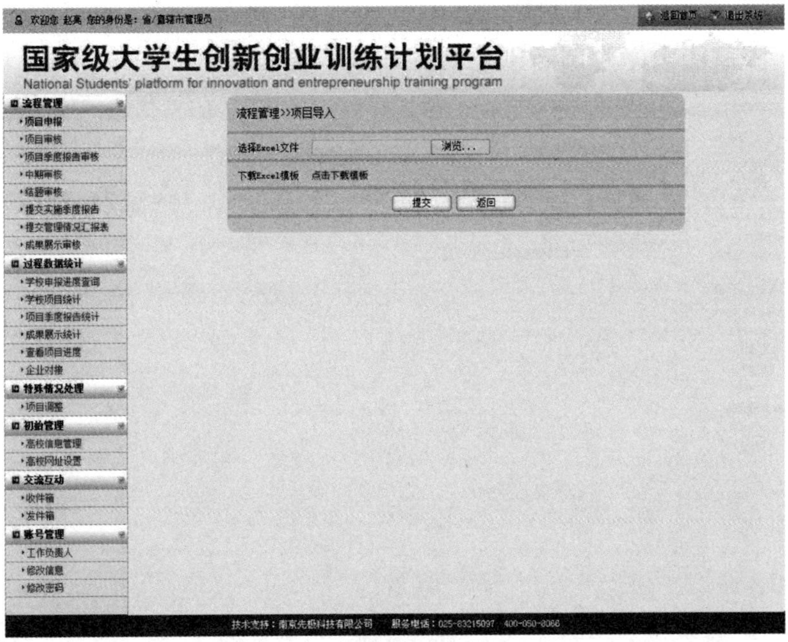

图 14.8

立项年份	省/直辖市	高校代码	高校名称	项目编号	项目名称	项目类型	项目负责人姓名
项目负责人学号		参与学生人数		项目其他成员信息		指导教师姓名	指导教师职称
财政拨款(元)		校拨(元)		总经费(元)	项目所属一级学科代码		项目简介(200字以内)

图 14.9

项目负责人姓名:第一主持人姓名
项目负责人学号:第一主持人学号
参与学生人数:阿拉伯数字
项目其他成员信息:如(李强/1005602,邱伟/1005603,张娜/1005604)
指导教师姓名:教师姓名
指导教师职称:教师职称
财政拨款(元):阿拉伯数字
校拨(元):阿拉伯数字
总经费(元):阿拉伯数字
项目所属一级学科代码:三位代码
项目简介(200字以内):文本

报送方式四:可由省、自治区、直辖市教育主管部门管理员直接填报。选择不同类型的项目申报按钮(图14.10),点击进入添加项目信息即可。

② 教育部直属高校报送。

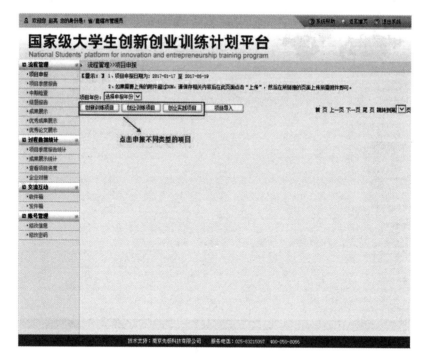

图 14.10

报送方式一:教育部直属高校可通过校级大学生创新创业训练计划管理系统将需要报送的国家级项目数据通过互联网直接推送至国家级大学生创新创业训练计划平台。

以东南大学为例,在校级管理系统中点击"数据推送"菜单栏下的"国创项目",出现图14.11所示页面。

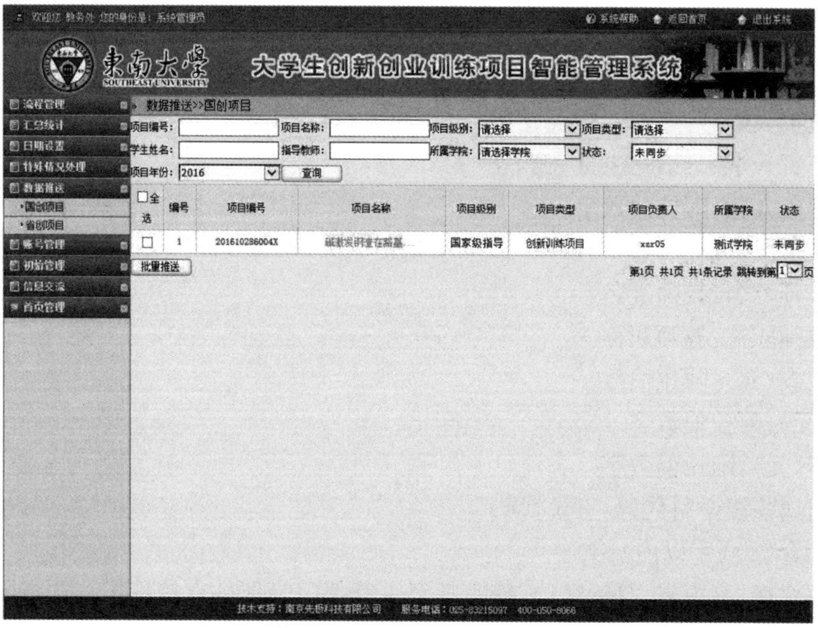

图 14.11

在需要推送的项目前面方框中打钩,然后点击批量推送按钮即可实现网络推送,待跳出推送成功对话框后完成项目数据网络推送。

报送方式二:可由高校工作负责人添加项目责任人,由项目责任人在线填报(图14.12)。

a. 在"账号管理"菜单栏下的"项目责任人"中添加或批量导入项目责任人账号。

b. 项目责任人根据管理员分配的账号、密码登录平台填报。

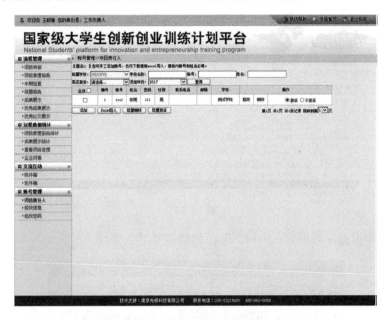

图 14.12

报送方式三:可由高校工作负责人将项目汇总表导入。

a. 点击"流程管理"菜单栏下的"项目申报",再点击"项目导入"按钮(图14.13)。

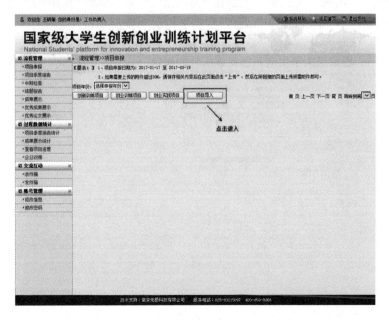

图 14.13

b. 出现图 14.14 所示页面后,点击下载模板。

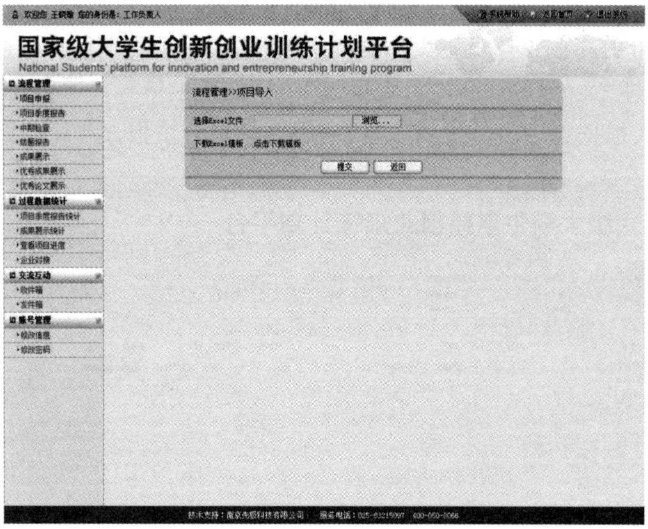

图 14.14

c. 在模板中根据字段要求(图 14.15)添加数据并导入系统。

立项年份	省/直辖市	高校代码	高校名称	项目编号	项目名称	项目类型	项目负责人姓名
项目负责人学号	参与学生人数	项目其他成员信息		指导教师姓名		指导教师职称	
财政拨款(元)	校拨(元)	总经费(元)	项目所属一级学科代码		项目简介(200字以内)		

图 14.15

报送方式四:可由高校工作负责人直接填报。点击"流程管理"菜单栏下的"项目申报",选择不同类型的项目申报按钮,点击进入,根据字段要求添加项目信息即可(图 14.16)。

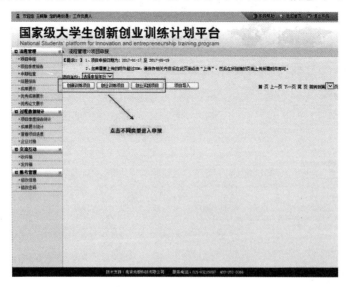

图 14.16

14.2 相关创新创业类学科竞赛

1. 相关创新创业学科竞赛简介

1) 学科竞赛简介

开展大学生学科竞赛,旨在营造校园学术氛围,激发学生创新活力、培育创新思维,提高学生动手实践及解决实际问题的能力,培养团队合作精神与竞争意识,从而造就知识、能力、素质协调发展的高素质创新型人才,可以分为国家级、省(部)级、校级。

国家级学科竞赛是指国家政府部门或教学指导委员会等全国性学术团体、行业学会(协会)组织的学科竞赛。国际性学科竞赛(含分区赛)是指联合国教科文组织、其他国际学术团体或某国学术团体面向全球组织且参赛国分布在三大洲及以上的学科竞赛。国际性学科竞赛视同国家级学科竞赛。

省级竞赛是指省政府有关部门或省级学术团体等机构组织的全省或跨省区的学科竞赛,以及全国性学科竞赛在全国各大赛区的选拔比赛。

校级竞赛是指由学校组织、学科面向覆盖两个及两个以上学院的竞赛。

2) 学科竞赛的意义

中国科学院院士、数学建模竞赛全国组委会主任李大潜说:"参加竞赛,无论成绩如何,都可以充分调动学生的主观能动性,鼓励他们动手、创新、协作,积极进取,学以致用。因此,应充分发挥学科竞赛在培养创新型人才中的重要作用。"

(1) 有助于人才培养。

学科竞赛是整合课内外实践教育教学的主要环节,强化学生根据实际分析、解决问题的能力,也是为了提高大学生的综合素质,培养创新能力,有效构建大学生解决实际问题的思维意识。

(2) 有助于创新能力培养。

高校是培养创新型人才的摇篮,是向社会输送人才的源泉,现在有关高等教育改革对人才创新能力培养影响的研究论文已有很多,此不赘述。但是,对高校学科竞赛在人才创新能力培养方面的作用则鲜有研究。学科竞赛在大学生学习和成长过程中有很重要的作用,对大学生的知识和能力、人格和智慧、思想和行为等均具有深刻影响,对大学生创新能力的培养自然具有不可替代的作用。高校开展各种学科竞赛,是符合大学生创新能力的组成要素要求的,它将创新观念落实到学生的学习和生活中。一方面发挥培训和育人成才功能,培养和提高学生的创新能力,另一方面为学生提供成才的良好机会,使学生增强自主学习、自我提高和勇于创新的能力。

学科竞赛为大学生成才营造了良好的氛围,是对知识的深入理解、系统整理和实践运用的过程,集中体现学生对知识的理解和运用能力、身体素质、心理素质和协作精神。学生的创新意识、创新能力和个性在此得到了锻炼和体现。

(3) 有助于知识、技能、理念整合学习能力培养。

学科竞赛体现的是参赛者运用理论知识解决实际问题的能力,考验学生的实践创新能力,使学生通过所掌握的知识对客观事物进行观察、分析、综合、评价,发现新的现象和规律,提出新的理论和方法,解决以前未能解决的问题。培养学生的独立思考、综合研究、认真分析的能力,使学生有较宽的知识基础和严谨求实的学习态度。

(4) 有助于团队工作能力培养。

学科竞赛中,竞争与合作相辅相成,是创新活动必不可少的环节。通过竞争,激发学生潜在的创新积极性,努力超越他人。同时,创新也是一个团队协作、取长补短的过程。在创新活动中,团队合作、沟通与交流、群策群力、互相帮助显得尤为重要。

(5) 有助于领域工作能力培养。

学科竞赛本身就具有严明的组织性、严谨的科学态度和周密的逻辑性。学生通过学科竞赛活动的训练强化了学习行为上的惯性,自觉地形成了良好的思维和行为模式。在学科竞赛活动过程中,学生要合理地安排课堂学习和竞赛活动,要用科学的态度去解决日常学习与竞赛活动中的各种冲突,通过矛盾的解决,也逐渐学会解决实际问题的能力。

2. 相关创新创业学科竞赛指导

目前,我国比较有影响力的大学生创业创新竞赛有:

(1) "创青春"全国大学生创业大赛(http://www.changqingchun.net/)。
(2) 中国"互联网+"学生创新创业大赛(http://cy.ncss.org.cn/)。
(3) 全国大学生电子商务"创新、创意及创业"挑战赛(http://www.3chuang.net/)。
(4) "挑战杯"中国大学生创业计划竞赛(简称"小挑");"挑战杯"全国大学生课外学术科技作品竞赛(简称"大挑")(http://www.tiaozhanbei.net/)。
(5) 中国创新创业大赛(http://www.cxcyds.com/)。

1) "创青春"全国大学生创业大赛

(1) 主办单位:共青团中央、教育部、人力资源和社会保障部、中国科协、全国学联、承办省级机构(图14.17)。
(2) 校管理部门:大学生创新实践中心。
(3) 校协办单位:各系部。
(4) 竞赛时间:双数年。
(5) 大赛网站:http://www.chuangqingchun.net/。
(6) 竞赛简介。

2013年11月8日,习近平总书记向2013年全球创业周中国站活动组委会专门致贺信,特别强调了青年学生在创新创业中的重要作用,并指出全社会都应当重视和支持青年创新创业。党的十八届三中全会对"健全促进就业创

图 14.17

业体制机制"作出了专门部署,指出了明确方向。为贯彻落实习近平总书记系列重要讲话和党中央有关指示精神,适应大学生创业发展的形势需要,在原有"挑战杯"中国大学生创业计划竞赛的基础上,共青团中央、教育部、人力资源社会保障部、中国科协、全国学联决定,自2014年起共同组织开展"创青春"全国大学生创业大赛,每两年举办一次。

(7) 大赛内容。

2014年大赛下设3项主体赛事:第九届"挑战杯"大学生创业计划竞赛、创业实践挑战赛、公益创业赛。其中,大学生创业计划竞赛面向高等学校在校学生,以商业计划书评审、现场答辩等作为参赛项目的主要评价内容。创业实践挑战赛面向高等学校在校学生或毕业未满5年的高校毕业生,且已投入实际创业3个月以上,以经营状况、发展前景等作为参赛项目的主要评价内容。公益创业赛面向高等学校在校学生,以创办非盈利性质社会组织的计划和实践等作为参赛项目的主要评价内容。以上3项主体赛事需通过组织省级预赛或评审后进行选拔报送。有关具体安排另行通过书面通知、官方网站等形式和渠道进行公布。

大赛在符合大赛宗旨、具有良好导向的前提下,设立MBA、移动互联网创业等专项竞赛,由共青团湖北省委协调相关地方人民政府及高校负责具体组织,组织执行机构另设,奖项单独设立。

其中,MBA专项赛:① 组织形式:由赛事承办方会同部分高校发起,组织和邀请国内设有MBA专业的各高校参加。② 参赛对象:就读于MBA专业的在校学生。③ 参赛形式:通过申报创业项目计划书(是否已投入创业及创业领域不限,申报不区分具体组别)参加该项赛事。④ 参赛名额:每所高校只能组成1支团队参赛。⑤ 赛事组织开展时间:2014年3月启动,9月进行决赛。

移动互联网创业专项赛:① 组织形式:由赛事承办方直接面向国内各高校开展。② 参赛对象:高校在校学生。③ 参赛形式:通过提交基于移动互联网领域的创业项目计划书(是否已投入创业不限,鼓励申报已创立小微企业、科技企业的项目,申报不区分具体组别)或APP应用程序等移动互联网作品说明书参赛。④ 参赛名额:每所高校最多可申报3项。⑤ 赛事组织开展时间:2014年3月启动,9月进行决赛。

2) 中国"互联网+"大学生创新创业大赛

(1) 大赛简介。

"互联网+"是指将移动互联网、云计算、大数据、人工智能、物联网等新一代信息技术与经济社会各领域紧密结合,培育基于互联网新时代的新产品、新服务、新业态、新模式,发挥互联网在促进产业升级以及信息化和工业化深度融合中的作用,促进制造业、农业、能源、环保等产业转型升级,发挥互联网在社会服务中的作用,创新网络化服务模式,促进互联网与教育、医疗、交通、金融、消费生活等深度融合。

"互联网+"的经济实质是一种资源优化配置的机制,它通过发挥互联网在生产要素配置中的优化和集成作用,提升实体经济的创新力和生产力。

2015年7月1日,国务院颁布《关于积极推进"互联网+"行动的指导意见》提出:"将互联网作为生产生活要素共享的重要平台,最大限度优化资源配置,加快形成以开放、共享为特征的经济社会运行新模式。"

中国"互联网+"大学生创新创业大赛(图14.18),以"'互联网+'成就梦想,创新创业开辟未来"为主题,由教育部与有关部委和吉林省人民政府共同主办。大赛旨在深化高等教育综合改革,激发大学生的创造力,培养造就"大众创业、万众创新"的生力军;推动赛事成果转化,促进"互联网+"新业态形成,服务经济提质增效升级;以创新引领创业、创业带动就业,推动高校毕业生更高质量创业就业。

图 14.18

（2）"互联网+"大赛参赛项目类型。

① "互联网+"现代农业,包括农林牧渔等；

② "互联网+"制造业,包括智能硬件、先进制造、工业自动化、生物医药、节能环保、新材料、军工等；

③ "互联网+"信息技术服务,包括工具软件、社交网络、媒体门户、企业服务等；

④ "互联网+"文化创意服务,包括广播影视、设计服务、文化艺术、旅游休闲、艺术品交易、广告会展、动漫娱乐、体育竞技等；

⑤ "互联网+"商务服务,包括电子商务、消费生活、金融、财经法务、房产家居、高效物流等；

⑥ "互联网+"公共服务,包括教育培训、医疗健康、交通、人力资源服务等；

⑦ "互联网+"公益创业,以社会价值为导向的非盈利性创业。

（3）赛制安排。

大赛采用校级初赛、省级复赛、全国总决赛三级赛制。在校级初赛、省级复赛基础上,按照组委会配额择优遴选项目进入全国决赛。全国共产生300个团队入围全国总决赛,其中创意组100个团队,实践组200个团队。

（4）参赛对象及要求。

参赛对象须以创新创业团队为单位报名参赛,允许跨校组建团队,每个参赛团队不少于3人。

大赛分为创意组和实践组：

创意组：申报人是团队负责人或创业企业法人代表,为普通高等学校在校生（可以是本/专科生、研究生,不含在职学生）,团队尚未正式注册或注册时间晚于××××年5月1日。

实践组：申报人是创业企业法人代表,为普通高等学校在校生（可以是本/专科生、研究生,不含在职学生）或毕业5年以内的毕业生,创业企业在××××年5月1日前已注册。

(5) 奖项设置。

单项奖：金奖 30 名，银奖 70 名，铜奖 200 名。

集体奖：优秀组织奖。

(6) 大赛报名指导。

① 登录"全国大学生创业服务网"(图 14.19)(cy.ncss.org.cn)或微信公众号("大学生创业服务网")。

图 14.19

② 登录后进行报名，并点击申请成为创业者(图 14.20)。

图 14.20

③ 学生进入个人中心，可以在"我的项目"里查看已经创建的创业项目及当前的情况和对应的参赛信息，如果未创建项目则可点击"创建项目"进行创建(图 14.21)。

在系统未关闭期间可自由删除、更改相关信息(除个人信息的姓名、证件号外)，报名参赛后,参赛信息不可修改,如需更改,要删除项目重新报名。

图 14.21

④ 新建项目。第一步:填写项目必填信息(图 14.22)。

图 14.22

注意事项：打开网页后所有标有红色星号的为必填项。上传电子版策划书时请注意文件格式以及文件大小。

第二步：填写项目其他信息（图 14.23）。

图 14.23

⑤ 参加大赛。

完成项目的创建后可以报名参赛（图 14.24），需要选择参赛类别及参赛行业，选择后提交参赛即可进入参赛的审核环节。

图 14.24

⑥ 完成报名。

个人设置可修改个人头像、密码、学校等信息，一旦报名参赛，个人信息不可修改，如要修改需删除项目重新创建（图 14.25）。

图 14.25

3) "挑战杯"中国大学生创业计划竞赛

(1) 主办单位:共青团中央、中国科协、教育部、全国学联(图 14.26)。
(2) 校管理部门:大学生创新实践中心。
(3) 校协办单位:各系部。
(4) 竞赛时间:单数年。
(5) 大赛网站:http://www.tiaozhanbei.net/。
(6) 竞赛简介。

图 14.26

创业计划竞赛起源于美国,又称商业计划竞赛,是风靡全球高校的重要赛事。它借用风险投资的运作模式,要求参赛者组成优势互补的竞赛小组,提出一项具有市场前景的技术、产品或者服务,并围绕这一技术、产品或服务,以获得风险投资为目的,完成一份完整、具体、深入的创业计划。

竞赛采取学校、省(自治区、直辖市)和全国三级赛制,分预赛、复赛、决赛三个赛段进行。

大力实施"科教兴国"战略,努力培养广大青年的创新创业意识,造就符合未来挑战要求的高素质人才,已经成为实现中华民族伟大复兴的时代要求。作为学生科技活动的新载体,创业计划竞赛在培养复合型、创新型人才,促进高校产学研结合,推动国内风险投资体系建立方面发挥出越来越积极的作用。

(7) "挑战杯"竞赛作品的申报。

以第八届"挑战杯"中国大学生创业计划竞赛为例(2012年同济大学举办),简述比赛的作品申报和时间安排,仅供参考。

① 申报方式。

本届竞赛的作品申报方式以网络申报为主,纸质申报为辅。作者本人申报,学校、省级组委会、全国组委会审核均在网上进行。6月11日后,参赛学生、参赛高校及省级组委会可登录竞赛官方网站(www.tiaozhanbei.net),按导航提示进行网上申报操作。

② 申报程序。

a. 作者申报。

参赛学校团委负责组织本校参赛团队以作品报备时注册的用户名登录竞赛官方网站进行申报。学生必须在网上填写团队信息、作品信息,并根据需要上传商业计划书、附加材料、图片等资料,经确认后在线提交,提交材料将作为评审工作的重要参考。为保证竞赛的公平、公正,所有网络申报及纸质申报商业计划书均隐去作者及学校信息。

b. 学校审核。

参赛高校根据全国组委会授予的帐户和密码登录竞赛官方网站,在网上审核本校参赛作品,并在线提交省级组委会。同时在线导出作品申报表,加盖相关公章后连同商业计划书一起报送至省级组委会。其中,申报表和商业计划书要求分开装订,一式6份,封面采用230克A4纸,正文采用70克A4纸。

每校作品不得超过3件,每人(每个团队)限报1件作品。对于跨校组队参赛团队,须经所在高校团委事先协商明确竞赛团队的申报单位并提供书面说明。

c. 省级审核。

省级组委会根据全国组委会授予的帐户和密码登录竞赛官方网站,在网上审核本地选送作品,并于6月20日前在线提交给全国组委会。同时,对纸质版申报表和商业计划书审核后,加盖相关公章。

d. 全国组委会审核。

全国组委会根据《关于组织开展第八届"挑战杯"中国大学生创业计划竞赛的通知》要求,对各省级组委会申报作品进行资格审核,没有通过资格审核的项目将取消参赛资格。

③ 时间安排。

作品网上申报时间为6月11日—6月15日,6月16日—6月19日为各省作品集中修改时间。各地须严格按照时间要求,做好作品申报工作。

6月20日前,各省级组委会严格按照作品数额分配表的规定,通过特快专递的方式将纸质版申报表、商业计划书及《第八届"挑战杯"中国大学生创业计划竞赛参赛作品汇总表》(含纸质版及电子版)报送全国组委会办公室,寄出截止日期以当地邮戳为准。组委会审核时间:6月20日—6月25日。

4) 全国大学生电子商务"创意、创新及创业"挑战赛

(1) 主办单位:中国电子商务协会、教育部高等学校电子商务专业教学指导委员会。
(2) 校管理部门:大学生创新实践中心。
(3) 校协办单位:各系部。
(4) 竞赛时间:每年一次(上半年)。
(5) 大赛网站:http://www.3chuang.net/。
(6) 竞赛简介。

根据教育部、财政部教高函〔2010〕13号文件精神,全国大学生电子商务"创新、创意及创业"挑战赛(以下简称"三创赛")是激发大学生兴趣与潜能,培养大学生创新意识、创意思维、创业能力以及团队协同实战精神的学科性竞赛。"三创赛"为高等学校落实教育部、财政部《关于实施高等学校本科教学质量与教学改革工程的意见》,开展创新教育和实践教学改革,加强产学研之间联系起到积极示范作用。

"三创赛"是由中华人民共和国教育部主管,教育部高等学校电子商务类专业教学指导委员会主办,"三创赛"竞赛组织委员会、全国决赛承办单位、分省选拔赛承办单位和参赛学校组织实施的全国性竞赛,竞赛分为校赛、省赛和全国总决赛三级赛事。

从2009年至2017年,"三创赛"总决赛在杭州、西安、成都、武汉等地举办,参赛团队从第一届的1 500多支,第二届的3 800多支,到第三届的4 900多支,第四届的6 300多支,第五届的14 000多支,第六届的16 000多支,以及第七届的20 000多支,影响力越来越强,规模越来越大。

"三创赛"多年来得到了从国家教育部、国家商务部到各省、直辖市、自治区教育厅(教委)和商务厅(局)等的大力支持,得到了全国越来越多企业的大力支持和赞助,同时得到了社会各界包括新闻媒体的大力支持,央视"朝闻天下"专门对第六届、第七届"三创赛"进行播报宣传。该赛事在全国高校和社会产生了巨大反响,极大地促进了大学生的就业和创业。

(7) 参赛资格。

① 凡教育部批准设立的普通高等学校(含高职高专)各类在校生,不限专业,均可报名参赛。竞赛按本科及以上和高职高专两个类型分别开展,竞赛内容和形式相同。

② 三创赛为团体赛形式。每个参赛队不超过5名学生,最多可以有3名指导教师。鼓励学生跨专业组队,鼓励指导教师产学研结合。

③ 同一所学校不限参赛队数。

④ 一个学生只能参加一个参赛队,同一指导教师最多可以指导2个参赛队。

⑤ 如果有跨学校组队的,须指定一个主要的组队学校。

(8) 参赛指导。

做好10个模块的统筹:市场需求分析、项目战略规划、目标市场分析(STP战略分析)、可行性分析(市场可行性和财务可行性)、项目设计(网站构建,APP客户端构建,服务器搭

建)、运营模式设计(盈利模式设计)、组织管理设计、财务设计、风险控制设计、营销推广。

5) 中国创新创业大赛

(1) 大赛主题。

科技创新,成就大业。

(2) 参与单位。

指导单位:科技部、财政部、教育部、国家网信办、全国工商联。

支持单位:共青团中央、致公党中央、国家外国专家局、招商银行。

承办单位:科技部火炬高技术产业开发中心、科技部科技型中小企业技术创新基金管理中心、科技日报社、陕西省现代科技创业基金会、北京国科中小企业科技创新发展基金会。

协办单位:各省、自治区、直辖市及计划单列市科技厅(委、局),新疆生产建设兵团科技局,各国家高新技术产业开发区管委会,深圳证券交易所,全国中小企业股份转让系统有限责任公司。

特别支持:招商银行创新创业公益基金、合生创展集团有限公司、平安证券·普惠众筹创新创业公益基金。

(3) 参赛条件(2017)。

大赛按照初创企业组和成长企业组进行比赛。

① 企业具有创新能力和高成长潜力,主要从事高新技术产品研发、制造、服务等业务,拥有知识产权且无产权纠纷;

② 企业经营规范、社会信誉良好、无不良记录,且为非上市科技型中小企业;

③ 企业符合国家中小企业划型标准,且 2016 年销售额不超过 2 亿元人民币;

④ 企业成立不超过 10 年,即工商注册时间应在 2007 年 1 月 1 日(含)之后;

⑤ 大赛按照初创企业组和成长企业组进行比赛。工商注册时间在 2016 年 1 月 1 日(含)之后的企业方可参加初创企业组比赛,工商注册时间在 2015 年 12 月 31 日(含)之前的企业只能参加成长企业组比赛;

⑥ 前五届大赛全国总决赛或全国行业总决赛获得名次的企业不参加本届大赛。

思考题

(1) 什么是大学生创新创业训练计划项目?

(2) 如何开展大学生创新创业计划项目?

参 考 文 献

[1] 王缉慈.创新的空间:企业集群与区域发展[M].北京:北京大学出版社,2001.

[2] 刘宝存.确立创新创业教育理念,培养创新精神和实践能力[J].中国高等教育,2010(12):12-15.

[3] 叶正孩,俞岚.论大学生创业创新意识的培养[J].法制与社会,2011(7):245.

[4] 许德涛.大学生创新创业教育研究[D].济南:山东大学,2013.

[5] 刘玺明.大学生职业生涯规划教育的研究与探索[J].现代教育管理,2009(7):111-113.

[6] 王平,韩菡,尹昌美,等.大学生职业生涯规划与创新创业能力提升探析[J].山东青年政治学院学报,2016(1):56-60.

[7] 邱峰.基于大学生职业生涯规划的创新创业教育探究[J].湖北经济学院学报(人文社会科学版),2014(11):162-163.

[8] 史凤贤.基于职业生涯规划提高大学生创新创业能力[J].辽宁科技学院学报,2013(4):92-96.

[9] 赵中建.21世纪世界高等教育的展望及其行动框架:'98世界高等教育大会概述[J].上海高教研究,1998(12):1-8.

[10] 曹扬.转变经济发展方式背景下高校创新创业教育问题研究:以吉林省为例[D].济南:山东师范大学,2014.

[11] 朱永新,杨树兵.创新教育论纲[J].教育研究,1999(8):8-15.

[12] 杨丽,温恒福.大学创新教育的内涵、难点与推进策略[J].黑龙江高教研究,2011(8):28-31.

[13] 高晓杰,曹胜利.创新创业教育:培养新时代事业的开拓者[J].中国高教研究,2007(7):91-93.

[14] 张冰,白华."高校创新创业教育"概念之辨[J].高教探索,2014(3):48-52.

[15] 丁立群,吴金秋.创业教育的目标与功能[J].中国高等教育,2004(22):14-15.

[16] 衣俊卿.对高等学校开展创业教育的理性思考[J].中国高等教育,2002(10):12-14.

[17] 孙慧敏,陈工孟.全球创新创业教育研究报告[M].北京:经济管理出版社,2016.

[18] 《辞海》编辑委员会.辞海[M].1989年版.缩印本.上海:上海辞书出版社,1990.

[19] 梁启超.梁启超全集[M].北京:北京出版社,1999.

[20] 郭朝辉,葛风涛."创新"的"故"事:我国历史上的"创新"概念表达[J].武汉理工大学学报(社会科学版),2016,29(2):283-287.

[21] 《新华汉语词典》编纂委员会.新华汉语词典[M].北京:商务印书馆,2007:196.

[22] 霍恩比.牛津高阶英汉双解词典[M].7版.北京:商务印书馆,2009:1053.
[23] 约瑟夫·熊彼特.财富增长论[M].李默,译.西安:陕西师范大学出版社,2007:88.
[24] 约瑟夫·熊彼特.经济发展理论[M].北京:商务印书馆,1990:73-74.
[25] 葛霆.要准确理解"创新"的概念及其本质[J].中国科学院院刊,2005,20(6):515-516.
[26] 傅家冀.技术创新学[M].北京:清华大学出版社,1998.
[27] 彼得·德鲁克.创新与企业家精神(珍藏版)[M].蔡文艳,译.北京:机械工业出版社,2009.
[28] 彼得·德鲁克.21世纪的管理挑战[M].北京:机械工业出版社,2009.
[29] 周三多,陈传明.管理学[M].3版.北京:高等教育出版社,2010.
[30] Barnett H G. Innovation: the Basis of Cultural Change[M]. New York: McGraw-Hill Book Company, 1953.
[31] 米夏埃尔·兰德曼.哲学人类学[M].上海:上海译文出版社,1988:228.
[32] 亚里士多德.形而上学[M].北京:商务印书馆,1981.
[33] 陈玉和.创新的概念、创新的发生与创新教育模式[J].煤炭高等教育,2001(2):34-37.
[34] 毛良升.哲学视域中的创新研究[D].中共中央党校,2012:33.
[35] 恩斯特·卡西尔.人论[M].上海译文出版社,1985:279.
[36] 庄寿强.创新与创造之异同[J].中国科技术语,2008(5):36-38.
[37] 马克思.机器、自然力和科学的应用[M].北京:人民出版社,1987:67.
[38] 鲁迅.鲁迅选集:第1卷[M].成都:四川人民出版社,1981:429.
[39] 朱亚宗,王新荣.中国古代科技与文化[M].长沙:国防科技大学出版社,1992:303.
[40] Amidon D M. Innovation Strategy for the Knowledge Economy: the Ken Awakening[M]. Boston: Butterworth Heinemann, 1997:23-56.
[41] 林晓言,王红梅.技术经济学教程[M].北京:经济管理出版社,2002:95-96.
[42] 任保平.经济发展成本、经济主体行为与制度安排:可持续发展理论的一种新的经济学解释框架[J].陕西师范大学学报,2007(1):33-40.
[43] 徐冠华.建设创新型国家几个重要问题[N].科技日报,2006-09-30.
[44] 吕国胜.中小企业研究[M].上海:上海财经大学出版社,2000.
[45] 吴林海.技术创新与企业规模:基于美国的实证分析与对中国的启示[J].科学管理研究,2009,27(05):7-18.
[46] 王跃新.创造性思维训练与培养[M].长春:吉林人民出版社,2000:141.
[47] 高秉江.胡塞尔与西方主体主义哲学[M].武汉:武汉大学出版社,2005:61.
[48] 王跃新,赵迪,王叶.创新思维发生及运行机制探赜[J].吉林大学社会科学学报,2005,55(5):102-106.
[49] 习近平.在中国科学院第十七次院士大会、中国工程院第十二次院士大会上的讲话[M].单行本.北京:人民出版社,2014:18.
[50] 岳晓东,龚放.创新思维的形成与创造性人才的培养[J].教育研究,1999(10):9-16.
[51] 陈来.略论"独立之精神、自由之思想"与大学精神[J].清华大学学报:哲学社会科学版,

2012(6):38-41.
[52] 理查德·莱文.以批判眼光看中国本科教育[J].国际人才交流,2011(3):12-14.
[53] Dewey J. How We Think[M]. Boston,New York and Chicago:D.C. Health,1910.
[54] Glaser E. An Experiment in the Development of Critical Thinking[M]. New York: Columbia University,1941.
[55] Paul R,Elder L. Critical Thinking:Teaching Student to Seek the Logic of Things[J].Journal of Developmental Education,1999(1):34-35.
[56] 彼得·范西昂.批判性思维:它是什么,为何重要[J].都建颖,李琼,译.工业和信息化教育,2015(7):10-41.
[57] Moore B N, Parker R. Critical Thinking[M]. 7th ed. Boston:McGraw Hill,2004.
[58] Fisher A, Scriven M. Critical Thinking:Its Definition and Assessment[M]. Point Reyes,CA:Edge Press and Norwich,UK:University of East Anglia,1997:21.
[59] 钱颖一.批判性思维决定创新能力[J].现代国企研究,2011(11):7.
[60] Ennis R H. Critical Thinking:A Streamlined Conception[J]. Teaching Philosophy,1991(1):6.
[61] 东尼·博赞.思维导图[M].北京:化学工业出版社,2015.
[62] 东尼·博赞.启动大脑[M].北京:化学工业出版社,2015.
[63] 吴嘉雯.刘庆峰:峭壁上的听风者[J].商界,2014(7).
[64] 林强,姜彦福,张健.创业理论及其架构分析[J].经济研究,2001(9):85-96.
[65] Shane S. Explaining Variation in Rates of Entrepreneurship in the United States:1899-1988[J].Journal of Management,1996,22(5):747-781.
[66] Timmons J. New Venture Creation[M]. Chicago:Irwin,1994.
[67] 邓学军,夏宏胜.创业机会理论研究综述[J].管理现代化,2005(3):14-16.
[68] 李振勇.商业模式:企业竞争的最高形态[M].北京:新华出版社,2006.
[69] 魏江,刘洋,应瑛.商业模式内涵与研究框架建构[J].科研管理.2012,33(5):107-114.
[70] Stewart D W, Zhao Q. Internet Marketing, Business Models, and Public Policy[J]. Journal of Public Policy & Marketing, 2000, 19(3):287-296.
[71] Rappa M. Managing the Digital Enterprise-business Models on the Web [EB/OL]. http://digitalenterprise.org/models/models.html,2000.
[72] Timmers P. Business models for Electronic Markets[J]. Journal on Electronic Markets, 1998, 8(2):3-8.
[73] Mahadevan B. Business Models for Internet-based E-commerce:An Anatomy[J]. California Management Review, 2000, 42(4):55-56.
[74] 罗珉.商业模式的理论框架述评[J].当代经济管理,2009,31(11):1-8.
[75] Weill P, Vitale M R. Place to Space:Migrating to E-business Models[M]. MA: Harvard Business School Press, 2001:96-101.
[76] Dubosson-Torbay M, Osterwalder A, Pigneur Y. E-business Model Design, Classi-

fication and Measurements[J]. Thunder-bird International Business Review,2002,44(1):5-23.

[77] 原磊.国外商业模式理论研究评介[J].外国经济与管理.2007,29(10):17-25.

[78] 原磊.商业模式体系重构[J].中国工业经济.2007(6):70-79.

[79] 翁君奕.介观商务模式:管理领域的"纳米"研究[J].中国经济问题,2004(1):34-40.

[80] 王飞绒,陈劲,池仁勇.团队创业研究述评[J].外国经济与管理,2006,28(7):16-22.

[81] 吴维库.领导学[M].2版.北京:高等教育出版社,2011.

[82] 丹尼尔·肯尼迪.丹尼尔·肯尼迪思考工具:最伟大的商业计划书[M].刘彬彬,张伟,译.北京:国际文化出版公司,2003.

[83] 布鲁斯·R.巴林杰.创业计划书:从创意到方案[M].陈忠卫,译.北京:机械工业出版社,2016.

[84] 安贵鑫,孙艳芳,齐建民.大学生创业策划:创业计划书[M].青岛:中国石油大学出版社,2015.

[85] 叶虹.大学生创业法律实务[M].北京:清华大学出版社,2009.